U0929642

江苏经济普查年鉴

综合卷 2018

江苏省第四次全国经济普查领导小组办公室 编

图书在版编目（CIP）数据

江苏经济普查年鉴. 2018. 综合卷 / 江苏省第四次全国经济普查领导小组办公室编. -- 北京 : 中国统计出版社, 2020.10
ISBN 978-7-5037-9302-8

Ⅰ. ①江… Ⅱ. ①江… Ⅲ. ①经济－普查－江苏－2018－年鉴 Ⅳ. ①F127.53-54

中国版本图书馆 CIP 数据核字（2020）第 193974 号

江苏经济普查年鉴-2018/综合卷

作　者/江苏省第四次全国经济普查领导小组办公室
责任编辑/许立舫
封面设计/黄俊杰
出版发行/中国统计出版社
通信地址/北京市丰台区西三环南路甲 6 号　邮政编码/100073
电　话/邮购（010）63376909　书店（010）68783171
网　址/http://www.zgtjcbs.com/
印　刷/江苏苏创信息服务中心
经　销/新华书店
开　本/880mm×1230mm　1/16
字　数/752 千字
印　张/23.5
版　别/2020 年 10 月第 1 版
版　次/2020 年 10 月第 1 次印刷
定　价/880.00 元（全套）

本书附同版本 CD-ROM 一张，光盘内容以书面文字为准。
如有印装差错，由本社发行部调换。

编委会和编辑人员

编者说明

为便于社会各界共同分享第四次全国经济普查成果，更方便地开发利用普查资料，我们将经济普查资料编辑整理，汇编成《江苏经济普查年鉴—2018》一书。全书共三卷四册，即综合卷、第二产业卷和第三产业卷，并随书配送同版本光盘一张。《综合卷》分三篇：第一篇为“综合篇”，第二篇为“企业篇”，第三篇为“文化及相关产业篇”。《第二产业卷》按内容分为上、下两册。上册两篇：第一篇为“工业企业生产经营及财务状况篇”，第二篇为“主要工业产品产量篇”。下册两篇：第一篇为“企业研发情况篇”，第二篇为“建筑业企业生产经营及财务状况篇”。《第三产业卷》分六篇：第一篇为“批发和零售业企业基本情况及财务状况篇”，第二篇为“住宿和餐饮业企业基本情况及财务状况篇”，第三篇为“房地产开发经营业生产经营及财务状况篇”，第四篇为“服务业企业财务状况篇”，第五篇为“服务业行政事业及非企业法人单位篇”，第六篇为“企业信息化和电子商务交易情况篇”。为使读者能够更好地使用本资料，现对有关问题做如下说明：

一、第四次全国经济普查的标准时点为 2018 年 12 月 31 日，时期资料为 2018 年度；

二、综合卷中综合篇和企业篇汇总表，均不包含少量无分组标识的单位数据，其中单位数包含兼营二、三产业的农、林、牧、渔业法人单位，从业人员数不包含兼营二、三产业的农、林、牧、渔业法人单位，不包含人民银行、银保监会、证监会监管的金融业以及铁路运输部门单位数据；

三、本资料建筑业按法人单位注册地，其他行业按法人单位经营地进行汇总；

四、本资料对部分数据由于计量单位取舍不同或四舍五入而产生的误差数均未作机械调整；

五、表中空格表示该项统计指标数值为零、不足最小单位、数据不详或无该项数据，“#”表示其中的主要项；

六、为了更准确地使用本年鉴，每卷后附有该卷详细的指标解释。

我们希望此书的面世，能使社会各界对我省第四次全国经济普查有一个全面的了解，更愿本书的内容，能为社会经济研究工作者提供有价值的参考。

第四次全国经济普查资料是全省普查工作者共同辛勤工作的成果，也是广大普查对象积极支持配合的结果。在此，我们向全省所有普查工作者、普查对象和所有参与和支持普查工作的人员致以崇高的敬意和衷心的感谢！

江苏省第四次全国经济普查领导小组办公室

2020 年 6 月

综合卷　目录

第一篇　综合篇

第二篇　企业篇

第三篇　文化及相关产业篇

附　录

第1篇

综合篇

1-01 按地区、行业门类

地区	法人单位数	农、林、牧、渔业	采矿业	制造业	电力、燃气及水的生产和供应业	建筑业	交通运输、仓储和邮政业	信息传输、计算机服务和软件业	批发和零售业	住宿和餐饮业
总计	**2053630**	**14591**	**370**	**513458**	**5033**	**119569**	**613999**	**59043**	**25927**	**72799**
南京市	**195939**	**419**	**28**	**18233**	**270**	**12853**	**50239**	**4883**	**4766**	**15857**
玄武区	14513	4	1	231	5	459	4602	215	530	1456
秦淮区	22150		1	576	7	1045	6352	349	860	1863
建邺区	11091	4	1	89	10	709	2682	130	437	1220
鼓楼区	29552	5	3	464	19	1299	8182	638	710	2618
浦口区	30092	65	5	3117	42	2663	6565	605	453	2989
栖霞区	14238	8	1	1283	25	1371	3856	1090	278	811
雨花台区	10312	2		455	3	360	3316	182	305	1761
江宁区	23578	114	6	5460	38	1625	4349	513	675	1334
六合区	18227	96	9	2237	60	1342	4888	653	255	922
溧水区	12422	20	1	3042	31	1041	3251	259	156	280
高淳区	9763	101		1279	30	939	2196	249	107	603
无锡市	**246876**	**629**	**14**	**74072**	**477**	**12393**	**75203**	**8327**	**2691**	**8378**
锡山区	19963	45		8027	29	636	6483	279	139	372
惠山区	28274	33		12402	51	815	7038	2088	160	508
滨湖区	27807	7		7201	22	1694	5739	506	461	1640
梁溪区	49600	2	1	2915	16	3750	18707	1378	887	3035
新吴区	25551	13		7147	47	838	8999	651	261	1413
江阴市	55813	230	7	20313	238	2545	17652	2675	361	973
宜兴市	39868	299	6	16067	74	2115	10585	750	422	437
徐州市	**149270**	**1774**	**109**	**22763**	**431**	**9181**	**54455**	**4310**	**1638**	**4906**
鼓楼区	12410	7		233	14	767	6282	198	166	630
云龙区	14030	7		528	13	1180	5449	230	250	879
贾汪区	5937	58	9	1076	44	358	1875	213	56	77
泉山区	17240	8	3	713	13	1511	6652	355	309	1088
铜山区	19917	362	41	3879	77	1119	7047	787	191	419
丰县	8924	151	3	2326	37	283	2399	272	72	196
沛县	11157	377	4	2507	69	828	3412	317	97	230
睢宁县	15074	358		4587	56	737	4293	399	73	289
徐州经济技术开发区	5472	6	5	1507	20	377	1675	217	72	142
新沂市	18684	264	9	2444	41	1034	6809	611	187	624
邳州市	20425	176	35	2963	47	987	8562	711	165	332
常州市	**158924**	**422**	**34**	**54445**	**276**	**5747**	**44965**	**3653**	**1567**	**4899**
天宁区	22841	1		4837	29	557	9313	403	246	843
钟楼区	20334	7		4372	15	972	6669	1031	305	673
新北区	40625	80	3	12781	47	1377	13169	701	430	1737
武进区	48403	28		24169	65	1207	9295	1030	301	1223

分组的法人单位数

单位：个

金融业	房地产业	租赁和商务服务业	科学研究、技术服务和地质勘查业	水利、环境和公共设施管理业	居民服务和其他服务业	教育	卫生、社会保障和社会福利业	文化、教育和娱乐业	公共管理和社会组织
6925	**59246**	**188239**	**129379**	**10920**	**41016**	**36601**	**30041**	**44141**	**82333**
1135	**6558**	**26126**	**22089**	**1031**	**6066**	**5245**	**5224**	**8699**	**6218**
117	481	2248	1334	66	581	428	441	726	588
158	794	3694	2218	48	1018	679	694	1288	506
268	448	2041	1314	39	334	326	158	583	298
205	1030	4986	3645	81	1113	768	770	1763	1254
123	1177	4153	4472	190	764	750	428	942	589
51	383	1135	1244	51	346	397	898	549	461
66	284	1194	1070	21	289	291	220	258	235
70	844	2162	2619	183	766	877	720	759	464
43	514	1969	2465	142	488	434	347	432	931
15	367	897	588	118	204	186	295	1194	477
19	236	1647	1120	92	163	109	253	205	415
652	**6462**	**22111**	**13521**	**1123**	**5140**	**3644**	**2333**	**4650**	**5056**
31	515	1065	823	92	278	217	197	229	506
118	568	1424	1284	109	282	300	201	325	568
157	854	3418	2521	199	823	458	301	1178	628
158	2159	8050	3041	184	1789	1134	553	1010	831
30	646	2205	1747	104	310	315	161	312	352
101	1183	3432	1920	254	766	655	566	798	1144
57	537	2517	2185	181	892	565	354	798	1027
302	**4236**	**13578**	**9714**	**906**	**3006**	**3354**	**2113**	**4010**	**8484**
24	407	1459	689	34	289	247	347	264	353
57	495	1853	918	49	304	478	331	368	641
11	286	444	350	77	81	175	94	120	533
72	611	2468	1517	80	445	322	222	371	480
17	436	1331	1562	73	296	498	249	369	1164
10	237	645	402	60	202	343	107	184	995
8	310	947	402	66	219	238	145	141	840
27	342	1032	505	167	414	242	157	168	1228
20	188	441	333	17	94	110	64	60	124
25	465	1437	1012	120	312	350	221	1622	1097
31	459	1521	2024	163	350	351	176	343	1029
543	**3303**	**13025**	**11223**	**634**	**2559**	**2301**	**976**	**2604**	**5748**
89	498	2102	1718	48	437	354	186	302	878
49	471	2106	1154	82	548	459	161	410	850
281	745	3338	2791	110	575	482	191	561	1226
78	964	3343	3439	196	644	502	170	639	1110

1-01 续表 1

地 区	法人单位数	农、林、牧、渔业	采矿业	制造业	电力、燃气及水的生产和供应业	建筑业	交通运输、仓储和邮政业	信息传输、计算机服务和软件业	批发和零售业	住宿和餐饮业
金坛区	12355	115	11	4699	41	610	2744	210	107	160
溧阳市	14366	191	20	3587	79	1024	3775	278	178	263
苏州市	**509115**	**530**	**13**	**135836**	**751**	**29536**	**166542**	**14046**	**5763**	**20040**
虎丘区	27052	15	7	5569	48	1549	7801	676	337	1676
吴中区	51050	34	1	16731	62	3686	12472	1320	497	1705
相城区	29905	13		12520	56	1390	7558	516	205	911
姑苏区	58903	5	1	1728	28	4034	27253	2213	1022	3291
吴江区	57247	66	1	21019	94	2686	19653	1164	547	990
苏州工业园区	54783	6		7565	87	3292	13576	1119	791	5488
常熟市	49524	144		14500	92	1680	19136	1200	428	987
张家港市	46354	124	3	14926	80	2052	17186	1762	260	989
昆山市	105685	7		31000	141	7591	35038	2534	1389	3295
太仓市	28612	116		10278	63	1576	6869	1542	287	708
南通市	**165388**	**1809**	**12**	**51549**	**478**	**9705**	**47624**	**3940**	**1676**	**3568**
崇川区	21607		1	1587	13	1128	9746	621	379	830
港闸区	10780	14		2490	9	852	3510	603	109	258
通州区	24166	208		9808	79	1355	6348	424	169	504
如东县	18928	324	1	6511	112	783	5702	260	76	271
南通经济技术开发区	9827	2	2	2630	29	622	3334	322	131	309
启东市	17240	350		5857	46	1484	3595	237	193	287
如皋市	21735	287	8	6610	68	1327	5635	636	323	355
海门市	18926	435		7492	49	1208	4197	299	153	319
海安市	22179	189		8564	73	946	5557	538	143	435
连云港市	**62135**	**1075**	**47**	**8184**	**210**	**5498**	**19940**	**3092**	**1008**	**1454**
连云区	3541	20	9	373	22	254	900	536	116	53
海州区	19051	78	2	1331	26	2374	6989	766	500	692
赣榆区	8020	136	5	1687	42	819	2248	306	75	124
东海县	15272	347	21	2422	29	794	6090	497	133	310
灌云县	5703	180	4	948	54	500	1355	196	74	59
灌南县	6900	309	1	902	27	363	1524	191	56	110
连云港经济技术开发区	2515	1	4	406	7	308	631	592	10	47
连云港高新技术产业开发区	1133	4	1	115	3	86	203	8	44	59
淮安市	**90451**	**1518**	**44**	**16584**	**499**	**6015**	**25247**	**3756**	**1140**	**2937**
淮安区	15365	155	4	3608	89	977	4228	478	137	303
淮阴区	13733	486	6	2604	63	862	4141	666	119	335
清江浦区	18470	55	2	926	47	1715	6915	611	404	734
洪泽区	7308	230	6	1464	58	364	1651	320	59	286
涟水县	8263	110		1314	105	441	1802	835	99	211
盱眙县	9140	169	24	2220	51	375	2100	253	116	158
金湖县	9241	299	1	3420	58	314	2212	189	63	203
淮安经济技术开发区	8931	14	1	1028	28	967	2198	404	143	707

单位：个

金融业	房地产业	租赁和商务服务业	科学研究、技术服务和地质勘查业	水利、环境和公共设施管理业	居民服务和其他服务业	教育	卫生、社会保障和社会福利业	文化、教育和娱乐业	公共管理和社会组织
15	243	1070	916	81	190	229	149	224	541
31	382	1066	1205	117	165	275	119	468	1143
1916	**17828**	**48781**	**29903**	**2217**	**9302**	**6161**	**3561**	**8606**	**7783**
145	932	3395	2654	191	599	374	169	590	325
247	1967	5350	3117	278	1185	547	275	860	716
81	978	2307	1408	160	405	295	106	472	524
171	1890	8109	3476	138	1388	853	608	1616	1079
133	1459	3634	1992	208	1064	523	361	788	865
804	1834	8952	7455	185	1045	800	192	1227	365
81	1809	3291	1807	373	924	640	728	687	1017
93	847	3045	1846	172	547	613	311	495	1003
129	4861	8572	4821	390	1643	1181	412	1385	1296
32	1251	2126	1327	122	502	335	399	486	593
837	**3740**	**12206**	**8582**	**722**	**3034**	**3066**	**3864**	**2732**	**6244**
253	623	2183	990	63	559	711	577	553	790
34	267	833	581	14	290	188	278	201	249
76	546	1424	1039	99	261	384	304	279	859
39	241	983	1171	119	299	278	462	369	927
205	271	808	449	39	137	159	50	111	217
55	493	1499	943	105	259	282	318	343	894
41	478	1643	1371	80	582	333	852	318	788
94	409	1181	839	88	237	363	486	236	841
40	412	1652	1199	115	410	368	537	322	679
132	**1837**	**5485**	**3085**	**422**	**1334**	**1844**	**1292**	**1495**	**4701**
7	147	292	116	44	88	123	78	75	288
86	599	2035	1212	71	513	448	206	420	703
5	212	607	229	75	192	282	128	135	713
15	397	1101	874	89	241	406	196	242	1068
6	147	408	127	48	110	263	273	107	844
8	218	797	366	63	130	216	368	439	812
2	49	155	75	17	28	33	22	27	101
3	68	90	86	15	32	73	21	50	172
161	**2597**	**9390**	**5415**	**625**	**1888**	**2011**	**1615**	**1618**	**7391**
10	312	1169	1130	71	309	371	371	274	1369
3	283	1297	610	114	323	254	189	249	1129
87	735	2652	1039	80	567	425	259	407	810
6	187	1005	494	68	129	136	121	136	588
14	225	759	358	67	143	272	240	129	1139
12	266	704	485	94	113	249	212	158	1381
5	158	575	471	88	116	125	170	115	659
24	431	1229	828	43	188	179	53	150	316

1-01 续表2

地区	法人单位数	农、林、牧、渔业	采矿业	制造业	电力、燃气及水的生产和供应业	建筑业	交通运输、仓储和邮政业	信息传输、计算机服务和软件业	批发和零售业	住宿和餐饮业
盐城市	**128813**	**2082**	**12**	**31328**	**641**	**8671**	**34748**	**4156**	**1322**	**2680**
亭湖区	17215	64	1	2544	46	1646	5176	490	267	443
盐都区	19248	157	2	4281	57	1949	4278	438	252	882
大丰区	11916	190	2	3617	86	552	2647	557	128	227
响水县	9925	198	4	1595	69	767	2990	410	95	104
滨海县	12672	282	2	2350	56	1139	3598	552	103	179
阜宁县	15864	267		4332	86	908	4545	390	206	161
射阳县	11966	333		3019	100	482	3476	360	75	142
建湖县	10946	152	1	4142	37	663	2280	313	67	146
盐城经济技术开发区	2151	8		588	18	119	407	94	33	134
东台市	16910	431		4860	86	446	5351	552	96	262
扬州市	**107650**	**1151**	**12**	**31331**	**322**	**6734**	**28002**	**2553**	**1627**	**2757**
广陵区	18992	31		3797	15	1024	6916	500	350	674
邗江区	25311	86	3	4150	15	1933	7922	428	770	905
江都区	20898	226	5	8322	47	1295	4459	482	160	317
宝应县	12748	323		4658	115	410	2608	302	72	195
扬州经济技术开发区	4328	25	1	954	17	252	918	131	93	264
仪征市	11448	170	3	3485	43	904	2770	436	104	228
高邮市	13925	290		5965	70	916	2409	274	78	174
镇江市	**75554**	**729**	**29**	**23742**	**156**	**4548**	**18004**	**2170**	**800**	**1906**
京口区	9111	7		605	10	651	2807	367	213	529
润州区	8462	8	3	644	3	589	2642	296	177	377
丹徒区	7087	133	5	2481	20	565	1307	261	55	106
镇江新区	7449	15	2	2291	21	360	1763	344	82	199
丹阳市	18802	225	2	9656	42	668	4129	309	103	179
扬中市	11798	70		5485	29	438	2415	257	43	168
句容市	12845	271	17	2580	31	1277	2941	336	127	348
泰州市	**87516**	**1409**	**2**	**29182**	**241**	**4770**	**21828**	**2090**	**865**	**1762**
海陵区	12816	57		2338	26	626	3983	330	228	373
高港区	8030	94		2327	18	436	2298	230	68	103
姜堰区	15119	381	1	5484	65	793	3210	333	132	353
泰州医药高新技术产业开发区	7032	8		1810	20	570	1705	118	104	228
兴化市	11634	251		4496	46	279	2945	283	61	113
靖江市	16196	316		6901	19	720	3811	419	123	233
泰兴市	16689	302	1	5826	47	1346	3876	377	149	359
宿迁市	**75999**	**1044**	**14**	**16209**	**281**	**3918**	**27202**	**2067**	**1064**	**1655**
宿城区	9664	67		1994	38	689	2412	238	190	241
宿豫区	5886	130	1	1309	34	374	1221	188	73	215
沭阳县	34094	227	7	7631	70	1318	15987	1058	443	600
泗阳县	11939	347	1	2640	49	712	2797	252	173	304
泗洪县	10928	272	5	2112	78	486	3279	222	155	207
宿迁经济技术开发区	3488	1		523	12	339	1506	109	30	88

单位：个

金融业	房地产业	租赁和商务服务业	科学研究、技术服务和地质勘查业	水利、环境和公共设施管理业	居民服务和其他服务业	教育	卫生、社会保障和社会福利业	文化、教育和娱乐业	公共管理和社会组织
365	**3628**	**10720**	**7848**	**871**	**2618**	**2342**	**2903**	**2279**	**9599**
105	672	2047	1480	87	457	450	206	351	683
78	629	1853	1539	135	411	332	439	429	1107
27	399	810	730	134	223	186	344	260	797
16	273	1004	536	62	293	175	164	161	1009
21	315	1040	552	106	306	205	353	226	1287
21	344	1253	792	113	269	276	342	189	1370
22	343	768	778	105	281	235	300	165	982
20	201	679	515	36	159	224	204	140	967
28	61	235	226	7	24	26	33	27	83
27	391	1031	700	86	195	233	518	331	1314
256	**2940**	**9463**	**5641**	**617**	**1973**	**1955**	**2117**	**2245**	**5954**
36	604	1793	936	76	492	304	298	433	713
108	905	2780	2055	136	571	581	289	827	847
34	478	1284	927	99	315	368	546	327	1207
18	168	1433	317	60	127	177	405	181	1179
20	205	451	416	39	114	99	46	104	179
14	273	823	445	88	196	210	154	177	925
26	307	899	545	119	158	216	379	196	904
201	**1899**	**5673**	**5383**	**482**	**1352**	**1329**	**961**	**2287**	**3903**
65	320	1159	663	54	224	326	106	348	657
52	271	1046	731	47	225	212	149	243	747
17	185	372	392	66	129	105	94	349	445
23	177	690	709	48	142	118	42	116	307
23	338	708	558	76	245	247	279	377	638
10	142	647	992	74	132	107	124	295	370
11	466	1051	1338	117	255	214	167	559	739
263	**1768**	**6719**	**4329**	**468**	**1234**	**1674**	**1326**	**1462**	**6124**
120	384	1382	686	73	293	370	224	355	968
29	130	556	499	67	122	130	129	105	689
30	296	1070	747	74	196	288	337	258	1071
40	177	746	795	37	136	107	83	112	236
13	215	463	386	83	129	272	159	211	1229
19	263	1067	652	69	209	254	183	208	730
12	303	1435	564	65	149	253	211	213	1201
162	**2450**	**4962**	**2646**	**802**	**1510**	**1675**	**1756**	**1454**	**5128**
57	390	954	389	75	201	330	149	243	1007
36	294	532	227	77	93	228	131	145	578
24	577	1390	645	427	749	381	741	396	1423
19	601	998	669	90	186	417	233	292	1159
11	470	798	543	119	211	259	478	335	888
15	118	290	173	14	70	60	24	43	73

1-02 按地区分组的法人单位数及从业人员数

地　区	法人单位数（个）	单产业法人单位	多产业法人单位	从业人员数（人）	#女性
总计	**2053630**	**2022529**	**31101**	**38281170**	**13036099**
南京市	**195939**	**190689**	**5250**	**4375020**	**1507757**
玄武区	14513	14042	471	301792	123384
秦淮区	22150	21461	689	384963	180841
建邺区	11091	10671	420	323079	87168
鼓楼区	29553	28523	1030	718662	269837
浦口区	30092	29458	634	389128	125128
栖霞区	14238	13840	398	419430	125328
雨花台区	10312	9938	374	232124	82419
江宁区	23578	22934	644	689661	234209
六合区	18227	17871	356	330292	114216
溧水区	12422	12262	160	308873	82616
高淳区	9763	9689	74	277016	82611
无锡市	**246876**	**242748**	**4128**	**3588177**	**1413234**
锡山区	19963	19668	295	345938	133600
惠山区	28274	27946	328	363012	137743
滨湖区	27807	27288	519	377167	151386
梁溪区	49600	48343	1257	403531	162167
新吴区	25551	24996	555	604907	243891
江阴市	55813	55234	579	943972	391621
宜兴市	39868	39273	595	549650	192826
徐州市	**149270**	**147386**	**1884**	**2495808**	**876099**
鼓楼区	12410	12181	229	149651	58170
云龙区	14030	13703	327	144478	54583
贾汪区	5937	5886	51	92005	33652
泉山区	17240	16932	308	256485	90720
铜山区	19917	19699	218	353743	107865
丰县	8924	8826	98	173164	60254
沛县	11157	11052	105	301992	91354
睢宁县	15074	14913	161	241702	90763
徐州经济技术开发区	5472	5366	106	136424	42614
新沂市	18684	18523	161	290936	114950
邳州市	20425	20305	120	355228	131174
常州市	**158924**	**156239**	**2685**	**2789778**	**922765**
天宁区	22841	22185	656	266025	112340
钟楼区	20334	19851	483	240639	94602
新北区	40625	40148	477	509136	191130
武进区	48403	47866	537	916161	321168

1-02 续表 1

地 区	法人单位数（个）	单产业法人单位	多产业法人单位	从业人员数（人）	#女性
金坛区	12355	12116	239	415280	111168
溧阳市	14366	14073	293	442537	92357
苏州市	**509115**	**502180**	**6935**	**7720302**	**2976568**
虎丘区	27052	26482	570	566862	221356
吴中区	51050	50342	708	705053	270388
相城区	29905	29597	308	456136	173394
姑苏区	58903	57895	1008	435242	169279
吴江区	57247	56969	278	825620	323528
苏州工业园区	54783	53531	1252	935062	367875
常熟市	49524	48790	734	787629	300997
张家港市	46354	45819	535	741874	294275
昆山市	105685	104492	1193	1798853	672271
太仓市	28612	28263	349	467971	183205
南通市	**165388**	**162512**	**2876**	**4499468**	**1255481**
崇川区	21607	20831	776	335257	122113
港闸区	10780	10577	203	223526	66333
通州区	24166	23638	528	817222	202026
如东县	18928	18762	166	524824	179282
南通经济技术开发区	9827	9715	112	218179	74584
启东市	17240	16968	272	474914	136622
如皋市	21735	21472	263	583387	167677
海门市	18926	18624	302	680568	150154
海安市	22179	21925	254	641591	156690
连云港市	**62135**	**61330**	**805**	**1102195**	**364765**
连云区	3541	3520	21	74472	22862
海州区	19051	18606	445	246189	91616
赣榆区	8020	7947	73	228248	59482
东海县	15272	15191	81	191849	66982
灌云县	5703	5672	31	92971	30295
灌南县	6900	6814	86	141237	45495
连云港经济技术开发区	2515	2479	36	89813	31108
连云港高新技术产业开发区	1133	1101	32	37416	16925
淮安市	**90451**	**89426**	**1025**	**1665122**	**525224**
淮安区	15365	15170	195	296503	84408
淮阴区	13733	13660	73	236842	83757
清江浦区	18470	18315	155	295184	97318
洪泽区	7308	7239	69	133929	42717
涟水县	8263	8204	59	249632	69096
盱眙县	9140	8945	195	136613	49882
金湖县	9241	9130	111	132284	41473
淮安经济技术开发区	8931	8763	168	184135	56573

1-02 续表 2

地 区	法人单位数（个）	单产业法人单位	多产业法人单位	从业人员数（人）	#女性
盐城市	**128813**	**127512**	**1301**	**2373036**	**784259**
亭湖区	17215	16985	230	282925	92265
盐都区	19248	19081	167	400700	126150
大丰区	11916	11748	168	223736	82444
响水县	9925	9839	86	131978	45109
滨海县	12672	12546	126	202717	57476
阜宁县	15864	15807	57	355088	114276
射阳县	11966	11829	137	208212	79341
建湖县	10946	10817	129	217384	60114
盐城经济技术开发区	2151	2121	30	68354	24043
东台市	16910	16739	171	281942	103041
扬州市	**107650**	**106078**	**1572**	**2686197**	**795342**
广陵区	18992	18762	230	390508	129069
邗江区	25311	24763	548	430059	139230
江都区	20898	20702	196	606136	153307
宝应县	12748	12551	197	389476	111369
扬州经济技术开发区	4328	4238	90	141561	51712
仪征市	11448	11327	121	293097	86919
高邮市	13925	13735	190	435360	123736
镇江市	**75554**	**74944**	**610**	**1349064**	**492050**
京口区	9111	8935	176	127910	47643
润州区	8462	8340	122	126830	40461
丹徒区	7087	7030	57	129610	46046
镇江新区	7449	7424	25	160877	51774
丹阳市	18802	18692	110	384040	149329
扬中市	11798	11775	23	172457	70810
句容市	12845	12748	97	247340	85987
泰州市	**87516**	**86237**	**1279**	**2276852**	**602965**
海陵区	12816	12439	377	292318	83303
高港区	8030	7946	84	253805	53220
姜堰区	15119	14985	134	404756	86042
泰州医药高新技术产业开发区	7032	6883	149	140428	54614
兴化市	11634	11585	49	306945	83651
靖江市	16196	15893	303	410791	110490
泰兴市	16689	16506	183	467809	131645
宿迁市	**75999**	**75248**	**751**	**1360151**	**519590**
宿城区	9664	9466	198	224810	87492
宿豫区	5886	5799	87	172449	64158
沭阳县	34094	33922	172	411154	167301
泗阳县	11939	11784	155	274256	102237
泗洪县	10928	10829	99	191126	69961
宿迁经济技术开发区	3488	3448	40	86356	28441

1-03 按行业（中类）分组的法人单位数及从业人员数

行业中类	代码	法人单位数（个）	单产业法人单位	多产业法人单位	从业人员数（人）	#女性
总计		**2053630**	**2022529**	**31101**	**38281170**	**13036099**
农、林、牧、渔业	**A**	**14591**	**14531**	**60**	**90559**	**30525**
农业	01	18		18		
谷物种植	011	5		5		
豆类、油料和薯类种植	012	1		1		
棉、麻、糖、烟草种植	013					
蔬菜、食用菌及园艺作物种植	014	6		6		
水果种植	015	3		3		
坚果、含油果、香料和饮料作物种植	016	1		1		
中药材种植	017	1		1		
草种植及割草	018					
其他农业	019	1		1		
林业	02	3		3		
林木育种和育苗	021	3		3		
造林和更新	022					
森林经营、管护和改培	023					
木材和竹材采运	024					
林产品采集	025					
畜牧业	03	6		6		
牲畜饲养	031	4		4		
家禽饲养	032	2		2		
狩猎和捕捉动物	033					
其他畜牧业	039					
渔业	04	3		3		
水产养殖	041	3		3		
水产捕捞	042					
农、林、牧、渔专业及辅助性活动	05	14561	14531	30	90559	30525
农业专业及辅助性活动	051	12965	12942	23	77618	25418
林业专业及辅助性活动	052	446	445	1	3494	1160
畜牧专业及辅助性活动	053	633	629	4	6264	2879
渔业专业及辅助性活动	054	517	515	2	3183	1068
采矿业	**B**	**370**	**359**	**11**	**69556**	**15026**
煤炭开采和洗选业	06	22	18	4	47573	9163
烟煤和无烟煤开采洗选	061	21	18	3	46010	8735
褐煤开采洗选	062					
其他煤炭采选	069	1		1	1563	428
石油和天然气开采业	07	5	3	2	7876	2614
石油开采	071	2		2	7856	2613
天然气开采	072	3	3		20	1
黑色金属矿采选业	08	49	48	1	3884	685
铁矿采选	081	45	44	1	3844	678
锰矿、铬矿采选	082	2	2		25	5

1-03 续表1

行业中类	代码	法人单位数（个）	单产业法人单位	多产业法人单位	从业人员数（人）	#女性
其他黑色金属矿采选	089	2	2		15	2
有色金属矿采选业	09	12	12		960	265
常用有色金属矿采选	091	10	10		958	265
贵金属矿采选	092					
稀有稀土金属矿采选	093	2	2		2	
非金属矿采选业	10	242	238	4	9059	2245
土砂石开采	101	196	193	3	3851	860
化学矿开采	102	2	2		292	71
采盐	103	19	18	1	4675	1254
石棉及其他非金属矿采选	109	25	25		241	60
开采专业及辅助性活动	11	22	22		98	23
煤炭开采和洗选专业及辅助性活动	111	4	4		34	12
石油和天然气开采专业及辅助性活动	112	10	10		36	10
其他开采专业及辅助性活动	119	8	8		28	1
其他采矿业	12	18	18		106	31
其他采矿业	120	18	18		106	31
制造业	**C**	**513458**	**508883**	**4575**	**14356377**	**5921602**
农副食品加工业	13	7490	7372	118	211003	95117
谷物磨制	131	1543	1529	14	33551	11199
饲料加工	132	1000	984	16	33411	9895
植物油加工	133	405	393	12	16393	4860
制糖业	134	20	20		1293	380
屠宰及肉类加工	135	1120	1078	42	49652	26004
水产品加工	136	1096	1083	13	22731	13194
蔬菜、菌类、水果和坚果加工	137	852	843	9	29707	17755
其他农副食品加工	139	1454	1442	12	24265	11830
食品制造业	14	4746	4612	134	128311	64917
焙烤食品制造	141	957	907	50	21782	12380
糖果、巧克力及蜜饯制造	142	186	178	8	7319	4275
方便食品制造	143	719	706	13	24637	13219
乳制品制造	144	105	94	11	12577	5920
罐头食品制造	145	158	154	4	5933	3828
调味品、发酵制品制造	146	564	555	9	13005	6010
其他食品制造	149	2057	2018	39	43058	19285
酒、饮料和精制茶制造业	15	1831	1782	49	84247	32995
酒的制造	151	745	725	20	39851	13984
饮料制造	152	754	735	19	41456	17668
精制茶加工	153	332	322	10	2940	1343
烟草制品业	16	12	12		6631	1655
烟叶复烤	161					
卷烟制造	162	4	4		5546	1281
其他烟草制品制造	169	8	8		1085	374
纺织业	17	42227	41925	302	1101381	651717
棉纺织及印染精加工	171	15290	15161	129	471570	285707
毛纺织及染整精加工	172	1597	1579	18	85659	54689

1-03　续表 2

行业中类	代码	法人单位数（个）	单产业法人单位	多产业法人单位	从业人员数（人）	#女性
麻纺织及染整精加工	173	174	174		9619	6231
丝绢纺织及印染精加工	174	443	424	19	18889	12696
化纤织造及印染精加工	175	6343	6310	33	154321	81370
针织或钩针编织物及其制品制造	176	5359	5331	28	94258	54718
家用纺织制成品制造	177	8559	8509	50	172967	106038
产业用纺织制成品制造	178	4462	4437	25	94098	50268
纺织服装、服饰业	18	27640	27372	268	929760	681368
机织服装制造	181	11580	11416	164	507123	367938
针织或钩针编织服装制造	182	2907	2881	26	145072	109092
服饰制造	183	13153	13075	78	277565	204338
皮革、毛皮、羽毛及其制品和制鞋业	19	4626	4584	42	144973	95051
皮革鞣制加工	191	190	190		5814	2668
皮革制品制造	192	1606	1588	18	45721	30604
毛皮鞣制及制品加工	193	228	228		3873	2356
羽毛（绒）加工及制品制造	194	358	357	1	14273	10546
制鞋业	195	2244	2221	23	75292	48877
木材加工和木、竹、藤、棕、草制品业	20	12998	12949	49	229064	97266
木材加工	201	4986	4982	4	62636	25696
人造板制造	202	3116	3099	17	97951	46952
木质制品制造	203	4477	4453	24	62827	22015
竹、藤、棕、草等制品制造	204	419	415	4	5650	2603
家具制造业	21	10547	10484	63	159284	58867
木质家具制造	211	8329	8284	45	108443	39598
竹、藤家具制造	212	37	37		1278	561
金属家具制造	213	550	545	5	13799	4808
塑料家具制造	214	28	28		674	256
其他家具制造	219	1603	1590	13	35090	13644
造纸和纸制品业	22	9637	9585	52	168043	67223
纸浆制造	221	18	18		368	120
造纸	222	2575	2560	15	74642	27032
纸制品制造	223	7044	7007	37	93033	40071
印刷和记录媒介复制业	23	10930	10826	104	200240	94181
印刷	231	10114	10024	90	191486	90240
装订及印刷相关服务	232	780	766	14	7829	3494
记录媒介复制	233	36	36		925	447
文教、工美、体育和娱乐用品制造业	24	16276	16139	137	391705	225734
文教办公用品制造	241	1558	1543	15	32347	16704
乐器制造	242	505	499	6	10651	5375
工艺美术及礼仪用品制造	243	9357	9283	74	195154	111388
体育用品制造	244	1715	1692	23	45242	23246
玩具制造	245	2469	2454	15	81995	56021
游艺器材及娱乐用品制造	246	672	668	4	26316	13000
石油、煤炭及其他燃料加工业	25	730	716	14	33465	8727
精炼石油产品制造	251	360	347	13	21236	5361
煤炭加工	252	110	110		9199	2556

1-03 续表 3

行业中类	代码	法人单位数（个）	单产业法人单位	多产业法人单位	从业人员数（人）	#女性
核燃料加工	253	4	4		24	5
生物质燃料加工	254	256	255	1	3006	805
化学原料和化学制品制造业	26	9790	9561	229	519068	164068
基础化学原料制造	261	1867	1828	39	148304	39877
肥料制造	262	638	626	12	17520	5102
农药制造	263	248	229	19	50075	17426
涂料、油墨、颜料及类似产品制造	264	1823	1778	45	74085	21400
合成材料制造	265	1400	1360	40	84275	28058
专用化学产品制造	266	2874	2817	57	110386	35094
炸药、火工及焰火产品制造	267	21	20	1	1122	413
日用化学产品制造	268	919	903	16	33301	16698
医药制造业	27	2402	2346	56	231037	104554
化学药品原料药制造	271	398	393	5	40372	14593
化学药品制剂制造	272	287	263	24	90937	40083
中药饮片加工	273	124	121	3	14721	6085
中成药生产	274	118	115	3	17190	8460
兽用药品制造	275	121	116	5	7277	2831
生物药品制品制造	276	493	486	7	27382	12551
卫生材料及医药用品制造	277	782	774	8	29469	18033
药用辅料及包装材料制造	278	79	78	1	3689	1918
化学纤维制造业	28	2492	2466	26	167224	68302
纤维素纤维原料及纤维制造	281	241	237	4	45853	19780
合成纤维制造	282	2147	2126	21	116211	46636
生物基材料制造	283	104	103	1	5160	1886
橡胶和塑料制品业	29	28686	28475	211	645111	276757
橡胶制品业	291	4670	4629	41	145484	57713
塑料制品业	292	24016	23846	170	499627	219044
非金属矿物制品业	30	24182	23941	241	527868	169864
水泥、石灰和石膏制造	301	843	831	12	30327	7264
石膏、水泥制品及类似制品制造	302	5590	5476	114	139828	32526
砖瓦、石材等建筑材料制造	303	6647	6596	51	91415	25904
玻璃制造	304	768	762	6	26883	8793
玻璃制品制造	305	2409	2395	14	70809	31940
玻璃纤维和玻璃纤维增强塑料制品制造	306	1234	1227	7	42656	16810
陶瓷制品制造	307	2122	2108	14	38136	16981
耐火材料制品制造	308	1526	1519	7	35753	10938
石墨及其他非金属矿物制品制造	309	3043	3027	16	52061	18708
黑色金属冶炼和压延加工业	31	4110	4083	27	273269	62648
炼铁	311	35	35		3352	459
炼钢	312	49	48	1	28135	5482
钢压延加工	313	3866	3840	26	231496	54355
铁合金冶炼	314	160	160		10286	2352
有色金属冶炼和压延加工业	32	4761	4719	42	167049	49354
常用有色金属冶炼	321	345	341	4	13796	3903
贵金属冶炼	322	15	15		226	68

1-03　续表 4

行业中类	代码	法人单位数（个）	单产业法人单位	多产业法人单位	从业人员数（人）	#女性
稀有稀土金属冶炼	323	69	68	1	4558	1517
有色金属合金制造	324	1198	1190	8	44853	12015
有色金属压延加工	325	3134	3105	29	103616	31851
金属制品业	33	53951	53592	359	1012730	318905
结构性金属制品制造	331	19189	19046	143	296435	82002
金属工具制造	332	6558	6532	26	98505	37030
集装箱及金属包装容器制造	333	1498	1483	15	61955	16664
金属丝绳及其制品制造	334	2120	2104	16	60973	19372
建筑、安全用金属制品制造	335	5070	5041	29	79369	28834
金属表面处理及热处理加工	336	2708	2685	23	74956	27338
搪瓷制品制造	337	118	117	1	4291	1406
金属制日用品制造	338	1673	1654	19	34698	14745
铸造及其他金属制品制造	339	15017	14930	87	301548	91514
通用设备制造业	34	80978	80433	545	1498108	450062
锅炉及原动设备制造	341	1827	1786	41	96346	25433
金属加工机械制造	342	11101	11050	51	193238	50172
物料搬运设备制造	343	2840	2735	105	127308	28756
泵、阀门、压缩机及类似机械制造	344	8219	8153	66	186045	55639
轴承、齿轮和传动部件制造	345	3478	3452	26	139312	45568
烘炉、风机、包装等设备制造	346	7401	7311	90	190061	65891
文化、办公用机械制造	347	417	411	6	38612	19049
通用零部件制造	348	35238	35125	113	416636	130070
其他通用设备制造业	349	10457	10410	47	110550	29484
专用设备制造业	35	53616	53212	404	1075214	333448
采矿、冶金、建筑专用设备制造	351	5201	5171	30	160384	34870
化工、木材、非金属加工专用设备制造	352	15011	14941	70	267347	77447
食品、饮料、烟草及饲料生产专用设备制造	353	1179	1170	9	27328	6718
印刷、制药、日化及日用品生产专用设备制造	354	1727	1710	17	29897	8808
纺织、服装和皮革加工专用设备制造	355	3936	3904	32	75272	24019
电子和电工机械专用设备制造	356	2678	2657	21	58606	17889
农、林、牧、渔专用机械制造	357	2029	2023	6	50349	13949
医疗仪器设备及器械制造	358	3471	3414	57	144086	74512
环保、邮政、社会公共服务及其他专用设备制造	359	18384	18222	162	261945	75236
汽车制造业	36	14055	13915	140	663996	229658
汽车整车制造	361	164	154	10	63535	9513
汽车用发动机制造	362	54	54		6557	1122
改装汽车制造	363	91	90	1	5783	1020
低速汽车制造	364	3	3		25	9
电车制造	365	45	44	1	3382	1118
汽车车身、挂车制造	366	264	262	2	7101	1456
汽车零部件及配件制造	367	13434	13308	126	577613	215420
铁路、船舶、航空航天和其他运输设备制造业	37	7453	7342	111	325111	87527

1-03 续表 5

行业中类	代码	法人单位数（个）	单产业法人单位	多产业法人单位	从业人员数（人）	#女性
铁路运输设备制造	371	602	586	16	49249	11713
城市轨道交通设备制造	372	119	114	5	5943	1343
船舶及相关装置制造	373	3196	3137	59	157928	30333
航空、航天器及设备制造	374	222	220	2	10525	3343
摩托车制造	375	675	667	8	31753	13084
自行车和残疾人座车制造	376	446	442	4	25472	10389
助动车制造	377	1789	1774	15	30512	11629
非公路休闲车及零配件制造	378	142	141	1	9591	3815
潜水救捞及其他未列明运输设备制造	379	262	261	1	4138	1878
电气机械和器材制造业	38	34453	34083	370	1272003	508556
电机制造	381	3294	3252	42	185152	72168
输配电及控制设备制造	382	13244	13084	160	485697	192533
电线、电缆、光缆及电工器材制造	383	4730	4663	67	212365	84841
电池制造	384	893	881	12	101288	40587
家用电力器具制造	385	2011	1986	25	128294	52038
非电力家用器具制造	386	642	632	10	16295	6066
照明器具制造	387	5902	5864	38	101657	45880
其他电气机械及器材制造	389	3737	3721	16	41255	14443
计算机、通信和其他电子设备制造业	39	20815	20561	254	1779625	776702
计算机制造	391	1043	1021	22	311832	126115
通信设备制造	392	1380	1352	28	199035	70692
广播电视设备制造	393	463	454	9	46938	23185
雷达及配套设备制造	394	38	38		7772	2162
非专业视听设备制造	395	375	365	10	60468	29703
智能消费设备制造	396	884	876	8	110063	41826
电子器件制造	397	2603	2550	53	385284	174093
电子元件及电子专用材料制造	398	11347	11244	103	610035	288533
其他电子设备制造	399	2682	2661	21	48198	20393
仪器仪表制造业	40	9650	9535	115	257091	87743
通用仪器仪表制造	401	7166	7087	79	177765	56049
专用仪器仪表制造	402	1189	1166	23	47144	16686
钟表与计时仪器制造	403	58	57	1	1378	847
光学仪器制造	404	524	516	8	18496	9278
衡器制造	405	173	170	3	5168	2040
其他仪器仪表制造业	409	540	539	1	7140	2843
其他制造业	41	6210	6182	28	88181	41960
日用杂品制造	411	1750	1739	11	43338	25187
核辐射加工	412	12	11	1	201	46
其他未列明制造业	419	4448	4432	16	44642	16727
废弃资源综合利用业	42	1459	1439	20	21644	6475
金属废料和碎屑加工处理	421	590	584	6	9239	2409
非金属废料和碎屑加工处理	422	869	855	14	12405	4066
金属制品、机械和设备修理业	43	4705	4640	65	43941	10201
金属制品修理	431	75	74	1	625	179
通用设备修理	432	773	761	12	5399	1361

1-03　续表 6

行业中类	代码	法人单位数（个）	单产业法人单位	多产业法人单位	从业人员数（人）	#女性
专用设备修理	433	627	620	7	4512	1104
铁路、船舶、航空航天等运输设备修理	434	1028	993	35	18154	3884
电气设备修理	435	401	396	5	4425	891
仪器仪表修理	436	89	89		458	142
其他机械和设备修理业	439	1712	1707	5	10368	2640
电力、热力、燃气及水生产和供应业	**D**	**5033**	**4885**	**148**	**197039**	**51903**
电力、热力生产和供应业	44	2578	2553	25	116097	25396
电力生产	441	1955	1938	17	67950	14796
电力供应	442	346	340	6	41174	8909
热力生产和供应	443	277	275	2	6973	1691
燃气生产和供应业	45	435	374	61	20957	6499
燃气生产和供应业	451	406	346	60	20221	6293
生物质燃气生产和供应业	452	29	28	1	736	206
水的生产和供应业	46	2020	1958	62	59985	20008
自来水生产和供应	461	947	896	51	41542	14800
污水处理及其再生利用	462	1017	1009	8	17520	4964
海水淡化处理	463	2	2		72	16
其他水的处理、利用与分配	469	54	51	3	851	228
建筑业	**E**	**119569**	**117117**	**2452**	**8802828**	**755675**
房屋建筑业	47	23183	22336	847	6239731	389320
住宅房屋建筑	471	17744	17048	696	5528277	342292
体育场馆建筑	472	31	27	4	12866	707
其他房屋建筑业	479	5408	5261	147	698588	46321
土木工程建筑业	48	25526	24916	610	1126490	152396
铁路、道路、隧道和桥梁工程建筑	481	8331	8029	302	638112	79072
水利和水运工程建筑	482	1445	1396	49	128872	11455
海洋工程建筑	483	42	40	2	806	199
工矿工程建筑	484	345	335	10	26712	3162
架线和管道工程建筑	485	1612	1559	53	59766	9231
节能环保工程施工	486	897	887	10	11013	2696
电力工程施工	487	697	670	27	29237	4939
其他土木工程建筑	489	12157	12000	157	231972	41642
建筑安装业	49	24173	23726	447	667427	84288
电气安装	491	6350	6192	158	241000	25730
管道和设备安装	492	6444	6353	91	154817	22368
其他建筑安装业	499	11379	11181	198	271610	36190
建筑装饰、装修和其他建筑业	50	46687	46139	548	769180	129671
建筑装饰和装修业	501	36131	35727	404	506427	87971
建筑物拆除和场地准备活动	502	2504	2459	45	49312	7981
提供施工设备服务	503	457	450	7	14494	3014
其他未列明建筑业	509	7595	7503	92	198947	30705
批发和零售业	**F**	**613999**	**605770**	**8229**	**3796053**	**1646641**
批发业	51	397992	393976	4016	2438011	971645
农、林、牧、渔产品批发	511	17867	17685	182	132618	49646
食品、饮料及烟草制品批发	512	30496	30028	468	233634	96092

1-03 续表 7

行业中类	代码	法人单位数（个）	单产业法人单位	多产业法人单位	从业人员数（人）	#女性
纺织、服装及家庭用品批发	513	66265	65729	536	425840	213466
文化、体育用品及器材批发	514	11994	11871	123	71245	34609
医药及医疗器材批发	515	9579	9440	139	126798	56327
矿产品、建材及化工产品批发	516	112272	111033	1239	677673	234910
机械设备、五金产品及电子产品批发	517	107901	106884	1017	538567	198515
贸易经纪与代理	518	9556	9502	54	52295	21521
其他批发业	519	32062	31804	258	179341	66559
零售业	52	216007	211794	4213	1358042	674996
综合零售	521	21967	21291	676	278226	173278
食品、饮料及烟草制品专门零售	522	20703	20122	581	113975	54254
纺织、服装及日用品专门零售	523	30550	30018	532	144038	80291
文化、体育用品及器材专门零售	524	15193	14935	258	78749	38583
医药及医疗器材专门零售	525	16592	15760	832	115439	75180
汽车、摩托车、零配件和燃料及其他动力销售	526	21413	20888	525	219948	85828
家用电器及电子产品专门零售	527	25306	24933	373	144594	64938
五金、家具及室内装饰材料专门零售	528	31133	30934	199	134703	51167
货摊、无店铺及其他零售业	529	33150	32913	237	128370	51477
交通运输、仓储和邮政业	**G**	**59043**	**58099**	**944**	**1035229**	**260270**
铁路运输业	53	6	6			
铁路旅客运输	531	2	2			
铁路货物运输	532	3	3			
铁路运输辅助活动	533	1	1			
道路运输业	54	42253	41751	502	651645	155287
城市公共交通运输	541	586	549	37	145538	32483
公路旅客运输	542	561	495	66	53488	13739
道路货物运输	543	39815	39454	361	397747	89832
道路运输辅助活动	544	1291	1253	38	54872	19233
水上运输业	55	1992	1936	56	100519	20676
水上旅客运输	551	47	46	1	2726	443
水上货物运输	552	1146	1109	37	48613	11092
水上运输辅助活动	553	799	781	18	49180	9141
航空运输业	56	132	127	5	16072	5333
航空客货运输	561	51	49	2	6793	2425
通用航空服务	562	52	51	1	612	174
航空运输辅助活动	563	29	27	2	8667	2734
管道运输业	57	17	15	2	7880	2161
海底管道运输	571					
陆地管道运输	572	17	15	2	7880	2161
多式联运和运输代理业	58	7108	6928	180	70923	25877
多式联运	581	81	78	3	1137	267
运输代理业	582	7027	6850	177	69786	25610
装卸搬运和仓储业	59	6301	6207	94	114615	28935
装卸搬运	591	3649	3609	40	63315	13004
通用仓储	592	859	848	11	19404	6009
低温仓储	593	119	118	1	2671	901

1-03　续表 8

行业中类	代码	法人单位数（个）	单产业法人单位	多产业法人单位	从业人员数（人）	#女性
危险品仓储	594	108	105	3	4280	803
谷物、棉花等农产品仓储	595	523	499	24	9504	2535
中药材仓储	596	1	1			
其他仓储业	599	1042	1027	15	15441	5683
邮政业	60	1234	1129	105	73575	22001
邮政基本服务	601	84	72	12	29343	11687
快递服务	602	1141	1048	93	43524	9991
其他寄递服务	609	9	9		708	323
住宿和餐饮业	**H**	**25927**	**24722**	**1205**	**480965**	**276840**
住宿业	61	6356	6150	206	149915	89020
旅游饭店	611	1527	1462	65	94920	53859
一般旅馆	612	4027	3910	117	45412	29183
民宿服务	613	139	139		1006	560
露营地服务	614	8	8		19	4
其他住宿业	619	655	631	24	8558	5414
餐饮业	62	19571	18572	999	331050	187820
正餐服务	621	14984	14273	711	226029	125881
快餐服务	622	1492	1396	96	73071	44413
饮料及冷饮服务	623	476	424	52	3866	2370
餐饮配送及外卖送餐服务	624	518	493	25	9358	4254
其他餐饮业	629	2101	1986	115	18726	10902
信息传输、软件和信息技术服务业	**I**	**72799**	**71900**	**899**	**861147**	**328367**
电信、广播电视和卫星传输服务	63	1791	1684	107	141808	62134
电信	631	1269	1177	92	119138	53641
广播电视传输服务	632	493	479	14	22464	8400
卫星传输服务	633	29	28	1	206	93
互联网和相关服务	64	9689	9572	117	158827	59846
互联网接入及相关服务	641	637	630	7	24665	9001
互联网信息服务	642	6113	6036	77	96211	33728
互联网平台	643	533	523	10	18135	8699
互联网安全服务	644	82	81	1	690	236
互联网数据服务	645	203	197	6	8056	3981
其他互联网服务	649	2121	2105	16	11070	4201
软件和信息技术服务业	65	61319	60644	675	560512	206387
软件开发	651	38075	37630	445	379286	135985
集成电路设计	652	656	641	15	9554	3254
信息系统集成和物联网技术服务	653	3314	3268	46	29667	9491
运行维护服务	654	335	331	4	7178	2112
信息处理和存储支持服务	655	380	372	8	14573	7971
信息技术咨询服务	656	13142	13039	103	71258	27864
数字内容服务	657	1544	1527	17	15375	5491
其他信息技术服务业	659	3873	3836	37	33621	14219
金融业	**J**	**6925**	**5675**	**1250**	**28616**	**12018**
货币金融服务	66	2050	1553	497	13772	5815
中央银行服务	661	14	1	13		
货币银行服务	662	778	366	412	1216	550

1-03 续表 9

行业中类	代码	法人单位数（个）	单产业法人单位	多产业法人单位	从业人员数（人）	#女性
非货币银行服务	663	1258	1186	72	12556	5265
银行理财服务	664					
银行监管服务	665					
资本市场服务	67	3053	2988	65	7739	2843
证券市场服务	671	8	3	5	25	6
公开募集证券投资基金	672	3	2	1		
非公开募集证券投资基金	673	1066	1020	46		
期货市场服务	674	11	2	9		
证券期货监管服务	675	1	1			
资本投资服务	676	1151	1149	2	4871	1731
其他资本市场服务	679	813	811	2	2843	1106
保险业	68	1158	487	671	522	213
人身保险	681	472	160	312		
财产保险	682	398	140	258		
再保险	683					
商业养老金	684	18	15	3		
保险中介服务	685	152	56	96		
保险资产管理	686					
保险监管服务	687					
其他保险活动	689	118	116	2	522	213
其他金融业	69	664	647	17	6583	3147
金融信托与管理服务	691	47	44	3	648	291
控股公司服务	692	90	90		699	238
非金融机构支付服务	693	16	12	4		
金融信息服务	694	210	207	3	1246	678
金融资产管理公司	695	10	9	1	105	44
其他未列明金融业	699	291	285	6	3885	1896
房地产业	**K**	**59246**	**56589**	**2657**	**999456**	**418140**
房地产业	70	59246	56589	2657	999456	418140
房地产开发经营	701	13610	13183	427	244177	92713
物业管理	702	17600	16940	660	548749	244930
房地产中介服务	703	20249	18901	1348	145390	57496
房地产租赁经营	704	6772	6573	199	50940	19608
其他房地产业	709	1015	992	23	10200	3393
租赁和商务服务业	**L**	**188239**	**185042**	**3197**	**2174545**	**819469**
租赁业	71	13920	13735	185	95111	25765
机械设备经营租赁	711	13480	13301	179	91937	24515
文体设备和用品出租	712	347	342	5	2573	969
日用品出租	713	93	92	1	601	281
商务服务业	72	174319	171307	3012	2079434	793704
组织管理服务	721	32802	32404	398	264978	103894
综合管理服务	722	7256	7062	194	86883	33166
法律服务	723	6054	6035	19	42353	16918
咨询与调查	724	54641	53872	769	287424	135493
广告业	725	33963	33727	236	173125	70429
人力资源服务	726	17754	17179	575	912382	343853

1-03　续表 10

行业中类	代码	法人单位数（个）	单产业法人单位	多产业法人单位	从业人员数（人）	#女性
安全保护服务	727	2050	1980	70	168637	24381
会议、展览及相关服务	728	4058	4020	38	28654	12271
其他商务服务业	729	15741	15028	713	114998	53299
科学研究和技术服务业	**M**	**129379**	**127644**	**1735**	**1151068**	**382959**
研究和试验发展	73	32677	32472	205	238034	84365
自然科学研究和试验发展	731	1267	1262	5	9140	3219
工程和技术研究和试验发展	732	25639	25480	159	174746	57606
农业科学研究和试验发展	733	1734	1720	14	16753	6612
医学研究和试验发展	734	3603	3581	22	34796	15926
社会人文科学研究	735	434	429	5	2599	1002
专业技术服务业	74	58657	57411	1246	674089	208144
气象服务	741	221	208	13	2269	823
地震服务	742	96	95	1	721	223
海洋服务	743	50	49	1	481	148
测绘地理信息服务	744	707	666	41	10756	3253
质检技术服务	745	4531	4412	119	81338	29890
环境与生态监测检测服务	746	1165	1137	28	15340	6035
地质勘查	747	221	213	8	12144	3596
工程技术与设计服务	748	29709	28875	834	393367	109290
工业与专业设计及其他专业技术服务	749	21957	21756	201	157673	54886
科技推广和应用服务业	75	38045	37761	284	238945	90450
技术推广服务	751	31715	31486	229	201539	74599
知识产权服务	752	2072	2046	26	13892	7025
科技中介服务	753	766	757	9	4250	1756
创业空间服务	754	582	580	2	3031	1249
其他科技推广服务业	759	2910	2892	18	16233	5821
水利、环境和公共设施管理业	**N**	**10920**	**10745**	**175**	**269145**	**114225**
水利管理业	76	2038	2016	22	24681	6629
防洪除涝设施管理	761	490	484	6	6354	1491
水资源管理	762	582	574	8	5980	1613
天然水收集与分配	763	109	107	2	1118	291
水文服务	764	33	33		927	284
其他水利管理业	769	824	818	6	10302	2950
生态保护和环境治理业	77	1550	1535	15	19720	6033
生态保护	771	186	184	2	3185	1303
环境治理业	772	1364	1351	13	16535	4730
公共设施管理业	78	6730	6603	127	217839	98854
市政设施管理	781	888	878	10	18624	5858
环境卫生管理	782	1309	1275	34	102136	51939
城乡市容管理	783	211	210	1	5504	1660
绿化管理	784	2843	2820	23	34295	13209
城市公园管理	785	214	201	13	9474	4013
游览景区管理	786	1265	1219	46	47806	22175
土地管理业	79	602	591	11	6905	2709
土地整治服务	791	287	284	3	2704	1026

1-03 续表 11

行业中类	代码	法人单位数（个）	单产业法人单位	多产业法人单位	从业人员数（人）	#女性
土地调查评估服务	792	48	44	4	543	199
土地登记服务	793	21	21		487	245
土地登记代理服务	794	32	31	1	279	119
其他土地管理服务	799	214	211	3	2892	1120
居民服务、修理和其他服务业	**O**	**41016**	**40272**	**744**	**318749**	**144472**
居民服务业	80	18088	17731	357	109476	58246
家庭服务	801	3402	3361	41	23943	14589
托儿所服务	802	387	379	8	2396	1963
洗染服务	803	499	468	31	5546	2993
理发及美容服务	804	2286	2158	128	11389	7695
洗浴和保健养生服务	805	2520	2449	71	18353	10225
摄影扩印服务	806	1117	1082	35	6542	3323
婚姻服务	807	1303	1294	9	5760	2970
殡葬服务	808	709	693	16	8647	2783
其他居民服务业	809	5865	5847	18	26900	11705
机动车、电子产品和日用产品修理业	81	14556	14272	284	93399	25254
汽车、摩托车等修理与维护	811	10895	10646	249	70029	17798
计算机和办公设备维修	812	1533	1519	14	8079	2998
家用电器修理	813	1693	1679	14	12149	3523
其他日用产品修理业	819	435	428	7	3142	935
其他服务业	82	8372	8269	103	115874	60972
清洁服务	821	5350	5300	50	94673	53097
宠物服务	822	283	258	25	1685	781
其他未列明服务业	829	2739	2711	28	19516	7094
教育	**P**	**36601**	**35444**	**1157**	**1291640**	**801578**
教育	83	36601	35444	1157	1291640	801578
学前教育	831	6385	6262	123	200509	179570
初等教育	832	3296	3083	213	321830	219854
中等教育	833	3043	2952	91	400212	213882
高等教育	834	251	231	20	163897	77948
特殊教育	835	179	178	1	4905	3411
技能培训、教育辅助及其他教育	839	23447	22738	709	200287	106913
卫生和社会工作	**Q**	**30041**	**29572**	**469**	**738287**	**484628**
卫生	84	10074	9638	436	652644	430728
医院	841	1844	1753	91	415726	279076
基层医疗卫生服务	842	6475	6150	325	175575	110183
专业公共卫生服务	843	1422	1407	15	45426	30937
其他卫生活动	849	333	328	5	15917	10532
社会工作	85	19967	19934	33	85643	53900
提供住宿社会工作	851	10496	10466	30	60792	38592
不提供住宿社会工作	852	9471	9468	3	24851	15308
文化、体育和娱乐业	**R**	**44141**	**43588**	**553**	**305649**	**141199**
新闻和出版业	86	403	393	10	16494	8174
新闻业	861	85	84	1	1690	744
出版业	862	318	309	9	14804	7430
广播、电视、电影和录音制作业	87	3938	3862	76	50269	22738
广播	871	145	145		3544	1491
电视	872	86	82	4	7232	2574

1-03　续表 12

行业中类	代码	法人单位数（个）	单产业法人单位	多产业法人单位	从业人员数（人）	#女性
影视节目制作	873	2576	2554	22	19796	8201
广播电视集成播控	874	25	23	2	3090	1288
电影和广播电视节目发行	875	92	88	4	981	399
电影放映	876	888	844	44	15079	8562
录音制作	877	126	126		547	223
文化艺术业	88	15298	15209	89	96798	47016
文艺创作与表演	881	4011	3991	20	35330	15743
艺术表演场馆	882	73	72	1	1969	962
图书馆与档案馆	883	470	469	1	7092	4241
文物及非物质文化遗产保护	884	216	213	3	2461	1073
博物馆	885	287	284	3	4694	2582
烈士陵园、纪念馆	886	104	101	3	1339	533
群众文体活动	887	3973	3960	13	16954	9174
其他文化艺术业	889	6164	6119	45	26959	12708
体育	89	4195	4022	173	30785	12768
体育组织	891	1182	1171	11	6588	2485
体育场地设施管理	892	261	248	13	3369	1369
健身休闲活动	893	2532	2386	146	19659	8450
其他体育	899	220	217	3	1169	464
娱乐业	90	20307	20102	205	111303	50503
室内娱乐活动	901	8987	8906	81	40066	17750
游乐园	902	269	256	13	9711	4596
休闲观光活动	903	2169	2150	19	21933	9879
彩票活动	904	92	92		1201	558
文化体育娱乐活动与经纪代理服务	905	8564	8479	85	37027	17099
其他娱乐业	909	226	219	7	1365	621
公共管理、社会保障和社会组织	**S**	**82333**	**81692**	**641**	**1314262**	**430562**
中国共产党机关	91	1567	1558	9	38263	10704
中国共产党机关	910	1567	1558	9	38263	10704
国家机构	92	20649	20113	536	907619	284449
国家权力机构	921	288	285	3	9418	2370
国家行政机构	922	19886	19384	502	846544	262257
监察委员会、人民法院和人民检察院	923	294	271	23	43272	18090
其他国家机构	929	181	173	8	8385	1732
人民政协、民主党派	93	271	271		4466	1273
人民政协	931	135	135		3650	914
民主党派	932	136	136		816	359
社会保障	94	466	464	2	7361	3930
基本保险	941	224	223	1	4260	2398
补充保险	942					
其他社会保障	949	242	241	1	3101	1532
群众团体、社会团体和其他成员组织	95	36879	36862	17	149780	62622
群众团体	951	1027	1024	3	7515	3864
社会团体	952	29775	29771	4	99476	36501
基金会	953	548	548		2600	1161
宗教组织	954	5529	5519	10	40189	21096
基层群众自治组织	96	22501	22424	77	206773	67584
社区居民自治组织	961	7293	7278	15	73272	34829
村民自治组织	962	15208	15146	62	133501	32755

1-04 按机构类型、从业人员组距分组的法人单位数及从业人员数

分 组	法人单位数（个）	单产业法人单位	多产业法人单位	从业人员数（人）	#女性
总计	**2053630**	**2022529**	**31101**	**38281170**	**13036099**
按机构类型分组					
企业法人	1859211	1829772	29439	34578766	11224732
事业法人	41811	40813	998	1888670	1071243
机关法人	9404	8915	489	782839	236308
社会团体	31416	31408	8	110505	42107
民办非企业单位	45245	45223	22	397633	270010
基金会	548	548		2600	1161
居委会	7291	7276	15	73264	34827
村委会	15208	15146	62	133501	32755
农民专业合作社	33076	33036	40	232791	86280
农村集体经济组织	639	639		4546	1514
其他组织机构	9781	9753	28	76055	35162
按从业人员组距分组					
7 人及以下	1416512	1407166	9346	3533027	1322756
8-19 人	380688	374208	6480	4448093	1696282
20-49 人	156793	151585	5208	4606996	1875590
50-99 人	52012	48836	3176	3547014	1488053
100-299 人	33089	29541	3548	5428417	2284287
300-499 人	6596	5509	1087	2453918	939231
500-999 人	4422	3420	1002	2943329	1030151
1000-4999 人	3064	2053	1011	5656199	1561053
5000-9999 人	281	149	132	1807434	409026
10000 人及以上	173	62	111	3856743	429670

1-05 按开业（成立）时间分组的法人单位数及从业人员数

开业（成立）时间	法人单位数（个）	单产业法人单位	多产业法人单位	从业人员数（人）	#女性
总计	**2053630**	**2022529**	**31101**	**38281170**	**13036099**
1949 年以前	1722	1588	134	334024	156955
1950-1977 年	6947	6517	430	1036066	272826
1978-1991 年	23507	22175	1332	1775698	446461
1992-2000 年	81785	77638	4147	5155912	1681502
2001 年	27935	26939	996	1421377	457729
2002 年	31475	30302	1173	1386510	515506
2003 年	36493	35131	1362	1589976	584155
2004 年	36010	34736	1274	1389096	519464
2005 年	37362	36292	1070	1297251	484656
2006 年	45164	43969	1195	1554031	566021
2007 年	44265	43154	1111	1234859	437812
2008 年	47292	46240	1052	1174093	413507
2009 年	54907	53871	1036	1245147	412300
2010 年	73943	72679	1264	1501666	558782
2011 年	77024	75833	1191	1311112	517969
2012 年	86201	84894	1307	1416714	518067
2013 年	103397	102013	1384	1350465	514707
2014 年	145123	143448	1675	1706138	636133
2015 年	177000	175156	1844	1722814	666124
2016 年	277133	274020	3113	4473023	1145089
2017 年	321440	319458	1982	2636554	940777
2018 年	311805	310784	1021	1562936	587723
无开业年份	5700	5692	8	5708	1834

1-06 按登记注册类型分组的法人单位数及从业人员数

登记注册类型	法人单位数（个）	单产业法人单位	多产业法人单位	从业人员数（人）	#女性
总计	**2053630**	**2022529**	**31101**	**38281170**	**13036099**
内资	**2025882**	**1996215**	**29667**	**34226527**	**11274215**
国有	51765	50071	1694	2652041	1210406
集体	20440	19574	866	365777	179242
股份合作	1401	1326	75	27162	9703
联营	576	552	24	7914	3364
国有联营	70	69	1	2366	1101
集体联营	207	192	15	2158	694
国有与集体联营	75	72	3	1278	544
其他联营	224	219	5	2112	1025
有限责任公司	107409	103863	3546	5431673	1430588
国有独资公司	3569	3333	236	581279	141687
其他有限责任公司	103840	100530	3310	4850394	1288901
股份有限公司	14754	13379	1375	1383488	353114
私营	1702675	1680768	21907	23383115	7622187
私营独资	128518	127790	728	1072227	492118
私营合伙	15697	15608	89	116326	53699
私营有限责任公司	1543382	1522720	20662	21552810	6893130
私营股份有限公司	15078	14650	428	641752	183240
其他	126862	126682	180	975357	465611
港、澳、台商投资	**11438**	**10918**	**520**	**1518209**	**676626**
与港澳台商合资经营	3392	3229	163	379896	166306
与港澳台商合作经营	118	113	5	11400	4429
港澳台商独资	7602	7275	327	1083661	488556
港澳台商投资股份有限公司	174	161	13	37238	13876
其他港澳台投资	152	140	12	6014	3459
外商投资	**16310**	**15396**	**914**	**2536434**	**1085258**
中外合资经营	4767	4505	262	653833	279041
中外合作经营	141	134	7	15086	7143
外资企业	10810	10213	597	1805758	775372
外商投资股份有限公司	250	215	35	52090	19106
其他外商投资	342	329	13	9667	4596

1-07 按行业（大类）、地区

行业大类	代码	法人单位数	南京	无锡	徐州
总计		**2053630**	**195939**	**246876**	**149270**
农、林、牧、渔业	**A**	**14591**	**419**	**629**	**1774**
农业	01	18			1
林业	02	3			
畜牧业	03	6			
渔业	04	3			
农、林、牧、渔专业及辅助性活动	05	14561	419	629	1773
采矿业	**B**	**370**	**28**	**14**	**109**
煤炭开采和洗选业	06	22			14
石油和天然气开采业	07	5	1		
黑色金属矿采选业	08	49	2		28
有色金属矿采选业	09	12	4	2	1
非金属矿采选业	10	242	16	8	62
开采专业及辅助性活动	11	22	4	2	3
其他采矿业	12	18	1	2	1
制造业	**C**	**513458**	**18233**	**74072**	**22763**
农副食品加工业	13	7490	261	218	812
食品制造业	14	4746	327	374	525
酒、饮料和精制茶制造业	15	1831	82	220	192
烟草制品业	16	12	3		1
纺织业	17	42227	198	4468	1059
纺织服装、服饰业	18	27640	884	2915	1199
皮革、毛皮、羽毛及其制品和制鞋业	19	4626	111	183	193
木材加工和木、竹、藤、棕、草制品业	20	12998	248	793	2386
家具制造业	21	10547	391	518	3304
造纸和纸制品业	22	9637	250	1335	357
印刷和记录媒介复制业	23	10930	796	1690	282
文教、工美、体育和娱乐用品制造业	24	16276	514	1157	357
石油、煤炭及其他燃料加工业	25	730	19	129	63
化学原料和化学制品制造业	26	9790	500	1243	441
医药制造业	27	2402	235	177	155
化学纤维制造业	28	2492	20	350	29
橡胶和塑料制品业	29	28686	779	5088	679
非金属矿物制品业	30	24182	1089	4554	1710
黑色金属冶炼和压延加工业	31	4110	80	1569	110
有色金属冶炼和压延加工业	32	4761	162	1093	170
金属制品业	33	53951	2203	8101	1815
通用设备制造业	34	80978	2562	13972	1833
专用设备制造业	35	53616	1833	11512	1760

分组的法人单位数

单位：个

常州	苏州	南通	连云港	淮安	盐城	扬州	镇江	泰州	宿迁
158924	**509115**	**165388**	**62135**	**90451**	**128813**	**107650**	**75554**	**87516**	**75999**
422	**530**	**1809**	**1075**	**1518**	**2082**	**1151**	**729**	**1409**	**1044**
1	6	4	1	2	1				2
					3				
		4	1		1				
	1	1		1					
421	523	1800	1073	1515	2077	1151	729	1409	1042
34	**13**	**12**	**47**	**44**	**12**	**12**	**29**	**2**	**14**
	1	2			1	2	1		1
	1				1	1		1	
	1	2	12	1	1	1	1		
				1	1	1	2		
26	10	7	26	39	7	7	23		11
7		1		2	1		1	1	
1			9	1			1		2
54445	**135836**	**51549**	**8184**	**16584**	**31328**	**31331**	**23742**	**29182**	**16209**
219	448	1229	849	747	949	479	163	525	591
250	772	446	202	343	400	266	164	379	298
120	194	131	134	111	156	89	48	60	294
	3	1	1	2			1		
2606	14303	11381	192	1183	2783	919	610	1389	1136
1359	6878	4874	678	1493	2507	1439	677	1330	1407
198	974	526	87	406	278	818	503	119	230
849	1706	542	300	989	780	368	196	255	3586
615	2136	901	195	271	440	222	119	269	1166
1071	3465	913	122	353	480	386	327	263	315
827	3156	850	183	279	414	669	961	465	358
913	2203	3306	262	662	981	2992	848	1239	842
52	107	40	30	65	63	33	36	40	53
1045	2081	1018	416	530	747	736	339	400	294
268	448	216	84	103	185	182	80	204	65
132	1328	273	14	46	106	79	22	38	55
3527	9300	1944	376	762	1229	1568	1494	1262	678
1760	3792	2573	1581	1120	1938	1005	1046	1121	893
570	786	160	32	86	149	144	98	278	48
570	1251	326	44	173	143	258	235	262	74
5361	18329	4094	417	1004	2079	2533	3320	3743	952
12636	19673	6320	428	1959	6713	4853	2429	6986	614
4926	17856	3205	455	938	3296	2341	1812	3207	475

1-07 续表 1

行业大类	代码	法人单位数	南京	无锡	徐州
汽车制造业	36	14055	546	1666	215
铁路、船舶、航空航天和其他运输设备制造业	37	7453	340	1279	839
电气机械和器材制造业	38	34453	1279	4742	865
计算机、通信和其他电子设备制造业	39	20815	1166	1886	444
仪器仪表制造业	40	9650	717	1598	224
其他制造业	41	6210	240	488	221
废弃资源综合利用业	42	1459	60	151	63
金属制品、机械和设备修理业	43	4705	338	603	460
电力、热力、燃气及水生产和供应业	**D**	**5033**	**270**	**477**	**431**
电力、热力生产和供应业	44	2578	118	267	256
燃气生产和供应业	45	435	47	31	40
水的生产和供应业	46	2020	105	179	135
建筑业	**E**	**119569**	**12853**	**12393**	**9181**
房屋建筑业	47	23183	2852	1327	2538
土木工程建筑业	48	25526	3140	2598	2170
建筑安装业	49	24173	2431	2402	1138
建筑装饰、装修和其他建筑业	50	46687	4430	6066	3335
批发和零售业	**F**	**613999**	**50239**	**75203**	**54455**
批发业	51	397992	29187	56646	27158
零售业	52	216007	21052	18557	27297
交通运输、仓储和邮政业	**G**	**59043**	**4883**	**8327**	**4310**
铁路运输业	53	6	5		1
道路运输业	54	42253	3158	6649	3459
水上运输业	55	1992	200	130	149
航空运输业	56	132	18	16	7
管道运输业	57	17	2	3	3
多式联运和运输代理业	58	7108	827	733	157
装卸搬运和仓储业	59	6301	521	663	445
邮政业	60	1234	152	133	89
住宿和餐饮业	**H**	**25927**	**4766**	**2691**	**1638**
住宿业	61	6356	1220	651	395
餐饮业	62	19571	3546	2040	1243
信息传输、软件和信息技术服务业	**I**	**72799**	**15857**	**8378**	**4906**
电信、广播电视和卫星传输服务	63	1791	294	140	123
互联网和相关服务	64	9689	2018	883	629
软件和信息技术服务业	65	61319	13545	7355	4154
金融业	**J**	**6925**	**1135**	**652**	**302**
货币金融服务	66	2050	246	188	124
资本市场服务	67	3053	554	279	63
保险业	68	1158	223	102	88
其他金融业	69	664	112	83	27

单位：个

常州	苏州	南通	连云港	淮安	盐城	扬州	镇江	泰州	宿迁
3199	2513	477	69	340	700	1208	2070	914	138
966	703	868	46	132	404	411	341	1031	93
5656	6424	2183	427	755	1421	4612	3728	1795	566
2681	8687	1184	180	624	765	1066	1009	656	467
1196	3085	695	42	567	287	440	326	399	74
431	1308	345	148	339	544	937	579	304	326
114	363	126	62	88	170	74	34	107	47
328	1564	402	128	114	221	204	127	142	74
276	**751**	**478**	**210**	**499**	**641**	**322**	**156**	**241**	**281**
131	316	203	94	284	366	202	83	104	154
28	64	40	24	23	43	28	15	33	19
117	371	235	92	192	232	92	58	104	108
5747	**29536**	**9705**	**5498**	**6015**	**8671**	**6734**	**4548**	**4770**	**3918**
1171	2825	2402	1263	1506	2411	1404	1029	1332	1123
1190	4958	1826	1289	1105	2051	1500	1386	1275	1038
1238	8338	1749	845	988	1234	1467	852	978	513
2148	13415	3728	2101	2416	2975	2363	1281	1185	1244
44965	**166542**	**47624**	**19940**	**25247**	**34748**	**28002**	**18004**	**21828**	**27202**
33343	120194	34820	9282	14183	21512	16664	11177	13573	10253
11622	46348	12804	10658	11064	13236	11338	6827	8255	16949
3653	**14046**	**3940**	**3092**	**3756**	**4156**	**2553**	**2170**	**2090**	**2067**
2859	9285	2584	1788	3051	2991	1830	1471	1355	1773
65	184	220	116	165	313	131	84	191	44
15	22	11	4	6	11	6	14	1	1
1	1	3		1	1			1	1
410	2728	560	646	114	164	208	279	210	72
236	1627	450	495	301	585	316	277	262	123
67	199	112	43	118	91	62	45	70	53
1567	**5763**	**1676**	**1008**	**1140**	**1322**	**1627**	**800**	**865**	**1064**
340	1329	487	294	250	283	358	186	244	319
1227	4434	1189	714	890	1039	1269	614	621	745
4899	**20040**	**3568**	**1454**	**2937**	**2680**	**2757**	**1906**	**1762**	**1655**
69	342	121	84	179	94	90	64	113	78
954	2053	488	239	421	421	318	576	395	294
3876	17645	2959	1131	2337	2165	2349	1266	1254	1283
543	**1916**	**837**	**132**	**161**	**365**	**256**	**201**	**263**	**162**
132	349	200	65	82	218	134	95	145	72
277	1250	457	4	9	42	41	26	26	25
83	127	89	57	60	75	62	68	73	51
51	190	91	6	10	30	19	12	19	14

1-07 续表 2

行业大类	代码	法人单位数	南京	无锡	徐州
房地产业	**K**	**59246**	**6558**	**6462**	**4236**
房地产业	70	59246	6558	6462	4236
租赁和商务服务业	**L**	**188239**	**26126**	**22111**	**13578**
租赁业	71	13920	1926	1318	1733
商务服务业	72	174319	24200	20793	11845
科学研究和技术服务业	**M**	**129379**	**22089**	**13521**	**9714**
研究和试验发展	73	32677	4883	5364	2185
专业技术服务业	74	58657	11175	4933	3156
科技推广和应用服务业	75	38045	6031	3224	4373
水利、环境和公共设施管理业	**N**	**10920**	**1031**	**1123**	**906**
水利管理业	76	2038	196	92	229
生态保护和环境治理业	77	1550	148	209	65
公共设施管理业	78	6730	645	737	480
土地管理业	79	602	42	85	132
居民服务、修理和其他服务业	**O**	**41016**	**6066**	**5140**	**3006**
居民服务业	80	18088	3315	2292	1355
机动车、电子产品和日用产品修理业	81	14556	1975	1867	950
其他服务业	82	8372	776	981	701
教育	**P**	**36601**	**5245**	**3644**	**3354**
教育	83	36601	5245	3644	3354
卫生和社会工作	**Q**	**30041**	**5224**	**2333**	**2113**
卫生	84	10074	1355	913	885
社会工作	85	19967	3869	1420	1228
文化、体育和娱乐业	**R**	**44141**	**8699**	**4650**	**4010**
新闻和出版业	86	403	176	22	19
广播、电视、电影和录音制作业	87	3938	857	757	317
文化艺术业	88	15298	4068	1200	2044
体育	89	4195	646	589	295
娱乐业	90	20307	2952	2082	1335
公共管理、社会保障和社会组织	**S**	**82333**	**6218**	**5056**	**8484**
中国共产党机关	91	1567	156	113	182
国家机构	92	20649	1719	1484	1954
人民政协、民主党派	93	271	29	18	18
社会保障	94	466	77	21	38
群众团体、社会团体和其他成员组织	95	36879	2975	2133	3523
基层群众自治组织	96	22501	1262	1287	2769

单位：个

常州	苏州	南通	连云港	淮安	盐城	扬州	镇江	泰州	宿迁
3303	**17828**	**3740**	**1837**	**2597**	**3628**	**2940**	**1899**	**1768**	**2450**
3303	17828	3740	1837	2597	3628	2940	1899	1768	2450
13025	**48781**	**12206**	**5485**	**9390**	**10720**	**9463**	**5673**	**6719**	**4962**
600	2554	1098	723	839	1187	655	420	354	513
12425	46227	11108	4762	8551	9533	8808	5253	6365	4449
11223	**29903**	**8582**	**3085**	**5415**	**7848**	**5641**	**5383**	**4329**	**2646**
2476	8277	2045	480	895	2613	1378	790	983	308
5779	12510	3867	1385	2159	3333	2827	3619	2473	1441
2968	9116	2670	1220	2361	1902	1436	974	873	897
634	**2217**	**722**	**422**	**625**	**871**	**617**	**482**	**468**	**802**
105	146	107	120	209	248	164	125	136	161
149	370	121	43	62	116	75	66	76	50
358	1660	464	243	288	456	343	265	221	570
22	41	30	16	66	51	35	26	35	21
2559	**9302**	**3034**	**1334**	**1888**	**2618**	**1973**	**1352**	**1234**	**1510**
910	3415	1537	592	729	1024	1003	572	547	797
1100	3805	894	530	586	808	645	523	434	439
549	2082	603	212	573	786	325	257	253	274
2301	**6161**	**3066**	**1844**	**2011**	**2342**	**1955**	**1329**	**1674**	**1675**
2301	6161	3066	1844	2011	2342	1955	1329	1674	1675
976	**3561**	**3864**	**1292**	**1615**	**2903**	**2117**	**961**	**1326**	**1756**
476	1396	1185	413	569	873	789	283	423	514
500	2165	2679	879	1046	2030	1328	678	903	1242
2604	**8606**	**2732**	**1495**	**1618**	**2279**	**2245**	**2287**	**1462**	**1454**
15	38	15	11	13	26	20	15	24	9
261	591	250	102	127	239	140	121	109	67
558	2235	761	674	582	872	762	540	511	491
189	1086	293	140	150	168	250	125	108	156
1581	4656	1413	568	746	974	1073	1486	710	731
5748	**7783**	**6244**	**4701**	**7391**	**9599**	**5954**	**3903**	**6124**	**5128**
59	130	129	77	172	136	108	101	63	141
1161	2203	1797	1261	1726	2012	1535	1082	1536	1179
15	43	20	14	27	23	15	21	14	14
11	35	37	32	41	60	44	18	30	22
3451	3137	2226	1608	3526	4902	2811	1876	2589	2122
1051	2235	2035	1709	1899	2466	1441	805	1892	1650

1-08 按行业（大类）、地区分组的

行业大类	代码	从业人员数	南京	无锡	徐州
总计		**38281170**	**4375020**	**3588177**	**2495808**
农、林、牧、渔业	**A**	**90559**	**1702**	**2587**	**10065**
农业	01				
林业	02				
畜牧业	03				
渔业	04				
农、林、牧、渔专业及辅助性活动	05	90559	1702	2587	10065
采矿业	**B**	**69556**	**2979**	**40**	**50999**
煤炭开采和洗选业	06	47573			47436
石油和天然气开采业	07	7876	1357		
黑色金属矿采选业	08	3884	645		2760
有色金属矿采选业	09	960	777	1	
非金属矿采选业	10	9059	181	34	777
开采专业及辅助性活动	11	98	14	5	26
其他采矿业	12	106	5		
制造业	**C**	**14356377**	**787625**	**1851242**	**609094**
农副食品加工业	13	211003	7534	3254	28889
食品制造业	14	128311	17250	9703	13870
酒、饮料和精制茶制造业	15	84247	5630	2772	24772
烟草制品业	16	6631	2191		1706
纺织业	17	1101381	7557	147043	44718
纺织服装、服饰业	18	929760	50009	132376	30344
皮革、毛皮、羽毛及其制品和制鞋业	19	144973	4617	3500	7020
木材加工和木、竹、藤、棕、草制品业	20	229064	3264	7839	58270
家具制造业	21	159284	7753	10948	35507
造纸和纸制品业	22	168043	4409	14592	5260
印刷和记录媒介复制业	23	200240	14963	33025	5113
文教、工美、体育和娱乐用品制造业	24	391705	14712	14975	8489
石油、煤炭及其他燃料加工业	25	33465	5497	3332	7373
化学原料和化学制品制造业	26	519068	51225	49741	22273
医药制造业	27	231037	27472	14332	12195
化学纤维制造业	28	167224	2894	26025	2211
橡胶和塑料制品业	29	645111	21143	104772	19162
非金属矿物制品业	30	527868	31725	67902	42410
黑色金属冶炼和压延加工业	31	273269	18076	61307	13623
有色金属冶炼和压延加工业	32	167049	7009	35759	8961
金属制品业	33	1012730	42516	155902	34522
通用设备制造业	34	1498108	70525	235867	29884
专用设备制造业	35	1075214	44515	179979	59104

法人单位从业人员数

单位：人

常州	苏州	南通	连云港	淮安	盐城	扬州	镇江	泰州	宿迁
2789778	**7720302**	**4499468**	**1102195**	**1665122**	**2373036**	**2686197**	**1349064**	**2276852**	**1360151**
1457	**1220**	**15105**	**7775**	**9809**	**15177**	**9663**	**4886**	**4304**	**6809**
1457	1220	15105	7775	9809	15177	9663	4886	4304	6809
658	**476**	**160**	**1295**	**2757**	**1772**	**6547**	**1759**	**12**	**102**
	1	37			21	20	52		6
					8	6499		12	
		13	150	43	224	9	40		
				1		13	168		
641	475	98	1109	2671	1516	6	1479		72
11		12		25	3		2		
6			36	17			18		24
1265501	**4107679**	**1447008**	**243581**	**439275**	**837413**	**957786**	**619467**	**696668**	**494038**
3380	15106	32144	17019	21971	28609	14642	3841	20009	14605
4280	23238	9763	6721	6207	8854	6811	4996	10231	6387
2699	6102	2400	3031	4352	3276	2464	1027	2011	23711
	191	577	10	1918			38		
59804	326058	249010	6587	32382	100399	34751	17985	27334	47753
67220	177959	136260	23797	51758	71722	57654	27130	36437	67094
5775	22410	15744	3153	13642	8283	38639	11682	4282	6226
15175	18670	7520	7151	16368	11937	5752	7129	3171	66818
6998	36262	21970	2644	4690	5614	4726	2408	5462	14302
11246	68174	13296	1787	7065	12793	7991	11261	4020	6149
12028	65433	12843	2739	8274	5703	10669	13427	5736	10287
24134	50621	101399	8606	17024	27567	59509	14387	25945	24337
848	1831	1820	1831	2916	1834	1211	1731	2685	556
45012	97960	68512	25383	25669	40695	30760	21323	29402	11113
17702	34839	20443	33518	5040	16121	8503	3966	34172	2734
4174	78922	17450	1799	1624	9436	11777	1202	1028	8682
54934	243922	42399	4326	17523	25582	38640	24213	27112	21383
43300	79549	66841	25826	23094	46228	26866	30391	19683	24053
46624	56155	4357	15396	8128	9187	19821	11961	5976	2658
15545	39270	11483	2408	3601	9664	11212	11725	6422	3990
88737	309577	94108	6245	19166	46948	66563	62670	70141	15635
176293	417253	146842	8160	31552	121669	101489	46727	98302	13545
116720	324993	69553	8860	20447	71439	57135	65443	49089	7937

1-08 续表 1

行业大类	代码	从业人员数	南京	无锡	徐州
汽车制造业	36	663996	75701	96892	7660
铁路、船舶、航空航天和其他运输设备制造业	37	325111	26538	33409	18199
电气机械和器材制造业	38	1272003	79638	165236	29671
计算机、通信和其他电子设备制造业	39	1779625	111828	196438	17142
仪器仪表制造业	40	257091	25598	30518	8385
其他制造业	41	88181	2357	6685	2620
废弃资源综合利用业	42	21644	1151	1541	1084
金属制品、机械和设备修理业	43	43941	2328	5578	8657
电力、热力、燃气及水生产和供应业	**D**	**197039**	**51983**	**15134**	**13593**
电力、热力生产和供应业	44	116097	41941	7444	7674
燃气生产和供应业	45	20957	3220	1819	1447
水的生产和供应业	46	59985	6822	5871	4472
建筑业	**E**	**8802828**	**1002399**	**284622**	**557373**
房屋建筑业	47	6239731	635524	109125	407292
土木工程建筑业	48	1126490	156314	76025	84250
建筑安装业	49	667427	95466	50416	29383
建筑装饰、装修和其他建筑业	50	769180	115095	49056	36448
批发和零售业	**F**	**3796053**	**447551**	**388014**	**398037**
批发业	51	2438011	234674	288228	217036
零售业	52	1358042	212877	99786	181001
交通运输、仓储和邮政业	**G**	**1035229**	**181078**	**95335**	**85453**
铁路运输业	53				
道路运输业	54	651645	104528	66489	59073
水上运输业	55	100519	22744	3286	6340
航空运输业	56	16072	10104	1240	652
管道运输业	57	7880	705	110	6837
多式联运和运输代理业	58	70923	12097	5357	1274
装卸搬运和仓储业	59	114615	14413	10897	5291
邮政业	60	73575	16487	7956	5986
住宿和餐饮业	**H**	**480965**	**110840**	**60797**	**22193**
住宿业	61	149915	33219	17054	7634
餐饮业	62	331050	77621	43743	14559
信息传输、软件和信息技术服务业	**I**	**861147**	**346000**	**75596**	**36319**
电信、广播电视和卫星传输服务	63	141808	72445	7149	6459
互联网和相关服务	64	158827	93802	6203	3783
软件和信息技术服务业	65	560512	179753	62244	26077
金融业	**J**	**28616**	**5163**	**2132**	**1256**
货币金融服务	66	13772	1760	1308	532
资本市场服务	67	7739	409	336	251
保险业	68	522	78	50	62
其他金融业	69	6583	2916	438	411

单位：人

常州	苏州	南通	连云港	淮安	盐城	扬州	镇江	泰州	宿迁
74353	181369	21462	2300	12118	37671	71295	54073	24777	4325
43781	37648	46255	1131	1825	7156	28675	14873	63616	2005
187109	278979	123718	11443	30187	48744	139751	95590	55043	26894
103632	1011269	63151	6645	35240	38112	53976	39683	49263	53246
26402	75630	33548	1055	6683	9937	19657	8662	9333	1683
3914	14558	4075	1165	6663	6994	22667	8420	3244	4819
1218	4570	1503	1991	1457	2409	2023	581	1505	611
2464	9161	6562	854	691	2830	2157	922	1237	500
8797	**26815**	**15028**	**8804**	**9099**	**16914**	**9361**	**7993**	**7769**	**5749**
4403	11527	7579	5631	5518	9922	4052	4550	3042	2814
1448	3933	1526	465	678	1256	1933	1172	1172	888
2946	11355	5923	2708	2903	5736	3376	2271	3555	2047
586120	**635719**	**1807799**	**309374**	**543866**	**592911**	**938368**	**186398**	**1012693**	**345186**
373690	234754	1517370	226014	397345	427557	756185	87020	833055	234800
67067	127345	114871	42481	53392	97067	58833	46367	116378	86100
105274	98162	88837	16174	23415	23683	69243	18705	37431	11238
40089	175458	86721	24705	69714	44604	54107	34306	25829	13048
227171	**695707**	**436153**	**131960**	**170110**	**258587**	**228670**	**148297**	**131696**	**134100**
161101	491563	320547	75246	96389	165210	150662	93145	82427	61783
66070	204144	115606	56714	73721	93377	78008	55152	49269	72317
55328	**207950**	**65514**	**53091**	**56510**	**72347**	**49882**	**38105**	**49460**	**25176**
40462	128828	41314	20818	39729	48102	32227	23962	26556	19557
2043	6612	6386	13207	7221	13564	3635	4077	10690	714
912	163	835	454	352	585	539	216	12	8
	2	64		36	68			37	21
3279	28979	5133	5067	966	1416	2256	2454	1923	722
4198	31454	7876	10877	3925	6955	6630	4838	5506	1755
4434	11912	3906	2668	4281	1657	4595	2558	4736	2399
41626	**101173**	**23373**	**13311**	**17986**	**22634**	**24902**	**13924**	**16608**	**11598**
11478	33375	8345	5367	5741	6487	8502	4474	4865	3374
30148	67798	15028	7944	12245	16147	16400	9450	11743	8224
32414	**182067**	**37879**	**10124**	**26954**	**27909**	**29768**	**14591**	**15832**	**25694**
4565	12717	5982	2903	4226	7049	7785	3075	4400	3053
6439	14562	5007	1331	4234	3771	3094	3142	3839	9620
21410	154788	26890	5890	18494	17089	18889	8374	7593	13021
1863	**6323**	**4947**	**296**	**571**	**2625**	**1125**	**857**	**917**	**541**
645	3329	1377	248	425	1564	852	629	767	336
699	2255	2553		9	886	142	41	25	133
10	33	102	23	63	39		33	10	19
509	706	915	25	74	136	131	154	115	53

1-08 续表 2

行业大类	代码	从业人员数	南京	无锡	徐州
房地产业	**K**	**999456**	**188521**	**101767**	**59977**
房地产业	70	999456	188521	101767	59977
租赁和商务服务业	**L**	**2174545**	**341046**	**244563**	**140025**
租赁业	71	95111	14864	7403	12343
商务服务业	72	2079434	326182	237160	127682
科学研究和技术服务业	**M**	**1151068**	**253041**	**87800**	**73411**
研究和试验发展	73	238034	42794	29908	15740
专业技术服务业	74	674089	176729	44108	30133
科技推广和应用服务业	75	238945	33518	13784	27538
水利、环境和公共设施管理业	**N**	**269145**	**31286**	**24810**	**22666**
水利管理业	76	24681	1862	1617	3288
生态保护和环境治理业	77	19720	2185	2046	1088
公共设施管理业	78	217839	25856	20170	17384
土地管理业	79	6905	1383	977	906
居民服务、修理和其他服务业	**O**	**318749**	**48973**	**38246**	**22304**
居民服务业	80	109476	17546	13663	8861
机动车、电子产品和日用产品修理业	81	93399	15458	10455	6556
其他服务业	82	115874	15969	14128	6887
教育	**P**	**1291640**	**210797**	**112022**	**141922**
教育	83	1291640	210797	112022	141922
卫生和社会工作	**Q**	**738287**	**110424**	**68111**	**80570**
卫生	84	652644	97250	57869	74519
社会工作	85	85643	13174	10242	6051
文化、体育和娱乐业	**R**	**305649**	**67190**	**24845**	**32724**
新闻和出版业	86	16494	7717	484	801
广播、电视、电影和录音制作业	87	50269	11718	6538	3711
文化艺术业	88	96798	23356	6355	17763
体育	89	30785	6395	3292	2074
娱乐业	90	111303	18004	8176	8375
公共管理、社会保障和社会组织	**S**	**1314262**	**186422**	**110514**	**137827**
中国共产党机关	91	38263	5807	2520	3347
国家机构	92	907619	125306	82549	98672
人民政协、民主党派	93	4466	872	309	390
社会保障	94	7361	1103	387	724
群众团体、社会团体和其他成员组织	95	149780	34723	9690	12764
基层群众自治组织	96	206773	18611	15059	21930

单位：人

常州	苏州	南通	连云港	淮安	盐城	扬州	镇江	泰州	宿迁
52613	**261819**	**69518**	**26061**	**34978**	**53470**	**51607**	**32528**	**33595**	**33002**
52613	261819	69518	26061	34978	53470	51607	32528	33595	33002
136010	**638705**	**158703**	**61523**	**72622**	**93527**	**106605**	**53608**	**70971**	**56637**
4494	14140	11634	4176	5995	7927	4631	3087	1565	2852
131516	624565	147069	57347	66627	85600	101974	50521	69406	53785
114470	**215125**	**94275**	**29271**	**40792**	**75709**	**56222**	**50887**	**40715**	**19350**
15275	53145	19022	7176	5686	23759	10398	6245	6823	2063
74756	117172	50613	14458	20771	33589	34985	37147	27528	12100
24439	44808	24640	7637	14335	18361	10839	7495	6364	5187
29343	**56439**	**17907**	**15753**	**12022**	**14870**	**12166**	**9609**	**8624**	**13650**
649	2997	1024	1915	2455	2812	1907	1258	1371	1526
1250	4521	2414	738	722	1851	706	939	632	628
27240	48515	14105	12777	8429	9802	9315	7099	5792	11355
204	406	364	323	416	405	238	313	829	141
19953	**80765**	**23048**	**10239**	**13826**	**20195**	**14766**	**9168**	**9141**	**8125**
6088	16577	8772	5397	5438	8199	7003	3648	4102	4182
7690	21700	6333	2883	4013	5487	4566	3630	2364	2264
6175	42488	7943	1959	4375	6509	3197	1890	2675	1679
73430	**187037**	**94911**	**68234**	**74019**	**91894**	**66183**	**47332**	**58510**	**65349**
73430	187037	94911	68234	74019	91894	66183	47332	58510	65349
44467	**116584**	**63911**	**31989**	**39304**	**49530**	**32947**	**26663**	**38686**	**35101**
41297	102504	51834	29349	34977	43914	28846	23443	35648	31194
3170	14080	12077	2640	4327	5616	4101	3220	3038	3907
23408	**39669**	**25363**	**9119**	**12852**	**17310**	**17118**	**17264**	**10175**	**8612**
834	1278	453	356	359	1052	1257	723	891	289
4953	6240	3911	1120	2309	2497	1963	2766	1303	1240
3831	10667	6242	3814	4120	6809	5207	3077	3133	2424
1640	7505	2575	953	1050	1025	1835	549	975	917
12150	13979	12182	2876	5014	5927	6856	10149	3873	3742
75149	**159030**	**98866**	**70395**	**87770**	**108242**	**72511**	**65728**	**70476**	**71332**
1301	3727	3408	1536	2674	2966	2937	1917	1765	4358
54567	121556	69685	48540	51387	68898	47553	49989	48416	40501
227	462	400	209	335	245	262	291	263	201
1037	539	524	318	471	1042	237	374	401	204
8963	9158	8808	7924	16012	13660	7310	5350	4690	10728
9054	23588	16041	11868	16891	21431	14212	7807	14941	15340

1-09 按地区、机构类型

地　区	法　人 单位数	企业 法人	事业 法人	机关 法人
总计	**2053630**	**1859211**	**41811**	**9404**
南京市	**195939**	**175925**	**3555**	**989**
玄武区	14513	12835	334	103
秦淮区	22150	19934	351	83
建邺区	11091	10322	214	89
鼓楼区	29553	26086	633	165
浦口区	30092	28202	329	98
栖霞区	14238	12280	224	82
雨花台区	10312	9560	136	58
江宁区	23578	21637	394	75
六合区	18227	16183	395	75
溧水区	12422	10517	306	79
高淳区	9763	8369	239	82
无锡市	**246876**	**234438**	**2920**	**624**
锡山区	19963	18972	265	66
惠山区	28274	26952	323	68
滨湖区	27807	26285	463	134
梁溪区	49600	47495	487	74
新吴区	25551	24812	181	41
江阴市	55813	53053	613	126
宜兴市	39868	36869	588	115
徐州市	**149270**	**128655**	**4215**	**874**
鼓楼区	12410	11421	162	58
云龙区	14030	12561	348	125
贾汪区	5937	4984	313	61
泉山区	17240	16090	259	75
铜山区	19917	16506	513	96
丰县	8924	6824	574	97
沛县	11157	9417	466	99
睢宁县	15074	12365	446	74
徐州经济技术开发区	5472	5177	95	15
新沂市	18684	16176	457	73
邳州市	20425	17134	582	101
常州市	**158924**	**148016**	**2188**	**503**
天宁区	22841	21458	265	62
钟楼区	20334	18920	294	54
新北区	40625	38714	327	131
武进区	48403	46149	527	109

分组的法人单位数

单位：个

社会团体	民办非企业单位	基金会	居委会	村委会	农民专业合作社	农村集体经济组织	其他组织机构
31416	**45245**	**548**	**7291**	**15208**	**33076**	**639**	**9781**
2637	**8559**	**129**	**878**	**384**	**2203**	**3**	**677**
280	812	21	73	5			50
213	1371	14	107		2		75
82	297	4	44	4	1		34
723	1648	40	123				135
179	791	8	86	25	281	1	92
153	1205	15	90	31	120		38
74	386	3	59	4	1		31
76	856	17	126	75	245		77
569	447	3	41	104	326	1	83
174	399	2	76	40	793		36
114	347	2	53	96	434	1	26
1814	**3565**	**65**	**635**	**652**	**1357**	**105**	**701**
165	241	5	47	75	60	1	66
200	301	5	62	56	248	4	55
203	472	6	104	7	13	23	97
403	855	14	162		2	6	102
105	218	4	80	46	7	34	23
401	695	22	79	245	350	32	197
337	783	9	101	223	677	5	161
2879	**3561**	**26**	**598**	**2171**	**5247**		**1044**
157	509	2	72		3		26
309	550	4	51	25	1		56
141	163		45	99	90		41
226	419	6	108	1	3		53
468	586	5	32	294	1275		142
237	204	2	29	343	501		113
126	134	1	130	265	449		70
479	387	1	28	372	657		265
9	74		28	53	5		16
525	341	2	32	254	714		110
202	194	3	43	465	1549		152
3255	**1462**	**34**	**406**	**644**	**1800**	**196**	**420**
605	252	1	70	53	27	1	47
571	316	4	50	58	18	3	46
738	289	22	78	66	159	8	93
449	234	4	120	196	315	183	117

1-09 续表 1

地 区	法 人 单位数	企业 法人	事业 法人	机关 法人
金坛区	12355	10603	372	64
溧阳市	14366	12172	403	83
苏州市	**509115**	**489831**	**4392**	**895**
虎丘区	27052	26026	257	46
吴中区	51050	49224	481	106
相城区	29905	28838	282	94
姑苏区	58903	56489	489	124
吴江区	57247	55110	471	98
苏州工业园区	54783	53678	197	38
常熟市	49524	46447	593	87
张家港市	46354	44068	489	94
昆山市	105685	103018	747	101
太仓市	28612	26933	386	107
南通市	**165388**	**148202**	**3690**	**830**
崇川区	21607	19551	429	140
港闸区	10780	9931	186	63
通州区	24166	21947	545	98
如东县	18928	16209	631	104
南通经济技术开发区	9827	9483	78	33
启东市	17240	15302	382	97
如皋市	21735	19108	448	99
海门市	18926	16597	524	114
海安市	22179	20074	467	82
连云港市	**62135**	**52416**	**2422**	**558**
连云区	3541	3036	164	67
海州区	19051	17599	386	108
赣榆区	8020	6686	332	65
东海县	15272	12837	507	85
灌云县	5703	4077	422	72
灌南县	6900	5001	415	81
连云港经济技术开发区	2515	2338	68	27
连云港高新技术产业开发区	1133	842	128	53
淮安市	**90451**	**75126**	**3491**	**908**
淮安区	15365	12146	582	147
淮阴区	13733	11212	464	119
清江浦区	18470	16818	503	115
洪泽区	7308	5997	299	73
涟水县	8263	6118	533	108
盱眙县	9140	6766	576	188
金湖县	9241	7695	327	78
淮安经济技术开发区	8931	8374	207	80

单位：个

社会团体	民办非企业单位	基金会	居委会	村委会	农民专业合作社	农村集体经济组织	其他组织机构
205	224	2	34	97	709	1	44
687	147	1	54	174	572		73
2786	**5578**	**110**	**1185**	**1050**	**2341**	**149**	**798**
62	390	8	58	38	130	2	35
204	349	7	114	84	335	23	123
129	146	3	74	67	222	16	34
601	887	21	169	5	14	6	98
281	622	11	72	250	267	1	64
106	478	13	154		64	1	54
371	1093	9	121	214	490	25	74
397	444	19	146	167	294	72	164
466	559	16	195	152	328	3	100
169	610	3	82	73	197		52
2044	**5133**	**41**	**642**	**1393**	**2538**	**89**	**786**
369	929	12	114		6		57
37	436	2	48	23	9	32	13
285	309	5	56	228	525	33	135
339	709	2	39	218	561	14	102
128	67	1	33				4
286	329	3	56	290	415		80
171	1086	5	195	166	277	7	173
204	540	9	71	261	466		140
225	728	2	30	207	279	3	82
1328	**1710**	**15**	**271**	**1438**	**1575**	**1**	**401**
76	115	2	28	22	14		17
233	355	5	107	92	86	1	79
90	188		47	425	167		20
391	230	1	15	341	732		133
138	352	1	26	312	181		122
354	402	2	16	222	389		18
14	30	1	17	16			4
32	38	3	15	8	6		8
2455	**2247**	**21**	**294**	**1605**	**2889**	**13**	**1402**
536	575	3	53	303	795	2	223
367	358		21	298	649	2	243
293	406	4	82	74	66	2	107
217	160	4	17	110	299	5	127
162	289	3	56	342	317		335
556	239	1	19	289	284		222
276	147	1	32	120	456	1	108
48	73	5	14	69	23	1	37

1-09 续表 2

地区	法人单位数	企业法人	事业法人	机关法人
盐城市	**128813**	**107806**	**4315**	**852**
亭湖区	17215	15627	532	85
盐都区	19248	16838	514	150
大丰区	11916	10028	493	81
响水县	9925	8046	397	77
滨海县	12672	10122	537	90
阜宁县	15864	13098	352	73
射阳县	11966	9769	393	94
建湖县	10946	9075	471	102
盐城经济技术开发区	2151	1982	66	20
东台市	16910	13221	560	80
扬州市	**107650**	**93049**	**3238**	**699**
广陵区	18992	17225	374	119
邗江区	25311	23415	576	163
江都区	20898	17900	709	105
宝应县	12748	9403	557	81
扬州经济技术开发区	4328	3944	93	19
仪征市	11448	9657	490	100
高邮市	13925	11505	439	112
镇江市	**75554**	**66735**	**2130**	**519**
京口区	9111	7936	274	64
润州区	8462	7209	368	146
丹徒区	7087	6017	259	56
镇江新区	7449	6926	146	42
丹阳市	18802	17010	419	76
扬中市	11798	10773	263	60
句容市	12845	10864	401	75
泰州市	**87516**	**74697**	**2984**	**560**
海陵区	12816	10975	464	119
高港区	8030	6831	252	54
姜堰区	15119	12620	430	70
泰州医药高新技术产业开发区	7032	6506	192	40
兴化市	11634	9146	650	101
靖江市	16196	14388	443	85
泰兴市	16689	14231	553	91
宿迁市	**75999**	**64315**	**2271**	**593**
宿城区	9664	7951	523	158
宿豫区	5886	4738	348	86
沭阳县	34094	30547	500	130
泗阳县	11939	9687	412	94
泗洪县	10928	8073	442	115
宿迁经济技术开发区	3488	3319	46	10

单位：个

社会团体	民办非企业单位	基金会	居委会	村委会	农民专业合作社	农村集体经济组织	其他组织机构
4094	**4441**	**28**	**636**	**1830**	**3713**	**8**	**1090**
196	425	6	102	100	79		63
484	617	5	92	178	281	2	87
274	458	4	55	208	245	1	69
472	233	2	64	100	365	1	168
534	544	3	36	262	359	1	184
652	683	1	99	253	400		253
478	478	2	87	151	403		111
390	391	2	47	199	189		80
5	31		11	20	8		8
609	581	3	43	359	1384	3	67
2565	**2835**	**29**	**400**	**1041**	**2999**	**27**	**768**
281	665	9	64	87	96	7	65
319	394	7	68	101	183	1	84
573	529	2	76	265	479	13	247
588	459	2	44	238	1205	3	168
67	92	1	31	31	36	1	13
383	159	5	62	141	353		98
354	537	3	55	178	647	2	93
1771	**1594**	**11**	**288**	**517**	**1766**	**2**	**221**
443	284	3	61	5	14		27
339	270	1	63	13	22		31
192	137	1	13	84	309		19
129	92	1	25	48	18		22
204	439	1	70	144	371	2	66
144	180	1	24	68	263		22
320	192	3	32	155	769		34
2405	**2049**	**28**	**397**	**1495**	**2325**	**46**	**530**
428	460	8	117	23	133	2	87
399	207	2	9	82	161	1	32
527	483	4	46	270	524	10	135
59	143	3	42	18	11		18
195	266	3	58	613	501	6	95
213	270	2	77	188	476		54
584	220	6	48	301	519	27	109
1383	**2511**	**11**	**661**	**988**	**2323**		**943**
342	215	6	75	139	150		105
113	170		70	105	186		70
143	1007	1	197	416	637		516
544	414	3	115	138	382		150
228	667	1	179	182	959		82
13	38		25	8	9		20

1-10 按地区、机构类型分组

地 区	从 业 人员数			
		企业法人	事业法人	机关法人
总计	**38281170**	**34578766**	**1888670**	**782839**
南京市	**4375020**	**3822828**	**291975**	**113181**
玄武区	301792	215748	43667	11997
秦淮区	384963	328115	31992	12681
建邺区	323079	298275	9801	8345
鼓楼区	718662	604472	72899	19347
浦口区	389128	344846	20638	13360
栖霞区	419430	372688	30763	5946
雨花台区	232124	211737	8809	5832
江宁区	689661	618182	36558	18949
六合区	330292	300288	16601	4923
溧水区	308873	275889	10837	6187
高淳区	277016	252588	9410	5614
无锡市	**3588177**	**3288456**	**155020**	**73772**
锡山区	345938	320824	13234	7097
惠山区	363012	331918	16717	7332
滨湖区	377167	332356	26627	7595
梁溪区	403531	343452	27235	16349
新吴区	604907	585571	9035	4900
江阴市	943972	877782	37820	14949
宜兴市	549650	496553	24352	15550
徐州市	**2495808**	**2092440**	**211672**	**87501**
鼓楼区	149651	134524	7019	3869
云龙区	144478	113072	16401	6655
贾汪区	92005	73905	10243	4597
泉山区	256485	203358	33804	12028
铜山区	353743	307093	24144	9404
丰县	173164	136833	17283	8240
沛县	301992	263096	22116	9474
睢宁县	241702	201612	18381	8379
徐州经济技术开发区	136424	124868	6134	2091
新沂市	290936	247611	21716	9285
邳州市	355228	286468	34431	13479
常州市	**2789778**	**2570431**	**117376**	**44485**
天宁区	266025	230654	27299	3527
钟楼区	240639	220399	11952	3109
新北区	509136	471927	19018	12068
武进区	916161	854378	30052	11239

的法人单位从业人员数

单位：人

社会团体	民办非企业单位	基金会	居委会	村委会	农民专业合作社	农村集体经济组织	其他组织机构
110505	**397633**	**2600**	**73264**	**133501**	**232791**	**4546**	**76055**
33129	**65570**	**563**	**13099**	**5512**	**21808**	**5**	**7350**
25413	3684	63	445	22			753
1115	8668	50	1201		2		1139
766	4439	28	474	12			939
4138	14342	225	1123				2116
206	5641	36	1826	476	1609		490
213	6837	76	1414	478	743		272
158	3723	3	1234	61	4		560
171	9897	67	3256	1308	771		502
404	4543	9	666	1578	999		281
201	2228		731	467	12165		168
344	1568	6	729	1107	5515	5	130
7528	**36711**	**205**	**7710**	**7349**	**4577**	**516**	**6333**
601	1713	11	628	1153	65	9	603
759	3670	4	1009	754	443	8	398
635	7341	22	1166	65	60	217	1083
1194	11371	64	2169		4	48	1645
484	3171	19	984	294	30	137	282
2474	4418	58	934	3166	995	89	1287
1381	5027	27	820	1917	2980	8	1035
8647	**36526**	**141**	**5500**	**16430**	**30217**		**6734**
222	3104	11	716		4		182
1938	4953	18	468	299	4		670
199	1494		282	781	309		195
1157	4331	57	1092	15	8		635
440	4681	31	286	2448	4453		763
1050	3217	11	224	2304	3332		670
319	2227		1050	1276	2138		296
527	5120		336	2709	3121		1517
27	2260		263	687	16		78
2158	2426	13	218	1988	5031		490
610	2713		565	3923	11801		1238
7672	**12261**	**83**	**3388**	**5659**	**23646**	**1483**	**3294**
617	2348		607	571	31		371
1005	2569	5	429	564	166		441
1082	2212	43	708	504	696	21	857
861	2268	31	1029	1556	12403	1456	888

1-10 续表 1

地 区	从 业 人员数	企业 法人	事业 法人	机关 法人
金坛区	415280	387425	12245	3703
溧阳市	442537	405648	16810	10839
苏州市	**7720302**	**7250505**	**262044**	**95304**
虎丘区	566862	537008	20429	1959
吴中区	705053	657942	27680	7628
相城区	456136	410000	15655	21395
姑苏区	435242	373850	40019	6851
吴江区	825620	779320	24477	12555
苏州工业园区	935062	897609	16582	7757
常熟市	787629	735720	29960	10888
张家港市	741874	690067	26980	13926
昆山市	1798853	1729405	44331	7992
太仓市	467971	439584	15931	4353
南通市	**4499468**	**4207909**	**144344**	**59410**
崇川区	335257	280096	31611	12834
港闸区	223526	210076	6710	2912
通州区	817222	773013	22585	7400
如东县	524824	490152	14958	7324
南通经济技术开发区	218179	211359	4209	1125
启东市	474914	445350	13160	6797
如皋市	583387	543330	17665	6887
海门市	680568	642533	18304	7342
海安市	641591	612000	15142	6789
连云港市	**1102195**	**910064**	**103351**	**40914**
连云区	74472	64921	5067	2729
海州区	246189	207737	21604	10647
赣榆区	228248	193558	20118	6266
东海县	191849	155573	18340	6888
灌云县	92971	67945	12423	5247
灌南县	141237	110673	13513	5737
连云港经济技术开发区	89813	86905	1365	757
连云港高新技术产业开发区	37416	22752	10921	2643
淮安市	**1665122**	**1434336**	**113414**	**45054**
淮安区	296503	252571	18692	8176
淮阴区	236842	204239	16649	5275
清江浦区	295184	259341	24694	4820
洪泽区	133929	115470	8119	4669
涟水县	249632	218093	14383	6107
盱眙县	136613	107104	13514	5569
金湖县	132284	112177	7975	3839
淮安经济技术开发区	184135	165341	9388	6599

单位：人

社会团体	民办非企业单位	基金会	居委会	村委会	农民专业合作社	农村集体经济组织	其他组织机构
710	1666	1	271	1024	7897	6	332
3397	1198	3	344	1440	2453		405
6849	**61277**	**368**	**11650**	**11938**	**10425**	**1481**	**8461**
125	4415	13	645	232	1536	6	494
345	5482	44	1566	1116	1661	377	1212
215	3141	2	1041	991	3239	78	379
2166	9590	134	1063	43	71	35	1420
1184	4228	6	491	2720	259	3	377
308	9334	20	1781		530		1141
452	5786	9	993	2384	753	6	678
747	4039	85	1064	1749	700	968	1549
1017	10262	33	2500	1820	642	8	843
290	5000	22	506	883	1034		368
7452	**35048**	**171**	**5792**	**10249**	**22862**	**646**	**5585**
1309	6818	47	1640		9		893
621	2056	4	475	226	17	341	88
1708	3275	21	474	2013	5570	237	926
820	3169	8	330	1616	5717	41	689
203	935	3	301				44
1296	1913	30	399	1896	3612		461
467	10014	16	1569	1224	1266	27	922
679	4169	37	361	1577	4588		978
349	2699	5	243	1697	2083		584
3684	**16905**	**68**	**1567**	**10301**	**10152**	**1**	**5188**
54	1119	1	167	128	27		259
891	2786	28	558	924	349	1	664
401	3554		274	3006	957		114
855	2580	4	94	2575	4183		757
116	2191		193	2284	809		1763
1254	3392	4	92	1205	3799		1568
16	560		98	94			18
97	723	31	91	85	28		45
8811	**20142**	**84**	**2881**	**14010**	**16971**	**51**	**9368**
2892	4253	16	758	2789	3656	16	2684
1411	2378		206	2426	2992	4	1262
1103	2561	12	679	664	385	7	918
570	1444	8	140	864	1875	17	753
794	3695	18	499	2809	1529		1705
1158	3755		267	2761	1584		901
666	692	3	195	1005	4805		927
217	1364	27	137	692	145	7	218

1-10 续表 2

地区	从业人员数	企业法人	事业法人	机关法人
盐城市	**2373036**	**2083660**	**143390**	**58717**
亭湖区	282925	236532	28055	9893
盐都区	400700	366755	14951	8868
大丰区	223736	197547	13663	6252
响水县	131978	111128	9167	4322
滨海县	202717	172816	16186	6023
阜宁县	355088	321853	13399	5618
射阳县	208212	179248	14399	3949
建湖县	217384	190614	15510	4804
盐城经济技术开发区	68354	60839	3668	3010
东台市	281942	246328	14392	5978
扬州市	**2686197**	**2464224**	**100460**	**41555**
广陵区	390508	362417	15900	4546
邗江区	430059	390425	18648	11631
江都区	606136	569221	17175	7447
宝应县	389476	336704	16342	4138
扬州经济技术开发区	141561	130557	8044	1032
仪征市	293097	270469	9972	5937
高邮市	435360	404431	14379	6824
镇江市	**1349064**	**1183812**	**83715**	**44152**
京口区	127910	103206	18557	3446
润州区	126830	100305	12662	11076
丹徒区	129610	111200	8073	4591
镇江新区	160877	152814	3595	2424
丹阳市	384040	350308	18598	8174
扬中市	172457	155658	7960	4873
句容市	247340	210321	14270	9568
泰州市	**2276852**	**2087064**	**101823**	**40321**
海陵区	292318	265282	13621	5930
高港区	253805	241261	5265	3079
姜堰区	404756	377227	15153	4975
泰州医药高新技术产业开发区	140428	126398	7649	4013
兴化市	306945	262184	24026	8265
靖江市	410791	383969	14138	7346
泰兴市	467809	430743	21971	6713
宿迁市	**1360151**	**1183037**	**60086**	**38473**
宿城区	224810	187696	13667	11093
宿豫区	172449	149299	8618	6122
沭阳县	411154	365911	13830	8036
泗阳县	274256	244681	11787	4691
泗洪县	191126	152936	11070	7843
宿迁经济技术开发区	86356	82514	1114	688

单位：人

社会团体	民办非企业单位	基金会	居委会	村委会	农民专业合作社	农村集体经济组织	其他组织机构
8545	**27855**	**58**	**5771**	**15660**	**22300**	**110**	**6970**
374	4780	6	1085	1063	552		585
1372	3936	16	917	1506	1733	9	637
420	1847	10	416	1931	1283	1	366
737	2429	6	481	833	1530	5	1340
1068	1950	5	367	2225	1267	2	808
1846	4182	4	934	2166	3611		1475
1252	3549	4	853	1443	2885		630
935	1916	2	345	1422	1291		545
20	466		83	173	48		47
521	2800	5	290	2898	8100	93	537
5863	**18530**	**64**	**3647**	**10565**	**36079**	**115**	**5095**
746	4209	18	602	1101	554	38	377
701	5347	7	848	1055	840		557
1650	2753	2	745	3075	2939	18	1111
1227	2077	8	337	2074	24808	53	1708
282	1023	6	269	202	64		82
694	1394	16	415	1151	2466		583
563	1727	7	431	1907	4408	6	677
4147	**9848**	**651**	**2199**	**5608**	**13306**	**1**	**1625**
521	1458	6	379	44	46		247
446	1336	4	456	164	91		290
906	1073	7	125	1230	2322		83
251	856	3	189	360	207		178
343	2022		548	1404	2242	1	400
582	1470	6	300	822	685		101
1098	1633	625	202	1584	7713		326
3817	**17088**	**103**	**3124**	**11817**	**9042**	**137**	**2516**
751	4625	26	918	245	349		571
898	1297	4	117	1044	708		132
448	2087	13	312	2247	1826	28	440
91	1617	8	298	152	25		177
858	3076	3	313	4055	3712	21	432
221	1997	2	690	1555	515		358
550	2389	47	476	2519	1907	88	406
4361	**39872**	**41**	**6936**	**8403**	**11406**		**7536**
778	6077	31	1039	1325	501		2603
315	4958		907	961	822		447
512	12423		1691	2940	2752		3059
1986	5653	10	1227	1407	1929		885
754	9388		1659	1640	5370		466
16	1373		413	130	32		76

1-11 按地区、开业（成立）

地　区	法　人单位数	1949 年以前	1950-1977 年	1978-1991 年	1992-2000 年	2001 年	2002 年	2003 年	2004 年	2005 年	2006 年
总计	**2053630**	**1722**	**6947**	**23507**	**81785**	**27935**	**31475**	**36493**	**36010**	**37362**	**45164**
南京市	**195939**	**191**	**597**	**1944**	**7864**	**2100**	**3082**	**3790**	**3879**	**4146**	**4758**
玄武区	14513	25	72	255	1021	254	380	394	406	448	435
秦淮区	22150	32	74	241	1332	301	499	596	631	634	640
建邺区	11091	7	30	102	317	82	149	188	203	207	222
鼓楼区	29553	32	100	500	1848	414	597	727	739	766	835
浦口区	30092	22	42	143	612	146	262	395	385	454	557
栖霞区	14238	13	40	136	503	176	200	276	282	258	353
雨花台区	10312	5	22	81	330	96	138	150	175	182	207
江宁区	23578	27	82	179	872	281	339	470	397	436	654
六合区	18227	10	45	126	453	143	247	301	314	319	401
溧水区	12422	8	46	95	336	97	148	159	167	202	228
高淳区	9763	10	44	86	240	110	123	134	180	240	226
无锡市	**246876**	**137**	**336**	**2663**	**14284**	**4736**	**5556**	**6028**	**5248**	**4516**	**5636**
锡山区	19963	14	20	98	1383	540	449	529	487	410	519
惠山区	28274	17	26	194	1998	764	687	843	737	559	672
滨湖区	27807	15	39	395	1730	609	574	635	625	522	599
梁溪区	49600	17	34	396	1878	674	797	954	905	742	973
新吴区	25551	7	18	121	1165	394	496	623	581	419	531
江阴市	55813	51	120	771	3197	1013	1452	1465	1045	1004	1302
宜兴市	39868	16	79	688	2933	742	1101	979	868	860	1040
徐州市	**149270**	**132**	**883**	**2354**	**3753**	**1232**	**1234**	**1289**	**1532**	**1888**	**2267**
鼓楼区	12410	7	27	59	319	134	158	163	164	216	262
云龙区	14030	22	68	198	369	143	163	174	173	180	247
贾汪区	5937	11	39	67	207	50	62	67	54	111	73
泉山区	17240	16	36	121	523	155	155	200	188	265	327
铜山区	19917	13	110	238	451	136	148	141	186	290	253
丰县	8924	7	50	237	459	106	91	111	139	119	158
沛县	11157	11	188	302	357	93	87	70	113	126	139
睢宁县	15074	16	134	315	294	80	90	62	85	84	160
徐州经济技术开发区	5472	3	25	38	149	70	69	87	95	103	115
新沂市	18684	15	86	322	262	108	87	96	134	176	300
邳州市	20425	11	120	457	363	157	124	118	201	218	233
常州市	**158924**	**140**	**329**	**1864**	**10131**	**2488**	**3178**	**3250**	**2915**	**3245**	**3771**
天宁区	22841	18	29	278	1808	470	600	615	530	546	585
钟楼区	20334	12	43	269	1132	325	464	450	369	371	527
新北区	40625	12	51	260	1892	434	581	679	611	684	861
武进区	48403	42	59	688	3964	835	1029	1037	922	1031	1195

时间分组的法人单位数

单位：个

2007年	2008年	2009年	2010年	2011年	2012年	2013年	2014年	2015年	2016年	2017年	2018年	无开业年份
44265	**47292**	**54907**	**73943**	**77024**	**86201**	**103397**	**145123**	**177000**	**277133**	**321440**	**311805**	**5700**
4514	**4793**	**5418**	**6749**	**6825**	**8507**	**11104**	**14245**	**16300**	**23547**	**26476**	**34453**	**657**
453	440	509	509	563	613	646	986	1051	1423	1526	2095	9
700	651	682	845	778	1009	1133	1525	1825	2197	2173	3622	30
248	263	296	387	417	421	573	784	949	1393	1770	2060	23
779	856	867	1028	825	1127	1549	1812	2095	3131	3519	5357	50
435	427	638	766	857	1166	1732	2366	3007	4094	5007	6532	47
279	325	420	469	474	761	1128	1218	1191	1605	2046	2041	44
178	210	271	331	370	417	563	814	976	1546	1736	1503	11
574	542	613	809	798	948	1267	1681	1973	3281	3798	3514	43
443	584	547	748	878	1045	1262	1476	1485	2146	1921	3128	205
236	290	314	516	463	554	782	1023	1195	1681	1907	1966	9
189	205	261	341	402	446	469	560	553	1050	1073	2635	186
5210	**5396**	**6779**	**8748**	**9016**	**9500**	**10960**	**17070**	**19808**	**29619**	**35108**	**39809**	**713**
558	587	678	843	888	874	904	1354	1518	2247	2512	2506	45
624	660	760	1068	1024	1081	1433	1944	2135	3002	3907	4055	84
493	542	789	961	958	1020	1220	1897	2125	3599	4007	4398	55
921	973	1237	1467	1664	1895	2479	3948	4619	7030	8056	7861	80
467	482	672	893	975	927	1091	1783	2084	3019	3693	4993	117
1223	1277	1567	2002	1964	2130	2293	3580	4302	5942	7780	10140	193
924	875	1076	1514	1543	1573	1540	2564	3025	4780	5153	5856	139
2340	**2817**	**3542**	**4498**	**4806**	**5461**	**7330**	**10666**	**13550**	**24284**	**27683**	**25293**	**436**
298	347	372	430	472	505	517	987	968	2266	1840	1895	4
301	346	374	489	526	636	685	1178	1445	2319	2263	1725	6
89	103	126	187	170	225	217	305	362	1058	1228	1066	60
331	413	471	526	571	681	861	1425	1895	2937	3094	2005	44
303	360	514	583	657	748	855	1545	1852	3268	3545	3505	216
126	156	232	277	310	335	450	752	761	1302	1482	1259	5
183	223	238	323	335	481	376	563	1040	1569	1855	2429	56
104	147	203	379	389	441	640	853	1364	2970	3707	2556	1
150	165	200	274	284	222	291	403	474	670	960	624	1
195	253	376	495	468	426	957	1039	1551	2617	4415	4304	2
260	304	436	535	624	761	1481	1616	1838	3308	3294	3925	41
3619	**3591**	**4110**	**5878**	**6193**	**7024**	**7998**	**11454**	**13296**	**19597**	**21900**	**22678**	**275**
558	570	668	942	963	1014	1032	1451	1717	2662	2747	3032	6
478	482	421	603	615	807	950	1388	1751	2512	2910	3433	22
841	836	973	1425	1666	1809	2134	3482	3762	5357	6097	6057	121
1164	1055	1282	1835	1847	2123	2459	3288	3829	5510	6741	6384	84

1-11 续表 1

地 区	法 人 单位数	1949 年以前	1950-1977 年	1978-1991 年	1992-2000 年	2001 年	2002 年	2003 年	2004 年	2005 年	2006 年
金坛区	12355	32	66	176	701	257	265	234	258	315	305
溧阳市	14366	24	81	193	634	167	239	235	225	298	298
苏州市	**509115**	**216**	**542**	**2663**	**17167**	**6185**	**7835**	**10056**	**8831**	**9199**	**11498**
虎丘区	27052	15	25	119	993	242	415	472	495	483	609
吴中区	51050	19	48	174	1423	529	653	990	797	926	1110
相城区	29905	10	21	92	1096	478	580	698	603	666	762
姑苏区	58903	33	48	494	1887	564	765	896	839	949	1144
吴江区	57247	30	66	290	2134	944	1120	1592	1133	958	1335
苏州工业园区	54783	3	9	33	967	319	541	736	772	772	885
常熟市	49524	23	107	569	2428	761	950	1155	938	969	1209
张家港市	46354	15	78	321	2482	752	1045	1136	994	1108	1217
昆山市	105685	38	86	368	2366	1168	1293	1802	1688	1837	2481
太仓市	28612	30	54	203	1391	428	473	579	572	531	746
南通市	**165388**	**180**	**552**	**1749**	**7158**	**2745**	**2568**	**3420**	**4175**	**4289**	**4651**
崇川区	21607	23	57	292	1122	379	427	612	614	559	682
港闸区	10780	5	22	77	475	162	144	252	241	250	291
通州区	24166	25	71	267	1053	327	371	461	533	656	601
如东县	18928	38	73	263	792	306	312	310	610	680	730
南通经济技术开发区	9827	1	10	41	314	134	122	156	235	159	234
启东市	17240	19	81	220	976	385	413	435	433	472	490
如皋市	21735	20	69	121	828	397	271	319	487	480	587
海门市	18926	23	84	249	822	316	242	441	498	418	449
海安市	22179	26	85	219	776	339	266	434	524	615	587
连云港市	**62135**	**104**	**691**	**1275**	**1556**	**676**	**729**	**655**	**801**	**937**	**1262**
连云区	3541	7	26	81	154	56	54	54	78	112	127
海州区	19051	19	79	206	489	167	214	235	299	343	472
赣榆区	8020	25	95	165	164	186	142	80	101	89	151
东海县	15272	9	188	290	297	99	145	112	152	170	188
灌云县	5703	29	143	291	188	46	79	53	42	71	128
灌南县	6900	7	136	167	144	83	59	68	61	84	94
连云港经济技术开发区	2515	2	7	30	65	21	22	35	51	53	77
连云港高新技术产业开发区	1133	6	17	45	55	18	14	18	17	15	25
淮安市	**90451**	**52**	**726**	**1920**	**2502**	**1144**	**959**	**1093**	**1205**	**1190**	**1622**
淮安区	15365	11	129	380	429	210	146	159	282	218	235
淮阴区	13733	7	118	287	460	174	153	170	158	147	222
清江浦区	18470	10	48	222	349	177	179	247	239	312	368
洪泽区	7308	1	48	128	177	55	81	63	109	71	131
涟水县	8263	11	200	414	349	184	159	105	105	122	151
盱眙县	9140	9	91	266	319	156	101	138	85	105	195
金湖县	9241		70	164	324	142	103	147	161	139	182
淮安经济技术开发区	8931	3	22	59	95	46	37	64	66	76	138

单位：个

2007 年	2008 年	2009 年	2010 年	2011 年	2012 年	2013 年	2014 年	2015 年	2016 年	2017 年	2018 年	无开业年份
302	331	367	482	433	569	598	823	1008	1528	1625	1661	19
276	317	399	591	669	702	825	1022	1229	2028	1780	2111	23
11211	**10795**	**13621**	**19207**	**21417**	**22283**	**25852**	**37994**	**45713**	**67023**	**84153**	**75213**	**441**
580	616	883	1139	1340	1285	1222	1959	2467	3440	4663	3584	6
1118	1074	1304	1998	2327	2402	2992	4217	4757	7031	8277	6839	45
727	645	704	1128	1358	1382	1482	2226	2468	3418	5041	4302	18
1192	1169	1325	1761	1904	2199	2970	4024	5630	9647	10858	8553	52
1325	1169	1756	2576	2709	2610	3174	4233	4689	7003	8511	7865	25
912	890	1041	1530	1902	2082	2338	4706	6797	8696	8469	10316	67
1113	908	1270	1705	1844	2012	2006	3030	3304	5142	9568	8423	90
1156	1041	1349	1823	1886	2039	2425	3357	3502	5220	6643	6726	39
2390	2629	3245	4479	5008	5088	5886	8321	9847	14131	17550	13956	28
698	654	744	1068	1139	1184	1357	1921	2252	3295	4573	4649	71
4875	**4985**	**4802**	**6811**	**7080**	**7398**	**9444**	**10134**	**12985**	**21023**	**23540**	**20200**	**624**
682	705	798	876	941	1143	1280	1507	1790	2636	2585	1883	14
256	289	369	434	450	444	509	714	770	1281	1664	1674	7
602	774	762	1105	1103	926	1152	1385	1714	3151	3896	2789	442
954	663	532	929	934	943	1876	1062	1810	1512	1828	1719	52
164	192	275	297	355	469	514	725	938	1357	1915	1210	10
433	489	407	637	613	622	779	926	1220	2184	2529	2457	20
628	966	547	965	958	1000	1324	1429	1608	3112	3022	2579	18
495	336	420	617	699	684	710	927	1448	2921	3012	3078	37
661	571	692	951	1027	1167	1300	1459	1687	2869	3089	2811	24
1341	**1298**	**1527**	**1805**	**1910**	**2138**	**2727**	**4363**	**5470**	**10125**	**10754**	**9772**	**219**
122	115	124	105	105	132	144	242	207	382	426	682	6
450	491	573	618	679	714	865	1665	1903	3170	3493	1907	
159	133	149	181	208	274	386	495	836	1570	1543	881	7
155	213	292	419	494	461	674	1009	1285	2389	2850	3359	22
179	98	116	153	126	179	238	321	380	845	1051	908	39
150	144	137	182	126	228	244	321	483	1272	916	1670	124
93	82	103	112	137	124	129	228	286	328	283	227	20
33	22	33	35	35	26	47	82	90	169	192	138	1
1550	**2408**	**2146**	**3405**	**2881**	**3716**	**4308**	**6181**	**8720**	**13646**	**15428**	**13435**	**214**
206	360	355	515	506	758	894	1007	1420	2243	2703	2057	142
193	410	357	673	426	581	670	983	1459	2093	2213	1769	10
368	453	459	617	526	638	758	1402	1873	3535	3237	2444	9
121	180	158	307	284	373	354	505	693	1065	1123	1281	
120	205	157	248	188	311	355	524	615	1053	1701	984	2
186	340	290	371	346	389	493	563	940	1131	1215	1394	17
220	338	236	421	401	349	464	649	900	1057	1341	1413	20
136	122	134	253	204	317	320	548	820	1469	1895	2093	14

1-11 续表 2

地区	法人单位数	1949年以前	1950-1977年	1978-1991年	1992-2000年	2001年	2002年	2003年	2004年	2005年	2006年
盐城市	**128813**	**186**	**799**	**2200**	**4130**	**1612**	**1461**	**1705**	**1884**	**2027**	**2498**
亭湖区	17215	11	55	255	558	149	202	336	354	333	408
盐都区	19248	18	88	299	486	176	162	208	202	252	284
大丰区	11916	19	131	302	436	221	192	206	179	211	290
响水县	9925	19	79	169	227	102	74	87	118	94	100
滨海县	12672	54	102	208	334	194	127	147	123	187	205
阜宁县	15864	8	60	189	389	184	149	160	184	180	239
射阳县	11966	23	87	215	361	200	150	139	269	149	274
建湖县	10946	15	96	248	473	156	167	172	175	245	300
盐城经济技术开发区	2151		11	18	45	11	15	16	19	33	31
东台市	16910	19	90	297	821	219	223	234	261	343	367
扬州市	**107650**	**138**	**546**	**1726**	**4381**	**1338**	**1657**	**1728**	**1835**	**1916**	**2334**
广陵区	18992	23	44	271	681	279	406	391	365	308	382
邗江区	25311	16	64	226	669	215	343	385	356	368	476
江都区	20898	28	185	420	1168	309	256	311	349	420	579
宝应县	12748	18	94	318	564	135	154	139	167	201	253
扬州经济技术开发区	4328	1	17	46	214	79	94	93	95	102	138
仪征市	11448	31	81	214	476	140	163	185	220	260	233
高邮市	13925	21	61	231	609	181	241	224	283	257	273
镇江市	**75554**	**91**	**300**	**1196**	**3473**	**1262**	**1384**	**1425**	**1472**	**1569**	**1886**
京口区	9111	2	12	120	405	157	134	211	228	208	250
润州区	8462	9	18	191	366	146	161	147	191	169	182
丹徒区	7087	33	64	141	267	124	172	131	151	165	230
镇江新区	7449	1	16	66	260	98	95	118	112	140	307
丹阳市	18802	28	95	371	1094	357	382	423	338	412	453
扬中市	11798	10	33	144	662	240	338	237	270	293	286
句容市	12845	8	62	163	419	140	102	158	182	182	178
泰州市	**87516**	**72**	**357**	**1146**	**3994**	**1816**	**1275**	**1507**	**1586**	**1632**	**2080**
海陵区	12816	7	27	100	744	238	182	271	278	264	288
高港区	8030	6	13	41	334	114	77	108	109	147	157
姜堰区	15119	11	97	210	528	416	202	264	279	269	442
泰州医药高新技术产业开发区	7032	1	4	58	221	78	85	119	108	86	148
兴化市	11634	7	44	294	609	336	193	188	215	209	227
靖江市	16196	19	78	241	786	327	287	311	344	337	457
泰兴市	16689	21	94	202	772	307	249	246	253	320	361
宿迁市	**75999**	**83**	**289**	**807**	**1392**	**601**	**557**	**547**	**647**	**808**	**901**
宿城区	9664	6	26	76	333	89	103	129	120	121	131
宿豫区	5886	7	44	92	103	50	55	61	98	71	108
沭阳县	34094	32	84	318	432	212	217	172	214	298	301
泗阳县	11939	14	42	97	282	175	76	90	120	135	170
泗洪县	10928	20	86	213	208	61	81	54	64	141	115
宿迁经济技术开发区	3488	4	7	11	34	14	25	41	31	42	76

单位：个

2007年	2008年	2009年	2010年	2011年	2012年	2013年	2014年	2015年	2016年	2017年	2018年	无开业年份
2841	**3355**	**3561**	**4413**	**4432**	**5415**	**6966**	**8737**	**11217**	**18981**	**21016**	**19003**	**374**
437	479	495	567	635	792	774	1267	1757	2647	2613	2082	9
447	443	486	538	588	731	1063	1343	1894	3115	3338	3018	69
324	281	353	494	494	482	652	789	962	1473	1788	1632	5
188	209	174	243	260	305	389	653	878	1863	2043	1647	4
207	372	269	448	568	604	931	894	1070	1941	1788	1666	233
263	322	457	498	464	727	724	887	1256	2541	2814	3164	5
203	318	449	363	355	527	751	685	814	1669	2353	1609	3
285	295	284	411	409	420	514	681	943	1496	1296	1835	30
44	45	50	77	88	131	140	217	293	311	319	236	1
443	591	544	774	571	696	1028	1321	1350	1925	2664	2114	15
2231	**2380**	**2652**	**3528**	**3860**	**4959**	**4466**	**6709**	**9425**	**15415**	**15980**	**16907**	**1539**
405	404	437	529	610	898	827	1396	1733	2682	3000	2881	40
464	488	510	751	853	932	903	1631	2098	3395	3712	5195	1261
453	512	532	656	658	867	840	1030	1663	3162	3218	3136	146
222	291	375	523	569	813	629	816	1501	1675	1652	1631	8
126	118	103	161	198	166	182	282	347	537	546	681	2
289	246	280	426	428	597	452	686	1052	1604	1719	1640	26
272	321	415	482	544	686	633	868	1031	2360	2133	1743	56
1711	**1880**	**2256**	**2935**	**2897**	**3120**	**3747**	**5360**	**6150**	**10696**	**11913**	**8821**	**10**
212	241	267	290	254	329	441	651	802	1368	1537	991	1
168	181	226	265	240	321	347	520	566	1286	1432	1330	
176	200	221	274	283	293	431	485	523	912	1102	708	1
177	205	217	402	352	393	447	545	559	889	1026	1021	3
455	454	611	803	812	824	934	1398	1558	2432	2652	1915	1
337	317	392	498	540	523	533	776	950	1496	1729	1193	1
186	282	322	403	416	437	614	985	1192	2313	2435	1663	3
1868	**2175**	**2652**	**3492**	**3089**	**3663**	**4552**	**5655**	**6724**	**10935**	**12931**	**14169**	**146**
306	342	397	506	428	557	587	844	1088	1850	1952	1552	8
162	189	231	273	296	333	457	565	810	1125	1065	1396	22
320	348	443	563	517	575	933	873	965	1645	1884	3273	62
166	170	259	362	233	248	295	399	617	1032	1215	1122	6
226	306	336	522	466	651	564	790	856	1549	1823	1222	1
367	462	574	633	601	675	866	1053	1119	1849	2335	2437	38
321	358	412	633	548	624	850	1131	1269	1885	2657	3167	9
954	**1419**	**1841**	**2474**	**2618**	**3017**	**3943**	**6555**	**7642**	**12242**	**14558**	**12052**	**52**
146	224	190	286	261	342	350	676	1000	1724	1789	1536	6
125	130	113	173	174	194	255	442	508	904	1154	1025	
323	576	869	1256	1337	1505	1864	3071	3443	5251	6871	5433	15
160	235	308	401	389	417	611	973	1139	1955	2158	1985	7
129	185	285	257	327	430	682	1089	1156	1747	1981	1598	19
71	69	76	101	130	129	181	304	396	661	605	475	5

1-12 按地区、开业（成立）时间

地 区	从 业人员数	1949 年以前	1950-1977 年	1978-1991 年	1992-2000 年
总计	**38281170**	**334024**	**1036066**	**1775698**	**5155912**
南京市	**4375020**	**79345**	**161983**	**355330**	**649241**
玄武区	301792	14567	9942	17510	44511
秦淮区	384963	3669	13260	14711	82038
建邺区	323079	1023	75127	7782	46314
鼓楼区	718662	16706	21697	158845	128959
浦口区	389128	9558	5928	18745	54480
栖霞区	419430	15313	5787	41621	52464
雨花台区	232124	656	7490	4411	33365
江宁区	689661	8751	10594	38553	96865
六合区	330292	2344	6267	11357	41754
溧水区	308873	3612	3930	36986	21717
高淳区	277016	3146	1961	4809	46774
无锡市	**3588177**	**28345**	**47799**	**176117**	**591562**
锡山区	345938	2419	2220	2940	63134
惠山区	363012	3960	3023	8796	50068
滨湖区	377167	829	9143	26671	63533
梁溪区	403531	8958	5680	18082	44275
新吴区	604907	931	5346	11977	109302
江阴市	943972	6046	14514	72271	157018
宜兴市	549650	5202	7873	35380	104232
徐州市	**2495808**	**30868**	**72730**	**94897**	**250283**
鼓楼区	149651	773	1867	1033	6338
云龙区	144478	2858	4265	13065	12095
贾汪区	92005	1541	2946	1612	7221
泉山区	256485	9475	13725	12754	56359
铜山区	353743	2760	10668	7093	35694
丰县	173164	613	4736	4216	10753
沛县	301992	4519	10062	9737	33017
睢宁县	241702	3777	6992	6701	8752
徐州经济技术开发区	136424	321	1645	4534	45766
新沂市	290936	725	5268	22164	17219
邳州市	355228	3506	10556	11988	17069
常州市	**2789778**	**19735**	**49289**	**167801**	**437828**
天宁区	266025	8225	4692	21717	55741
钟楼区	240639	1171	2224	27041	37479
新北区	509136	1109	9128	13720	82590
武进区	916161	3966	21037	48258	123948

分组的法人单位从业人员数

单位：人

2001年	2002年	2003年	2004年	2005年	2006年	2007年
1421377	**1386510**	**1589976**	**1389096**	**1297251**	**1554031**	**1234859**
111403	**171495**	**183994**	**150060**	**190809**	**162924**	**122728**
5800	15504	6731	9248	6705	6680	5701
9125	13532	11163	12558	17385	15972	8687
3677	13361	8470	11587	5434	5862	14604
18935	21984	23967	24567	74290	13575	12168
4955	10500	10953	10154	12018	15874	12659
11043	24391	26996	11810	12596	7326	5518
7681	5497	9554	5867	8841	12328	6151
29700	23285	39683	32956	21428	47104	27443
5714	15626	13720	12217	11372	18833	11347
7181	23114	16292	10360	10231	9112	12843
7592	4701	16465	8736	10509	10258	5607
176509	**185383**	**199078**	**156868**	**157605**	**126016**	**106479**
25728	23549	21400	19133	11125	12197	11096
20556	21219	20285	18014	18859	11694	11992
18171	14186	16874	12914	16975	11563	9967
8315	10622	20814	10109	9105	12842	14799
34517	32222	29853	38830	46592	23963	21745
41560	60719	70352	33375	35096	32088	22808
27662	22866	19500	24493	19853	21669	14072
45614	**35950**	**112715**	**48410**	**60588**	**108948**	**80689**
2454	3100	2935	1914	3262	4638	4734
2867	2742	6740	2906	3046	4390	5427
2691	1829	1879	1521	2014	9665	1651
4829	3648	2829	6846	5493	6018	4293
13915	8393	71733	6251	6328	12355	23569
2736	3115	4078	6001	7307	4895	2742
1876	1813	4712	3769	9203	24423	16181
4365	2528	1913	4285	3408	5792	5033
2257	1851	5298	6336	3516	12513	3422
4067	2969	6363	3018	7113	12690	6063
3557	3962	4235	5563	9898	11569	7574
141321	**96751**	**134090**	**89196**	**98419**	**101999**	**86320**
10210	13553	11665	6151	9136	9873	7900
6016	7853	10489	13322	9399	6500	8040
14117	17588	33949	24884	21060	17795	20109
39233	27801	43068	24747	35437	44479	36024

1-12 续表 1

地 区	从 业 人员数	1949 年 以前	1950- 1977 年	1978- 1991 年	1992- 2000 年
金坛区	415280	3189	7308	21938	33158
溧阳市	442537	2075	4900	35127	104912
苏州市	**7720302**	**52067**	**64999**	**172010**	**1199210**
虎丘区	566862	966	4904	8768	166246
吴中区	705053	3195	5327	13337	77740
相城区	456136	16730	4030	9711	50984
姑苏区	435242	8986	4131	30631	54951
吴江区	825620	4958	6139	24123	132222
苏州工业园区	935062	365	3460	2326	127844
常熟市	787629	3963	8713	31513	109335
张家港市	741874	1918	15808	20140	153138
昆山市	1798853	8386	7892	25227	263028
太仓市	467971	2600	4595	6234	63722
南通市	**4499468**	**23470**	**385756**	**143953**	**720715**
崇川区	335257	7191	34574	15882	55672
港闸区	223526	1540	4176	2854	25366
通州区	817222	3031	214426	30799	55007
如东县	524824	3399	8071	39402	86521
南通经济技术开发区	218179	136	1739	2087	24537
启东市	474914	2459	31636	29326	117599
如皋市	583387	635	55928	5948	99817
海门市	680568	2553	4923	11840	42329
海安市	641591	2526	30283	5815	213867
连云港市	**1102195**	**17100**	**41854**	**71321**	**137003**
连云区	74472	701	3664	2052	23232
海州区	246189	5198	6012	11638	33731
赣榆区	228248	3688	5305	34922	12588
东海县	191849	3384	9936	6170	23494
灌云县	92971	2003	7158	6257	2876
灌南县	141237	582	6277	3740	5273
连云港经济技术开发区	89813	145	262	2704	25669
连云港高新技术产业开发区	37416	1399	3240	3838	10140
淮安市	**1665122**	**5850**	**31133**	**42508**	**133316**
淮安区	296503	1996	3864	8235	33877
淮阴区	236842	55	3370	5468	18914
清江浦区	295184	1808	8809	8355	20655
洪泽区	133929		3170	4539	5223
涟水县	249632	856	4816	6420	12467
盱眙县	136613	1032	2797	3619	10793
金湖县	132284		3227	4191	9214
淮安经济技术开发区	184135	103	1080	1681	22173

单位：人

2001 年	2002 年	2003 年	2004 年	2005 年	2006 年	2007 年
66272	12430	13602	11212	16323	15539	9777
5473	17526	21317	8880	7064	7813	4470
317162	**388754**	**407913**	**382676**	**272661**	**392743**	**288074**
31604	23865	36887	26633	17388	23715	15286
24332	34159	36212	26826	27157	29291	24128
19062	34265	20707	14543	18830	26634	18048
14429	8570	21243	10150	12052	12857	13188
48266	59845	45997	29015	23747	32216	39853
42230	52628	53189	59774	51333	44001	50102
21098	36545	34805	30579	22300	83555	31885
24365	32679	35386	38736	28808	35077	26209
74696	78052	104420	126290	53494	85439	48642
17080	28146	19067	20130	17552	19958	20733
191615	**134881**	**158314**	**135602**	**150147**	**142645**	**120895**
8775	9706	15355	14654	10529	9310	7559
3264	13200	9834	6452	25451	9192	5513
12155	21186	31177	18813	20913	22136	13322
9808	12486	12302	19483	17721	19376	20331
4835	8296	6290	14778	6535	9087	5445
9516	15814	16532	10876	17454	22679	14763
13041	13227	17563	15588	20827	18424	26593
120313	8380	35666	18814	13932	16595	13152
9908	32586	13595	16144	16785	15846	14217
32620	**19302**	**32196**	**35991**	**24652**	**37339**	**24626**
5359	717	3736	1064	1635	2271	1764
8901	5336	13147	3990	7313	7556	5346
3460	7244	4764	4398	3948	6041	3049
2241	1780	3040	4963	4065	8542	4391
490	1556	951	332	1616	5514	4424
2111	1125	5076	4279	2991	3287	2518
8872	399	719	15540	2601	3562	2431
1186	1145	763	1425	483	566	703
44492	**42930**	**32854**	**52646**	**57878**	**82918**	**87919**
7564	6307	5206	8948	25203	5846	25579
7988	7924	5072	5599	4054	7132	11184
14502	13711	6626	8177	9761	9405	6359
1987	3427	1653	2475	2650	5761	2815
2340	5267	3440	8452	6615	25233	18949
4151	1543	2758	3317	2997	4964	6068
3293	2615	5269	3316	3685	3680	5246
2667	2136	2830	12362	2913	20897	11719

1-12 续表 2

地 区	从 业 人员数	1949 年 以前	1950- 1977 年	1978- 1991 年	1992- 2000 年
盐城市	**2373036**	**31078**	**44141**	**103721**	**234603**
亭湖区	282925	5379	4823	29020	38850
盐都区	400700	1902	6147	16489	33154
大丰区	223736	2298	6525	8363	25805
响水县	131978	596	2819	5020	4634
滨海县	202717	3360	4805	5220	15537
阜宁县	355088	2050	4297	5515	25708
射阳县	208212	8459	5161	6300	14159
建湖县	217384	4259	4184	15076	35718
盐城经济技术开发区	68354		772	2017	11984
东台市	281942	2775	4608	10701	29054
扬州市	**2686197**	**14188**	**63711**	**193890**	**264218**
广陵区	390508	2031	7766	11017	32301
邗江区	430059	4275	3649	18661	58696
江都区	606136	1717	5957	110543	58810
宝应县	389476	2075	39156	8043	49984
扬州经济技术开发区	141561	32	1455	11058	18869
仪征市	293097	2090	2130	5879	14431
高邮市	435360	1968	3598	28689	31127
镇江市	**1349064**	**13910**	**25473**	**74919**	**159020**
京口区	127910	479	1217	13725	16651
润州区	126830	2729	5803	14821	20885
丹徒区	129610	1954	5966	5589	10398
镇江新区	160877	12	949	2392	18757
丹阳市	384040	6196	5407	28339	44891
扬中市	172457	1782	1977	4952	24823
句容市	247340	758	4154	5101	22615
泰州市	**2276852**	**11741**	**34580**	**160573**	**322256**
海陵区	292318	414	3067	47372	45849
高港区	253805	676	775	1967	31594
姜堰区	404756	1563	7435	48253	124565
泰州医药高新技术产业开发区	140428	69	262	2666	8554
兴化市	306945	2213	2317	14810	23909
靖江市	410791	2585	7628	31169	31778
泰兴市	467809	4221	13096	14336	56007
宿迁市	**1360151**	**6327**	**12618**	**18658**	**56657**
宿城区	224810	590	1586	3710	20917
宿豫区	172449	524	1602	2090	4916
沭阳县	411154	1192	3000	4371	8750
泗阳县	274256	3443	1558	3883	7225
泗洪县	191126	573	4567	4465	12008
宿迁经济技术开发区	86356	5	305	139	2841

单位：人

2001 年	2002 年	2003 年	2004 年	2005 年	2006 年	2007 年
38558	**61219**	**58976**	**50523**	**55182**	**78738**	**72750**
4988	14453	8768	7203	6747	8753	10218
3670	6387	9271	6658	10877	13172	10419
4913	11370	7485	4895	6016	7128	6584
2161	1997	5322	1800	1934	3758	3869
2181	3851	6365	4501	3526	10067	3948
7270	3755	3640	9525	6236	9651	11822
3627	4956	4479	3618	3423	8955	4664
4354	4401	6026	5506	5087	7659	6413
236	4135	426	931	3504	1475	4137
5158	5914	7194	5886	7832	8120	10676
107430	**78677**	**76428**	**80429**	**76629**	**161232**	**100190**
10285	16917	15899	14793	10949	8669	12245
10708	12605	10549	10919	10761	66991	10114
19562	18728	15584	13966	18245	25767	23502
32578	4273	10418	13996	11551	9567	8167
4452	6976	9540	3647	3011	11517	6897
23464	4308	6781	13048	8655	13679	23377
6381	14870	7657	10060	13457	25042	15888
58156	**48396**	**62653**	**46620**	**38905**	**52282**	**40129**
5145	2756	4594	7116	2713	6260	2524
4972	4515	3138	2781	3917	4493	2736
4842	5130	3979	4847	3666	6050	7362
3450	4079	4552	3439	4665	7341	5397
11774	17023	28930	13759	12760	13927	11119
11887	10359	4232	7591	5236	5516	6720
16086	4534	13228	7087	5948	8695	4271
138222	**68389**	**76419**	**108110**	**63163**	**69661**	**53687**
6189	3668	10638	7895	6102	10378	12041
22987	5045	10401	12155	10669	4131	9787
21759	4373	24237	9912	8293	9826	4734
2772	3619	3268	6030	2091	5470	4087
6181	4961	6754	20449	9139	8201	7863
60190	13901	7825	38478	17533	18317	7534
18144	32822	13296	13191	9336	13338	7641
18275	**54383**	**54346**	**51965**	**50613**	**36586**	**50373**
3825	5435	18958	3215	12319	4005	4934
4543	29844	3726	4692	2827	8206	6060
4429	3946	3165	17993	12260	9822	14376
4168	2843	2673	24474	11899	5679	5158
1175	8497	2930	1103	9063	5340	10566
135	3818	22894	488	2245	3534	9279

1-12 续表 3

地 区	2008 年	2009 年	2010 年	2011 年	2012 年
总计	**1174093**	**1245147**	**1501666**	**1311112**	**1416714**
南京市	**157838**	**127211**	**164209**	**134637**	**201127**
玄武区	34676	8684	7702	12375	22238
秦淮区	9819	10284	13497	11698	15178
建邺区	5576	8966	26042	8985	13443
鼓楼区	31721	10768	19702	11655	15247
浦口区	8657	6582	15334	16362	21257
栖霞区	6295	16218	9794	8599	15714
雨花台区	5275	10256	6793	8608	21181
江宁区	24538	17255	23142	22008	30280
六合区	10707	14567	16725	14231	19393
溧水区	12298	10599	13402	9893	12112
高淳区	8276	13032	12076	10223	15084
无锡市	**99615**	**99312**	**116812**	**115590**	**113555**
锡山区	9402	12433	14596	10485	14431
惠山区	10595	10344	12928	12712	13495
滨湖区	10480	11799	15673	14784	15365
梁溪区	13358	9992	11318	12501	11600
新吴区	9792	18232	13145	20659	19783
江阴市	33392	21873	30767	26835	23837
宜兴市	12596	14639	18385	17614	15044
徐州市	**76183**	**94339**	**93392**	**71198**	**82699**
鼓楼区	5577	4743	4915	5071	5914
云龙区	12429	5027	5043	3790	5157
贾汪区	2005	5786	5013	2796	3078
泉山区	4515	7130	8002	5478	8681
铜山区	10286	12641	8761	10091	11366
丰县	3815	24280	6590	6094	5670
沛县	11623	11831	14440	7982	10420
睢宁县	7767	4692	9452	7321	10487
徐州经济技术开发区	5735	2623	4122	3375	3111
新沂市	6472	7673	15968	7782	7682
邳州市	5959	7913	11086	11418	11133
常州市	**70074**	**84860**	**105206**	**94128**	**89626**
天宁区	5002	6255	6977	7039	6004
钟楼区	5358	6349	8891	6044	8476
新北区	15050	15857	25989	19268	18036
武进区	25672	30928	35223	34475	31794

单位：人

2013年	2014年	2015年	2016年	2017年	2018年	无开业年份
1350465	**1706138**	**1722814**	**4473023**	**2636554**	**1562936**	**5708**
156169	**189940**	**176681**	**403709**	**194736**	**129024**	**427**
11709	7054	29758	11562	7319	5811	5
15728	31555	15273	29956	16339	13530	6
10071	8548	9235	17861	12132	8936	43
22278	19590	15424	24013	16858	15677	36
14763	18119	19056	50031	32346	20663	134
12412	18932	11716	81559	15645	7664	17
8879	13796	12857	21091	13400	8136	11
18396	32386	23056	67453	38127	16589	69
13767	18834	18862	28410	13943	10298	4
19102	11352	14174	27295	13844	9414	10
9064	9774	7270	44478	14783	12306	92
121657	**161086**	**179014**	**273021**	**221751**	**134516**	**487**
10055	13178	14402	23107	17718	11170	20
14712	19574	18488	24769	24507	12385	37
11364	14183	14407	28355	24808	15114	9
16356	22601	28138	49407	37790	26806	63
14363	29277	31735	48781	26336	17404	122
29747	44121	48577	48086	57814	32891	185
25060	18152	23267	50516	32778	18746	51
90265	**121955**	**137868**	**361347**	**248862**	**175685**	**323**
5069	8325	11681	33646	17517	14145	
4900	7543	7220	14605	11471	6890	2
2743	4639	4245	11127	11461	4517	25
8600	16582	12538	27095	20493	11087	15
10145	11761	12859	30642	23174	13249	9
7972	8589	10452	22130	16520	9851	9
6287	13961	19006	44743	23558	18629	200
11965	13683	18529	55368	28426	20450	16
4857	4386	3681	4701	8338	4033	3
9270	12763	14198	41165	47830	32474	
18457	19723	23459	76125	40074	40360	44
116973	**130647**	**112869**	**329873**	**153833**	**78629**	**311**
9198	9899	10032	27255	12778	6718	5
9931	9481	15208	21037	12126	8179	25
22380	23903	24074	39375	32966	16136	53
47911	46176	37527	99126	53835	25346	150

1-12 续表 4

地 区	2008 年	2009 年	2010 年	2011 年	2012 年
金坛区	10558	15370	15116	12120	12472
溧阳市	8434	10101	13010	15182	12844
苏州市	**237448**	**232725**	**334652**	**343839**	**318467**
虎丘区	16547	15102	20129	19569	15859
吴中区	31567	24987	29120	31880	26935
相城区	15891	12869	16858	22044	19000
姑苏区	11633	9332	37532	13189	23738
吴江区	30174	32227	35658	37710	31789
苏州工业园区	24026	22040	35246	39557	30415
常熟市	17413	28040	27202	27357	33471
张家港市	17100	18938	28494	29284	28895
昆山市	54939	53717	80457	101972	74966
太仓市	18158	15473	23956	21277	33399
南通市	**111286**	**189389**	**167601**	**123399**	**121396**
崇川区	11661	9242	8963	9198	12692
港闸区	5507	9603	7251	5572	5377
通州区	15795	14386	23958	23091	16343
如东县	14137	11148	24453	20865	17765
南通经济技术开发区	6116	4802	8677	8645	9926
启东市	14591	13372	18951	12060	11297
如皋市	17688	11310	29201	15013	14349
海门市	10833	103650	16625	12965	13303
海安市	14958	11876	29522	15990	20344
连云港市	**34049**	**27948**	**37870**	**30868**	**27513**
连云区	1024	2180	6297	2006	2581
海州区	7313	5127	7525	6991	5671
赣榆区	11939	2236	7895	4920	2661
东海县	4265	4000	5382	6756	7022
灌云县	3935	6082	2650	1827	3407
灌南县	2628	6423	4911	4749	4252
连云港经济技术开发区	2132	1629	2424	2408	1620
连云港高新技术产业开发区	813	271	786	1211	299
淮安市	**55795**	**69865**	**77106**	**62715**	**62033**
淮安区	5021	25633	9184	8798	10473
淮阴区	7662	6455	11009	7364	9323
清江浦区	14379	15030	10320	9072	8177
洪泽区	10715	3502	6147	6276	8232
涟水县	4001	4952	10832	8425	7657
盱眙县	3719	5910	10588	11004	5712
金湖县	4961	2708	8333	7395	3854
淮安经济技术开发区	5337	5675	10693	4381	8605

单位：人

2013年	2014年	2015年	2016年	2017年	2018年	无开业年份
11524	27318	14691	55032	19289	10966	76
16029	13870	11337	88048	22839	11284	2
269580	**387844**	**349412**	**574610**	**473494**	**259717**	**245**
14518	19449	22120	26937	23797	16572	1
36507	42606	34342	76206	45306	23874	19
18937	22421	20815	27933	28869	16951	4
14228	18637	27540	36497	32938	18780	10
27819	30726	32819	49568	45636	25105	8
32815	46516	50909	78545	47589	40096	56
20634	32913	23710	74876	63800	23881	41
23366	33101	31805	52496	42071	24047	13
66774	122459	86598	124626	101957	54812	10
13982	19016	18754	26926	41531	15599	83
145399	**190332**	**139535**	**566221**	**264396**	**171176**	**1345**
11775	11540	11107	32432	16565	10853	22
5282	8300	7634	33250	15943	12955	10
17056	27760	24775	135199	47040	28034	820
29981	26649	25310	45959	34028	25401	228
11500	13208	11527	18600	28918	12484	11
10667	12319	11897	36240	27719	17050	97
17880	17117	15899	107079	31117	19097	46
25270	55874	15843	85012	30786	21901	9
15988	17565	15543	72450	32280	23401	102
28238	**42819**	**83414**	**178383**	**80756**	**55784**	**549**
2033	1901	1146	5253	2474	1377	5
7384	13145	18942	29092	25162	11669	
3924	8102	38392	37524	12098	9135	15
6731	8376	8437	34529	18096	16241	8
1971	2618	3123	21559	7931	4646	45
4105	4993	9173	38920	12059	11311	454
1162	2203	1883	9428	1408	590	22
928	1481	2318	2078	1528	815	
56407	**81152**	**84823**	**273945**	**137100**	**89481**	**256**
8003	11799	10595	38334	20612	15226	200
9248	14629	15349	39718	23688	15637	
8367	12730	18328	50577	24387	15633	16
5186	5686	6948	24145	12271	11121	
6085	8397	9625	65062	22366	7371	4
6642	7241	7166	16418	9734	8433	7
4990	7115	8206	20796	12165	8011	14
7886	13555	8606	18895	11877	8049	15

1-12 续表 5

地 区	2008 年	2009 年	2010 年	2011 年	2012 年
盐城市	**88955**	**80106**	**97205**	**85322**	**88943**
亭湖区	11225	11836	7544	7475	8508
盐都区	19117	14351	15570	10923	12238
大丰区	7840	5694	12521	13975	8747
响水县	2278	4762	11167	5296	3632
滨海县	9314	5203	7748	8099	8131
阜宁县	6837	11601	10468	10461	12012
射阳县	7668	7871	7210	7046	12326
建湖县	12106	5230	6938	8258	7548
盐城经济技术开发区	1726	3737	2900	3793	5382
东台市	10844	9821	15139	9996	10419
扬州市	**68810**	**65056**	**76840**	**85216**	**137083**
广陵区	9382	7434	6853	11088	74568
邗江区	10665	12422	12626	15523	10694
江都区	14505	11866	13123	12393	14112
宝应县	10329	10139	11311	17812	11653
扬州经济技术开发区	2330	4609	8807	5248	3297
仪征市	6299	8643	13682	12801	10787
高邮市	15300	9943	10438	10351	11972
镇江市	**51155**	**44114**	**63708**	**50618**	**46808**
京口区	8423	2482	5767	3248	5297
润州区	3149	3504	3529	3820	2800
丹徒区	4271	4765	4309	5385	4415
镇江新区	5668	4489	11206	8799	7168
丹阳市	9670	15644	16931	14088	12827
扬中市	4682	4919	11461	6023	7769
句容市	15292	8311	10505	9255	6532
泰州市	**68499**	**77279**	**80492**	**57810**	**68847**
海陵区	6287	10394	11741	8844	7156
高港区	10292	13762	5321	5196	4742
姜堰区	7111	12114	7566	9592	7845
泰州医药高新技术产业开发区	5894	8672	7536	6672	14863
兴化市	8459	10612	10971	8268	12241
靖江市	9028	9555	24980	7188	11440
泰兴市	21428	12170	12377	12050	10560
宿迁市	**54386**	**52943**	**86573**	**55772**	**58617**
宿城区	20274	5728	16175	7932	13959
宿豫区	5322	11200	11480	6899	3153
沭阳县	9261	15565	29013	18569	23034
泗阳县	5254	11307	19079	11100	10428
泗洪县	12223	4128	8690	9095	6291
宿迁经济技术开发区	2052	5015	2136	2177	1752

单位：人

2013 年	2014 年	2015 年	2016 年	2017 年	2018 年	无开业年份
96245	**107822**	**129905**	**375722**	**241989**	**150460**	**873**
9948	10110	14986	35398	18301	8369	23
17111	19364	24620	84105	39266	25689	200
9042	10983	11034	17846	17416	17190	66
4704	7260	9225	22073	15352	12297	22
7450	8763	10228	47571	16523	10176	150
12447	13792	21195	58663	71589	36529	25
8255	8988	14123	27036	25256	14630	2
8418	7072	10144	32386	11396	9188	17
3836	3845	3798	3434	4270	2014	2
15034	17645	10552	47210	22620	14378	366
69939	**89900**	**107304**	**405332**	**252524**	**110648**	**523**
9440	12755	16670	51040	25514	22861	31
12433	16975	20287	53050	29052	18295	109
13675	15165	22417	118087	35639	22680	93
9238	12710	15557	55117	33788	12004	10
2656	4997	6200	11688	8176	6085	14
9451	15553	13118	42551	27670	14629	71
13046	11745	13055	73799	92685	14094	195
52305	**56673**	**68598**	**138771**	**99646**	**56144**	**61**
3495	3780	4438	14411	9272	4116	1
4189	3597	3854	15390	7947	4261	
6241	5174	5722	12655	10805	6057	28
8956	8545	8418	18121	13911	10548	15
16648	16848	21584	30407	23173	12095	
4943	6701	7993	14593	11652	6641	5
7833	12028	16589	33194	22886	12426	12
87073	**64405**	**81102**	**399843**	**118667**	**65839**	**195**
10415	7516	17091	37756	13909	7501	95
7804	8323	8772	67702	7130	4546	28
7038	10446	10077	44024	13700	10230	63
4454	4414	6557	26211	11709	4556	2
13212	8528	12104	84850	22271	8632	
25078	10026	10688	34271	22255	9337	7
19072	15152	15813	105029	27693	21037	
60215	**81563**	**72289**	**192246**	**148800**	**85833**	**113**
7396	13516	8266	21840	18216	12012	2
4011	7679	6017	18214	19764	9680	
22290	30692	30722	59382	53231	36050	41
11886	14462	14623	54694	32211	16172	37
11179	9314	9950	30343	19350	10249	27
3453	5900	2711	7773	6028	1670	6

1-13 按行业（大类）、开业（成立）

行业大类	代码	法人单位数	1949年以前	1950-1977年	1978-1991年
总计		**2053630**	**1722**	**6947**	**23507**
农、林、牧、渔业	**A**	**14591**	**1**	**66**	**104**
农业	01	18			
林业	02	3		1	
畜牧业	03	6			
渔业	04	3			
农、林、牧、渔专业及辅助性活动	05	14561	1	65	104
采矿业	**B**	**370**	**1**	**1**	**10**
煤炭开采和洗选业	06	22			
石油和天然气开采业	07	5			1
黑色金属矿采选业	08	49	1		1
有色金属矿采选业	09	12			1
非金属矿采选业	10	242		1	7
开采专业及辅助性活动	11	22			
其他采矿业	12	18			
制造业	**C**	**513458**	**24**	**328**	**4659**
农副食品加工业	13	7490	2	15	69
食品制造业	14	4746	1	6	48
酒、饮料和精制茶制造业	15	1831		2	28
烟草制品业	16	12			1
纺织业	17	42227	4	11	299
纺织服装、服饰业	18	27640	2	5	125
皮革、毛皮、羽毛及其制品和制鞋业	19	4626		2	50
木材加工和木、竹、藤、棕、草制品业	20	12998			31
家具制造业	21	10547			21
造纸和纸制品业	22	9637		4	90
印刷和记录媒介复制业	23	10930	2	12	340
文教、工美、体育和娱乐用品制造业	24	16276	2	10	114
石油、煤炭及其他燃料加工业	25	730		2	13
化学原料和化学制品制造业	26	9790	1	20	363
医药制造业	27	2402	2	9	54
化学纤维制造业	28	2492			22
橡胶和塑料制品业	29	28686		13	304
非金属矿物制品业	30	24182	1	36	333
黑色金属冶炼和压延加工业	31	4110		6	57
有色金属冶炼和压延加工业	32	4761		2	72
金属制品业	33	53951	2	19	489
通用设备制造业	34	80978	1	56	564
专用设备制造业	35	53616		20	387

时间分组的法人单位数

单位：个

1992-2000 年	2001 年	2002 年	2003 年	2004 年	2005 年	2006 年	2007 年	2008 年
81785	**27935**	**31475**	**36493**	**36010**	**37362**	**45164**	**44265**	**47292**
162	**48**	**54**	**56**	**51**	**62**	**74**	**270**	**515**
2	1			1		2		2
1								
						1	1	
1								1
158	47	54	56	50	62	71	269	512
35	**7**	**11**	**12**	**12**	**16**	**14**	**8**	**19**
4	1				2			
		1					1	
1		1	2	1	3			4
3				1		1		1
22	6	8	10	10	9	11	7	14
4		1						
1					2	2		
39199	**12200**	**14813**	**17222**	**16315**	**15802**	**18913**	**16547**	**15118**
591	202	267	267	269	301	307	283	282
409	97	122	129	116	122	150	134	116
288	84	91	80	69	78	74	56	55
1				2		3	1	
3399	1213	1787	1947	1727	1553	1749	1386	1036
1786	680	770	882	844	883	1008	894	717
429	111	153	164	125	146	164	152	128
518	156	213	258	281	254	308	335	316
291	96	96	121	107	115	142	154	123
731	253	309	326	297	321	371	350	305
1988	561	509	520	445	383	459	415	316
1104	363	430	571	494	540	546	508	448
80	11	26	23	21	14	17	21	11
1901	481	465	595	513	529	591	377	290
301	83	85	113	93	87	112	65	70
202	83	112	158	145	86	214	127	68
2926	933	1150	1248	1208	1139	1361	1209	1079
2018	529	737	904	790	751	936	805	732
504	147	152	268	215	196	235	171	143
521	168	153	215	195	178	214	190	181
3985	1202	1437	1754	1709	1634	1964	1686	1613
5376	1582	1983	2361	2393	2387	2839	2701	2624
3127	985	1248	1441	1435	1411	1747	1534	1570

1-13 续表 1

行业大类	代码	法人单位数	1949年以前	1950-1977年	1978-1991年
汽车制造业	36	14055	1	7	105
铁路、船舶、航空航天和其他运输设备制造业	37	7453		13	78
电气机械和器材制造业	38	34453	1	22	337
计算机、通信和其他电子设备制造业	39	20815	1	13	132
仪器仪表制造业	40	9650		20	77
其他制造业	41	6210		2	22
废弃资源综合利用业	42	1459			11
金属制品、机械和设备修理业	43	4705	1	1	23
电力、热力、燃气及水生产和供应业	**D**	**5033**	**3**	**23**	**114**
电力、热力生产和供应业	44	2578	1	8	28
燃气生产和供应业	45	435			8
水的生产和供应业	46	2020	2	15	78
建筑业	**E**	**119569**	**6**	**42**	**588**
房屋建筑业	47	23183	2	23	263
土木工程建筑业	48	25526	1	10	174
建筑安装业	49	24173	2	6	86
建筑装饰、装修和其他建筑业	50	46687	1	3	65
批发和零售业	**F**	**613999**	**14**	**166**	**2192**
批发业	51	397992	6	98	1308
零售业	52	216007	8	68	884
交通运输、仓储和邮政业	**G**	**59043**	**10**	**62**	**472**
铁路运输业	53	6			2
道路运输业	54	42253	8	32	195
水上运输业	55	1992		14	100
航空运输业	56	132			
管道运输业	57	17			
多式联运和运输代理业	58	7108		1	19
装卸搬运和仓储业	59	6301	1	13	145
邮政业	60	1234	1	2	11
住宿和餐饮业	**H**	**25927**	**3**	**13**	**194**
住宿业	61	6356	2	5	123
餐饮业	62	19571	1	8	71
信息传输、软件和信息技术服务业	**I**	**72799**		**40**	**101**
电信、广播电视和卫星传输服务	63	1791		39	77
互联网和相关服务	64	9689			7
软件和信息技术服务业	65	61319		1	17
金融业	**J**	**6925**	**10**	**16**	**57**
货币金融服务	66	2050	10	16	49
资本市场服务	67	3053			4
保险业	68	1158			2
其他金融业	69	664			2

单位：个

1992-2000年	2001年	2002年	2003年	2004年	2005年	2006年	2007年	2008年
859	285	364	426	388	376	422	406	358
667	187	200	238	244	236	325	288	272
2746	826	929	1077	1045	975	1322	1093	1107
1290	486	597	636	654	609	722	645	620
669	213	216	265	269	276	295	289	247
303	97	131	137	133	114	154	122	124
69	30	29	37	26	36	54	49	49
120	56	52	61	63	72	108	101	118
322	**62**	**109**	**139**	**113**	**113**	**95**	**122**	**117**
93	21	25	42	32	37	25	26	15
33	14	22	17	11	16	14	11	16
196	27	62	80	70	60	56	85	86
2149	**639**	**924**	**1295**	**1590**	**1650**	**1875**	**1922**	**2242**
533	143	153	184	257	319	338	364	390
523	146	202	329	392	375	384	369	440
512	156	235	312	387	395	496	489	641
581	194	334	470	554	561	657	700	771
14905	**4979**	**6812**	**7657**	**7434**	**8334**	**10584**	**11900**	**13467**
10134	3506	4687	5485	5277	5990	7727	8879	10002
4771	1473	2125	2172	2157	2344	2857	3021	3465
1264	**391**	**541**	**659**	**906**	**973**	**1105**	**1079**	**1201**
1					1			1
645	239	308	375	518	523	651	591	714
129	39	33	53	82	77	64	64	80
10	1	1	4	1	4	2	1	4
1	1		1			1		1
158	37	73	99	150	195	243	232	195
278	67	113	119	138	155	119	155	155
42	7	13	8	17	18	25	36	51
557	**154**	**163**	**218**	**286**	**313**	**376**	**360**	**483**
297	59	66	80	129	128	165	131	163
260	95	97	138	157	185	211	229	320
689	**285**	**344**	**504**	**500**	**577**	**743**	**857**	**911**
186	44	38	59	39	27	39	44	47
68	32	35	81	86	94	83	108	93
435	209	271	364	375	456	621	705	771
224	**47**	**79**	**90**	**126**	**102**	**129**	**237**	**297**
125	8	19	18	28	30	23	75	98
34	10	5	14	13	11	17	43	56
47	23	42	44	79	47	73	103	128
18	6	13	14	6	14	16	16	15

1-13 续表2

行业大类	代码	法人单位数	1949年以前	1950-1977年	1978-1991年
房地产业	**K**	**59246**	**4**	**22**	**363**
房地产业	70	59246	4	22	363
租赁和商务服务业	**L**	**188239**	**11**	**77**	**752**
租赁业	71	13920			19
商务服务业	72	174319	11	77	733
科学研究和技术服务业	**M**	**129379**	**19**	**316**	**1020**
研究和试验发展	73	32677	4	28	62
专业技术服务业	74	58657	14	202	627
科技推广和应用服务业	75	38045	1	86	331
水利、环境和公共设施管理业	**N**	**10920**	**7**	**283**	**517**
水利管理业	76	2038	2	233	325
生态保护和环境治理业	77	1550		7	15
公共设施管理业	78	6730	5	42	163
土地管理业	79	602		1	14
居民服务、修理和其他服务业	**O**	**41016**	**8**	**54**	**247**
居民服务业	80	18088	6	47	111
机动车、电子产品和日用产品修理业	81	14556	1	3	109
其他服务业	82	8372	1	4	27
教育	**P**	**36601**	**766**	**1571**	**1560**
教育	83	36601	766	1571	1560
卫生和社会工作	**Q**	**30041**	**69**	**1031**	**960**
卫生	84	10074	64	991	555
社会工作	85	19967	5	40	405
文化、体育和娱乐业	**R**	**44141**	**42**	**251**	**514**
新闻和出版业	86	403	4	5	45
广播、电视、电影和录音制作业	87	3938		27	89
文化艺术业	88	15298	36	200	313
体育	89	4195	1	10	26
娱乐业	90	20307	1	9	41
公共管理、社会保障和社会组织	**S**	**82333**	**724**	**2585**	**9083**
中国共产党机关	91	1567	103	196	410
国家机构	92	20649	312	919	3217
人民政协、民主党派	93	271	16	60	86
社会保障	94	466		3	43
群众团体、社会团体和其他成员组织	95	36879	122	305	2299
基层群众自治组织	96	22501	171	1102	3028

单位：个

1992-2000年	2001年	2002年	2003年	2004年	2005年	2006年	2007年	2008年
2421	**614**	**865**	**1525**	**1329**	**1414**	**1796**	**1785**	**1583**
2421	614	865	1525	1329	1414	1796	1785	1583
3298	**1117**	**1536**	**1526**	**1801**	**2223**	**2607**	**2651**	**3382**
151	50	57	81	102	112	153	165	170
3147	1067	1479	1445	1699	2111	2454	2486	3212
2199	**715**	**796**	**1072**	**1173**	**1278**	**1418**	**1610**	**2219**
236	81	105	118	137	158	216	270	348
1424	451	524	766	820	876	955	953	1117
539	183	167	188	216	244	247	387	754
676	**198**	**209**	**210**	**179**	**242**	**261**	**255**	**328**
281	97	44	47	33	41	37	39	54
44	6	11	25	18	35	39	27	41
314	86	143	125	119	148	168	174	222
37	9	11	13	9	18	17	15	11
1233	**319**	**449**	**586**	**551**	**606**	**664**	**644**	**761**
470	148	165	220	183	207	205	197	283
669	140	222	283	272	298	326	287	291
94	31	62	83	96	101	133	160	187
1662	**724**	**559**	**475**	**592**	**635**	**874**	**569**	**767**
1662	724	559	475	592	635	874	569	767
920	**499**	**406**	**372**	**378**	**397**	**480**	**465**	**632**
523	305	264	246	265	245	265	235	299
397	194	142	126	113	152	215	230	333
687	**377**	**453**	**924**	**670**	**542**	**739**	**774**	**576**
69	8	6	11	21	21	17	11	17
71	24	23	24	18	21	25	35	32
329	118	83	81	93	118	116	143	178
40	17	18	28	26	34	47	38	66
178	210	323	780	512	348	534	547	283
9183	**4560**	**2352**	**1951**	**2004**	**2083**	**2417**	**2210**	**2674**
246	103	74	21	25	15	17	10	33
3214	1226	831	548	487	637	472	401	633
46	5	8	4	3	1	2	3	3
106	11	13	18	21	13	12	8	20
3187	647	671	592	778	789	961	873	1059
2384	2568	755	768	690	628	953	915	926

1-13 续表 3

行业大类	代码	2009 年	2010 年	2011 年	2012 年
总计		**54907**	**73943**	**77024**	**86201**
农、林、牧、渔业	**A**	**669**	**942**	**1002**	**1227**
农业	01		2	1	
林业	02				
畜牧业	03	1			
渔业	04			1	
农、林、牧、渔专业及辅助性活动	05	668	940	1000	1227
采矿业	**B**	**26**	**19**	**20**	**19**
煤炭开采和洗选业	06		1		2
石油和天然气开采业	07				
黑色金属矿采选业	08	7	3	4	6
有色金属矿采选业	09	1	2		
非金属矿采选业	10	16	11	16	9
开采专业及辅助性活动	11				1
其他采矿业	12	2	2		1
制造业	**C**	**17973**	**24982**	**24897**	**21427**
农副食品加工业	13	280	270	281	283
食品制造业	14	117	135	173	183
酒、饮料和精制茶制造业	15	48	56	55	60
烟草制品业	16		1	1	
纺织业	17	1471	2158	2115	1512
纺织服装、服饰业	18	840	1272	1289	1065
皮革、毛皮、羽毛及其制品和制鞋业	19	160	256	255	197
木材加工和木、竹、藤、棕、草制品业	20	450	737	661	728
家具制造业	21	211	381	325	280
造纸和纸制品业	22	410	527	486	441
印刷和记录媒介复制业	23	341	424	369	325
文教、工美、体育和娱乐用品制造业	24	485	715	734	663
石油、煤炭及其他燃料加工业	25	24	27	23	28
化学原料和化学制品制造业	26	320	358	345	284
医药制造业	27	84	112	90	104
化学纤维制造业	28	93	183	172	80
橡胶和塑料制品业	29	1197	1450	1236	1150
非金属矿物制品业	30	916	1198	1385	1017
黑色金属冶炼和压延加工业	31	145	198	197	149
有色金属冶炼和压延加工业	32	174	259	216	200
金属制品业	33	1913	2479	2554	2220
通用设备制造业	34	2846	4175	4362	3603
专用设备制造业	35	1863	2725	2767	2596

单位：个

2013年	2014年	2015年	2016年	2017年	2018年	无开业年份
103397	**145123**	**177000**	**277133**	**321440**	**311805**	**5700**
1552	**1529**	**1534**	**1938**	**1699**	**1020**	**16**
1	4	1	1			
			1			
2		1				
1549	1525	1532	1936	1699	1020	16
21	**17**	**14**	**27**	**31**	**29**	**1**
4	2		3	3		
			1		1	
3	3	1	3	3	2	
			1		1	
12	9	12	16	16	19	1
1	2		2	8	3	
1	1	1	1	1	3	
24257	**31869**	**35930**	**46546**	**61602**	**51687**	**1148**
357	455	572	771	748	602	16
230	327	431	566	597	526	11
68	96	127	158	147	107	4
				2		
1684	2013	2517	3961	4784	3801	100
1393	1775	2146	2514	3609	3083	58
244	276	290	474	477	366	7
934	905	980	1418	1954	1531	30
377	661	934	1992	2687	1408	25
497	647	608	727	1017	910	10
386	434	568	708	800	618	7
874	1113	1267	1703	2076	1440	76
22	48	50	97	95	76	1
265	350	434	514	448	335	11
121	129	158	182	198	147	3
91	101	134	106	156	158	1
1133	1368	1711	2114	2471	2251	35
1204	1337	1449	2042	2720	2266	76
170	182	187	228	312	244	4
200	245	291	309	426	347	5
2440	3445	3738	4755	6836	5945	132
3878	5425	5770	6586	10081	9209	176
2807	3842	4196	4911	6845	6055	104

1-13 续表 4

行业大类	代码	2009 年	2010 年	2011 年	2012 年
汽车制造业	36	415	668	666	641
铁路、船舶、航空航天和其他运输设备制造业	37	321	369	350	296
电气机械和器材制造业	38	1385	1806	1745	1404
计算机、通信和其他电子设备制造业	39	747	1154	1040	949
仪器仪表制造业	40	356	412	469	422
其他制造业	41	157	189	226	258
废弃资源综合利用业	42	53	82	82	66
金属制品、机械和设备修理业	43	151	206	228	223
电力、热力、燃气及水生产和供应业	**D**	**143**	**125**	**150**	**169**
电力、热力生产和供应业	44	33	36	49	65
燃气生产和供应业	45	20	19	21	12
水的生产和供应业	46	90	70	80	92
建筑业	**E**	**2395**	**3032**	**3223**	**3411**
房屋建筑业	47	399	526	544	551
土木工程建筑业	48	542	627	685	744
建筑安装业	49	617	790	831	857
建筑装饰、装修和其他建筑业	50	837	1089	1163	1259
批发和零售业	**F**	**17809**	**23842**	**26346**	**26946**
批发业	51	13130	17544	19274	19205
零售业	52	4679	6298	7072	7741
交通运输、仓储和邮政业	**G**	**1347**	**1659**	**1575**	**4278**
铁路运输业	53				
道路运输业	54	812	1075	1039	3014
水上运输业	55	65	85	59	197
航空运输业	56	1	2	2	12
管道运输业	57		2	1	2
多式联运和运输代理业	58	206	204	252	554
装卸搬运和仓储业	59	187	185	197	444
邮政业	60	76	106	25	55
住宿和餐饮业	**H**	**490**	**621**	**636**	**745**
住宿业	61	164	210	203	245
餐饮业	62	326	411	433	500
信息传输、软件和信息技术服务业	**I**	**1175**	**1462**	**1758**	**2324**
电信、广播电视和卫星传输服务	63	55	55	45	63
互联网和相关服务	64	131	141	192	263
软件和信息技术服务业	65	989	1266	1521	1998
金融业	**J**	**259**	**353**	**468**	**396**
货币金融服务	66	104	163	174	153
资本市场服务	67	75	113	189	140
保险业	68	67	45	60	75
其他金融业	69	13	32	45	28

单位：个

2013 年	2014 年	2015 年	2016 年	2017 年	2018 年	无开业年份
765	972	1109	1414	1898	1465	45
351	533	549	684	684	551	17
1481	2100	2420	3304	3896	3344	88
1122	1528	1469	1849	2364	2134	54
517	657	720	900	1150	1187	24
318	421	506	821	1215	744	16
64	64	98	167	198	192	3
264	420	501	571	711	645	9
189	**302**	**431**	**646**	**957**	**573**	**16**
65	148	236	437	750	396	10
23	18	26	29	59	44	2
101	136	169	180	148	133	4
4719	**7527**	**8695**	**22553**	**23586**	**25007**	**499**
684	1123	1212	4811	4638	5579	147
1053	1592	1763	5181	4887	5020	87
1221	1801	1932	4157	4180	4011	59
1761	3011	3788	8404	9881	10397	206
33801	**50437**	**60819**	**85215**	**103792**	**94995**	**1553**
23230	32812	37849	52417	61872	56664	896
10571	17625	22970	32798	41920	38331	657
3742	**4966**	**5737**	**7825**	**10115**	**9022**	**114**
1						
2780	3588	4193	5857	8054	6962	80
68	114	127	155	179	203	5
6	7	5	22	19	27	1
1	3	1		2		
418	637	705	902	927	888	13
341	534	581	711	797	853	13
127	83	125	178	137	89	2
1197	**1461**	**2254**	**5866**	**4704**	**4756**	**77**
378	321	515	1383	861	706	22
819	1140	1739	4483	3843	4050	55
2936	**5396**	**7796**	**10920**	**15200**	**17976**	**305**
74	98	149	225	207	173	8
366	687	1088	1677	2163	2253	41
2496	4611	6559	9018	12830	15550	256
388	**484**	**828**	**1045**	**740**	**539**	**11**
162	114	87	362	123	104	5
149	272	560	525	505	314	4
56	35	42	77	61	52	
21	63	139	81	51	69	2

1-13 续表 5

行业大类	代码	2009 年	2010 年	2011 年	2012 年
房地产业	**K**	**1538**	**1922**	**1877**	**1818**
房地产业	70	1538	1922	1877	1818
租赁和商务服务业	**L**	**3579**	**4713**	**5484**	**9209**
租赁业	71	250	333	366	731
商务服务业	72	3329	4380	5118	8478
科学研究和技术服务业	**M**	**2526**	**3175**	**3676**	**4856**
研究和试验发展	73	515	685	817	993
专业技术服务业	74	1259	1528	1741	2370
科技推广和应用服务业	75	752	962	1118	1493
水利、环境和公共设施管理业	**N**	**261**	**324**	**298**	**479**
水利管理业	76	35	43	53	69
生态保护和环境治理业	77	39	53	43	59
公共设施管理业	78	170	215	191	301
土地管理业	79	17	13	11	50
居民服务、修理和其他服务业	**O**	**847**	**988**	**1044**	**1368**
居民服务业	80	254	327	386	618
机动车、电子产品和日用产品修理业	81	423	478	438	445
其他服务业	82	170	183	220	305
教育	**P**	**742**	**944**	**912**	**1135**
教育	83	742	944	912	1135
卫生和社会工作	**Q**	**574**	**881**	**782**	**1802**
卫生	84	235	285	287	341
社会工作	85	339	596	495	1461
文化、体育和娱乐业	**R**	**577**	**837**	**930**	**1335**
新闻和出版业	86	11	11	17	20
广播、电视、电影和录音制作业	87	34	79	84	99
文化艺术业	88	150	251	235	449
体育	89	75	75	98	123
娱乐业	90	307	421	496	644
公共管理、社会保障和社会组织	**S**	**1977**	**3122**	**1946**	**3257**
中国共产党机关	91	19	31	17	33
国家机构	92	444	1059	547	810
人民政协、民主党派	93	1	3	3	1
社会保障	94	4	13	12	22
群众团体、社会团体和其他成员组织	95	1042	1145	1030	1862
基层群众自治组织	96	467	871	337	529

单位：个

2013 年	2014 年	2015 年	2016 年	2017 年	2018 年	无开业年份
2505	**3021**	**3363**	**11001**	**8869**	**9449**	**162**
2505	3021	3363	11001	8869	9449	162
8964	**13720**	**18819**	**29969**	**33996**	**38170**	**635**
671	1051	1403	2162	2864	2984	45
8293	12669	17416	27807	31132	35186	590
5719	**8934**	**11878**	**19592**	**25049**	**29492**	**647**
1331	2160	3365	5369	6730	8728	221
2726	4312	5120	8781	10788	11090	213
1662	2462	3393	5442	7531	9674	213
463	**631**	**780**	**1480**	**1388**	**1421**	**30**
50	53	108	169	126	97	2
67	95	116	229	291	284	6
320	462	514	1026	926	876	20
26	21	42	56	45	164	2
1984	**3280**	**4079**	**7386**	**7169**	**6629**	**120**
1026	1666	1630	3472	3218	3190	59
578	936	1597	2194	2414	2116	36
380	678	852	1720	1537	1323	25
1315	**1859**	**2627**	**5155**	**5395**	**5666**	**97**
1315	1859	2627	5155	5395	5666	97
3041	**2719**	**2749**	**4525**	**3524**	**2783**	**52**
435	331	508	1266	1062	1038	29
2606	2388	2241	3259	2462	1745	23
2106	**2909**	**4294**	**7977**	**8244**	**8226**	**157**
11	8	14	26	26	23	1
144	305	448	633	865	833	25
1043	1193	1312	2518	3131	3148	60
217	247	426	818	865	886	14
691	1156	2094	3982	3357	3336	57
4498	**4062**	**4373**	**7467**	**5380**	**4365**	**60**
29	12	15	67	68	22	1
612	379	835	1242	1186	635	3
2		5	7	12		
23	24	21	33	29	16	1
3226	3213	3110	3826	3586	2504	52
606	434	387	2292	499	1188	3

1-14 按行业（大类）、开业（成立）时间

行业大类	代码	从业人员数	1949 年以前	1950-1977 年	1978-1991 年	1992-2000 年
总计		**38281170**	**334024**	**1036066**	**1775698**	**5155912**
农、林、牧、渔业	**A**	**90559**	**3**	**1075**	**1993**	**2318**
农业	01					
林业	02					
畜牧业	03					
渔业	04					
农、林、牧、渔专业及辅助性活动	05	90559	3	1075	1993	2318
采矿业	**B**	**69556**	**2297**	**416**	**6607**	**48130**
煤炭开采和洗选业	06	47573				46458
石油和天然气开采业	07	7876			6499	
黑色金属矿采选业	08	3884	2297		17	609
有色金属矿采选业	09	960			23	636
非金属矿采选业	10	9059		416	68	383
开采专业及辅助性活动	11	98				26
其他采矿业	12	106				18
制造业	**C**	**14356377**	**20333**	**79300**	**346052**	**2532131**
农副食品加工业	13	211003	90	687	3910	28722
食品制造业	14	128311	3279	139	2498	21911
酒、饮料和精制茶制造业	15	84247		699	2771	31792
烟草制品业	16	6631			577	745
纺织业	17	1101381	2750	6248	28907	179518
纺织服装、服饰业	18	929760	334	2560	43116	131641
皮革、毛皮、羽毛及其制品和制鞋业	19	144973		392	3010	23434
木材加工和木、竹、藤、棕、草制品业	20	229064			1618	10884
家具制造业	21	159284			690	8474
造纸和纸制品业	22	168043		47	2357	35507
印刷和记录媒介复制业	23	200240	605	640	9795	42951
文教、工美、体育和娱乐用品制造业	24	391705	2	476	5380	53031
石油、煤炭及其他燃料加工业	25	33465		994	1478	9456
化学原料和化学制品制造业	26	519068	2	4962	25523	124029
医药制造业	27	231037	913	3361	12827	81377
化学纤维制造业	28	167224			11221	27739
橡胶和塑料制品业	29	645111		931	10041	107420
非金属矿物制品业	30	527868	752	4532	11310	60602
黑色金属冶炼和压延加工业	31	273269		10255	12663	80468
有色金属冶炼和压延加工业	32	167049		21	5783	22913
金属制品业	33	1012730		2789	27997	154108
通用设备制造业	34	1498108	218	14963	33122	259521
专用设备制造业	35	1075214		3588	23645	165993

分组的法人单位从业人员数

单位：人

2001年	2002年	2003年	2004年	2005年	2006年	2007年	2008年
1421377	**1386510**	**1589976**	**1389096**	**1297251**	**1554031**	**1234859**	**1174093**
522	**1229**	**427**	**487**	**702**	**450**	**1895**	**3170**
522	1229	427	487	702	450	1895	3170
1090	**1490**	**142**	**433**	**1043**	**509**	**95**	**448**
27				846			
	1357					12	
		36	5	25			48
			149		19		119
1063	121	106	279	172	490	83	281
	12						
643809	**790245**	**870321**	**768266**	**636760**	**823182**	**589045**	**493447**
8155	9057	8156	10048	11049	11212	11844	13757
3813	5582	8046	4671	5900	5906	6398	2840
1270	6761	14853	3506	1051	2355	1583	867
			196		4801	38	
46391	83570	73838	56797	52323	52686	39930	31132
44607	43178	40083	45912	50184	50167	33587	23309
5983	5635	5937	4173	5806	10424	7153	4225
5367	7201	8918	8302	7632	9838	8259	5335
3414	3592	4842	3320	3554	3297	6079	4687
4876	10121	6907	6914	6016	6205	6211	4138
11990	13250	11546	14399	6861	9161	7222	8312
15321	22342	27670	27363	23006	16904	23852	10640
264	735	3500	1810	737	454	3814	1748
29737	26043	42444	35406	31846	35624	22622	13927
26873	10317	12796	7603	7318	9948	4941	4823
3648	11167	14682	4415	5240	9735	3711	9266
30591	39902	34927	39138	33259	44589	26815	23792
23220	24964	29379	24315	19391	30646	22606	19704
23244	13749	30230	9701	8552	11757	7342	4337
7232	7014	15052	7974	6689	10463	8207	8609
36175	49440	57691	52285	53216	48531	40629	39591
58279	76169	76265	70351	67966	75609	67379	59972
41784	55597	59025	48727	45643	58360	44660	34030

1-14 续表 1

行业大类	代码	从业人员数	1949 年以前	1950-1977 年	1978-1991 年	1992-2000 年
汽车制造业	36	663996	6395	3237	10519	91062
铁路、船舶、航空航天和其他运输设备制造业	37	325111		4530	5583	56361
电气机械和器材制造业	38	1272003		5881	23771	276930
计算机、通信和其他电子设备制造业	39	1779625	4993	3635	19465	386389
仪器仪表制造业	40	257091		3697	5239	48141
其他制造业	41	88181		36	599	8353
废弃资源综合利用业	42	21644			229	1011
金属制品、机械和设备修理业	43	43941			408	1648
电力、热力、燃气及水生产和供应业	**D**	**197039**	**1715**	**9780**	**45691**	**32119**
电力、热力生产和供应业	44	116097	702	3181	39781	18493
燃气生产和供应业	45	20957			108	2259
水的生产和供应业	46	59985	1013	6599	5802	11367
建筑业	**E**	**8802828**	**5262**	**485090**	**783635**	**1312988**
房屋建筑业	47	6239731	5204	468763	553521	982905
土木工程建筑业	48	1126490		11863	114170	145544
建筑安装业	49	667427	56	4344	101791	89346
建筑装饰、装修和其他建筑业	50	769180	2	120	14153	95193
批发和零售业	**F**	**3796053**	**407**	**6264**	**36865**	**256025**
批发业	51	2438011	80	2674	25922	143645
零售业	52	1358042	327	3590	10943	112380
交通运输、仓储和邮政业	**G**	**1035229**	**5480**	**9124**	**69526**	**133115**
铁路运输业	53					
道路运输业	54	651645	5284	8297	43867	56679
水上运输业	55	100519		562	18978	24189
航空运输业	56	16072				11027
管道运输业	57	7880				
多式联运和运输代理业	58	70923		8	1138	4843
装卸搬运和仓储业	59	114615	56	242	5445	8028
邮政业	60	73575	140	15	98	28349
住宿和餐饮业	**H**	**480965**	**214**	**1606**	**13031**	**70650**
住宿业	61	149915	196	1505	9341	18945
餐饮业	62	331050	18	101	3690	51705
信息传输、软件和信息技术服务业	**I**	**861147**		**286**	**2007**	**88417**
电信、广播电视和卫星传输服务	63	141808		286	1749	55718
互联网和相关服务	64	158827			77	8954
软件和信息技术服务业	65	560512			181	23745
金融业	**J**	**28616**			**90**	**869**
货币金融服务	66	13772				559
资本市场服务	67	7739			24	49
保险业	68	522				
其他金融业	69	6583			66	261

单位：人

2001 年	2002 年	2003 年	2004 年	2005 年	2006 年	2007 年	2008 年
20303	38302	32516	42142	29135	34050	28625	27343
8680	7485	30310	25825	12895	19917	32228	14196
56222	55902	83290	63471	49371	78729	45735	51173
109756	146961	118282	134095	74441	151857	57266	53740
13291	12001	12816	12119	12206	14081	15214	13147
2200	3369	5057	2520	3448	3142	2863	2654
699	439	812	262	827	810	1278	594
424	400	451	506	1198	1924	954	1559
3806	**6829**	**10608**	**8634**	**10738**	**5119**	**5619**	**4579**
1666	2826	4744	4923	4512	2415	2799	935
1218	2082	3395	1175	3691	935	882	900
922	1921	2469	2536	2535	1769	1938	2744
414948	**245432**	**294587**	**237662**	**258578**	**280900**	**230393**	**225728**
360058	188294	205662	108631	184777	203696	175003	152075
23110	23364	42511	76218	35084	30602	21887	36958
14482	22032	18636	24284	21992	17717	16872	16178
17298	11742	27778	28529	16725	28885	16631	20517
64528	**77605**	**89996**	**107030**	**78660**	**101838**	**124445**	**118234**
40034	40210	43603	63181	49815	65796	92355	73694
24494	37395	46393	43849	28845	36042	32090	44540
29926	**20742**	**28485**	**28916**	**25514**	**25916**	**29969**	**37314**
10487	10518	14109	17508	13518	14190	17159	23801
1721	2318	5781	3753	3565	4338	1072	3567
1	767	1192		25	49		343
282		88			68		37
788	3507	2509	2060	3630	3023	3343	2517
5738	2866	4268	4102	4341	2983	5314	3756
10909	766	538	1493	435	1265	3081	3293
4624	**7685**	**10478**	**11928**	**11095**	**15649**	**11576**	**15738**
1652	5094	3889	6293	4222	5833	4557	5132
2972	2591	6589	5635	6873	9816	7019	10606
12304	**15415**	**33232**	**16650**	**15075**	**23346**	**16761**	**43045**
3169	8056	19120	1066	793	1649	2555	27520
1101	609	4340	8220	1803	1700	1455	1667
8034	6750	9772	7364	12479	19997	12751	13858
103	**320**	**470**	**120**	**352**	**1072**	**2112**	**655**
21	120	145	60	123	168	270	536
38	17	178	24	80	700	112	72
		2	2	38	7	2	
44	183	145	34	111	197	1728	47

1-14 续表 2

行业大类	代码	从业人员数	1949年以前	1950-1977年	1978-1991年	1992-2000年
房地产业	**K**	**999456**	**16**	**677**	**5307**	**91521**
房地产业	70	999456	16	677	5307	91521
租赁和商务服务业	**L**	**2174545**	**287**	**994**	**43371**	**93413**
租赁业	71	95111			320	5197
商务服务业	72	2079434	287	994	43051	88216
科学研究和技术服务业	**M**	**1151068**	**2839**	**10117**	**33282**	**83189**
研究和试验发展	73	238034	2588	2147	2047	6042
专业技术服务业	74	674089	251	6742	27837	69880
科技推广和应用服务业	75	238945		1228	3398	7267
水利、环境和公共设施管理业	**N**	**269145**	**126**	**12146**	**15079**	**33886**
水利管理业	76	24681	9	4107	3569	4441
生态保护和环境治理业	77	19720		421	597	1507
公共设施管理业	78	217839	117	7607	10873	27113
土地管理业	79	6905		11	40	825
居民服务、修理和其他服务业	**O**	**318749**	**20**	**1476**	**3760**	**14410**
居民服务业	80	109476	17	1397	2317	5767
机动车、电子产品和日用产品修理业	81	93399		14	979	5901
其他服务业	82	115874	3	65	464	2742
教育	**P**	**1291640**	**125800**	**147833**	**115439**	**118118**
教育	83	1291640	125800	147833	115439	118118
卫生和社会工作	**Q**	**738287**	**66197**	**150540**	**56416**	**44667**
卫生	84	652644	65923	148783	53222	41860
社会工作	85	85643	274	1757	3194	2807
文化、体育和娱乐业	**R**	**305649**	**3202**	**6818**	**6868**	**13656**
新闻和出版业	86	16494	1324	826	1171	3464
广播、电视、电影和录音制作业	87	50269		479	1527	1131
文化艺术业	88	96798	1855	4381	3244	3444
体育	89	30785	2	514	565	2016
娱乐业	90	111303	21	618	361	3601
公共管理、社会保障和社会组织	**S**	**1314262**	**99826**	**112524**	**190679**	**186290**
中国共产党机关	91	38263	3741	4873	9925	4965
国家机构	92	907619	92201	94407	139696	141232
人民政协、民主党派	93	4466	448	1392	1377	479
社会保障	94	7361		92	965	1978
群众团体、社会团体和其他成员组织	95	149780	1917	2730	13841	16785
基层群众自治组织	96	206773	1519	9030	24875	20851

单位：人

2001 年	2002 年	2003 年	2004 年	2005 年	2006 年	2007 年	2008 年
28832	**30836**	**53130**	**44524**	**51854**	**47576**	**44896**	**36329**
28832	30836	53130	44524	51854	47576	44896	36329
28567	**35496**	**64850**	**41748**	**76641**	**71249**	**58680**	**69679**
501	716	553	1060	1723	1342	2337	1866
28066	34780	64297	40688	74918	69907	56343	67813
19557	**23507**	**26538**	**25751**	**27536**	**29816**	**25722**	**27345**
1680	2294	2415	1388	2113	4168	3978	5143
15889	19167	22516	22778	23560	22732	17761	16567
1988	2046	1607	1585	1863	2916	3983	5635
6451	**7321**	**6235**	**6796**	**9526**	**9003**	**11972**	**7615**
1573	429	445	803	580	326	750	652
330	419	611	393	643	863	681	659
4427	6358	4887	5475	8019	7149	9828	6240
121	115	292	125	284	665	713	64
4939	**4559**	**10454**	**5381**	**8733**	**7551**	**7972**	**12444**
2112	1553	2139	1668	2355	1906	1774	2129
1053	1919	2259	2083	2432	3149	2214	6120
1774	1087	6056	1630	3946	2496	3984	4195
56360	**45804**	**32420**	**39874**	**33514**	**55607**	**25139**	**35874**
56360	45804	32420	39874	33514	55607	25139	35874
27854	**24336**	**20701**	**13881**	**17177**	**20551**	**19989**	**12502**
26746	23728	19871	13125	16162	19187	18391	10588
1108	608	830	756	1015	1364	1598	1914
3657	**7348**	**7322**	**5042**	**4988**	**5565**	**6466**	**5759**
592	139	891	747	330	373	444	1504
707	2723	1947	678	631	443	536	821
919	2378	569	478	1479	576	1601	1247
300	454	999	560	612	1307	243	378
1139	1654	2916	2579	1936	2866	3642	1809
69500	**40311**	**29580**	**25973**	**28765**	**29132**	**22113**	**24188**
1949	2451	691	246	344	405	125	606
42201	27375	18328	15217	18533	15603	10134	10436
58	135	39	34		26	4	115
187	330	118	953	410	57	102	81
2622	2922	2834	2478	2954	2979	2930	4273
22483	7098	7570	7045	6524	10062	8818	8677

1-14 续表 3

行业大类	代码	2009 年	2010 年	2011 年	2012 年
总计		**1245147**	**1501666**	**1311112**	**1416714**
农、林、牧、渔业	**A**	**3835**	**6102**	**6636**	**6407**
农业	01				
林业	02				
畜牧业	03				
渔业	04				
农、林、牧、渔专业及辅助性活动	05	3835	6102	6636	6407
采矿业	**B**	**2881**	**277**	**729**	**732**
煤炭开采和洗选业	06		21		49
石油和天然气开采业	07				
黑色金属矿采选业	08	74	53	68	307
有色金属矿采选业	09		13		
非金属矿采选业	10	2794	183	661	368
开采专业及辅助性活动	11				3
其他采矿业	12	13	7		5
制造业	**C**	**499474**	**702236**	**632572**	**529244**
农副食品加工业	13	9336	12443	8485	8934
食品制造业	14	4171	5462	5078	3579
酒、饮料和精制茶制造业	15	1175	3427	2945	1671
烟草制品业	16		19	250	
纺织业	17	33641	53514	46132	33877
纺织服装、服饰业	18	27517	46036	38334	37057
皮革、毛皮、羽毛及其制品和制鞋业	19	5174	9325	8763	5759
木材加工和木、竹、藤、棕、草制品业	20	8988	16549	14199	11196
家具制造业	21	5752	8290	7610	7273
造纸和纸制品业	22	6043	12427	5698	7191
印刷和记录媒介复制业	23	5790	7995	7348	5983
文教、工美、体育和娱乐用品制造业	24	10819	14844	16566	13080
石油、煤炭及其他燃料加工业	25	1773	335	958	809
化学原料和化学制品制造业	26	16141	24171	25544	14869
医药制造业	27	3453	10225	4055	5656
化学纤维制造业	28	5759	9854	10027	4922
橡胶和塑料制品业	29	23632	42034	27245	22848
非金属矿物制品业	30	23757	36006	33683	22925
黑色金属冶炼和压延加工业	31	12888	6914	7023	12463
有色金属冶炼和压延加工业	32	6153	13397	10130	5671
金属制品业	33	39709	46593	46077	37816
通用设备制造业	34	56964	71770	71102	53287
专用设备制造业	35	41014	61973	53483	40667

单位：人

2013年	2014年	2015年	2016年	2017年	2018年	无开业年份
1350465	**1706138**	**1722814**	**4473023**	**2636554**	**1562936**	**5708**
7475	**8450**	**9306**	**12222**	**10544**	**5284**	**27**
7475	8450	9306	12222	10544	5284	27
304	**203**	**156**	**1179**	**119**	**276**	
38	20		104	10		
			8			
204	84	9	23	1	24	
			1			
50	84	144	1027	75	211	
4	9		5	18	21	
8	6	3	11	15	20	
489960	**625510**	**541965**	**655766**	**714550**	**369853**	**2356**
9286	9450	8649	12775	10412	4526	20
6791	7744	7249	7643	6172	3347	92
1445	1474	1139	1525	1139	796	3
				5		
35237	38967	45334	60890	65721	33799	179
37440	41967	48905	45419	61928	36418	61
5908	7860	5304	8619	8041	4008	40
17474	15504	13013	20091	25077	13550	69
7416	15181	10143	20056	24785	10789	40
6724	8492	7365	9134	9263	6396	11
5862	5267	6384	7828	6883	4168	
14508	18445	17666	21412	26050	12229	99
426	865	571	1020	1119	599	
10594	10417	7662	9898	5522	2037	48
8069	4569	3383	4310	3313	905	2
3630	12894	6664	2019	7052	3579	
21376	23153	25789	26545	27095	13866	123
22936	20365	19844	29132	30052	17592	155
3448	4540	3243	3677	5002	1772	1
4689	5783	6096	5522	6867	2771	13
34673	47072	43289	55629	63326	35952	142
56187	65664	58547	68758	86921	48770	324
45466	52393	47711	53551	62114	35420	370

1-14 续表 4

行业大类	代码	2009 年	2010 年	2011 年	2012 年
汽车制造业	36	19623	35119	44049	42976
铁路、船舶、航空航天和其他运输设备制造业	37	12371	9136	8227	9089
电气机械和器材制造业	38	41832	67466	56554	35957
计算机、通信和其他电子设备制造业	39	58102	58425	53418	67628
仪器仪表制造业	40	12027	11179	12399	8465
其他制造业	41	2899	3085	2804	3584
废弃资源综合利用业	42	1197	1980	1536	1429
金属制品、机械和设备修理业	43	1774	2243	2850	2583
电力、热力、燃气及水生产和供应业	**D**	**4136**	**3866**	**4950**	**3680**
电力、热力生产和供应业	44	1251	1619	2350	2039
燃气生产和供应业	45	833	693	477	167
水的生产和供应业	46	2052	1554	2123	1474
建筑业	**E**	**301894**	**208700**	**113987**	**172135**
房屋建筑业	47	233281	150567	56597	109286
土木工程建筑业	48	25995	26589	24393	21465
建筑安装业	49	15178	16219	17122	19098
建筑装饰、装修和其他建筑业	50	27440	15325	15875	22286
批发和零售业	**F**	**136982**	**181821**	**191812**	**183685**
批发业	51	92306	122629	123977	119965
零售业	52	44676	59192	67835	63720
交通运输、仓储和邮政业	**G**	**37867**	**32667**	**25649**	**123281**
铁路运输业	53				
道路运输业	54	22249	19817	15980	93386
水上运输业	55	1951	2573	2510	12435
航空运输业	56	21	485	5	884
管道运输业	57		431	7	46
多式联运和运输代理业	58	2277	2639	2490	5217
装卸搬运和仓储业	59	3970	3857	4329	9622
邮政业	60	7399	2865	328	1691
住宿和餐饮业	**H**	**15775**	**20792**	**23538**	**18766**
住宿业	61	4736	7231	5995	5505
餐饮业	62	11039	13561	17543	13261
信息传输、软件和信息技术服务业	**I**	**36004**	**37791**	**51819**	**33113**
电信、广播电视和卫星传输服务	63	456	4523	2110	2337
互联网和相关服务	64	10141	7352	9067	3741
软件和信息技术服务业	65	25407	25916	40642	27035
金融业	**J**	**1144**	**1903**	**2652**	**1913**
货币金融服务	66	580	1340	2077	1291
资本市场服务	67	317	202	337	161
保险业	68				76
其他金融业	69	247	361	238	385

单位：人

2013年	2014年	2015年	2016年	2017年	2018年	无开业年份
25450	34533	27879	30827	28309	11530	72
21381	10108	9443	10205	11397	5653	91
36039	53958	50741	53425	58105	27241	210
34233	89767	39232	58426	42324	17076	114
6666	9687	8501	9809	11209	5162	35
3827	4463	6016	9624	12676	4954	8
713	1065	1469	1989	1671	1620	14
2066	3863	4734	6008	5000	3328	20
3702	**5956**	**6409**	**7569**	**8427**	**3061**	**46**
1814	3460	3794	5149	5850	1785	9
302	409	398	271	583	179	
1586	2087	2217	2149	1994	1097	37
164430	**199316**	**183577**	**2098802**	**411716**	**172789**	**279**
69380	104024	86223	1583420	209290	49018	56
39442	39874	30385	258017	63821	35166	32
19740	24204	25828	110728	46123	25356	101
35868	31214	41141	146637	92482	63249	90
219665	**287666**	**307918**	**425911**	**470297**	**327186**	**1213**
146235	191197	202399	278643	307828	211067	756
73430	96469	105519	147268	162469	116119	457
47257	**62002**	**57893**	**73852**	**84243**	**46342**	**149**
33511	36942	42416	50293	66082	35449	103
1537	2616	1856	1811	1919	1437	30
36	96	602	256	115	168	
6	6887	26		2		
3487	4773	4644	9538	4853	3633	6
5110	9662	6125	10044	9983	4764	10
3570	1026	2224	1910	1289	891	
23843	**23002**	**27220**	**81994**	**42243**	**29435**	**83**
6327	6115	9008	20503	11375	6410	51
17516	16887	18212	61491	30868	23025	32
46839	**82767**	**61335**	**80224**	**96145**	**68360**	**212**
1414	1818	3298	1859	1515	778	19
12780	29460	13148	18385	16231	8528	68
32645	51489	44889	59980	78399	59054	125
1528	**1890**	**3186**	**4989**	**1891**	**1329**	**28**
962	746	918	2862	581	413	
284	939	1247	1509	922	502	25
79	17	44	83	124	48	
203	188	977	535	264	366	3

1-14 续表 5

行业大类	代码	2009 年	2010 年	2011 年	2012 年
房地产业	**K**	**39784**	**39259**	**38149**	**36946**
房地产业	70	39784	39259	38149	36946
租赁和商务服务业	**L**	**49300**	**94878**	**81867**	**108954**
租赁业	71	2083	5091	2524	5594
商务服务业	72	47217	89787	79343	103360
科学研究和技术服务业	**M**	**32855**	**39950**	**41798**	**61161**
研究和试验发展	73	6307	8582	8290	12133
专业技术服务业	74	18832	23272	20584	37321
科技推广和应用服务业	75	7716	8096	12924	11707
水利、环境和公共设施管理业	**N**	**6833**	**9325**	**4695**	**13794**
水利管理业	76	402	506	382	919
生态保护和环境治理业	77	471	504	567	977
公共设施管理业	78	5734	7977	3512	11660
土地管理业	79	226	338	234	238
居民服务、修理和其他服务业	**O**	**7864**	**11964**	**12571**	**12832**
居民服务业	80	1740	2550	3373	3657
机动车、电子产品和日用产品修理业	81	2878	5248	2938	3243
其他服务业	82	3246	4166	6260	5932
教育	**P**	**24623**	**39885**	**32073**	**39055**
教育	83	24623	39885	32073	39055
卫生和社会工作	**Q**	**14456**	**12487**	**14803**	**22615**
卫生	84	12962	9815	12082	17370
社会工作	85	1494	2672	2721	5245
文化、体育和娱乐业	**R**	**8097**	**11975**	**10638**	**13608**
新闻和出版业	86	212	1642	798	616
广播、电视、电影和录音制作业	87	2125	2534	3251	3000
文化艺术业	88	2082	2921	1700	3936
体育	89	605	659	641	758
娱乐业	90	3073	4219	4248	5298
公共管理、社会保障和社会组织	**S**	**21343**	**45788**	**20174**	**34793**
中国共产党机关	91	174	722	1347	943
国家机构	92	12938	32380	11328	23095
人民政协、民主党派	93	10	45	15	33
社会保障	94	9	208	159	164
群众团体、社会团体和其他成员组织	95	3269	4688	3725	5449
基层群众自治组织	96	4943	7745	3600	5109

单位：人

2013年	2014年	2015年	2016年	2017年	2018年	无开业年份
48959	**46406**	**37714**	**155732**	**70883**	**50008**	**118**
48959	46406	37714	155732	70883	50008	118
106259	**151154**	**168851**	**351635**	**283690**	**192651**	**331**
5878	6708	8339	12532	16195	14534	18
100381	144446	160512	339103	267495	178117	313
53415	**75685**	**86472**	**150196**	**157379**	**116553**	**405**
12998	19618	24438	36957	40053	32578	77
28065	40951	39266	79931	70642	49324	221
12352	15116	22768	33308	46684	34651	107
12713	**12778**	**18801**	**34261**	**16813**	**12905**	**71**
326	566	927	1585	937	438	9
814	1364	1878	2252	2238	1527	4
11030	10674	15726	29705	13179	10492	57
543	174	270	719	459	448	1
13854	**19971**	**27112**	**62653**	**41959**	**26216**	**54**
4623	7250	9386	22365	17450	11911	37
3905	5703	9269	11283	12449	8350	10
5326	7018	8457	29005	12060	5955	7
43183	**40796**	**58624**	**80616**	**56739**	**44168**	**96**
43183	40796	58624	80616	56739	44168	96
19145	**15580**	**38112**	**63326**	**47299**	**15640**	**13**
10972	8583	28381	48099	37359	9427	8
8173	6997	9731	15227	9940	6213	5
15359	**20276**	**25280**	**46412**	**46266**	**30928**	**119**
527	166	96	414	119	99	
2375	3633	5139	5766	7099	3690	34
5052	6356	7004	14732	18746	12061	37
1964	2010	2525	5629	4629	3408	7
5441	8111	10516	19871	15673	11670	41
32575	**26730**	**62883**	**85684**	**75351**	**49952**	**108**
423	386	139	1574	1707	498	29
18966	15191	27156	49729	58883	32574	16
36		31	112	77		
133	232	169	256	363	383	12
6914	6914	32032	12376	10095	5015	38
6103	4007	3356	21637	4226	11482	13

1-15 按地区、从业人员

地区	法人单位数	7人及以下	8-19人	20-49人	50-99人
总计	**2053630**	**1416512**	**380688**	**156793**	**52012**
南京市	**195939**	**142828**	**28846**	**13263**	**5350**
玄武区	14513	11137	1859	807	326
秦淮区	22150	16327	3371	1444	483
建邺区	11091	7770	1739	872	353
鼓楼区	29553	23073	3513	1576	664
浦口区	30092	24660	3051	1355	530
栖霞区	14238	10230	2153	987	383
雨花台区	10312	7009	1731	900	345
江宁区	23578	14905	4437	2327	942
六合区	18227	13220	2818	1207	468
溧水区	12422	8431	2219	852	452
高淳区	9763	6066	1955	936	404
无锡市	**246876**	**182232**	**37879**	**15692**	**5802**
锡山区	19963	13775	3467	1596	615
惠山区	28274	19806	5149	2158	653
滨湖区	27807	20438	4437	1739	633
梁溪区	49600	40728	6024	1762	610
新吴区	25551	18355	4056	1629	659
江阴市	55813	40104	8415	4074	1636
宜兴市	39868	29026	6331	2734	996
徐州市	**149270**	**99314**	**31916**	**11807**	**3337**
鼓楼区	12410	6778	4067	1341	114
云龙区	14030	11730	1348	571	198
贾汪区	5937	4236	853	473	238
泉山区	17240	11278	4685	838	208
铜山区	19917	15845	2350	968	354
丰县	8924	5299	2273	830	275
沛县	11157	6138	2701	1497	492
睢宁县	15074	10187	3199	993	367
徐州经济技术开发区	5472	4107	722	339	137
新沂市	18684	12305	4009	1563	472
邳州市	20425	11411	5709	2394	482
常州市	**158924**	**116431**	**23912**	**10697**	**4090**
天宁区	22841	18093	3111	903	353
钟楼区	20334	16436	2252	911	384
新北区	40625	31434	5182	2382	812
武进区	48403	32781	8604	4172	1582

组距分组的法人单位数

单位：个

100-299 人	300-499 人	500-999 人	1000-4999 人	5000-9999 人	10000 人及以上
33089	**6596**	**4422**	**3064**	**281**	**173**
3829	**805**	**525**	**412**	**55**	**26**
257	59	33	29	3	3
345	80	48	47	3	2
238	53	32	26	4	4
464	117	58	67	13	8
352	59	45	33	6	1
324	63	49	39	8	2
233	43	25	22	3	1
646	144	101	65	9	2
340	80	63	29	1	1
351	56	31	27	1	2
279	51	40	28	4	
3815	**722**	**439**	**268**	**20**	**7**
379	61	40	28	1	1
391	68	29	20		
393	90	46	28	1	2
328	65	42	38	3	
561	118	102	64	5	2
1190	222	104	59	8	1
573	98	76	31	2	1
2078	**373**	**242**	**179**	**13**	**11**
80	12	10	8		
117	30	16	18	1	1
105	19	7	6		
150	21	25	29	5	1
272	69	36	19	1	3
199	25	11	11		1
223	56	26	19	3	2
247	35	29	16	1	
114	22	16	13	1	1
245	39	30	19	1	1
326	45	36	21		1
2639	**511**	**368**	**237**	**29**	**10**
267	49	32	29	4	
255	44	20	29	3	
574	124	77	38	2	
908	161	127	58	7	3

1-15 续表 1

地 区	法 人 单位数	7 人及以下	8-19 人	20-49 人	50-99 人
金坛区	12355	7796	2411	1149	487
溧阳市	14366	9891	2352	1180	472
苏州市	**509115**	**389704**	**67276**	**30021**	**11121**
虎丘区	27052	21186	3031	1433	610
吴中区	51050	37902	7600	3348	1156
相城区	29905	21606	4684	2163	745
姑苏区	58903	52036	4390	1519	488
吴江区	57247	44083	7381	3405	1202
苏州工业园区	54783	42624	6546	2978	1177
常熟市	49524	37770	6280	3020	1248
张家港市	46354	32896	7553	3460	1315
昆山市	105685	79120	15356	6590	2381
太仓市	28612	20481	4455	2105	799
南通市	**165388**	**88815**	**46891**	**20685**	**4806**
崇川区	21607	15477	4234	1108	362
港闸区	10780	7041	2192	1043	260
通州区	24166	8709	10434	3808	642
如东县	18928	6279	6884	4483	853
南通经济技术开发区	9827	5437	1789	1990	309
启东市	17240	9713	4839	1757	418
如皋市	21735	12757	5529	2230	648
海门市	18926	9871	5600	2290	603
海安市	22179	13531	5390	1976	711
连云港市	**62135**	**43420**	**12310**	**3887**	**1225**
连云区	3541	2743	424	206	74
海州区	19051	13289	4437	793	252
赣榆区	8020	5494	1458	605	244
东海县	15272	11587	2327	872	257
灌云县	5703	4159	912	357	132
灌南县	6900	3495	2318	762	156
连云港经济技术开发区	2515	1930	269	156	60
连云港高新技术产业开发区	1133	723	165	136	50
淮安市	**90451**	**57404**	**22438**	**6611**	**2059**
淮安区	15365	9796	3890	1047	317
淮阴区	13733	7966	3888	1281	334
清江浦区	18470	12116	4618	1077	339
洪泽区	7308	4325	2038	581	175
涟水县	8263	4313	2790	642	260
盱眙县	9140	6412	1601	654	255
金湖县	9241	5713	2335	844	199
淮安经济技术开发区	8931	6763	1278	485	180

单位：个

100-299 人	300-499 人	500-999 人	1000-4999 人	5000-9999 人	10000 人及以上
333	62	63	47	5	2
302	71	49	36	8	5
7664	**1556**	**1039**	**663**	**48**	**23**
506	123	87	70	2	4
771	142	75	52	4	
524	90	66	26		1
336	50	42	36	4	2
804	190	112	62	6	2
948	228	161	106	13	2
864	156	106	75	4	1
841	142	92	50	4	1
1507	332	219	162	9	9
563	103	79	24	2	1
2851	**635**	**397**	**258**	**19**	**31**
281	57	43	40	2	3
168	31	27	15	1	2
403	82	50	29	3	6
294	70	35	26	1	3
205	54	29	11	3	
332	109	44	25		3
386	77	59	42	3	4
385	69	63	37	4	4
397	86	47	33	2	6
880	**178**	**114**	**106**	**9**	**6**
59	15	9	10		1
171	46	36	25	1	1
154	30	11	18	3	3
171	27	16	14	1	
107	11	12	13		
129	20	5	14		1
59	15	15	7	4	
30	14	10	5		
1339	**238**	**186**	**155**	**13**	**8**
218	37	34	20	4	2
198	22	21	22	1	
198	39	40	39	2	2
140	22	15	11	1	
168	47	22	15	2	4
163	26	19	10		
108	22	8	12		
146	23	27	26	3	

1-15 续表 2

地区	法人单位数	7人及以下	8-19人	20-49人	50-99人
盐城市	**128813**	**76704**	**32503**	**12717**	**3911**
亭湖区	17215	12691	2645	1063	429
盐都区	19248	9639	5958	2680	518
大丰区	11916	7517	2609	1058	400
响水县	9925	6491	2506	580	178
滨海县	12672	8675	2534	866	300
阜宁县	15864	6692	5648	2525	700
射阳县	11966	5626	4187	1453	434
建湖县	10946	7278	2185	869	337
盐城经济技术开发区	2151	1274	407	239	105
东台市	16910	10821	3824	1384	510
扬州市	**107650**	**63491**	**26141**	**11288**	**3926**
广陵区	18992	11551	4469	2252	384
邗江区	25311	17953	4829	1421	575
江都区	20898	11165	5547	2298	1335
宝应县	12748	7105	3433	1295	504
扬州经济技术开发区	4328	2359	1010	586	189
仪征市	11448	5726	3180	1815	414
高邮市	13925	7632	3673	1621	525
镇江市	**75554**	**44474**	**19665**	**7517**	**2100**
京口区	9111	6939	1274	539	174
润州区	8462	6141	1437	535	185
丹徒区	7087	3759	1937	992	254
镇江新区	7449	2782	2638	1594	244
丹阳市	18802	10254	5309	1962	736
扬中市	11798	7466	2999	880	209
句容市	12845	7133	4071	1015	298
泰州市	**87516**	**59268**	**16511**	**6833**	**2534**
海陵区	12816	9132	2204	823	301
高港区	8030	5835	1353	473	169
姜堰区	15119	10627	2748	1004	402
泰州医药高新技术产业开发区	7032	5117	991	489	229
兴化市	11634	7027	2704	1131	406
靖江市	16196	11432	2793	1111	413
泰兴市	16689	10098	3718	1802	614
宿迁市	**75999**	**52427**	**14400**	**5775**	**1751**
宿城区	9664	6891	1519	628	304
宿豫区	5886	3764	1140	538	205
沭阳县	34094	24647	5883	2554	600
泗阳县	11939	6808	3506	1017	296
泗洪县	10928	7680	1891	837	264
宿迁经济技术开发区	3488	2637	461	201	82

单位：个

100-299 人	300-499 人	500-999 人	1000-4999 人	5000-9999 人	10000 人及以上
2171	**406**	**238**	**137**	**18**	**8**
251	68	26	37	4	1
325	73	36	14	3	2
241	46	28	16	1	
122	27	17	3	1	
197	43	41	15	1	
215	43	26	12	1	2
221	27	10	7	1	
202	39	15	16	4	1
98	8	13	6	1	
299	32	26	11	1	2
1880	**393**	**296**	**199**	**20**	**16**
205	52	47	29		3
366	73	48	42	3	1
391	74	40	36	8	4
262	58	68	17	3	3
114	28	20	21	1	
211	44	29	24	3	2
331	64	44	30	2	3
1244	**267**	**181**	**101**	**5**	
107	34	25	18	1	
103	26	14	21		
104	24	12	5		
142	29	11	9		
382	79	52	27	1	
178	29	32	5		
228	46	35	16	3	
1571	**301**	**235**	**219**	**24**	**20**
219	44	44	46	1	2
128	20	17	21	11	3
229	40	34	28	2	5
143	26	21	13	2	1
246	44	36	37	1	2
292	65	42	42	2	4
314	62	41	32	5	3
1128	**211**	**162**	**130**	**8**	**7**
211	39	35	31	3	3
170	29	18	20	1	1
293	61	31	24		1
212	36	35	25	3	1
173	34	24	24	1	
69	12	19	6		1

1-16 按地区、从业人员组距

地　区	从　业 人员数	7 人及以下	8-19 人	20-49 人	50-99 人
总计	**38281170**	**3533027**	**4448093**	**4606996**	**3547014**
南京市	**4375020**	**311322**	**337226**	**394294**	**366612**
玄武区	301792	21520	21647	23914	21990
秦淮区	384963	39515	38988	43104	32711
建邺区	323079	17797	19966	25683	23628
鼓楼区	718662	48566	40406	47278	44963
浦口区	389128	46985	35385	40048	36514
栖霞区	419430	23373	25122	29566	26612
雨花台区	232124	17692	20485	26632	23171
江宁区	689661	38521	52167	69224	64780
六合区	330292	29135	32817	35487	32164
溧水区	308873	16643	26121	25320	31691
高淳区	277016	11575	24122	28038	28388
无锡市	**3588177**	**425603**	**438808**	**466176**	**396468**
锡山区	345938	35070	39959	48401	42481
惠山区	363012	52595	59754	63670	44582
滨湖区	377167	48910	51570	51775	42250
梁溪区	403531	91826	68446	51430	41528
新吴区	604907	47861	47222	49242	45452
江阴市	943972	88492	97570	121385	112447
宜兴市	549650	60849	74287	80273	67728
徐州市	**2495808**	**298548**	**374367**	**342571**	**224521**
鼓楼区	149651	23037	47436	37636	7512
云龙区	144478	33027	15247	17072	13430
贾汪区	92005	8128	9982	14381	15798
泉山区	256485	33763	53715	23699	13841
铜山区	353743	37279	27026	28760	24077
丰县	173164	18124	26880	24401	18835
沛县	301992	19431	32645	44993	32935
睢宁县	241702	36164	35299	28410	25117
徐州经济技术开发区	136424	10089	8436	9958	9383
新沂市	290936	41945	48005	45564	31075
邳州市	355228	37561	69696	67697	32518
常州市	**2789778**	**254442**	**275593**	**315175**	**280446**
天宁区	266025	38440	34420	26161	23267
钟楼区	240639	33972	25743	26923	26293
新北区	509136	61212	60233	69415	56493
武进区	916161	81004	100109	123436	107990

分组的法人单位从业人员数

单位：人

100-299 人	300-499 人	500-999 人	1000-4999 人	5000-9999 人	10000 人及以上
5428417	**2453918**	**2943329**	**5656199**	**1807434**	**3856743**
627491	**294145**	**344198**	**795692**	**336253**	**567787**
40601	20406	20787	54935	18281	57711
54335	26813	24898	77101	14248	33250
35768	17888	16438	44387	11815	109709
75106	41862	36205	117751	81445	185080
57948	21959	31232	64314	41842	12901
54124	24070	33009	84627	52575	66352
38118	16569	17102	43317	16059	12979
107150	54410	69435	143752	56343	33879
56351	30320	43550	53597	6014	10857
60064	20814	21583	52827	8741	45069
47926	19034	29959	59084	28890	
621827	**273557**	**285991**	**478840**	**114584**	**86323**
63954	22607	27420	48841	5960	11245
62649	26697	19480	33585		
63376	32760	29325	46035		11166
50546	24073	20491	50104	5087	
93285	45311	72466	137034	37317	29717
192409	84850	65898	102573	54468	23880
95608	37259	50911	60668	11752	10315
343538	**139050**	**153935**	**323159**	**70472**	**225647**
12384	4380	5758	11508		
17099	9569	8218	24471	6345	
17217	7084	4796	14619		
23138	7218	13745	44573	17751	25042
46747	25738	22374	36343	7122	98277
33076	9285	7027	17124		18412
37876	21523	16726	38428	18405	39030
40723	14416	18799	33225	9549	
20292	8209	11105	29178	5680	24094
40503	14797	21082	31937	5620	10408
54483	16831	24305	41753		10384
429688	**191099**	**250797**	**421469**	**193005**	**178064**
43330	17520	20979	37665	24243	
40769	16194	11943	42242	16560	
93943	45322	51683	59605	11230	
146717	61436	86866	110166	51926	46511

1-16 续表 1

地区	从业人员数	7人及以下	8-19人	20-49人	50-99人
金坛区	415280	19311	28154	34285	33527
溧阳市	442537	20503	26934	34955	32876
苏州市	**7720302**	**782716**	**784404**	**892758**	**768002**
虎丘区	566862	40502	35437	43005	42381
吴中区	705053	84868	88539	98867	79680
相城区	456136	50323	54657	63917	51825
姑苏区	435242	89454	50285	44682	33534
吴江区	825620	84338	85707	101118	83068
苏州工业园区	935062	86714	76553	89144	80482
常熟市	787629	61913	73487	90454	86444
张家港市	741874	75203	87516	102542	91056
昆山市	1798853	167902	180617	195665	164649
太仓市	467971	41499	51606	63364	54883
南通市	**4499468**	**285205**	**557257**	**599114**	**323174**
崇川区	335257	50441	46782	31735	23908
港闸区	223526	19909	25614	31954	17936
通州区	817222	32296	127117	107412	42878
如东县	524824	20235	87109	133076	55737
南通经济技术开发区	218179	15225	20537	56942	20964
启东市	474914	30467	57014	49377	28049
如皋市	583387	37669	64247	63888	43695
海门市	680568	25862	67886	66560	41900
海安市	641591	53101	60951	58170	48107
连云港市	**1102195**	**138927**	**138070**	**112687**	**83275**
连云区	74472	4640	4934	6326	5021
海州区	246189	52372	46362	22427	16279
赣榆区	228248	16198	17027	17951	16794
东海县	191849	36168	26573	25476	17734
灌云县	92971	10906	10468	10300	9111
灌南县	141237	12630	27703	21520	10753
连云港经济技术开发区	89813	4283	3028	4606	4170
连云港高新技术产业开发区	37416	1730	1975	4081	3413
淮安市	**1665122**	**171236**	**256231**	**192620**	**140403**
淮安区	296503	21934	44120	30295	22062
淮阴区	236842	28098	44751	37799	23193
清江浦区	295184	41099	52209	30961	22438
洪泽区	133929	15141	24036	16553	12093
涟水县	249632	15828	31048	18925	17364
盱眙县	136613	14605	18530	19028	17611
金湖县	132284	15662	27277	24848	13335
淮安经济技术开发区	184135	18869	14260	14211	12307

单位：人

100-299 人	300-499 人	500-999 人	1000-4999 人	5000-9999 人	10000 人及以上
54867	23626	44568	96533	33597	46812
50062	27001	34758	75258	55449	84741
1255486	**583794**	**705349**	**1279774**	**305973**	**362046**
83697	46589	59005	129427	15644	71175
122831	52175	54079	97788	26226	
86217	34176	45703	54241		15077
53281	18916	28619	71191	22928	22352
137424	72042	74003	119379	45644	22897
153202	84256	105273	187410	72028	
140925	57443	69886	146074	24177	36826
138186	52515	62859	88616	26875	16506
246338	127057	151537	344019	54652	166417
93385	38625	54385	41629	17799	10796
480057	**235350**	**272474**	**468739**	**134964**	**1143134**
40764	17450	26511	57295	14361	26010
27263	11779	18912	28185	9170	32804
72936	31224	34918	62488	27673	278280
49433	26446	24109	50382	5761	72536
33632	19844	19952	15040	16043	
61470	41709	29603	51368		125857
64517	29020	40829	71278	21263	146981
64828	25787	45012	65491	27902	249340
65214	32091	32628	67212	12791	211326
141645	**65299**	**73362**	**190948**	**72161**	**85821**
9818	5807	6409	21241		10276
26581	15046	20479	37194	9449	
24896	11421	7169	34051	23229	59512
29436	10140	11247	27485	7590	
17115	4408	7537	23126		
19443	7210	3679	22266		16033
9698	5727	10095	16313	31893	
4658	5540	6747	9272		
219364	**88257**	**121746**	**273947**	**95713**	**105605**
36034	14001	23610	36061	32938	35448
31256	8135	13590	42680	7340	
30502	13532	23743	53794	16346	10560
24932	8223	9849	17145	5957	
28576	17844	14641	34668	11141	59597
26215	9698	12440	18486		
17553	7825	5945	19839		
24296	8999	17928	51274	21991	

1-16 续表 2

地　区	从　业 人员数	7 人及以下	8-19 人	20-49 人	50-99 人
盐城市	**2373036**	**239569**	**382010**	**369228**	**265728**
亭湖区	282925	38214	30138	30859	28706
盐都区	400700	35364	70131	76215	36188
大丰区	223736	22292	30089	31000	26574
响水县	131978	21429	29995	15706	12022
滨海县	202717	21688	28510	24639	20677
阜宁县	355088	24925	69170	76044	48105
射阳县	208212	17117	50870	42418	28659
建湖县	217384	22714	24472	25381	23340
盐城经济技术开发区	68354	3740	4680	7318	7406
东台市	281942	32086	43955	39648	34051
扬州市	**2686197**	**167925**	**321680**	**329310**	**263237**
广陵区	390508	39293	53128	62997	25612
邗江区	430059	45955	54376	41946	38373
江都区	606136	19051	76047	64913	85407
宝应县	389476	19975	42099	38466	36080
扬州经济技术开发区	141561	7289	12210	17950	12878
仪征市	293097	9884	40049	55001	28317
高邮市	435360	26478	43771	48037	36570
镇江市	**1349064**	**144872**	**227332**	**219966**	**142671**
京口区	127910	18698	14476	15935	11540
润州区	126830	13222	16855	15609	12513
丹徒区	129610	13107	23530	29881	17241
镇江新区	160877	12362	32207	44924	16638
丹阳市	384040	33012	59737	59113	49331
扬中市	172457	26001	33485	25505	14614
句容市	247340	28470	47042	28999	20794
泰州市	**2276852**	**155586**	**190517**	**204055**	**174037**
海陵区	292318	25152	25032	24071	20577
高港区	253805	14705	15612	13906	11863
姜堰区	404756	23779	31790	29054	27736
泰州医药高新技术产业开发区	140428	11691	11242	14834	15895
兴化市	306945	24282	31839	33776	28255
靖江市	410791	27018	31761	33093	28480
泰兴市	467809	28959	43241	55321	41231
宿迁市	**1360151**	**157076**	**164598**	**169042**	**118440**
宿城区	224810	17067	17631	18579	20327
宿豫区	172449	11189	13110	15882	13817
沭阳县	411154	79697	69358	75416	40519
泗阳县	274256	24372	37811	28756	20211
泗洪县	191126	18352	21380	24717	17952
宿迁经济技术开发区	86356	6399	5308	5692	5614

单位：人

100-299 人	300-499 人	500-999 人	1000-4999 人	5000-9999 人	10000 人及以上
353826	**149405**	**157099**	**232468**	**110176**	**113527**
39524	23565	16325	55486	20108	
50309	26973	23037	26305	19308	36870
38052	17237	17569	33312	7611	
19652	10004	12351	5619	5200	
33786	15569	28397	22083	7368	
34919	16457	16465	22908	6554	39541
38163	9726	6203	9852	5204	
33855	14423	9943	23860	26948	12448
16316	3088	9930	10561	5315	
49250	12363	16879	22482	6560	24668
309152	**146347**	**198203**	**378347**	**135554**	**436442**
33079	19212	32273	46733		78181
60703	26420	28954	67835	17115	48382
65209	28488	27099	71771	54609	113542
42122	22345	48507	41150	20808	77924
19107	9909	13217	42502	6499	
32943	16378	19026	43766	20653	27080
55989	23595	29127	64590	15870	91333
203690	**97100**	**121359**	**164082**	**27992**	
17288	10273	13860	25840		
15352	8444	8956	35879		
17128	9274	8948	10501		
23154	10798	7279	13515		
62546	30159	35339	46338	8465	
30696	10777	23382	7997		
37526	17375	23595	24012	19527	
261797	**110796**	**157206**	**417963**	**160601**	**444294**
34940	14768	27982	72192	6256	41348
22319	7539	11324	45666	70160	40711
37167	15108	22167	60287	13356	144312
22250	9098	13149	15358	15111	11800
41035	16212	23616	80029	5405	22496
50141	24605	29895	81232	16434	88132
53945	23466	29073	63199	33879	95495
180856	**79719**	**101610**	**230771**	**49986**	**108053**
33449	14223	17784	43058	16981	25711
27166	11051	11659	33930	8021	26624
47502	23507	19874	42881		12400
33712	13899	23527	51336	19009	21623
27806	12281	16175	46488	5975	
11221	4758	12591	13078		21695

1-17 按行业（大类）、从业人员

行业大类	代码	法人单位数	7人及以下	8-19人	20-49人
总计		**2053630**	**1416512**	**380688**	**156793**
农、林、牧、渔业	**A**	**14591**	**10982**	**2983**	**527**
农业	01	18	18		
林业	02	3	3		
畜牧业	03	6	6		
渔业	04	3	3		
农、林、牧、渔专业及辅助性活动	05	14561	10952	2983	527
采矿业	**B**	**370**	**196**	**83**	**49**
煤炭开采和洗选业	06	22	7	4	5
石油和天然气开采业	07	5	1	2	
黑色金属矿采选业	08	49	23	11	9
有色金属矿采选业	09	12	5	3	1
非金属矿采选业	10	242	130	54	33
开采专业及辅助性活动	11	22	18	3	1
其他采矿业	12	18	12	6	
制造业	**C**	**513458**	**263849**	**129970**	**71443**
农副食品加工业	13	7490	3319	2030	1255
食品制造业	14	4746	2474	1145	652
酒、饮料和精制茶制造业	15	1831	1027	454	184
烟草制品业	16	12	2	2	1
纺织业	17	42227	18378	12446	7104
纺织服装、服饰业	18	27640	11553	7352	5266
皮革、毛皮、羽毛及其制品和制鞋业	19	4626	1930	1189	871
木材加工和木、竹、藤、棕、草制品业	20	12998	6084	3934	2077
家具制造业	21	10547	6545	2463	1005
造纸和纸制品业	22	9637	5509	2550	1049
印刷和记录媒介复制业	23	10930	5912	2943	1362
文教、工美、体育和娱乐用品制造业	24	16276	8131	4246	2404
石油、煤炭及其他燃料加工业	25	730	343	203	105
化学原料和化学制品制造业	26	9790	3749	1962	1871
医药制造业	27	2402	898	434	364
化学纤维制造业	28	2492	942	673	383
橡胶和塑料制品业	29	28686	14596	7621	4052
非金属矿物制品业	30	24182	12336	6022	3491
黑色金属冶炼和压延加工业	31	4110	1804	1036	688
有色金属冶炼和压延加工业	32	4761	2083	1136	848
金属制品业	33	53951	29405	13831	6927
通用设备制造业	34	80978	45816	20395	9688
专用设备制造业	35	53616	29515	13315	6886

组距分组的法人单位数

单位：个

50-99 人	100-299 人	300-499 人	500-999 人	1000-4999 人	5000-9999 人	10000 人及以上
52012	**33089**	**6596**	**4422**	**3064**	**281**	**173**
83	**13**		**2**	**1**		
83	13		2	1		
15	**11**	**4**	**5**	**4**	**1**	**2**
2			1	1		2
				1	1	
2	2		1	1		
	2		1			
11	7	4	2	1		
25765	**16379**	**2995**	**1943**	**1006**	**81**	**27**
463	340	40	30	13		
225	188	34	19	9		
75	62	17	5	5		2
	2		2	3		
2364	1527	216	142	48	2	
1816	1230	210	155	55	2	1
357	211	41	22	5		
605	261	25	11	1		
319	161	31	17	6		
294	186	27	11	10	1	
411	246	34	15	7		
838	509	81	52	13	2	
26	31	7	10	5		
1041	862	168	95	40	2	
267	302	69	41	22	4	1
245	158	41	26	19	5	
1387	796	130	69	35		
1465	711	87	52	18		
282	199	33	30	30	5	3
355	264	41	24	9	1	
2237	1224	181	104	42		
2952	1600	302	157	65	2	1
2307	1239	202	108	41	2	1

1-17 续表 1

行业大类	代码	法人单位数	7人及以下	8-19人	20-49人
汽车制造业	36	14055	6394	3180	2224
铁路、船舶、航空航天和其他运输设备制造业	37	7453	3634	1852	1042
电气机械和器材制造业	38	34453	17368	8238	4713
计算机、通信和其他电子设备制造业	39	20815	10884	4332	2527
仪器仪表制造业	40	9650	5545	2095	1078
其他制造业	41	6210	3381	1699	865
废弃资源综合利用业	42	1459	872	319	167
金属制品、机械和设备修理业	43	4705	3420	873	294
电力、热力、燃气及水生产和供应业	**D**	**5033**	**2641**	**1112**	**671**
电力、热力生产和供应业	44	2578	1513	515	240
燃气生产和供应业	45	435	175	96	72
水的生产和供应业	46	2020	953	501	359
建筑业	**E**	**119569**	**73839**	**23692**	**11275**
房屋建筑业	47	23183	11603	4537	2492
土木工程建筑业	48	25526	14250	5564	3003
建筑安装业	49	24173	15022	4968	2441
建筑装饰、装修和其他建筑业	50	46687	32964	8623	3339
批发和零售业	**F**	**613999**	**498949**	**86863**	**22151**
批发业	51	397992	317553	60861	16191
零售业	52	216007	181396	26002	5960
交通运输、仓储和邮政业	**G**	**59043**	**39322**	**12254**	**4793**
铁路运输业	53	6	1		1
道路运输业	54	42253	28692	8789	3181
水上运输业	55	1992	958	402	309
航空运输业	56	132	78	23	16
管道运输业	57	17	5	2	5
多式联运和运输代理业	58	7108	5116	1378	436
装卸搬运和仓储业	59	6301	3825	1374	688
邮政业	60	1234	647	286	157
住宿和餐饮业	**H**	**25927**	**15697**	**5959**	**2645**
住宿业	61	6356	3335	1620	788
餐饮业	62	19571	12362	4339	1857
信息传输、软件和信息技术服务业	**I**	**72799**	**57529**	**10148**	**3425**
电信、广播电视和卫星传输服务	63	1791	1241	276	108
互联网和相关服务	64	9689	7646	1335	446
软件和信息技术服务业	65	61319	48642	8537	2871
金融业	**J**	**6925**	**4366**	**955**	**476**
货币金融服务	66	2050	933	443	204
资本市场服务	67	3053	2625	313	85
保险业	68	1158	314	105	141
其他金融业	69	664	494	94	46

单位：个

50-99 人	100-299 人	300-499 人	500-999 人	1000-4999 人	5000-9999 人	10000 人及以上
997	832	206	149	70	3	
441	335	67	43	32	6	1
2021	1417	321	227	139	7	2
1187	1027	301	261	245	36	15
453	334	73	56	15	1	
187	66	3	6	3		
72	26	3				
76	33	4	4	1		
243	**274**	**49**	**29**	**13**		**1**
119	146	22	14	8		1
39	39	9	2	3		
85	89	18	13	2		
3920	**3388**	**1190**	**998**	**1029**	**129**	**109**
1037	1311	651	609	745	98	100
1054	967	311	210	150	12	5
937	538	110	82	60	12	3
892	572	118	97	74	7	1
4119	**1464**	**235**	**130**	**72**	**13**	**3**
2475	706	103	59	36	7	1
1644	758	132	71	36	6	2
1573	**736**	**157**	**105**	**92**	**7**	**4**
3	1					
983	407	79	60	55	4	3
157	105	30	20	9	1	1
5		3	4	2	1	
2	1	1			1	
115	47	9	5	2		
235	137	26	8	8		
73	38	9	8	16		
825	**663**	**100**	**21**	**13**	**2**	**2**
239	314	53	7			
586	349	47	14	13	2	2
903	**532**	**103**	**62**	**86**	**7**	**4**
49	59	14	13	27	2	2
129	83	24	7	14	4	1
725	390	65	42	45	1	1
261	**375**	**134**	**153**	**175**	**15**	**15**
117	143	63	84	62	1	
7	13	2	4	3	1	
123	205	68	65	109	13	15
14	14	1		1		

1-17 续表 2

行业大类	代码	法人单位数	7 人及以下	8-19 人	20-49 人
房地产业	**K**	**59246**	**36881**	**12148**	**6955**
房地产业	70	59246	36881	12148	6955
租赁和商务服务业	**L**	**188239**	**147769**	**27493**	**8533**
租赁业	71	13920	10679	2415	675
商务服务业	72	174319	137090	25078	7858
科学研究和技术服务业	**M**	**129379**	**95767**	**22710**	**7743**
研究和试验发展	73	32677	25182	5220	1731
专业技术服务业	74	58657	40934	11249	4295
科技推广和应用服务业	75	38045	29651	6241	1717
水利、环境和公共设施管理业	**N**	**10920**	**6461**	**2270**	**1234**
水利管理业	76	2038	1202	529	221
生态保护和环境治理业	77	1550	965	299	206
公共设施管理业	78	6730	3878	1343	750
土地管理业	79	602	416	99	57
居民服务、修理和其他服务业	**O**	**41016**	**31683**	**6781**	**1868**
居民服务业	80	18088	14466	2632	727
机动车、电子产品和日用产品修理业	81	14556	11270	2605	581
其他服务业	82	8372	5947	1544	560
教育	**P**	**36601**	**19322**	**5998**	**4698**
教育	83	36601	19322	5998	4698
卫生和社会工作	**Q**	**30041**	**22450**	**3145**	**1797**
卫生	84	10074	5049	1307	1268
社会工作	85	19967	17401	1838	529
文化、体育和娱乐业	**R**	**44141**	**35008**	**6368**	**1933**
新闻和出版业	86	403	181	83	59
广播、电视、电影和录音制作业	87	3938	2658	782	356
文化艺术业	88	15298	12098	2255	642
体育	89	4195	3277	612	216
娱乐业	90	20307	16794	2636	660
公共管理、社会保障和社会组织	**S**	**82333**	**53801**	**19756**	**4577**
中国共产党机关	91	1567	650	394	345
国家机构	92	20649	9819	4002	3137
人民政协、民主党派	93	271	139	35	84
社会保障	94	466	253	118	67
群众团体、社会团体和其他成员组织	95	36879	33412	2909	371
基层群众自治组织	96	22501	9528	12298	573

单位：个

50-99 人	100-299 人	300-499 人	500-999 人	1000-4999 人	5000-9999 人	10000 人及以上
1976	**904**	**184**	**141**	**55**	**2**	
1976	904	184	141	55	2	
2197	**1333**	**411**	**296**	**190**	**13**	**4**
103	38	5	4	1		
2094	1295	406	292	189	13	4
1979	**956**	**120**	**74**	**30**		
354	155	22	7	6		
1325	696	80	56	22		
300	105	18	11	2		
510	**312**	**58**	**52**	**22**	**1**	
55	30	1				
55	24	1				
382	247	55	52	22	1	
18	11	1				
441	**177**	**27**	**28**	**10**	**1**	
180	72	6	3	2		
73	21	1	3	2		
188	84	20	22	6	1	
3280	**2747**	**389**	**112**	**53**	**2**	
3280	2747	389	112	53	2	
1371	**892**	**138**	**125**	**120**	**3**	
1258	822	126	121	120	3	
113	70	12	4			
578	**199**	**33**	**15**	**7**		
32	35	10	3			
77	46	13	3	3		
241	53	4	4	1		
58	28	3	1			
170	37	3	4	3		
1973	**1734**	**269**	**131**	**86**	**4**	**2**
97	74	5	1	1		
1651	1580	255	118	82	4	1
12		1				
19	7	1	1			
106	59	7	11	3		1
88	14					

1-18 按行业（大类）、从业人员

行业大类	代码	从 业 人员数	7 人及以下	8-19 人	20-49 人
总计		**38281170**	**3533027**	**4448093**	**4606996**
农、林、牧、渔业	**A**	**90559**	**28996**	**35790**	**15872**
农业	01				
林业	02				
畜牧业	03				
渔业	04	90559	28996	35790	15872
农、林、牧、渔专业及辅助性活动	05	90559	28996	35790	15872
采矿业	**B**	**69556**	**381**	**1027**	**1449**
煤炭开采和洗选业	06	47573	18	56	131
石油和天然气开采业	07	7876		20	
黑色金属矿采选业	08	3884	29	153	281
有色金属矿采选业	09	960	2	46	23
非金属矿采选业	10	9059	273	629	992
开采专业及辅助性活动	11	98	35	41	22
其他采矿业	12	106	24	82	
制造业	**C**	**14356377**	**759681**	**1556404**	**2129468**
农副食品加工业	13	211003	9307	24795	37450
食品制造业	14	128311	6730	13712	19476
酒、饮料和精制茶制造业	15	84247	2892	5470	5402
烟草制品业	16	6631	5	29	38
纺织业	17	1101381	52383	149564	211241
纺织服装、服饰业	18	929760	28415	90340	156445
皮革、毛皮、羽毛及其制品和制鞋业	19	144973	4979	14415	26473
木材加工和木、竹、藤、棕、草制品业	20	229064	18741	47320	63098
家具制造业	21	159284	20139	28057	29456
造纸和纸制品业	22	168043	17695	29506	30638
印刷和记录媒介复制业	23	200240	19418	34949	40403
文教、工美、体育和娱乐用品制造业	24	391705	23061	51282	71771
石油、煤炭及其他燃料加工业	25	33465	991	2365	3297
化学原料和化学制品制造业	26	519068	9500	24841	57683
医药制造业	27	231037	2342	5335	11442
化学纤维制造业	28	167224	2738	8046	12029
橡胶和塑料制品业	29	645111	45162	90847	120621
非金属矿物制品业	30	527868	33889	72980	105666
黑色金属冶炼和压延加工业	31	273269	5390	12651	20892
有色金属冶炼和压延加工业	32	167049	5747	13956	25663
金属制品业	33	1012730	85282	165380	204313
通用设备制造业	34	1498108	136242	241156	285493
专用设备制造业	35	1075214	85707	159203	204014

组距分组的法人单位从业人员数

单位：人

50-99 人	100-299 人	300-499 人	500-999 人	1000-4999 人	5000-9999 人	10000 人及以上
3547014	**5428417**	**2453918**	**2943329**	**5656199**	**1807434**	**3856743**
5434	**2008**		**1351**	**1108**		
5434	2008		1351	1108		
5434	2008		1351	1108		
956	**1775**	**1569**	**3874**	**7151**	**6499**	**44875**
102			828	1563		44875
				1357	6499	
105	410		609	2297		
	268		621			
749	1097	1569	1816	1934		
1777190	**2717189**	**1140433**	**1330756**	**1897119**	**553832**	**494305**
31496	55505	15045	18337	19068		
15741	30680	13028	12433	16511		
5210	10575	6242	3495	12118		32843
	436		1322	4801		
163973	251803	81510	94581	79404	16922	
125455	206657	78503	107272	95026	17767	23880
24495	36424	15592	14514	8081		
41402	39769	8965	8410	1359		
21168	26497	11875	11336	10756		
20168	31090	9747	7638	16027	5534	
28471	40935	13084	9730	13250		
58042	85259	30981	35127	23478	12704	
1788	5171	2823	7428	9602		
73169	142499	63336	65449	69842	12749	
19072	52714	26504	28533	39318	30740	15037
16949	25975	15748	17928	33802	34009	
95414	130026	48855	46304	67882		
101791	115735	32996	34275	30536		
19296	33979	12652	20819	74084	30209	43297
24480	44990	15913	16098	15002	5200	
153095	199757	68938	68894	67071		
201336	263134	115337	108195	118280	13821	15114
158545	201396	75852	74642	77660	14101	24094

1-18 续表 1

行业大类	代码	从业人员数	7人及以下	8-19人	20-49人
汽车制造业	36	663996	16868	38589	66711
铁路、船舶、航空航天和其他运输设备制造业	37	325111	10035	22478	31548
电气机械和器材制造业	38	1272003	50141	98138	141361
计算机、通信和其他电子设备制造业	39	1779625	28523	51818	75734
仪器仪表制造业	40	257091	15921	24780	32383
其他制造业	41	88181	9629	20607	24933
废弃资源综合利用业	42	21644	2332	3714	5166
金属制品、机械和设备修理业	43	43941	9477	10081	8628
电力、热力、燃气及水生产和供应业	**D**	**197039**	**6474**	**13678**	**19658**
电力、热力生产和供应业	44	116097	3436	6258	6841
燃气生产和供应业	45	20957	459	1182	2251
水的生产和供应业	46	59985	2579	6238	10566
建筑业	**E**	**8802828**	**185046**	**280709**	**331801**
房屋建筑业	47	6239731	28453	54697	73600
土木工程建筑业	48	1126490	36682	66036	89450
建筑安装业	49	667427	39365	59628	72023
建筑装饰、装修和其他建筑业	50	769180	80546	100348	96728
批发和零售业	**F**	**3796053**	**1252285**	**988541**	**622717**
批发业	51	2438011	810777	695163	452422
零售业	52	1358042	441508	293378	170295
交通运输、仓储和邮政业	**G**	**1035229**	**109814**	**142661**	**141350**
铁路运输业	53				
道路运输业	54	651645	81002	101744	93078
水上运输业	55	100519	2607	4838	9518
航空运输业	56	16072	187	260	514
管道运输业	57	7880	15	24	150
多式联运和运输代理业	58	70923	14079	15959	12873
装卸搬运和仓储业	59	114615	10039	16454	20654
邮政业	60	73575	1885	3382	4563
住宿和餐饮业	**H**	**480965**	**39900**	**70575**	**77182**
住宿业	61	149915	9689	19836	22300
餐饮业	62	331050	30211	50739	54882
信息传输、软件和信息技术服务业	**I**	**861147**	**125154**	**116768**	**99080**
电信、广播电视和卫星传输服务	63	141808	2958	3027	3087
互联网和相关服务	64	158827	16773	15352	12961
软件和信息技术服务业	65	560512	105423	98389	83032
金融业	**J**	**28616**	**6540**	**7256**	**5662**
货币金融服务	66	13772	3088	4517	2768
资本市场服务	67	7739	2282	1557	1514
保险业	68	522	211	111	200
其他金融业	69	6583	959	1071	1180

单位：人

50-99 人	100-299 人	300-499 人	500-999 人	1000-4999 人	5000-9999 人	10000 人及以上
69926	138870	78844	105395	131590	17203	
30495	56737	25842	29746	62268	43325	12637
139557	236734	123464	156383	257683	47532	21010
82496	176353	116441	182099	513246	246522	306393
31362	57662	28261	37576	23652	5494	
12396	10388	1160	4378	4690		
5263	3977	1192				
5139	5462	1703	2419	1032		
17737	**43757**	**19284**	**19783**	**20063**		**36605**
8947	23146	8622	9945	12297		36605
2857	6522	3400	1074	3212		
5933	14089	7262	8764	4554		
269020	**586525**	**454626**	**696677**	**2120139**	**895198**	**2983087**
72007	236747	250945	427624	1563651	691463	2840544
72432	166660	118603	144927	281796	74317	75587
64095	86978	41162	58268	113438	76764	55706
60486	96140	43916	65858	161254	52654	11250
276503	**235148**	**87621**	**89048**	**126203**	**82260**	**35727**
163788	111938	38770	40844	64441	48649	11219
112715	123210	48851	48204	61762	33611	24508
104940	**120716**	**59778**	**70626**	**193198**	**44678**	**47468**
65736	66404	29819	41452	107734	27484	37192
10703	17604	11687	12962	15011	5313	10276
290		1254	2537	5979	5051	
156	282	423			6830	
7718	7977	3538	3134	5645		
15565	21645	9514	5271	15473		
4772	6804	3543	5270	43356		
56550	**114261**	**36981**	**14528**	**27203**	**15785**	**28000**
16683	56489	19786	5132			
39867	57772	17195	9396	27203	15785	28000
60854	**86753**	**39117**	**43439**	**174162**	**42243**	**73577**
3388	10067	5382	9625	49374	11299	43601
8931	13792	9156	4519	32701	25561	19081
48535	62894	24579	29295	92087	5383	10895
1988	**2323**	**2073**	**1154**	**1620**		
913	884	1602				
266	495	471	1154			
809	944			1620		

1-18 续表 2

行业大类	代码	从业人员数	7人及以下	8-19人	20-49人
房地产业	**K**	**999456**	**85865**	**146169**	**201283**
房地产业	70	999456	85865	146169	201283
租赁和商务服务业	**L**	**2174545**	**329592**	**316420**	**244884**
租赁业	71	95111	28235	27807	18951
商务服务业	72	2079434	301357	288613	225933
科学研究和技术服务业	**M**	**1151068**	**224848**	**264496**	**223872**
研究和试验发展	73	238034	56268	60630	49686
专业技术服务业	74	674089	103270	131708	125332
科技推广和应用服务业	75	238945	65310	72158	48854
水利、环境和公共设施管理业	**N**	**269145**	**15708**	**27427**	**37514**
水利管理业	76	24681	3199	6301	6620
生态保护和环境治理业	77	19720	2379	3613	6243
公共设施管理业	78	217839	9255	16347	22959
土地管理业	79	6905	875	1166	1692
居民服务、修理和其他服务业	**O**	**318749**	**77597**	**77519**	**52980**
居民服务业	80	109476	29314	30287	20578
机动车、电子产品和日用产品修理业	81	93399	33186	29433	16314
其他服务业	82	115874	15097	17799	16088
教育	**P**	**1291640**	**47599**	**71582**	**150806**
教育	83	1291640	47599	71582	150806
卫生和社会工作	**Q**	**738287**	**35235**	**36489**	**57387**
卫生	84	652644	11172	15788	41992
社会工作	85	85643	24063	20701	15395
文化、体育和娱乐业	**R**	**305649**	**77193**	**74183**	**54731**
新闻和出版业	86	16494	342	1067	1793
广播、电视、电影和录音制作业	87	50269	6583	9445	10131
文化艺术业	88	96798	24135	26268	18370
体育	89	30785	7072	7237	6117
娱乐业	90	111303	39061	30166	18320
公共管理、社会保障和社会组织	**S**	**1314262**	**125119**	**220399**	**139300**
中国共产党机关	91	38263	1079	5007	10171
国家机构	92	907619	15776	49871	98426
人民政协、民主党派	93	4466	337	445	2536
社会保障	94	7361	480	1444	1972
群众团体、社会团体和其他成员组织	95	149780	55192	32146	10624
基层群众自治组织	96	206773	52255	131486	15571

单位：人

50-99 人	100-299 人	300-499 人	500-999 人	1000-4999 人	5000-9999 人	10000 人及以上
133181	**149661**	**68970**	**96251**	**102046**	**16030**	
133181	149661	68970	96251	102046	16030	
148245	**222227**	**155904**	**210360**	**388153**	**83577**	**75183**
6629	6228	2017	3389	1855		
141616	215999	153887	206971	386298	83577	75183
132267	**151404**	**45657**	**47943**	**60581**		
23529	24292	8499	4746	10384		
89282	111185	30246	36053	47013		
19456	15927	6912	7144	3184		
34285	**52595**	**22651**	**36134**	**34922**	**7909**	
3581	4610	370				
3806	3355	324				
25617	43065	21631	36134	34922	7909	
1281	1565	326				
28779	**28316**	**9786**	**20075**	**14923**	**8774**	
11454	11088	2089	2512	2154		
4652	2920	335	1861	4698		
12673	14308	7362	15702	8071	8774	
229508	**456581**	**142850**	**71047**	**109766**	**11901**	
229508	456581	142850	71047	109766	11901	
95191	**140103**	**53750**	**88732**	**214569**	**16831**	
87587	129287	49178	86240	214569	16831	
7604	10816	4572	2492			
37259	**31689**	**11914**	**10511**	**8169**		
2229	5417	3563	2083			
5260	7313	4785	2815	3937		
15113	7897	1507	2441	1067		
4010	4654	968	727			
10647	6408	1091	2445	3165		
137127	**285386**	**100954**	**91040**	**155104**	**21917**	**37916**
6693	11461	1963	859	1030		
115982	262104	95385	82468	150613	21917	15077
774		374				
1333	929	383	820			
6788	8988	2849	6893	3461		22839
5557	1904					

1-19 按行业门类分组的个体经营户数和从业人员数

行业门类	个体经营户数（户）	个体经营户从业人员数（人）
总计	**4538392**	**12213949**
农、林、牧、渔业	75761	144987
采矿业	118	87
制造业	419563	1744262
电力、热力、燃气及水生产和供应业	5453	7262
建筑业	213081	784962
批发和零售业	2336278	5300963
交通运输、仓储和邮政业	295825	678988
住宿和餐饮业	495625	1636002
信息传输、软件和信息技术服务业	18704	48149
金融业		
房地产业	44240	72611
租赁和商务服务业	109095	246279
科学研究和技术服务业	19531	83313
水利、环境和公共设施管理业	4783	10468
居民服务、修理和其他服务业	404806	1155958
教育	24496	104363
卫生和社会工作	16100	52566
文化、体育和娱乐业	54933	142729
公共管理、社会保障和社会组织		

注：表中个体经营户包括在市场监管部门领取个体经营户营业执照和没有领取个体经营户营业执照的个体经营户，其中从业人员数为抽样推算数据。

第2篇

企业篇

2-01 按地区分组的企业法人单位数及从业人员数

地　区	企业法人单位数（个）	单产业法人单位	多产业法人单位	企业从业人员数（人）	#女性
总计	**1859211**	**1829772**	**29439**	**34578766**	**11224732**
南京市	**175925**	**170850**	**5075**	**3822828**	**1230065**
玄武区	12835	12382	453	215748	86295
秦淮区	19934	19254	680	328115	150151
建邺区	10322	9904	418	298275	74805
鼓楼区	26086	25089	997	604472	207138
浦口区	28202	27597	605	344846	103144
栖霞区	12280	11898	382	372688	100761
雨花台区	9560	9193	367	211737	71203
江宁区	21637	21004	633	618182	198257
六合区	16183	15848	335	300288	98275
溧水区	10517	10363	154	275889	68061
高淳区	8369	8318	51	252588	71975
无锡市	**234438**	**230417**	**4021**	**3288456**	**1253635**
锡山区	18972	18690	282	320824	119823
惠山区	26952	26636	316	331918	120313
滨湖区	26285	25780	505	332356	127893
梁溪区	47495	46260	1235	343452	130341
新吴区	24812	24258	554	585571	233138
江阴市	53053	52494	559	877782	356120
宜兴市	36869	36299	570	496553	166007
徐州市	**128655**	**126974**	**1681**	**2092440**	**683634**
鼓楼区	11421	11194	227	134524	49922
云龙区	12561	12247	314	113072	38190
贾汪区	4984	4944	40	73905	24707
泉山区	16090	15785	305	203358	62999
铜山区	16506	16311	195	307093	86203
丰县	6824	6746	78	136833	43669
沛县	9417	9324	93	263096	73351
睢宁县	12365	12241	124	201612	72292
徐州经济技术开发区	5177	5075	102	124868	36145
新沂市	16176	16055	121	247611	94093
邳州市	17134	17052	82	286468	102063
常州市	**148016**	**145365**	**2651**	**2570431**	**810668**
天宁区	21458	20808	650	230654	91490
钟楼区	18920	18439	481	220399	82472
新北区	38714	38239	475	471927	172972
武进区	46149	45623	526	854378	291399

2-01 续表 1

地 区	企业法人单位数（个）	单产业法人单位	多产业法人单位	企业从业人员数（人）	#女性
金坛区	10603	10374	229	387425	97233
溧阳市	12172	11882	290	405648	75102
苏州市	**489831**	**483091**	**6740**	**7250505**	**2724748**
虎丘区	26026	25470	556	537008	204142
吴中区	49224	48537	687	657942	245097
相城区	28838	28551	287	410000	153752
姑苏区	56489	55500	989	373850	133397
吴江区	55110	54845	265	779320	301621
苏州工业园区	53678	52432	1246	897609	346125
常熟市	46447	45738	709	735720	274420
张家港市	44068	43559	509	690067	266110
昆山市	103018	101842	1176	1729405	632870
太仓市	26933	26617	316	439584	167214
南通市	**148202**	**145549**	**2653**	**4207909**	**1105189**
崇川区	19551	18793	758	280096	92540
港闸区	9931	9729	202	210076	58344
通州区	21947	21504	443	773013	180471
如东县	16209	16048	161	490152	162935
南通经济技术开发区	9483	9371	112	211359	70641
启东市	15302	15058	244	445350	120430
如皋市	19108	18853	255	543330	147275
海门市	16597	16325	272	642533	130707
海安市	20074	19868	206	612000	141846
连云港市	**52416**	**51714**	**702**	**910064**	**274670**
连云区	3036	3015	21	64921	18133
海州区	17599	17190	409	207737	71931
赣榆区	6686	6618	68	193558	43169
东海县	12837	12768	69	155573	51062
灌云县	4077	4050	27	67945	19524
灌南县	5001	4954	47	110673	32130
连云港经济技术开发区	2338	2302	36	86905	29500
连云港高新技术产业开发区	842	817	25	22752	9221
淮安市	**75126**	**74320**	**806**	**1434336**	**424231**
淮安区	12146	11987	159	252571	65174
淮阴区	11212	11157	55	204239	69387
清江浦区	16818	16669	149	259341	78054
洪泽区	5997	5948	49	115470	35334
涟水县	6118	6071	47	218093	55672
盱眙县	6766	6647	119	107104	37742
金湖县	7695	7630	65	112177	34144
淮安经济技术开发区	8374	8211	163	165341	48724

2-01　续表 2

地　区	企业法人单位数（个）	单产业法人单位	多产业法人单位	企业从业人员数（人）	#女性
盐城市	**107806**	**106663**	**1143**	**2083660**	**656431**
亭湖区	15627	15401	226	236532	68839
盐都区	16838	16686	152	366755	111870
大丰区	10028	9893	135	197547	71100
响水县	8046	7973	73	111128	36018
滨海县	10122	10015	107	172816	45035
阜宁县	13098	13051	47	321853	100060
射阳县	9769	9661	108	179248	66918
建湖县	9075	8971	104	190614	47739
盐城经济技术开发区	1982	1953	29	60839	20341
东台市	13221	13059	162	246328	88511
扬州市	**93049**	**91612**	**1437**	**2464224**	**691694**
广陵区	17225	16998	227	362417	112464
邗江区	23415	22891	524	390425	119801
江都区	17900	17713	187	569221	135854
宝应县	9403	9260	143	336704	89392
扬州经济技术开发区	3944	3857	87	130557	46527
仪征市	9657	9541	116	270469	76643
高邮市	11505	11352	153	404431	111013
镇江市	**66735**	**66150**	**585**	**1183812**	**418103**
京口区	7936	7763	173	103206	36147
润州区	7209	7093	116	100305	30109
丹徒区	6017	5960	57	111200	37921
镇江新区	6926	6901	25	152814	48297
丹阳市	17010	16900	110	350308	132807
扬中市	10773	10750	23	155658	62524
句容市	10864	10783	81	210321	70298
泰州市	**74697**	**73469**	**1228**	**2087064**	**513067**
海陵区	10975	10610	365	265282	69484
高港区	6831	6749	82	241261	47120
姜堰区	12620	12501	119	377227	72569
泰州医药高新技术产业开发区	6506	6363	143	126398	47365
兴化市	9146	9104	42	262184	66079
靖江市	14388	14087	301	383969	96606
泰兴市	14231	14055	176	430743	113844
宿迁市	**64315**	**63598**	**717**	**1183037**	**438597**
宿城区	7951	7760	191	187696	70371
宿豫区	4738	4657	81	149299	54165
沭阳县	30547	30378	169	365911	146173
泗阳县	9687	9545	142	244681	88475
泗洪县	8073	7978	95	152936	52832
宿迁经济技术开发区	3319	3280	39	82514	26581

2-02 按控股情况、运营状态、开业（成立）时间分组的企业法人单位数及从业人员数

分 组	企业法人单位数（个）	单产业法人单位	多产业法人单位	企业从业人员数（人）	#女性
总计	**1859211**	**1829772**	**29439**	**34578766**	**11224732**
按控股情况分组					
国有控股	14468	12650	1818	2074189	531013
集体控股	10614	9670	944	640031	146392
私人控股	1773139	1748746	24393	27151323	8611483
港澳台商控股	10261	9794	467	1392956	611343
外商控股	12579	11836	743	2203636	942646
其他	38150	37076	1074	1116631	381855
按运营状态分组					
正常运营	1506838	1479241	27597	33869124	10978379
停业（歇业）	178132	176931	1201	334746	114764
筹建	108787	108556	231	158033	50336
当年关闭	27301	27111	190	103257	41699
当年破产	1271	1257	14	8904	3104
当年注销	19343	19267	76	44932	15630
当年吊销	2251	2248	3	7422	3092
其他	15288	15161	127	52348	17728
按开业（成立）时间分组					
1949 年以前	69	56	13	36666	11140
1950-1977 年	697	585	112	592699	49319
1978-1991 年	9554	8459	1095	1369400	266523
1992-2000 年	67214	63264	3950	4763454	1497827
2001 年	21052	20137	915	1255744	379023
2002 年	27255	26123	1132	1268537	455733
2003 年	33179	31862	1317	1501264	537422
2004 年	32597	31351	1246	1310649	478679
2005 年	33683	32657	1026	1214380	441234
2006 年	40911	39757	1154	1450691	510620
2007 年	39861	38777	1084	1159052	396961
2008 年	40683	39673	1010	1079887	366616
2009 年	48767	47750	1017	1164615	372257
2010 年	65770	64549	1221	1376595	500090
2011 年	69927	68774	1153	1216739	469361
2012 年	74572	73305	1267	1286313	456093
2013 年	88849	87495	1354	1228546	451324
2014 年	131586	129939	1647	1598744	580419
2015 年	163814	162034	1780	1550087	579930
2016 年	256389	253361	3028	4239169	1031001
2017 年	306129	304201	1928	2450771	852583
2018 年	301122	300140	982	1459232	538827
无开业年份	5531	5523	8	5532	1750

2-03 按行业（中类）分组的企业法人单位数及从业人员数

行业中类	代码	企业法人单位数（个）	单产业法人单位	多产业法人单位	企业从业人员数（人）	#女性
总计		**1859211**	**1829772**	**29439**	**34578766**	**11224732**
农、林、牧、渔业	**A**	**2903**	**2857**	**46**	**26917**	**10454**
农业	01	12		12		
谷物种植	011	4		4		
豆类、油料和薯类种植	012					
棉、麻、糖、烟草种植	013					
蔬菜、食用菌及园艺作物种植	014	3		3		
水果种植	015	2		2		
坚果、含油果、香料和饮料作物种植	016	1		1		
中药材种植	017	1		1		
草种植及割草	018					
其他农业	019	1		1		
林业	02	1		1		
林木育种和育苗	021	1		1		
造林和更新	022					
森林经营、管护和改培	023					
木材和竹材采运	024					
林产品采集	025					
畜牧业	03	6		6		
牲畜饲养	031	4		4		
家禽饲养	032	2		2		
狩猎和捕捉动物	033					
其他畜牧业	039					
渔业	04	2		2		
水产养殖	041	2		2		
水产捕捞	042					
农、林、牧、渔专业及辅助性活动	05	2882	2857	25	26917	10454
农业专业及辅助性活动	051	2188	2168	20	19222	7081
林业专业及辅助性活动	052	251	251		2055	642
畜牧专业及辅助性活动	053	240	236	4	3953	2086
渔业专业及辅助性活动	054	203	202	1	1687	645
采矿业	**B**	**370**	**359**	**11**	**69556**	**15026**
煤炭开采和洗选业	06	22	18	4	47573	9163
烟煤和无烟煤开采洗选	061	21	18	3	46010	8735
褐煤开采洗选	062					
其他煤炭采选	069	1		1	1563	428
石油和天然气开采业	07	5	3	2	7876	2614
石油开采	071	2		2	7856	2613
天然气开采	072	3	3		20	1
黑色金属矿采选业	08	49	48	1	3884	685
铁矿采选	081	45	44	1	3844	678

2-03 续表1

行业中类	代码	企业法人单位数（个）	单产业法人单位	多产业法人单位	企业从业人员数（人）	#女性
锰矿、铬矿采选	082	2	2		25	5
其他黑色金属矿采选	089	2	2		15	2
有色金属矿采选业	09	12	12		960	265
常用有色金属矿采选	091	10	10		958	265
贵金属矿采选	092					
稀有稀土金属矿采选	093	2	2		2	
非金属矿采选业	10	242	238	4	9059	2245
土砂石开采	101	196	193	3	3851	860
化学矿开采	102	2	2		292	71
采盐	103	19	18	1	4675	1254
石棉及其他非金属矿采选	109	25	25		241	60
开采专业及辅助性活动	11	22	22		98	23
煤炭开采和洗选专业及辅助性活动	111	4	4		34	12
石油和天然气开采专业及辅助性活动	112	10	10		36	10
其他开采专业及辅助性活动	119	8	8		28	1
其他采矿业	12	18	18		106	31
其他采矿业	120	18	18		106	31
制造业	**C**	**513326**	**508752**	**4574**	**14355647**	**5921309**
农副食品加工业	13	7431	7314	117	210668	94981
谷物磨制	131	1525	1512	13	33468	11177
饲料加工	132	998	982	16	33404	9893
植物油加工	133	403	391	12	16385	4859
制糖业	134	20	20		1293	380
屠宰及肉类加工	135	1116	1074	42	49638	25999
水产品加工	136	1090	1077	13	22690	13181
蔬菜、菌类、水果和坚果加工	137	843	834	9	29650	17726
其他农副食品加工	139	1436	1424	12	24140	11766
食品制造业	14	4739	4605	134	128285	64901
焙烤食品制造	141	957	907	50	21782	12380
糖果、巧克力及蜜饯制造	142	186	178	8	7319	4275
方便食品制造	143	717	704	13	24635	13218
乳制品制造	144	104	93	11	12571	5917
罐头食品制造	145	158	154	4	5933	3828
调味品、发酵制品制造	146	562	553	9	12999	6006
其他食品制造	149	2055	2016	39	43046	19277
酒、饮料和精制茶制造业	15	1823	1774	49	84225	32982
酒的制造	151	745	725	20	39851	13984
饮料制造	152	754	735	19	41456	17668
精制茶加工	153	324	314	10	2918	1330
烟草制品业	16	12	12		6631	1655
烟叶复烤	161					
卷烟制造	162	4	4		5546	1281
其他烟草制品制造	169	8	8		1085	374
纺织业	17	42224	41922	302	1101373	651717

2-03　续表 2

行业中类	代码	企业法人单位数（个）	单产业法人单位	多产业法人单位	企业从业人员数（人）	#女性
棉纺织及印染精加工	171	15290	15161	129	471570	285707
毛纺织及染整精加工	172	1597	1579	18	85659	54689
麻纺织及染整精加工	173	174	174		9619	6231
丝绢纺织及印染精加工	174	441	422	19	18883	12696
化纤织造及印染精加工	175	6343	6310	33	154321	81370
针织或钩针编织物及其制品制造	176	5359	5331	28	94258	54718
家用纺织制成品制造	177	8559	8509	50	172967	106038
产业用纺织制成品制造	178	4461	4436	25	94096	50268
纺织服装、服饰业	18	27640	27372	268	929760	681368
机织服装制造	181	11580	11416	164	507123	367938
针织或钩针编织服装制造	182	2907	2881	26	145072	109092
服饰制造	183	13153	13075	78	277565	204338
皮革、毛皮、羽毛及其制品和制鞋业	19	4626	4584	42	144973	95051
皮革鞣制加工	191	190	190		5814	2668
皮革制品制造	192	1606	1588	18	45721	30604
毛皮鞣制及制品加工	193	228	228		3873	2356
羽毛（绒）加工及制品制造	194	358	357	1	14273	10546
制鞋业	195	2244	2221	23	75292	48877
木材加工和木、竹、藤、棕、草制品业	20	12986	12937	49	228988	97240
木材加工	201	4985	4981	4	62634	25695
人造板制造	202	3116	3099	17	97951	46952
木质制品制造	203	4477	4453	24	62827	22015
竹、藤、棕、草等制品制造	204	408	404	4	5576	2578
家具制造业	21	10547	10484	63	159284	58867
木质家具制造	211	8329	8284	45	108443	39598
竹、藤家具制造	212	37	37		1278	561
金属家具制造	213	550	545	5	13799	4808
塑料家具制造	214	28	28		674	256
其他家具制造	219	1603	1590	13	35090	13644
造纸和纸制品业	22	9637	9585	52	168043	67223
纸浆制造	221	18	18		368	120
造纸	222	2575	2560	15	74642	27032
纸制品制造	223	7044	7007	37	93033	40071
印刷和记录媒介复制业	23	10930	10826	104	200240	94181
印刷	231	10114	10024	90	191486	90240
装订及印刷相关服务	232	780	766	14	7829	3494
记录媒介复制	233	36	36		925	447
文教、工美、体育和娱乐用品制造业	24	16272	16135	137	391659	225706
文教办公用品制造	241	1558	1543	15	32347	16704
乐器制造	242	505	499	6	10651	5375
工艺美术及礼仪用品制造	243	9353	9279	74	195108	111360
体育用品制造	244	1715	1692	23	45242	23246
玩具制造	245	2469	2454	15	81995	56021

2-03 续表3

行业中类	代码	企业法人单位数（个）	单产业法人单位	多产业法人单位	企业从业人员数（人）	#女性
游艺器材及娱乐用品制造	246	672	668	4	26316	13000
石油、煤炭及其他燃料加工业	25	716	702	14	33364	8690
精炼石油产品制造	251	360	347	13	21236	5361
煤炭加工	252	109	109		9197	2556
核燃料加工	253	4	4		24	5
生物质燃料加工	254	243	242	1	2907	768
化学原料和化学制品制造业	26	9785	9556	229	519055	164064
基础化学原料制造	261	1867	1828	39	148304	39877
肥料制造	262	633	621	12	17507	5098
农药制造	263	248	229	19	50075	17426
涂料、油墨、颜料及类似产品制造	264	1823	1778	45	74085	21400
合成材料制造	265	1400	1360	40	84275	28058
专用化学产品制造	266	2874	2817	57	110386	35094
炸药、火工及焰火产品制造	267	21	20	1	1122	413
日用化学产品制造	268	919	903	16	33301	16698
医药制造业	27	2401	2345	56	231035	104553
化学药品原料药制造	271	398	393	5	40372	14593
化学药品制剂制造	272	287	263	24	90937	40083
中药饮片加工	273	124	121	3	14721	6085
中成药生产	274	117	114	3	17188	8459
兽用药品制造	275	121	116	5	7277	2831
生物药品制品制造	276	493	486	7	27382	12551
卫生材料及医药用品制造	277	782	774	8	29469	18033
药用辅料及包装材料制造	278	79	78	1	3689	1918
化学纤维制造业	28	2492	2466	26	167224	68302
纤维素纤维原料及纤维制造	281	241	237	4	45853	19780
合成纤维制造	282	2147	2126	21	116211	46636
生物基材料制造	283	104	103	1	5160	1886
橡胶和塑料制品业	29	28684	28473	211	645105	276754
橡胶制品业	291	4670	4629	41	145484	57713
塑料制品业	292	24014	23844	170	499621	219041
非金属矿物制品业	30	24182	23941	241	527868	169864
水泥、石灰和石膏制造	301	843	831	12	30327	7264
石膏、水泥制品及类似制品制造	302	5590	5476	114	139828	32526
砖瓦、石材等建筑材料制造	303	6647	6596	51	91415	25904
玻璃制造	304	768	762	6	26883	8793
玻璃制品制造	305	2409	2395	14	70809	31940
玻璃纤维和玻璃纤维增强塑料制品制造	306	1234	1227	7	42656	16810
陶瓷制品制造	307	2122	2108	14	38136	16981
耐火材料制品制造	308	1526	1519	7	35753	10938
石墨及其他非金属矿物制品制造	309	3043	3027	16	52061	18708
黑色金属冶炼和压延加工业	31	4110	4083	27	273269	62648
炼铁	311	35	35		3352	459

2-03　续表 4

行业中类	代码	企业法人单位数（个）	单产业法人单位	多产业法人单位	企业从业人员数（人）	#女性
炼钢	312	49	48	1	28135	5482
钢压延加工	313	3866	3840	26	231496	54355
铁合金冶炼	314	160	160		10286	2352
有色金属冶炼和压延加工业	32	4761	4719	42	167049	49354
常用有色金属冶炼	321	345	341	4	13796	3903
贵金属冶炼	322	15	15		226	68
稀有稀土金属冶炼	323	69	68	1	4558	1517
有色金属合金制造	324	1198	1190	8	44853	12015
有色金属压延加工	325	3134	3105	29	103616	31851
金属制品业	33	53951	53592	359	1012730	318905
结构性金属制品制造	331	19189	19046	143	296435	82002
金属工具制造	332	6558	6532	26	98505	37030
集装箱及金属包装容器制造	333	1498	1483	15	61955	16664
金属丝绳及其制品制造	334	2120	2104	16	60973	19372
建筑、安全用金属制品制造	335	5070	5041	29	79369	28834
金属表面处理及热处理加工	336	2708	2685	23	74956	27338
搪瓷制品制造	337	118	117	1	4291	1406
金属制日用品制造	338	1673	1654	19	34698	14745
铸造及其他金属制品制造	339	15017	14930	87	301548	91514
通用设备制造业	34	80978	80433	545	1498108	450062
锅炉及原动设备制造	341	1827	1786	41	96346	25433
金属加工机械制造	342	11101	11050	51	193238	50172
物料搬运设备制造	343	2840	2735	105	127308	28756
泵、阀门、压缩机及类似机械制造	344	8219	8153	66	186045	55639
轴承、齿轮和传动部件制造	345	3478	3452	26	139312	45568
烘炉、风机、包装等设备制造	346	7401	7311	90	190061	65891
文化、办公用机械制造	347	417	411	6	38612	19049
通用零部件制造	348	35238	35125	113	416636	130070
其他通用设备制造业	349	10457	10410	47	110550	29484
专用设备制造业	35	53614	53210	404	1075201	333437
采矿、冶金、建筑专用设备制造	351	5201	5171	30	160384	34870
化工、木材、非金属加工专用设备制造	352	15011	14941	70	267347	77447
食品、饮料、烟草及饲料生产专用设备制造	353	1179	1170	9	27328	6718
印刷、制药、日化及日用品生产专用设备制造	354	1727	1710	17	29897	8808
纺织、服装和皮革加工专用设备制造	355	3936	3904	32	75272	24019
电子和电工机械专用设备制造	356	2678	2657	21	58606	17889
农、林、牧、渔专用机械制造	357	2027	2021	6	50336	13938
医疗仪器设备及器械制造	358	3471	3414	57	144086	74512
环保、邮政、社会公共服务及其他专用设备制造	359	18384	18222	162	261945	75236
汽车制造业	36	14055	13915	140	663996	229658

2-03 续表 5

行业中类	代码	企业法人单位数（个）	单产业法人单位	多产业法人单位	企业从业人员数（人）	#女性
汽车整车制造	361	164	154	10	63535	9513
汽车用发动机制造	362	54	54		6557	1122
改装汽车制造	363	91	90	1	5783	1020
低速汽车制造	364	3	3		25	9
电车制造	365	45	44	1	3382	1118
汽车车身、挂车制造	366	264	262	2	7101	1456
汽车零部件及配件制造	367	13434	13308	126	577613	215420
铁路、船舶、航空航天和其他运输设备制造业	37	7453	7342	111	325111	87527
铁路运输设备制造	371	602	586	16	49249	11713
城市轨道交通设备制造	372	119	114	5	5943	1343
船舶及相关装置制造	373	3196	3137	59	157928	30333
航空、航天器及设备制造	374	222	220	2	10525	3343
摩托车制造	375	675	667	8	31753	13084
自行车和残疾人座车制造	376	446	442	4	25472	10389
助动车制造	377	1789	1774	15	30512	11629
非公路休闲车及零配件制造	378	142	141	1	9591	3815
潜水救捞及其他未列明运输设备制造	379	262	261	1	4138	1878
电气机械和器材制造业	38	34453	34083	370	1272003	508556
电机制造	381	3294	3252	42	185152	72168
输配电及控制设备制造	382	13244	13084	160	485697	192533
电线、电缆、光缆及电工器材制造	383	4730	4663	67	212365	84841
电池制造	384	893	881	12	101288	40587
家用电力器具制造	385	2011	1986	25	128294	52038
非电力家用器具制造	386	642	632	10	16295	6066
照明器具制造	387	5902	5864	38	101657	45880
其他电气机械及器材制造	389	3737	3721	16	41255	14443
计算机、通信和其他电子设备制造业	39	20815	20561	254	1779625	776702
计算机制造	391	1043	1021	22	311832	126115
通信设备制造	392	1380	1352	28	199035	70692
广播电视设备制造	393	463	454	9	46938	23185
雷达及配套设备制造	394	38	38		7772	2162
非专业视听设备制造	395	375	365	10	60468	29703
智能消费设备制造	396	884	876	8	110063	41826
电子器件制造	397	2603	2550	53	385284	174093
电子元件及电子专用材料制造	398	11347	11244	103	610035	288533
其他电子设备制造	399	2682	2661	21	48198	20393
仪器仪表制造业	40	9650	9535	115	257091	87743
通用仪器仪表制造	401	7166	7087	79	177765	56049
专用仪器仪表制造	402	1189	1166	23	47144	16686
钟表与计时仪器制造	403	58	57	1	1378	847
光学仪器制造	404	524	516	8	18496	9278
衡器制造	405	173	170	3	5168	2040
其他仪器仪表制造业	409	540	539	1	7140	2843

2-03　续表 6

行业中类	代码	企业法人单位数（个）	单产业法人单位	多产业法人单位	企业从业人员数（人）	#女性
其他制造业	41	6208	6180	28	88174	41960
日用杂品制造	411	1750	1739	11	43338	25187
核辐射加工	412	12	11	1	201	46
其他未列明制造业	419	4446	4430	16	44635	16727
废弃资源综合利用业	42	1454	1434	20	21619	6469
金属废料和碎屑加工处理	421	589	583	6	9230	2407
非金属废料和碎屑加工处理	422	865	851	14	12389	4062
金属制品、机械和设备修理业	43	4697	4632	65	43891	10189
金属制品修理	431	75	74	1	625	179
通用设备修理	432	773	761	12	5399	1361
专用设备修理	433	622	615	7	4486	1101
铁路、船舶、航空航天等运输设备修理	434	1028	993	35	18154	3884
电气设备修理	435	401	396	5	4425	891
仪器仪表修理	436	89	89		458	142
其他机械和设备修理业	439	1709	1704	5	10344	2631
电力、热力、燃气及水生产和供应业	**D**	**5023**	**4875**	**148**	**196682**	**51789**
电力、热力生产和供应业	44	2575	2550	25	116082	25393
电力生产	441	1952	1935	17	67935	14793
电力供应	442	346	340	6	41174	8909
热力生产和供应	443	277	275	2	6973	1691
燃气生产和供应业	45	435	374	61	20957	6499
燃气生产和供应业	451	406	346	60	20221	6293
生物质燃气生产和供应业	452	29	28	1	736	206
水的生产和供应业	46	2013	1951	62	59643	19897
自来水生产和供应	461	946	895	51	41542	14800
污水处理及其再生利用	462	1011	1003	8	17178	4853
海水淡化处理	463	2	2		72	16
其他水的处理、利用与分配	469	54	51	3	851	228
建筑业	**E**	**119568**	**117116**	**2452**	**8802798**	**755667**
房屋建筑业	47	23183	22336	847	6239731	389320
住宅房屋建筑	471	17744	17048	696	5528277	342292
体育场馆建筑	472	31	27	4	12866	707
其他房屋建筑业	479	5408	5261	147	698588	46321
土木工程建筑业	48	25525	24915	610	1126460	152388
铁路、道路、隧道和桥梁工程建筑	481	8330	8028	302	638082	79064
水利和水运工程建筑	482	1445	1396	49	128872	11455
海洋工程建筑	483	42	40	2	806	199
工矿工程建筑	484	345	335	10	26712	3162
架线和管道工程建筑	485	1612	1559	53	59766	9231
节能环保工程施工	486	897	887	10	11013	2696
电力工程施工	487	697	670	27	29237	4939
其他土木工程建筑	489	12157	12000	157	231972	41642
建筑安装业	49	24173	23726	447	667427	84288

2-03 续表 7

行业中类	代码	企业法人单位数（个）	单产业法人单位	多产业法人单位	企业从业人员数（人）	#女性
电气安装	491	6350	6192	158	241000	25730
管道和设备安装	492	6444	6353	91	154817	22368
其他建筑安装业	499	11379	11181	198	271610	36190
建筑装饰、装修和其他建筑业	50	46687	46139	548	769180	129671
建筑装饰和装修业	501	36131	35727	404	506427	87971
建筑物拆除和场地准备活动	502	2504	2459	45	49312	7981
提供施工设备服务	503	457	450	7	14494	3014
其他未列明建筑业	509	7595	7503	92	198947	30705
批发和零售业	**F**	**601887**	**593678**	**8209**	**3695667**	**1607256**
批发业	51	388834	384831	4003	2360286	941042
农、林、牧、渔产品批发	511	13756	13579	177	99769	37297
食品、饮料及烟草制品批发	512	26294	25831	463	195745	80261
纺织、服装及家庭用品批发	513	66258	65722	536	425773	213442
文化、体育用品及器材批发	514	11985	11862	123	71163	34572
医药及医疗器材批发	515	9529	9390	139	126007	55931
矿产品、建材及化工产品批发	516	112055	110818	1237	676315	234418
机械设备、五金产品及电子产品批发	517	107790	106773	1017	537843	198353
贸易经纪与代理	518	9520	9466	54	52065	21423
其他批发业	519	31647	31390	257	175606	65345
零售业	52	213053	208847	4206	1335381	666214
综合零售	521	21914	21238	676	278031	173211
食品、饮料及烟草制品专门零售	522	18644	18070	574	98403	47971
纺织、服装及日用品专门零售	523	30015	29483	532	139136	78782
文化、体育用品及器材专门零售	524	15161	14903	258	78648	38537
医药及医疗器材专门零售	525	16570	15738	832	115345	75137
汽车、摩托车、零配件和燃料及其他动力销售	526	21407	20882	525	219928	85824
家用电器及电子产品专门零售	527	25304	24931	373	144578	64932
五金、家具及室内装饰材料专门零售	528	31128	30929	199	134672	51155
货摊、无店铺及其他零售业	529	32910	32673	237	126640	50665
交通运输、仓储和邮政业	**G**	**58550**	**57612**	**938**	**1014134**	**253997**
铁路运输业	53	6	6			
铁路旅客运输	531	2	2			
铁路货物运输	532	3	3			
铁路运输辅助活动	533	1	1			
道路运输业	54	41936	41439	497	636299	150266
城市公共交通运输	541	580	543	37	145066	32321
公路旅客运输	542	561	495	66	53488	13739
道路货物运输	543	39779	39418	361	397373	89737
道路运输辅助活动	544	1016	983	33	40372	14469
水上运输业	55	1905	1850	55	95475	19654
水上旅客运输	551	43	42	1	2308	376
水上货物运输	552	1140	1103	37	48556	11074
水上运输辅助活动	553	722	705	17	44611	8204

2-03　续表 8

行业中类	代码	企业法人单位数（个）	单产业法人单位	多产业法人单位	企业从业人员数（人）	#女性
航空运输业	56	128	123	5	16045	5320
航空客货运输	561	50	48	2	6785	2420
通用航空服务	562	49	48	1	593	166
航空运输辅助活动	563	29	27	2	8667	2734
管道运输业	57	17	15	2	7880	2161
海底管道运输	571					
陆地管道运输	572	17	15	2	7880	2161
多式联运和运输代理业	58	7103	6923	180	70798	25852
多式联运	581	81	78	3	1137	267
运输代理业	582	7022	6845	177	69661	25585
装卸搬运和仓储业	59	6234	6140	94	114110	28766
装卸搬运	591	3644	3604	40	63132	12946
通用仓储	592	855	844	11	19396	6007
低温仓储	593	115	114	1	2645	892
危险品仓储	594	108	105	3	4280	803
谷物、棉花等农产品仓储	595	475	451	24	9222	2439
中药材仓储	596	1	1			
其他仓储业	599	1036	1021	15	15435	5679
邮政业	60	1221	1116	105	73527	21978
邮政基本服务	601	73	61	12	29300	11666
快递服务	602	1140	1047	93	43519	9989
其他寄递服务	609	8	8		708	323
住宿和餐饮业	**H**	**25853**	**24648**	**1205**	**480074**	**276343**
住宿业	61	6327	6121	206	149468	88757
旅游饭店	611	1520	1455	65	94804	53782
一般旅馆	612	4017	3900	117	45251	29104
民宿服务	613	131	131		962	535
露营地服务	614	8	8		19	4
其他住宿业	619	651	627	24	8432	5332
餐饮业	62	19526	18527	999	330606	187586
正餐服务	621	14949	14238	711	225637	125674
快餐服务	622	1486	1390	96	73046	44400
饮料及冷饮服务	623	476	424	52	3866	2370
餐饮配送及外卖送餐服务	624	518	493	25	9358	4254
其他餐饮业	629	2097	1982	115	18699	10888
信息传输、软件和信息技术服务业	**I**	**72049**	**71152**	**897**	**850728**	**324204**
电信、广播电视和卫星传输服务	63	1423	1317	106	134065	59023
电信	631	1259	1167	92	119077	53619
广播电视传输服务	632	137	124	13	14784	5311
卫星传输服务	633	27	26	1	204	93
互联网和相关服务	64	9611	9494	117	158398	59685
互联网接入及相关服务	641	633	626	7	24663	8999
互联网信息服务	642	6060	5983	77	95908	33622
互联网平台	643	523	513	10	18096	8677

2-03 续表 9

行业中类	代码	企业法人单位数（个）	单产业法人单位	多产业法人单位	企业从业人员数（人）	#女性
互联网安全服务	644	81	80	1	690	236
互联网数据服务	645	201	195	6	8045	3975
其他互联网服务	649	2113	2097	16	10996	4176
软件和信息技术服务业	65	61015	60341	674	558265	205496
软件开发	651	38055	37610	445	379155	135929
集成电路设计	652	655	640	15	9367	3211
信息系统集成和物联网技术服务	653	3290	3244	46	29448	9380
运行维护服务	654	327	323	4	6995	2036
信息处理和存储支持服务	655	370	362	8	14494	7935
信息技术咨询服务	656	12941	12839	102	70076	27386
数字内容服务	657	1534	1517	17	15297	5448
其他信息技术服务业	659	3843	3806	37	33433	14171
金融业	**J**	**6679**	**5442**	**1237**	**27271**	**11432**
货币金融服务	66	1812	1328	484	12443	5234
中央银行服务	661					
货币银行服务	662	576	164	412	26	15
非货币银行服务	663	1236	1164	72	12417	5219
银行理财服务	664					
银行监管服务	665					
资本市场服务	67	3049	2984	65	7732	2843
证券市场服务	671	8	3	5	25	6
公开募集证券投资基金	672	3	2	1		
非公开募集证券投资基金	673	1066	1020	46		
期货市场服务	674	11	2	9		
证券期货监管服务	675					
资本投资服务	676	1150	1148	2	4871	1731
其他资本市场服务	679	811	809	2	2836	1106
保险业	68	1158	487	671	522	213
人身保险	681	472	160	312		
财产保险	682	398	140	258		
再保险	683					
商业养老金	684	18	15	3		
保险中介服务	685	152	56	96		
保险资产管理	686					
保险监管服务	687					
其他保险活动	689	118	116	2	522	213
其他金融业	69	660	643	17	6574	3142
金融信托与管理服务	691	47	44	3	648	291
控股公司服务	692	90	90		699	238
非金融机构支付服务	693	16	12	4		
金融信息服务	694	210	207	3	1246	678
金融资产管理公司	695	10	9	1	105	44
其他未列明金融业	699	287	281	6	3876	1891
房地产业	**K**	**58568**	**55914**	**2654**	**992856**	**415802**

2-03　续表 10

行业中类	代码	企业法人单位数（个）	单产业法人单位	多产业法人单位	企业从业人员数（人）	#女性
房地产业	70	58568	55914	2654	992856	415802
房地产开发经营	701	13609	13182	427	244177	92713
物业管理	702	17360	16700	660	546151	243917
房地产中介服务	703	20208	18861	1347	144655	57226
房地产租赁经营	704	6459	6261	198	49127	19013
其他房地产业	709	932	910	22	8746	2933
租赁和商务服务业	**L**	**173997**	**170816**	**3181**	**2069590**	**778966**
租赁业	71	13441	13256	185	92594	25007
机械设备经营租赁	711	13022	12843	179	89547	23834
文体设备和用品出租	712	327	322	5	2471	904
日用品出租	713	92	91	1	576	269
商务服务业	72	160556	157560	2996	1976996	753959
组织管理服务	721	26905	26513	392	223862	89292
综合管理服务	722	6988	6797	191	84784	32455
法律服务	723	1567	1552	15	10343	4244
咨询与调查	724	53393	52624	769	280639	132293
广告业	725	33937	33701	236	172371	70071
人力资源服务	726	16652	16078	574	901313	338340
安全保护服务	727	1866	1796	70	163966	23163
会议、展览及相关服务	728	3906	3868	38	27830	11835
其他商务服务业	729	15342	14631	711	111888	52266
科学研究和技术服务业	**M**	**120183**	**118519**	**1664**	**1039282**	**342293**
研究和试验发展	73	32066	31868	198	223875	79353
自然科学研究和试验发展	731	1222	1217	5	7812	2764
工程和技术研究和试验发展	732	25484	25328	156	169672	56064
农业科学研究和试验发展	733	1574	1563	11	12023	4825
医学研究和试验发展	734	3505	3483	22	32996	15201
社会人文科学研究	735	281	277	4	1372	499
专业技术服务业	74	55733	54508	1225	629239	193183
气象服务	741	88	81	7	737	260
地震服务	742	7	7		34	16
海洋服务	743	38	37	1	329	101
测绘地理信息服务	744	660	619	41	9464	2850
质检技术服务	745	3892	3778	114	64160	23885
环境与生态监测检测服务	746	982	957	25	12010	4627
地质勘查	747	177	169	8	8540	2812
工程技术与设计服务	748	28789	27955	834	382353	105630
工业与专业设计及其他专业技术服务	749	21100	20905	195	151612	53002
科技推广和应用服务业	75	32384	32143	241	186168	69757
技术推广服务	751	26349	26162	187	152412	55781
知识产权服务	752	2025	1999	26	12092	5953
科技中介服务	753	714	706	8	3591	1471
创业空间服务	754	525	523	2	2713	1146
其他科技推广服务业	759	2771	2753	18	15360	5406

2-03 续表 11

行业中类	代码	企业法人单位数（个）	单产业法人单位	多产业法人单位	企业从业人员数（人）	#女性
水利、环境和公共设施管理业	**N**	**7664**	**7528**	**136**	**180527**	**77212**
水利管理业	76	398	395	3	4264	1276
防洪除涝设施管理	761	74	74		623	155
水资源管理	762	77	75	2	974	280
天然水收集与分配	763	15	14	1	186	71
水文服务	764	19	19		312	104
其他水利管理业	769	213	213		2169	666
生态保护和环境治理业	77	1400	1386	14	16905	5109
生态保护	771	86	85	1	1405	712
环境治理业	772	1314	1301	13	15500	4397
公共设施管理业	78	5564	5455	109	154122	68769
市政设施管理	781	673	665	8	13975	4318
环境卫生管理	782	909	879	30	62085	30836
城乡市容管理	783	78	78		1219	542
绿化管理	784	2697	2674	23	31755	12126
城市公园管理	785	113	107	6	2810	1182
游览景区管理	786	1094	1052	42	42278	19765
土地管理业	79	302	292	10	5236	2058
土地整治服务	791	135	133	2	2195	877
土地调查评估服务	792	36	32	4	503	178
土地登记服务	793	8	8		42	23
土地登记代理服务	794	23	22	1	127	46
其他土地管理服务	799	100	97	3	2369	934
居民服务、修理和其他服务业	**O**	**34853**	**34119**	**734**	**295159**	**132277**
居民服务业	80	12661	12311	350	90352	47961
家庭服务	801	3152	3111	41	22295	13217
托儿所服务	802	313	305	8	1882	1528
洗染服务	803	499	468	31	5546	2993
理发及美容服务	804	2270	2142	128	11344	7660
洗浴和保健养生服务	805	2397	2326	71	17935	9997
摄影扩印服务	806	1092	1057	35	6460	3286
婚姻服务	807	1207	1198	9	5459	2760
殡葬服务	808	403	394	9	4464	1622
其他居民服务业	809	1328	1310	18	14967	4898
机动车、电子产品和日用产品修理业	81	14506	14222	284	93146	25162
汽车、摩托车等修理与维护	811	10873	10624	249	69888	17746
计算机和办公设备维修	812	1521	1507	14	8021	2968
家用电器修理	813	1685	1671	14	12141	3522
其他日用产品修理业	819	427	420	7	3096	926
其他服务业	82	7686	7586	100	111661	59154
清洁服务	821	5257	5208	49	93330	52431
宠物服务	822	264	239	25	1560	758
其他未列明服务业	829	2165	2139	26	16771	5965
教育	**P**	**17396**	**16679**	**717**	**127986**	**66060**
教育	83	17396	16679	717	127986	66060
学前教育	831	630	612	18	5927	4716
初等教育	832	98	93	5	636	348

2-03　续表 12

行业中类	代码	企业法人单位数（个）	单产业法人单位	多产业法人单位	企业从业人员数（人）	#女性
中等教育	833	29	29		626	302
高等教育	834					
特殊教育	835	10	10		35	27
技能培训、教育辅助及其他教育	839	16629	15935	694	120762	60667
卫生和社会工作	**Q**	**4343**	**4240**	**103**	**114075**	**76099**
卫生	84	3373	3299	74	102157	68068
医院	841	694	675	19	67782	45532
基层医疗卫生服务	842	2374	2328	46	25875	17044
专业公共卫生服务	843	99	95	4	1607	1115
其他卫生活动	849	206	201	5	6893	4377
社会工作	85	970	941	29	11918	8031
提供住宿社会工作	851	868	842	26	11256	7615
不提供住宿社会工作	852	102	99	3	662	416
文化、体育和娱乐业	**R**	**35999**	**35466**	**533**	**239817**	**108546**
新闻和出版业	86	217	210	7	9730	5035
新闻业	861	15	15		136	80
出版业	862	202	195	7	9594	4955
广播、电视、电影和录音制作业	87	3755	3681	74	40246	19004
广播	871	96	96		502	153
电视	872	38	34	4	1616	736
影视节目制作	873	2563	2541	22	19615	8135
广播电视集成播控	874	9	7	2	2223	905
电影和广播电视节目发行	875	87	83	4	969	397
电影放映	876	846	804	42	14854	8498
录音制作	877	116	116		467	180
文化艺术业	88	9836	9759	77	60096	26690
文艺创作与表演	881	3133	3116	17	27476	11268
艺术表演场馆	882	44	43	1	1686	837
图书馆与档案馆	883	120	120		1304	835
文物及非物质文化遗产保护	884	78	76	2	1161	455
博物馆	885	35	34	1	446	246
烈士陵园、纪念馆	886	3	3		15	4
群众文体活动	887	747	736	11	3979	1827
其他文化艺术业	889	5676	5631	45	24029	11218
体育	89	3000	2830	170	24748	10309
体育组织	891	593	583	10	3412	1208
体育场地设施管理	892	189	176	13	2714	1130
健身休闲活动	893	2039	1895	144	17665	7588
其他体育	899	179	176	3	957	383
娱乐业	90	19191	18986	205	104997	47508
室内娱乐活动	901	8844	8763	81	39611	17507
游乐园	902	268	255	13	9708	4594
休闲观光活动	903	1726	1707	19	18949	8537
彩票活动	904	7	7		29	3
文化体育娱乐活动与经纪代理服务	905	8139	8054	85	35403	16275
其他娱乐业	909	207	200	7	1297	592

2-04 按行业（大类）、地区

行业大类	代码	企业法人单位数	南京	无锡	徐州
总计		**1859211**	**175925**	**234438**	**128655**
农、林、牧、渔业	**A**	**2903**	**104**	**137**	**267**
农业	01	12			
林业	02	1			
畜牧业	03	6			
渔业	04	2			
农、林、牧、渔专业及辅助性活动	05	2882	104	137	267
采矿业	**B**	**370**	**28**	**14**	**109**
煤炭开采和洗选业	06	22			14
石油和天然气开采业	07	5	1		
黑色金属矿采选业	08	49	2		28
有色金属矿采选业	09	12	4	2	1
非金属矿采选业	10	242	16	8	62
开采专业及辅助性活动	11	22	4	2	3
其他采矿业	12	18	1	2	1
制造业	**C**	**513326**	**18218**	**74064**	**22759**
农副食品加工业	13	7431	256	215	811
食品制造业	14	4739	326	371	525
酒、饮料和精制茶制造业	15	1823	79	219	192
烟草制品业	16	12	3		1
纺织业	17	42224	198	4468	1059
纺织服装、服饰业	18	27640	884	2915	1199
皮革、毛皮、羽毛及其制品和制鞋业	19	4626	111	183	193
木材加工和木、竹、藤、棕、草制品业	20	12986	246	793	2385
家具制造业	21	10547	391	518	3304
造纸和纸制品业	22	9637	250	1335	357
印刷和记录媒介复制业	23	10930	796	1690	282
文教、工美、体育和娱乐用品制造业	24	16272	513	1157	357
石油、煤炭及其他燃料加工业	25	716	19	129	63
化学原料和化学制品制造业	26	9785	498	1243	441
医药制造业	27	2401	235	177	155
化学纤维制造业	28	2492	20	350	29
橡胶和塑料制品业	29	28684	779	5088	679
非金属矿物制品业	30	24182	1089	4554	1710
黑色金属冶炼和压延加工业	31	4110	80	1569	110
有色金属冶炼和压延加工业	32	4761	162	1093	170

分组的企业法人单位数

单位：个

常州	苏州	南通	连云港	淮安	盐城	扬州	镇江	泰州	宿迁
148016	**489831**	**148202**	**52416**	**75126**	**107806**	**93049**	**66735**	**74697**	**64315**
34	**121**	**460**	**167**	**296**	**584**	**219**	**196**	**105**	**213**
1	4	3		2	1				1
					1				
		4	1		1				
	1			1					
33	116	453	166	293	581	219	196	105	212
34	**13**	**12**	**47**	**44**	**12**	**12**	**29**	**2**	**14**
	1	2			1	2	1		1
	1				1	1		1	
	1	2	12	1	1	1	1		
				1	1	1	2		
26	10	7	26	39	7	7	23		11
7		1		2	1		1	1	
1			9	1			1		2
54440	**135834**	**51544**	**8175**	**16572**	**31296**	**31323**	**23736**	**29173**	**16192**
216	447	1228	846	741	931	473	163	522	582
250	772	446	202	343	399	266	164	379	296
118	194	131	134	110	156	88	48	60	294
	3	1	1	2			1		
2606	14302	11380	192	1182	2783	919	610	1389	1136
1359	6878	4874	678	1493	2507	1439	677	1330	1407
198	974	526	87	406	278	818	503	119	230
849	1706	542	298	988	776	368	196	254	3585
615	2136	901	195	271	440	222	119	269	1166
1071	3465	913	122	353	480	386	327	263	315
827	3156	850	183	279	414	669	961	465	358
913	2203	3306	261	662	980	2992	848	1238	842
52	107	40	28	63	63	32	31	38	51
1045	2081	1017	415	530	747	736	339	400	293
268	448	216	84	103	184	182	80	204	65
132	1328	273	14	46	106	79	22	38	55
3527	9300	1944	376	762	1228	1568	1494	1262	677
1760	3792	2573	1581	1120	1938	1005	1046	1121	893
570	786	160	32	86	149	144	98	278	48
570	1251	326	44	173	143	258	235	262	74

2-04 续表1

行业大类	代码	企业法人单位数	南京	无锡	徐州
金属制品业	33	53951	2203	8101	1815
通用设备制造业	34	80978	2562	13972	1833
专用设备制造业	35	53614	1833	11512	1760
汽车制造业	36	14055	546	1666	215
铁路、船舶、航空航天和其他运输设备制造业	37	7453	340	1279	839
电气机械和器材制造业	38	34453	1279	4742	865
计算机、通信和其他电子设备制造业	39	20815	1166	1886	444
仪器仪表制造业	40	9650	717	1598	224
其他制造业	41	6208	240	488	221
废弃资源综合利用业	42	1454	60	151	62
金属制品、机械和设备修理业	43	4697	337	602	459
电力、热力、燃气及水生产和供应业	**D**	**5023**	**270**	**476**	**428**
电力、热力生产和供应业	44	2575	118	267	254
燃气生产和供应业	45	435	47	31	40
水的生产和供应业	46	2013	105	178	134
建筑业	**E**	**119568**	**12853**	**12393**	**9181**
房屋建筑业	47	23183	2852	1327	2538
土木工程建筑业	48	25525	3140	2598	2170
建筑安装业	49	24173	2431	2402	1138
建筑装饰、装修和其他建筑业	50	46687	4430	6066	3335
批发和零售业	**F**	**601887**	**48812**	**74648**	**51690**
批发业	51	388834	28441	56331	25282
零售业	52	213053	20371	18317	26408
交通运输、仓储和邮政业	**G**	**58550**	**4847**	**8296**	**4256**
铁路运输业	53	6	5		1
道路运输业	54	41936	3139	6626	3422
水上运输业	55	1905	189	124	143
航空运输业	56	128	18	16	6
管道运输业	57	17	2	3	3
多式联运和运输代理业	58	7103	826	733	156
装卸搬运和仓储业	59	6234	517	662	437
邮政业	60	1221	151	132	88
住宿和餐饮业	**H**	**25853**	**4750**	**2685**	**1635**
住宿业	61	6327	1213	650	393
餐饮业	62	19526	3537	2035	1242
信息传输、软件和信息技术服务业	**I**	**72049**	**15798**	**8338**	**4818**
电信、广播电视和卫星传输服务	63	1423	284	126	66
互联网和相关服务	64	9611	2010	877	624
软件和信息技术服务业	65	61015	13504	7335	4128

单位：个

常州	苏州	南通	连云港	淮安	盐城	扬州	镇江	泰州	宿迁
5361	18329	4094	417	1004	2079	2533	3320	3743	952
12636	19673	6320	428	1959	6713	4853	2429	6986	614
4926	17856	3204	455	938	3295	2341	1812	3207	475
3199	2513	477	69	340	700	1208	2070	914	138
966	703	868	46	132	404	411	341	1031	93
5656	6424	2183	427	755	1421	4612	3728	1795	566
2681	8687	1184	180	624	765	1066	1009	656	467
1196	3085	695	42	567	287	440	326	399	74
431	1308	345	148	339	542	937	579	304	326
114	363	125	62	88	169	74	34	105	47
328	1564	402	128	113	219	204	126	142	73
276	**750**	**474**	**210**	**499**	**641**	**321**	**156**	**241**	**281**
131	316	203	94	284	366	201	83	104	154
28	64	40	24	23	43	28	15	33	19
117	370	231	92	192	232	92	58	104	108
5747	**29536**	**9705**	**5498**	**6015**	**8670**	**6734**	**4548**	**4770**	**3918**
1171	2825	2402	1263	1506	2411	1404	1029	1332	1123
1190	4958	1826	1289	1105	2050	1500	1386	1275	1038
1238	8338	1749	845	988	1234	1467	852	978	513
2148	13415	3728	2101	2416	2975	2363	1281	1185	1244
44329	**166160**	**46772**	**19717**	**24522**	**32983**	**27301**	**17401**	**21295**	**26257**
32850	119968	34019	9100	13580	19919	16021	10692	13155	9476
11479	46192	12753	10617	10942	13064	11280	6709	8140	16781
3638	**13992**	**3898**	**3071**	**3698**	**4100**	**2502**	**2148**	**2064**	**2040**
2849	9246	2555	1774	3015	2960	1799	1459	1337	1755
62	176	212	112	154	305	122	79	187	40
15	21	11	4	6	10	5	14	1	1
1	1	3		1	1			1	1
410	2728	560	646	114	162	207	279	210	72
234	1624	446	492	291	574	308	272	259	118
67	196	111	43	117	88	61	45	69	53
1564	**5761**	**1660**	**1008**	**1121**	**1317**	**1625**	**798**	**865**	**1064**
337	1328	476	294	249	282	357	185	244	319
1227	4433	1184	714	872	1035	1268	613	621	745
4880	**19987**	**3492**	**1406**	**2836**	**2617**	**2704**	**1886**	**1683**	**1604**
68	332	95	50	110	59	59	58	45	71
951	2036	483	235	417	417	312	568	390	291
3861	17619	2914	1121	2309	2141	2333	1260	1248	1242

2-04 续表 2

行业大类	代码	企业法人单位数	南京	无锡	徐州
金融业	**J**	**6679**	**1108**	**650**	**275**
货币金融服务	66	1812	222	186	97
资本市场服务	67	3049	553	279	63
保险业	68	1158	223	102	88
其他金融业	69	660	110	83	27
房地产业	**K**	**58568**	**6525**	**6342**	**4218**
房地产业	70	58568	6525	6342	4218
租赁和商务服务业	**L**	**173997**	**24889**	**21024**	**12804**
租赁业	71	13441	1881	1312	1678
商务服务业	72	160556	23008	19712	11126
科学研究和技术服务业	**M**	**120183**	**21429**	**13159**	**8243**
研究和试验发展	73	32066	4778	5303	2133
专业技术服务业	74	55733	10887	4783	2832
科技推广和应用服务业	75	32384	5764	3073	3278
水利、环境和公共设施管理业	**N**	**7664**	**731**	**925**	**519**
水利管理业	76	398	42	26	36
生态保护和环境治理业	77	1400	133	200	58
公共设施管理业	78	5564	527	661	400
土地管理业	79	302	29	38	25
居民服务、修理和其他服务业	**O**	**34853**	**4674**	**4439**	**2526**
居民服务业	80	12661	2026	1628	948
机动车、电子产品和日用产品修理业	81	14506	1962	1863	945
其他服务业	82	7686	686	948	633
教育	**P**	**17396**	**2956**	**2204**	**1221**
教育	83	17396	2956	2204	1221
卫生和社会工作	**Q**	**4343**	**850**	**633**	**340**
卫生	84	3373	711	517	228
社会工作	85	970	139	116	112
文化、体育和娱乐业	**R**	**35999**	**7083**	**4011**	**3366**
新闻和出版业	86	217	123	11	8
广播、电视、电影和录音制作业	87	3755	838	749	304
文化艺术业	88	9836	2822	799	1586
体育	89	3000	490	452	192
娱乐业	90	19191	2810	2000	1276

单位：个

常州	苏州	南通	连云港	淮安	盐城	扬州	镇江	泰州	宿迁
542	**1913**	**835**	**121**	**154**	**278**	**246**	**192**	**219**	**146**
131	348	198	54	75	131	124	88	102	56
277	1248	457	4	9	42	41	26	25	25
83	127	89	57	60	75	62	68	73	51
51	190	91	6	10	30	19	10	19	14
3292	**17590**	**3718**	**1830**	**2578**	**3601**	**2865**	**1864**	**1701**	**2444**
3292	17590	3718	1830	2578	3601	2865	1864	1701	2444
12143	**46452**	**11364**	**5155**	**8612**	**9062**	**7307**	**5222**	**5637**	**4326**
578	2521	1067	692	800	1110	632	408	352	410
11565	43931	10297	4463	7812	7952	6675	4814	5285	3916
10474	**29370**	**7708**	**2400**	**4105**	**7164**	**5089**	**4936**	**3892**	**2214**
2432	8185	2008	452	858	2560	1349	765	946	297
5607	12259	3618	1229	1916	3035	2602	3421	2259	1285
2435	8926	2082	719	1331	1569	1138	750	687	632
506	**1873**	**538**	**242**	**332**	**566**	**369**	**274**	**259**	**530**
30	51	28	13	43	49	26	23	18	13
147	353	113	35	47	101	58	53	69	33
313	1440	381	182	223	371	259	187	146	474
16	29	16	12	19	45	26	11	26	10
2359	**8236**	**2309**	**1257**	**1606**	**2363**	**1642**	**1156**	**1112**	**1174**
742	2489	871	528	539	820	708	398	457	507
1098	3798	890	530	582	806	640	523	433	436
519	1949	548	199	485	737	294	235	222	231
1162	**3727**	**1244**	**775**	**759**	**697**	**872**	**515**	**552**	**712**
1162	3727	1244	775	759	697	872	515	552	712
326	**1005**	**328**	**80**	**157**	**137**	**178**	**110**	**102**	**97**
249	873	193	59	104	98	135	73	80	53
77	132	135	21	53	39	43	37	22	44
2270	**7511**	**2141**	**1257**	**1220**	**1718**	**1740**	**1568**	**1025**	**1089**
6	20	6	2	1	10	11	7	10	2
255	579	236	94	104	210	132	105	94	55
342	1552	339	514	326	459	422	272	190	213
156	815	192	94	96	110	165	56	65	117
1511	4545	1368	553	693	929	1010	1128	666	702

2-05 按行业（大类）、地区分组的

行业大类	代码	企业从业人员数	南京	无锡	徐州
总计		**34578766**	**3822828**	**3288456**	**2092440**
农、林、牧、渔业	**A**	**26917**	**464**	**1025**	**2448**
农业	01				
林业	02				
畜牧业	03				
渔业	04				
农、林、牧、渔专业及辅助性活动	05	26917	464	1025	2448
采矿业	**B**	**69556**	**2979**	**40**	**50999**
煤炭开采和洗选业	06	47573			47436
石油和天然气开采业	07	7876	1357		
黑色金属矿采选业	08	3884	645		2760
有色金属矿采选业	09	960	777	1	
非金属矿采选业	10	9059	181	34	777
开采专业及辅助性活动	11	98	14	5	26
其他采矿业	12	106	5		
制造业	**C**	**14355647**	**787566**	**1851229**	**609075**
农副食品加工业	13	210668	7516	3251	28886
食品制造业	14	128285	17250	9695	13870
酒、饮料和精制茶制造业	15	84225	5626	2772	24772
烟草制品业	16	6631	2191		1706
纺织业	17	1101373	7557	147043	44718
纺织服装、服饰业	18	929760	50009	132376	30344
皮革、毛皮、羽毛及其制品和制鞋业	19	144973	4617	3500	7020
木材加工和木、竹、藤、棕、草制品业	20	228988	3234	7839	58270
家具制造业	21	159284	7753	10948	35507
造纸和纸制品业	22	168043	4409	14592	5260
印刷和记录媒介复制业	23	200240	14963	33025	5113
文教、工美、体育和娱乐用品制造业	24	391659	14711	14975	8489
石油、煤炭及其他燃料加工业	25	33364	5497	3332	7373
化学原料和化学制品制造业	26	519055	51224	49741	22273
医药制造业	27	231035	27472	14332	12195
化学纤维制造业	28	167224	2894	26025	2211
橡胶和塑料制品业	29	645105	21143	104772	19162
非金属矿物制品业	30	527868	31725	67902	42410
黑色金属冶炼和压延加工业	31	273269	18076	61307	13623
有色金属冶炼和压延加工业	32	167049	7009	35759	8961

企业法人单位从业人员数

单位：人

常州	苏州	南通	连云港	淮安	盐城	扬州	镇江	泰州	宿迁
2570431	**7250505**	**4207909**	**910064**	**1434336**	**2083660**	**2464224**	**1183812**	**2087064**	**1183037**
183	**454**	**5285**	**1735**	**1834**	**6596**	**1808**	**1678**	**418**	**2989**
183	454	5285	1735	1834	6596	1808	1678	418	2989
658	**476**	**160**	**1295**	**2757**	**1772**	**6547**	**1759**	**12**	**102**
	1	37			21	20	52		6
					8	6499		12	
		13	150	43	224	9	40		
				1		13	168		
641	475	98	1109	2671	1516	6	1479		72
11		12		25	3		2		
6			36	17			18		24
1265485	**4107679**	**1446971**	**243547**	**439217**	**837208**	**957753**	**619429**	**696603**	**493885**
3365	15106	32128	17013	21949	28488	14619	3841	19991	14515
4280	23238	9763	6721	6207	8852	6811	4996	10231	6371
2698	6102	2400	3031	4343	3276	2456	1027	2011	23711
	191	577	10	1918			38		
59804	326058	249008	6587	32376	100399	34751	17985	27334	47753
67220	177959	136260	23797	51758	71722	57654	27130	36437	67094
5775	22410	15744	3153	13642	8283	38639	11682	4282	6226
15175	18670	7520	7141	16366	11910	5752	7129	3169	66813
6998	36262	21970	2644	4690	5614	4726	2408	5462	14302
11246	68174	13296	1787	7065	12793	7991	11261	4020	6149
12028	65433	12843	2739	8274	5703	10669	13427	5736	10287
24134	50621	101399	8601	17024	27547	59509	14387	25925	24337
848	1831	1820	1819	2897	1834	1209	1700	2669	535
45012	97960	68506	25382	25669	40695	30760	21323	29402	11108
17702	34839	20443	33518	5040	16119	8503	3966	34172	2734
4174	78922	17450	1799	1624	9436	11777	1202	1028	8682
54934	243922	42399	4326	17523	25578	38640	24213	27112	21381
43300	79549	66841	25826	23094	46228	26866	30391	19683	24053
46624	56155	4357	15396	8128	9187	19821	11961	5976	2658
15545	39270	11483	2408	3601	9664	11212	11725	6422	3990

2-05 续表 1

行业大类	代码	企业从业人员数	南京	无锡	徐州
金属制品业	33	1012730	42516	155902	34522
通用设备制造业	34	1498108	70525	235867	29884
专用设备制造业	35	1075201	44515	179979	59104
汽车制造业	36	663996	75701	96892	7660
铁路、船舶、航空航天和其他运输设备制造业	37	325111	26538	33409	18199
电气机械和器材制造业	38	1272003	79638	165236	29671
计算机、通信和其他电子设备制造业	39	1779625	111828	196438	17142
仪器仪表制造业	40	257091	25598	30518	8385
其他制造业	41	88174	2357	6685	2620
废弃资源综合利用业	42	21619	1151	1541	1080
金属制品、机械和设备修理业	43	43891	2323	5576	8645
电力、热力、燃气及水生产和供应业	**D**	**196682**	**51983**	**15080**	**13512**
电力、热力生产和供应业	44	116082	41941	7444	7663
燃气生产和供应业	45	20957	3220	1819	1447
水的生产和供应业	46	59643	6822	5817	4402
建筑业	**E**	**8802798**	**1002399**	**284622**	**557373**
房屋建筑业	47	6239731	635524	109125	407292
土木工程建筑业	48	1126460	156314	76025	84250
建筑安装业	49	667427	95466	50416	29383
建筑装饰、装修和其他建筑业	50	769180	115095	49056	36448
批发和零售业	**F**	**3695667**	**430135**	**385842**	**379702**
批发业	51	2360286	226260	286879	206078
零售业	52	1335381	203875	98963	173624
交通运输、仓储和邮政业	**G**	**1014134**	**173846**	**94452**	**83288**
铁路运输业	53				
道路运输业	54	636299	98385	65764	57225
水上运输业	55	95475	21714	3133	6160
航空运输业	56	16045	10104	1240	644
管道运输业	57	7880	705	110	6837
多式联运和运输代理业	58	70798	12061	5357	1200
装卸搬运和仓储业	59	114110	14390	10897	5251
邮政业	60	73527	16487	7951	5971
住宿和餐饮业	**H**	**480074**	**110292**	**60755**	**22176**
住宿业	61	149468	32881	17048	7623
餐饮业	62	330606	77411	43707	14553
信息传输、软件和信息技术服务业	**I**	**850728**	**345118**	**74253**	**34305**
电信、广播电视和卫星传输服务	63	134065	71953	6206	4539
互联网和相关服务	64	158398	93753	6138	3780
软件和信息技术服务业	65	558265	179412	61909	25986

单位：人

常州	苏州	南通	连云港	淮安	盐城	扬州	镇江	泰州	宿迁
88737	309577	94108	6245	19166	46948	66563	62670	70141	15635
176293	417253	146842	8160	31552	121669	101489	46727	98302	13545
116720	324993	69543	8860	20447	71436	57135	65443	49089	7937
74353	181369	21462	2300	12118	37671	71295	54073	24777	4325
43781	37648	46255	1131	1825	7156	28675	14873	63616	2005
187109	278979	123718	11443	30187	48744	139751	95590	55043	26894
103632	1011269	63151	6645	35240	38112	53976	39683	49263	53246
26402	75630	33548	1055	6683	9937	19657	8662	9333	1683
3914	14558	4075	1165	6663	6987	22667	8420	3244	4819
1218	4570	1500	1991	1457	2400	2023	581	1496	611
2464	9161	6562	854	691	2820	2157	915	1237	486
8797	**26687**	**14938**	**8804**	**9099**	**16914**	**9357**	**7993**	**7769**	**5749**
4403	11527	7579	5631	5518	9922	4048	4550	3042	2814
1448	3933	1526	465	678	1256	1933	1172	1172	888
2946	11227	5833	2708	2903	5736	3376	2271	3555	2047
586120	**635719**	**1807799**	**309374**	**543866**	**592881**	**938368**	**186398**	**1012693**	**345186**
373690	234754	1517370	226014	397345	427557	756185	87020	833055	234800
67067	127345	114871	42481	53392	97037	58833	46367	116378	86100
105274	98162	88837	16174	23415	23683	69243	18705	37431	11238
40089	175458	86721	24705	69714	44604	54107	34306	25829	13048
221298	**694612**	**426938**	**130529**	**165814**	**248023**	**212970**	**143286**	**127682**	**128836**
155556	490889	311651	74032	92778	155592	135211	88752	79446	57162
65742	203723	115287	56497	73036	92431	77759	54534	48236	71674
54889	**206545**	**64662**	**52368**	**53811**	**71113**	**48753**	**36988**	**48701**	**24718**
40147	127680	40701	20197	38889	47053	31491	23596	25988	19183
1923	6385	6165	13123	5424	13439	3360	3377	10619	653
912	162	835	454	352	583	523	216	12	8
	2	64		36	68			37	21
3279	28979	5133	5067	966	1409	2248	2454	1923	722
4194	31438	7858	10859	3863	6913	6542	4787	5386	1732
4434	11899	3906	2668	4281	1648	4589	2558	4736	2399
41604	**101143**	**23294**	**13311**	**17868**	**22617**	**24891**	**13917**	**16608**	**11598**
11456	33370	8295	5367	5741	6481	8495	4472	4865	3374
30148	67773	14999	7944	12127	16136	16396	9445	11743	8224
32362	**181587**	**36817**	**9968**	**26144**	**27203**	**28475**	**14276**	**14762**	**25458**
4565	12592	5543	2786	3570	6529	6582	2807	3369	3024
6431	14455	4940	1316	4232	3745	3068	3123	3804	9613
21366	154540	26334	5866	18342	16929	18825	8346	7589	12821

2-05 续表 2

行业大类	代码	企业从业人员数	南京	无锡	徐州
金融业	**J**	**27271**	**5051**	**2131**	**1098**
货币金融服务	66	12443	1657	1307	374
资本市场服务	67	7732	409	336	251
保险业	68	522	78	50	62
其他金融业	69	6574	2907	438	411
房地产业	**K**	**992856**	**187461**	**100960**	**59342**
房地产业	70	992856	187461	100960	59342
租赁和商务服务业	**L**	**2069590**	**329828**	**234299**	**134411**
租赁业	71	92594	14322	7377	12223
商务服务业	72	1976996	315506	226922	122188
科学研究和技术服务业	**M**	**1039282**	**229879**	**83081**	**63126**
研究和试验发展	73	223875	36285	28634	15452
专业技术服务业	74	629239	162877	41497	25765
科技推广和应用服务业	75	186168	30717	12950	21909
水利、环境和公共设施管理业	**N**	**180527**	**23525**	**17498**	**16132**
水利管理业	76	4264	286	310	435
生态保护和环境治理业	77	16905	1886	1838	590
公共设施管理业	78	154122	20024	14624	14589
土地管理业	79	5236	1329	726	518
居民服务、修理和其他服务业	**O**	**295159**	**45452**	**34345**	**20912**
居民服务业	80	90352	14383	10202	7953
机动车、电子产品和日用产品修理业	81	93146	15437	10440	6524
其他服务业	82	111661	15632	13703	6435
教育	**P**	**127986**	**21301**	**15181**	**9731**
教育	83	127986	21301	15181	9731
卫生和社会工作	**Q**	**114075**	**21211**	**13760**	**6347**
卫生	84	102157	19123	11272	5258
社会工作	85	11918	2088	2488	1089
文化、体育和娱乐业	**R**	**239817**	**54338**	**19903**	**28463**
新闻和出版业	86	9730	6610	122	145
广播、电视、电影和录音制作业	87	40246	10423	5871	3399
文化艺术业	88	60096	15530	3398	15284
体育	89	24748	4188	2904	1635
娱乐业	90	104997	17587	7608	8000

单位：人

常州	苏州	南通	连云港	淮安	盐城	扬州	镇江	泰州	宿迁
1863	**6322**	**4947**	**244**	**554**	**2136**	**1084**	**833**	**544**	**464**
645	3329	1377	196	408	1075	811	605	400	259
699	2254	2553		9	886	142	41	19	133
10	33	102	23	63	39		33	10	19
509	706	915	25	74	136	131	154	115	53
52577	**260227**	**69366**	**25941**	**34737**	**53183**	**51160**	**32304**	**32701**	**32897**
52577	260227	69366	25941	34737	53183	51160	32304	32701	32897
128476	**620787**	**150798**	**58995**	**68198**	**86481**	**89492**	**48204**	**65870**	**53751**
4331	14101	11463	4003	5812	7487	4511	3025	1561	2378
124145	606686	139335	54992	62386	78994	84981	45179	64309	51373
97535	**205425**	**84466**	**23916**	**32667**	**68380**	**50188**	**46289**	**37222**	**17108**
14624	50392	18615	6951	5444	23215	9750	5977	6582	1954
72719	113510	47254	12971	18659	30657	32248	34222	25697	11163
10192	41523	18597	3994	8564	14508	8190	6090	4943	3991
25106	**40960**	**11265**	**6096**	**5080**	**8903**	**6125**	**5288**	**4190**	**10359**
142	747	335	153	432	717	244	272	117	74
1233	3951	2296	607	515	1515	559	863	529	523
23579	35971	8350	5058	3983	6307	5098	3935	2938	9666
152	291	284	278	150	364	224	218	606	96
19386	**76428**	**20447**	**9619**	**12427**	**18755**	**13608**	**8096**	**8562**	**7122**
5607	13552	6528	4883	4449	7088	6045	2684	3669	3309
7689	21645	6304	2883	4007	5485	4486	3630	2364	2252
6090	41231	7615	1853	3971	6182	3077	1782	2529	1561
6711	**23415**	**11254**	**5798**	**6604**	**6146**	**6709**	**3585**	**3712**	**7839**
6711	23415	11254	5798	6604	6146	6709	3585	3712	7839
6987	**31245**	**8962**	**1488**	**5049**	**2798**	**3145**	**1785**	**2386**	**8912**
6574	28947	7392	1343	4482	2446	2803	1558	2283	8676
413	2298	1570	145	567	352	342	227	103	236
20394	**30794**	**19540**	**7036**	**8610**	**12551**	**13791**	**11704**	**6629**	**6064**
317	417	43	25	5	275	1019	225	383	144
4744	4457	2728	679	1023	1978	1781	1781	845	537
2037	5601	2842	2785	2097	3807	3056	1578	1005	1076
1473	6849	2004	736	764	834	1438	375	793	755
11823	13470	11923	2811	4721	5657	6497	7745	3603	3552

2-06 按地区、登记注册

地区	企业法人单位数	内资					
			国有	集体	股份合作	联营	
							国有联营
总计	**1859211**	**1831466**	**3987**	**6644**	**1312**	**441**	**56**
南京市	**175925**	**173690**	**795**	**714**	**183**	**55**	**14**
玄武区	12835	12753	113	77	22	9	2
秦淮区	19934	19771	106	86	33	9	4
建邺区	10322	10175	61	11	2	4	4
鼓楼区	26086	25863	245	139	47	7	
浦口区	28202	27840	60	93	17	14	3
栖霞区	12280	12028	41	49	12	1	
雨花台区	9560	9464	23	39	9	2	1
江宁区	21637	21127	66	88	31	3	
六合区	16183	15990	39	58	4	4	
溧水区	10517	10384	18	46	5	1	
高淳区	8369	8295	23	28	1	1	
无锡市	**234438**	**231291**	**314**	**729**	**214**	**21**	**3**
锡山区	18972	18488	17	26	22		
惠山区	26952	26615	27	90	22	2	
滨湖区	26285	26049	90	119	15	3	1
梁溪区	47495	47325	55	125	84	6	1
新吴区	24812	23918	17	58	9	1	
江阴市	53053	52434	44	179	45	2	
宜兴市	36869	36462	64	132	17	7	1
徐州市	**128655**	**128103**	**361**	**464**	**32**	**30**	**6**
鼓楼区	11421	11401	29	43	5	3	1
云龙区	12561	12529	32	25	2		
贾汪区	4984	4958	19	36	1	1	1
泉山区	16090	16029	56	62	7	3	1
铜山区	16506	16466	45	78	11	1	
丰县	6824	6795	27	44		2	1
沛县	9417	9397	35	62	3	2	
睢宁县	12365	12319	40	47		3	
徐州经济技术开发区	5177	5059	12	16	1	1	
新沂市	16176	16096	24	31	2	7	
邳州市	17134	17054	42	20		7	2
常州市	**148016**	**145914**	**146**	**391**	**27**	**11**	**1**
天宁区	21458	21228	23	67	3	1	1
钟楼区	18920	18690	43	51	2	2	
新北区	38714	38062	20	34	4	1	
武进区	46149	45510	29	107	10	4	

类型分组的企业法人单位数

单位：个

集体联营	国有与集体联营	其他联营	有限责任公司	国有独资	其他有限责任公司	股份有限公司	私营	私营独资
155	**69**	**161**	**107276**	**3563**	**103713**	**14733**	**1696985**	**124911**
20	**7**	**14**	**21140**	**656**	**20484**	**1988**	**148804**	**4265**
5		2	2429	92	2337	190	9913	167
1	2	2	2630	69	2561	292	16615	214
			1595	37	1558	231	8271	67
4	1	2	2592	133	2459	392	22440	430
2	2	7	2665	67	2598	166	24820	558
1			1448	53	1395	108	10369	322
1			1233	36	1197	116	8041	101
2		1	3457	97	3360	256	17226	559
3	1		803	33	770	106	14976	236
	1		326	24	302	59	9926	1347
1			1962	15	1947	72	6207	264
5	**7**	**6**	**10431**	**232**	**10199**	**1696**	**217884**	**11319**
			414	8	406	108	17901	1761
	1	1	1074	15	1059	179	25221	3238
	1	1	1555	41	1514	396	23869	1331
2	2	1	3150	61	3089	300	43605	651
		1	2093	15	2078	255	21485	788
	1	1	1257	45	1212	227	50680	766
3	2	1	888	47	841	231	35123	2784
12	**6**	**6**	**5978**	**216**	**5762**	**927**	**120274**	**7555**
2			550	10	540	54	10717	221
			635	26	609	196	11639	236
			448	13	435	53	4400	214
1		1	576	33	543	110	15214	460
1			670	27	643	130	15503	702
	1		147	7	140	66	6506	425
1		1	211	29	182	45	9037	621
2		1	563	25	538	81	11585	784
	1		498	19	479	39	4492	125
3	3	1	1356	14	1342	85	14589	1868
2	1	2	324	13	311	68	16592	1899
4	**5**	**1**	**3646**	**227**	**3419**	**653**	**141040**	**7640**
			721	27	694	92	20321	391
	2		392	37	355	64	18136	470
1			522	67	455	114	37367	1298
2	2		1248	46	1202	254	43858	3592

2-06 续表 1

地 区	企业法人单位数						
		内资					
			国有	集体	股份合作	联营	
							国有联营
金坛区	10603	10402	16	70	4	1	
溧阳市	12172	12022	15	62	4	2	
苏州市	**489831**	**476959**	**446**	**1196**	**383**	**55**	**11**
虎丘区	26026	25019	25	70	32		
吴中区	49224	48348	24	179	53	5	
相城区	28838	28306	8	74	10	4	3
姑苏区	56489	56314	118	132	160	11	3
吴江区	55110	53921	48	160	14	4	
苏州工业园区	53678	51011	13	28	6		
常熟市	46447	45579	41	137	13	2	
张家港市	44068	43369	49	100	22	8	1
昆山市	103018	99280	82	194	38	17	3
太仓市	26933	25812	38	122	35	4	1
南通市	**148202**	**145570**	**206**	**509**	**204**	**23**	
崇川区	19551	19408	52	50	58	1	
港闸区	9931	9802	7	44	32	2	
通州区	21947	21570	16	91	23	2	
如东县	16209	15847	23	44	25	10	
南通经济技术开发区	9483	9114	17	5	4	1	
启东市	15302	14985	12	41	4	1	
如皋市	19108	18924	21	22	1	3	
海门市	16597	16068	40	139	53		
海安市	20074	19852	18	73	4	3	
连云港市	**52416**	**52122**	**159**	**168**	**14**	**17**	**2**
连云区	3036	2994	23	31	5		
海州区	17599	17553	35	26	6	1	
赣榆区	6686	6659	28	20		2	
东海县	12837	12782	19	33	2	7	1
灌云县	4077	4060	31	23	1	3	1
灌南县	5001	4969	10	19		3	
连云港经济技术开发区	2338	2280	3	5		1	
连云港高新技术产业开发区	842	825	10	11			
淮安市	**75126**	**74485**	**307**	**400**	**14**	**79**	**5**
淮安区	12146	12056	90	101	2	9	1
淮阴区	11212	11151	25	44		8	
清江浦区	16818	16746	45	40	7	7	
洪泽区	5997	5952	32	52	1	23	2
涟水县	6118	6070	34	45		7	
盱眙县	6766	6667	44	65	3	6	2
金湖县	7695	7644	28	45		17	
淮安经济技术开发区	8374	8199	9	8	1	2	

单位：个

集体联营	国有与集体联营	其他联营	有限责任公司	国有独资	其他有限责任公司	股份有限公司	私营	私营独资
	1		452	26	426	53	9806	1021
1		1	311	24	287	76	11552	868
21	**9**	**14**	**15935**	**546**	**15389**	**2127**	**456816**	**17753**
			1201	35	1166	156	23535	403
4	1		1993	54	1939	224	45870	1265
1			879	107	772	99	27232	1505
3	1	4	2104	56	2048	191	53597	1054
1		3	1478	43	1435	241	51976	4802
			2252	46	2206	343	48369	306
1	1		1089	57	1032	251	44046	3310
2	4	1	1844	33	1811	188	41158	1830
8	1	5	1940	59	1881	205	96804	2181
1	1	1	1155	56	1099	229	24229	1097
14	**2**	**7**	**8579**	**225**	**8354**	**1041**	**134995**	**11956**
1			1215	65	1150	174	17858	287
1		1	639	17	622	74	9004	142
		2	1325	26	1299	92	20020	1372
8		2	998	13	985	121	14615	4275
	1		410	24	386	85	8591	95
	1		1068	36	1032	77	13782	1370
1		2	973	15	958	150	17754	2713
			634	16	618	115	15087	839
3			1317	13	1304	153	18284	863
6	**2**	**7**	**3181**	**217**	**2964**	**454**	**48128**	**2830**
			470	56	414	39	2426	60
		1	1062	40	1022	158	16265	258
1		1	265	23	242	58	6286	815
4	1	1	381	28	353	38	12302	1025
	1	1	422	21	401	74	3506	426
		3	246	21	225	57	4633	212
1			216	13	203	19	2036	9
			119	15	104	11	674	25
16	**8**	**50**	**7191**	**227**	**6964**	**983**	**65510**	**9877**
3		5	596	31	565	111	11147	2862
3	3	2	634	16	618	103	10336	2345
2	3	2	1669	60	1609	239	14739	663
4		17	718	25	693	95	5031	840
1	1	5	752	18	734	148	5084	1224
2		2	625	20	605	95	5829	335
	1	16	365	23	342	46	7143	1215
1		1	1832	34	1798	146	6201	393

2-06 续表 2

地区	企业法人单位数	内资	国有	集体	股份合作	联营	国有联营
盐城市	**107806**	**107034**	**344**	**457**	**80**	**52**	**7**
亭湖区	15627	15564	40	23	7	6	3
盐都区	16838	16763	22	51	3	4	1
大丰区	10028	9901	49	62	2	8	2
响水县	8046	8029	26	28	4	1	
滨海县	10122	10095	42	41		11	
阜宁县	13098	13065	35	42	4	5	
射阳县	9769	9670	58	40	32	11	1
建湖县	9075	9044	27	47	6	2	
盐城经济技术开发区	1982	1815	3	3			
东台市	13221	13088	42	120	22	4	
扬州市	**93049**	**92263**	**295**	**625**	**44**	**34**	**1**
广陵区	17225	17103	44	71	7	3	
邗江区	23415	23251	54	76	8	7	
江都区	17900	17811	48	205	3	7	
宝应县	9403	9342	30	105		5	1
扬州经济技术开发区	3944	3807	15	13	3	2	
仪征市	9657	9535	68	64	11	6	
高邮市	11505	11414	36	91	12	4	
镇江市	**66735**	**65847**	**290**	**471**	**11**	**23**	**5**
京口区	7936	7882	66	42	4	1	
润州区	7209	7153	46	37		5	1
丹徒区	6017	5921	28	84	2	4	
镇江新区	6926	6742	19	53		1	
丹阳市	17010	16745	64	135		5	3
扬中市	10773	10686	34	40	5	2	1
句容市	10864	10718	33	80		5	
泰州市	**74697**	**74094**	**197**	**417**	**82**	**28**	
海陵区	10975	10906	41	48	4	7	
高港区	6831	6772	9	40	9	1	
姜堰区	12620	12521	35	66	16	3	
泰州医药高新技术产业开发区	6506	6364	27	43	5	3	
兴化市	9146	9103	36	69	4	6	
靖江市	14388	14324	9	54	4	3	
泰兴市	14231	14104	40	97	40	5	
宿迁市	**64315**	**64094**	**127**	**103**	**24**	**13**	**1**
宿城区	7951	7900	37	11	1	1	
宿豫区	4738	4706	20	8			
沭阳县	30547	30485	33	48	20	8	1
泗阳县	9687	9658	14	10	2		
泗洪县	8073	8044	21	24	1	4	
宿迁经济技术开发区	3319	3301	2	2			

单位：个

集体联营	国有与集体联营	其他联营	有限责任公司	国有独资	其他有限责任公司	股份有限公司	私营	私营独资
17	**5**	**23**	**10150**	**275**	**9875**	**1361**	**94585**	**15394**
3			1315	44	1271	202	13970	539
1	2		952	45	907	155	15575	1455
2	1	3	688	59	629	93	8998	1917
		1	863	23	840	177	6930	621
5		6	4082	8	4074	184	5735	960
3		2	421	7	414	141	12416	2986
1	1	8	638	29	609	220	8670	2085
1		1	299	22	277	61	8602	1155
			352	15	337	26	1431	30
1	1	2	540	23	517	102	12258	3646
24	**2**	**7**	**7273**	**189**	**7084**	**1316**	**82670**	**11399**
3			1871	38	1833	320	14787	1314
5		2	1577	73	1504	245	21283	1354
5		2	1726	14	1712	281	15541	3643
2		2	435	8	427	143	8619	1824
1	1		529	34	495	113	3132	361
5		1	742	10	732	140	8504	1497
3	1		393	12	381	74	10804	1406
8	**6**	**4**	**2900**	**157**	**2743**	**557**	**61592**	**4575**
		1	287	39	248	66	7416	327
1	1	2	545	29	516	112	6408	135
3	1		289	9	280	37	5477	612
1			692	27	665	172	5804	546
2			385	21	364	71	16085	1486
	1		198	15	183	63	10344	484
1	3	1	504	17	487	36	10058	985
8	**4**	**16**	**5658**	**174**	**5484**	**889**	**66819**	**8847**
	1	6	596	51	545	161	10049	1013
1			360	10	350	19	6334	902
1	1	1	772	13	759	275	11354	2111
2	1		626	42	584	102	5558	640
		6	436	8	428	83	8468	1343
1	1	1	403	30	373	45	13806	1217
3		2	2465	20	2445	204	11250	1621
	6	**6**	**5214**	**222**	**4992**	**741**	**57868**	**11501**
	1		1078	45	1033	152	6620	311
			691	29	662	51	3936	224
	2	5	1521	20	1501	300	28552	9097
			572	96	476	114	8946	530
	3	1	729	18	711	91	7174	1287
			623	14	609	33	2640	52

2-06 续表 3

地区	私营合伙	私营有限责任公司	私营股份有限公司	其他	港澳台商投资	与港澳台商合资经营	与港澳台商合作经营
总计	**14144**	**1542866**	**15064**	**88**	**11436**	**3391**	**118**
南京市	**1893**	**140912**	**1734**	**11**	**974**	**316**	**8**
玄武区	175	9472	99		43	13	
秦淮区	163	16059	179		79	20	1
建邺区	160	7899	145		80	29	1
鼓楼区	311	21418	281	1	105	37	2
浦口区	401	23540	321	5	199	61	1
栖霞区	113	9851	83		76	39	
雨花台区	90	7757	93	1	52	16	
江宁区	172	16288	207		174	52	2
六合区	95	14545	100		68	25	1
溧水区	103	8437	39	3	63	15	
高淳区	110	5646	187	1	35	9	
无锡市	**1849**	**203231**	**1485**	**2**	**1296**	**482**	**15**
锡山区	93	15939	108		223	65	
惠山区	205	21677	101		173	68	2
滨湖区	337	21819	382	2	102	35	2
梁溪区	188	42507	259		77	27	1
新吴区	332	20208	157		231	51	2
江阴市	374	49277	263		291	153	6
宜兴市	320	31804	215		199	83	2
徐州市	**444**	**111318**	**957**	**37**	**320**	**136**	**5**
鼓楼区	17	10421	58		4	2	
云龙区	22	11308	73		18	9	2
贾汪区	15	4134	37		17	11	
泉山区	43	14583	128	1	45	17	3
铜山区	54	14553	194	28	24	10	
丰县	13	6026	42	3	11	6	
沛县	32	8325	59	2	15	4	
睢宁县	56	10704	41		33	9	
徐州经济技术开发区	16	4321	30		55	16	
新沂市	127	12448	146	2	49	39	
邳州市	49	14495	149	1	49	13	
常州市	**1220**	**131223**	**957**		**846**	**292**	**18**
天宁区	103	19755	72		124	61	6
钟楼区	115	17489	62		83	32	1
新北区	378	35541	150		207	64	2
武进区	444	39410	412		278	87	3

单位：个

港澳台商独资	港澳台商投资股份有限公司	其他港澳台商投资	外商投资企业	中外合资经营	中外合作经营	外资企业	外商投资股份有限公司	其他外商投资
7601	**174**	**152**	**16309**	**4767**	**141**	**10810**	**250**	**341**
610	**19**	**21**	**1261**	**443**	**13**	**751**	**19**	**35**
27	1	2	39	16	2	20		1
56	1	1	84	30	1	44	5	4
45	1	4	67	21		39	1	6
62	2	2	118	52	2	58	3	3
132	1	4	163	62		88	2	11
34	3		176	60	1	115		
30	3	3	44	21		22		1
116	3	1	336	101	3	217	7	8
39	2	1	125	45	1	79		
46	1	1	70	22	3	45		
23	1	2	39	13		24	1	1
766	**19**	**14**	**1851**	**641**	**20**	**1129**	**22**	**39**
151	4	3	261	78	4	175	2	2
100	1	2	164	61		99	2	2
58	3	4	134	58	4	64	1	7
46	1	2	93	39	1	44	3	6
174	3	1	663	140	6	499	4	14
127	4	1	328	181	3	136	4	4
110	3	1	208	84	2	112	6	4
173	**4**	**2**	**232**	**131**	**3**	**90**	**2**	**6**
2			16	10		4		2
7			14	11	1	2		
5	1		9	6		3		
24		1	16	9		5	2	
14			16	9		6		1
5			18	14		4		
11			5	2		3		
24			13	4	2	7		
37	1	1	63	26		37		
9	1		31	23		6		2
35	1		31	17		13		1
519	**8**	**9**	**1256**	**505**	**18**	**692**	**24**	**17**
55		2	106	54	4	47		1
48		2	147	90	2	51	2	2
133	5	3	445	117	2	313	10	3
185	1	2	361	153	6	188	6	8

2-06 续表 4

地区							
					港澳台商投资	与港澳台商合资经营	与港澳台商合作经营
	私营合伙	私营有限责任公司	私营股份有限公司	其他			
金坛区	136	8506	143		76	29	5
溧阳市	44	10522	118		78	19	1
苏州市	**4519**	**431222**	**3322**	**1**	**4825**	**1068**	**34**
虎丘区	227	22772	133		317	70	1
吴中区	394	43914	297		363	82	7
相城区	175	24763	789		224	40	2
姑苏区	297	52041	205	1	83	25	2
吴江区	487	46100	587		550	122	2
苏州工业园区	911	46929	223		705	165	8
常熟市	663	39663	410		319	99	1
张家港市	386	38750	192		239	104	1
昆山市	840	93531	252		1625	284	8
太仓市	139	22759	234		400	77	2
南通市	**1830**	**120176**	**1033**	**13**	**1134**	**354**	**9**
崇川区	59	17401	111		50	15	1
港闸区	32	8796	34		33	12	1
通州区	290	18240	118	1	153	54	1
如东县	188	9992	160	11	186	43	
南通经济技术开发区	197	8239	60	1	111	44	
启东市	661	11613	138		125	45	2
如皋市	72	14847	122		79	32	1
海门市	207	13894	147		288	65	2
海安市	124	17154	143		109	44	1
连云港市	**78**	**44712**	**508**	**1**	**131**	**42**	**1**
连云区	11	2324	31		21	7	
海州区	20	15908	79		17	3	
赣榆区	7	5388	76		13	7	1
东海县	15	11147	115		26	6	
灌云县	4	3037	39		10	1	
灌南县	19	4265	137	1	15	5	
连云港经济技术开发区		1999	28		26	11	
连云港高新技术产业开发区	2	644	3		3	2	
淮安市	**436**	**54179**	**1018**	**1**	**412**	**133**	**6**
淮安区	51	8121	113		65	15	2
淮阴区	57	7864	70	1	44	15	
清江浦区	55	13890	131		48	15	2
洪泽区	90	4047	54		28	8	
涟水县	33	3753	74		22	6	
盱眙县	45	5290	159		65	25	1
金湖县	48	5828	52		40	19	
淮安经济技术开发区	57	5386	365		100	30	1

单位：个

港澳台商独资	港澳台商投资股份有限公司	其他港澳台商投资	外商投资企业	中外合资经营	中外合作经营	外资企业	外商投资股份有限公司	其他外商投资
40	2		125	53	2	66	3	1
58			72	38	2	27	3	2
3604	**68**	**51**	**8047**	**1496**	**44**	**6256**	**116**	**135**
237	6	3	690	103	3	563	5	16
264	5	5	513	106	7	386	5	9
178	2	2	308	75	1	222	6	4
53	2	1	92	19	4	61	5	3
414	7	5	639	134	3	483	6	13
509	14	9	1962	382	7	1501	34	38
216	2	1	549	139		400	3	7
128	3	3	460	144	5	297	7	7
1297	16	20	2113	265	9	1787	29	23
308	11	2	721	129	5	556	16	15
742	**13**	**16**	**1498**	**595**	**18**	**844**	**20**	**21**
30	2	2	93	41	1	46	4	1
20			96	53	1	39	2	1
95	1	2	224	100	6	114	1	3
137	3	3	176	73	1	100	2	
65	1	1	258	75	2	174	2	5
72	3	3	192	93	1	92	3	3
45	1		105	43	4	53		5
216	1	4	241	67	2	166	4	2
62	1	1	113	50		60	2	1
81	**4**	**3**	**163**	**75**	**2**	**79**	**5**	**2**
13	1		21	11		9	1	
11	2	1	29	14	1	12	2	
5			14	5		9		
20			29	15		12	1	1
8		1	7	3		4		
10			17	6		11		
14	1		32	17	1	14		
		1	14	4		8	1	1
258	**4**	**11**	**229**	**90**	**5**	**112**	**7**	**15**
47	1		25	7	1	15		2
29			17	10	1	3		3
29		2	24	12	1	9	1	1
16	3	1	17	9	1	6	1	
16			26	11		13		2
39			34	12		16	1	5
19		2	11	5		5	1	
63		6	75	24	1	45	3	2

2-06 续表5

地区	私营合伙	私营有限责任公司	私营股份有限公司	其他	港澳台商投资	与港澳台商合资经营	与港澳台商合作经营
盐城市	**661**	**77375**	**1155**	**5**	**331**	**134**	**6**
亭湖区	43	13266	122	1	20	9	2
盐都区	125	13872	123	1	25	13	2
大丰区	96	6908	77	1	63	29	
响水县	22	6167	120		12	5	
滨海县	26	4712	37		19	3	
阜宁县	164	9165	101	1	17	8	
射阳县	43	6461	81	1	54	20	
建湖县	39	7036	372		14	6	1
盐城经济技术开发区	28	1356	17		40	6	1
东台市	75	8432	105		67	35	
扬州市	**392**	**69897**	**982**	**6**	**405**	**171**	**4**
广陵区	57	13239	177		66	29	
邗江区	75	19647	207	1	98	39	1
江都区	57	11691	150		37	18	
宝应县	101	6618	76	5	35	13	1
扬州经济技术开发区	23	2665	83		56	21	
仪征市	39	6841	127		63	24	1
高邮市	40	9196	162		50	27	1
镇江市	**283**	**56208**	**526**	**3**	**405**	**149**	**3**
京口区	65	6980	44		25	7	
润州区	23	6125	125		26	15	
丹徒区	27	4767	71		42	15	1
镇江新区	52	5074	132	1	88	27	
丹阳市	42	14483	74		98	40	1
扬中市	30	9790	40		33	21	1
句容市	44	8989	40	2	93	24	
泰州市	**282**	**57005**	**685**	**4**	**260**	**92**	**5**
海陵区	28	8932	76		28	11	
高港区	6	5395	31		31	8	2
姜堰区	49	8963	231		38	12	
泰州医药高新技术产业开发区	46	4815	57		71	15	2
兴化市	61	6977	87	1	16	7	
靖江市	40	12467	82		27	14	
泰兴市	52	9456	121	3	49	25	1
宿迁市	**257**	**45408**	**702**	**4**	**97**	**22**	**4**
宿城区	33	6139	137		26	10	
宿豫区	29	3636	47		18	2	
沭阳县	119	19090	246	3	26	2	3
泗阳县	49	8221	146		14	4	1
泗洪县	24	5793	70		8	3	
宿迁经济技术开发区	3	2529	56	1	5	1	

单位：个

港澳台商独资	港澳台商投资股份有限公司	其他港澳台商投资	外商投资企业	中外合资经营	中外合作经营	外资企业	外商投资股份有限公司	其他外商投资
181	**8**	**2**	**441**	**184**	**6**	**220**	**7**	**24**
6	2	1	43	22	1	16	3	1
9	1		50	20		23	1	6
32	2		64	29		32	1	2
5	2		5	3		2		
15		1	8	7				1
8	1		16	6		7		3
34			45	24	1	13		7
7			17	8		8		1
33			127	21	1	101	1	3
32			66	44	3	18	1	
216	**6**	**8**	**381**	**192**	**3**	**170**	**7**	**9**
37			56	33		19	2	2
52	2	4	66	35		25	4	2
19			52	37		14		1
20		1	26	14	1	11		
33		2	81	20	1	59	1	
35	2	1	59	28		29		2
20	2		41	25	1	13		2
240	**10**	**3**	**483**	**219**	**4**	**243**	**12**	**5**
16	1	1	29	15		11	2	1
10	1		30	17		12	1	
25	1		54	25	1	27	1	
58	3		96	36		54	3	3
55	2		167	62	2	100	3	
11			54	37	1	14	2	
65	2	2	53	27		25		1
150	**7**	**6**	**343**	**151**	**4**	**174**	**6**	**8**
15	1	1	41	15		23	2	1
19	2		28	15	1	12		
24	1	1	61	25	2	32		2
49	3	2	71	22		45	1	3
9			27	14		13		
12		1	37	19	1	14	2	1
22		1	78	41		35	1	1
61	**4**	**6**	**124**	**45**	**1**	**50**	**3**	**25**
14	1	1	25	11		10	3	1
15	1		14	10		4		
17		4	36	6		15		15
6	2	1	15	5		7		3
5			21	6	1	9		5
4			13	7		5		1

2-07 按地区、登记注册类型

地区	企业从业人员数						
		内资					
			国有	集体	股份合作	联营	
							国有联营
总计	**34578766**	**30524874**	**247864**	**142432**	**24615**	**5200**	**900**
南京市	**3822828**	**3430147**	**44808**	**13091**	**3832**	**1127**	**189**
玄武区	215748	206376	8047	713	46	286	141
秦淮区	328115	288122	9261	1122	540	55	8
建邺区	298275	283952	773	158	5	3	3
鼓楼区	604472	551331	9150	1870	1992	50	
浦口区	344846	321546	1818	1515	69	533	37
栖霞区	372688	296773	2025	1450	80	3	
雨花台区	211737	197575	1960	579	62	12	
江宁区	618182	500456	7022	2698	991	142	
六合区	300288	277830	1253	1541	26	35	
溧水区	275889	259851	2473	707	15	4	
高淳区	252588	246335	1026	738	6	4	
无锡市	**3288456**	**2780747**	**12295**	**10322**	**2184**	**103**	**50**
锡山区	320824	258073	415	400	305		
惠山区	331918	305425	171	747	195	3	
滨湖区	332356	301840	2554	1555	88	7	3
梁溪区	343452	334021	5350	1351	578	53	41
新吴区	585571	346918	407	531	105	1	
江阴市	877782	773057	2426	4163	301		
宜兴市	496553	461413	972	1575	612	39	6
徐州市	**2092440**	**2035309**	**57217**	**17359**	**295**	**478**	**61**
鼓楼区	134524	133564	1031	503	38	2	
云龙区	113072	112060	11084	240	10		
贾汪区	73905	70080	526	5111	6		
泉山区	203358	200720	7666	878	32	16	
铜山区	307093	303100	2356	1900	77	196	
丰县	136833	133921	2795	1380		11	8
沛县	263096	261446	4970	2947	64	5	
睢宁县	201612	193222	15080	3057		13	
徐州经济技术开发区	124868	104812	618	262	9		
新沂市	247611	242004	3063	895	59	169	
邳州市	286468	280380	8028	186		66	53
常州市	**2570431**	**2291675**	**5353**	**5367**	**843**	**65**	**2**
天宁区	230654	193743	2663	337	174	2	2
钟楼区	220399	201367	846	265	71	11	
新北区	471927	391780	1214	1628	193		
武进区	854378	750498	299	1154	205	37	

分组的企业法人单位从业人员数

单位：人

集体联营	国有与集体联营	其他联营	有限责任公司			股份有限公司	私营	
				国有独资	其他有限责任公司			私营独资
1996	**766**	**1538**	**5428773**	**581110**	**4847663**	**1382265**	**23291232**	**1018422**
480	**104**	**354**	**1108875**	**191068**	**917807**	**207397**	**2050544**	**25173**
21		124	93777	13100	80677	34645	68862	621
12	19	16	100498	15567	84931	18733	157913	696
			123562	23519	100043	6248	153203	301
19	1	30	213872	59101	154771	39239	285158	2012
280	80	136	92825	12903	79922	19311	205448	2058
3			94783	23480	71303	21344	177088	1819
12			69426	18591	50835	19919	105591	510
94		48	145370	8899	136471	27759	316474	4405
35			55229	9500	45729	6829	212917	1451
	4		50908	4366	46542	7096	198308	8324
4			68625	2042	66583	6274	169582	2976
5	**33**	**15**	**347710**	**25533**	**322177**	**126183**	**2281869**	**85853**
			19190	2844	16346	13705	224058	17375
	3		27908	888	27020	7933	268468	29184
		4	51130	1368	49762	17546	228879	8207
	9	3	54194	9535	44659	8698	263797	2833
		1	73750	1313	72437	31185	240939	6504
			80188	4000	76188	28479	657500	8438
5	21	7	41350	5585	35765	18637	398228	13312
309	**85**	**23**	**289911**	**73884**	**216027**	**65826**	**1603575**	**64658**
2			9192	452	8740	1095	121703	1822
			17625	4678	12947	2301	80800	1162
			10644	1172	9472	1148	52645	1465
6		10	53659	31528	22131	11261	127171	4113
196			28709	2638	26071	26031	243775	5177
	3		23702	153	23549	1453	104160	3939
5			33894	324	33570	5542	214020	5500
8		5	15681	2464	13217	531	158860	6767
			50566	25936	24630	6260	47097	636
90	77	2	19220	637	18583	8423	210075	18848
2	5	6	27019	3902	23117	1781	243269	15229
14	**48**	**1**	**199733**	**31336**	**168397**	**79072**	**2001242**	**57973**
			29355	1319	28036	6506	154706	1689
	11		25593	8487	17106	7507	167074	2593
			30669	6084	24585	21096	336980	10436
1	36		63503	8915	54588	18268	667032	28516

2-07 续表 1

地 区	企业从业人员数	内资	国有	集体	股份合作	联营	国有联营
金坛区	387425	362868	110	1008	171	1	
溧阳市	405648	391419	221	975	29	14	
苏州市	**7250505**	**5313553**	**21030**	**20398**	**5762**	**615**	**300**
虎丘区	537008	304408	989	1000	277		
吴中区	657942	552623	614	3298	554	53	
相城区	410000	352880	52	5524	84	42	30
姑苏区	373850	365734	12381	1313	1112	35	14
吴江区	779320	569661	1067	1192	191	11	
苏州工业园区	897609	555416	538	615	86		
常熟市	735720	573755	403	2431	669	38	
张家港市	690067	623022	1925	1633	296	105	18
昆山市	1729405	1094315	1093	1854	1953	278	238
太仓市	439584	321739	1968	1538	540	53	
南通市	**4207909**	**3938822**	**10142**	**14855**	**4014**	**144**	
崇川区	280096	269902	4777	410	601		
港闸区	210076	194820	75	494	776	20	
通州区	773013	729556	205	6917	470	7	
如东县	490152	462597	802	3040	406	71	
南通经济技术开发区	211359	168635	633	40	46	22	
启东市	445350	414519	1497	419	34	4	
如皋市	543330	512109	1310	438		9	
海门市	642533	600964	634	2390	1300		
海安市	612000	585720	209	707	381	11	
连云港市	**910064**	**861350**	**13519**	**8996**	**766**	**298**	**154**
连云区	64921	62934	2776	2915	426		
海州区	207737	195664	3124	503	221	5	
赣榆区	193558	191042	3181	106		10	
东海县	155573	150430	1490	1486	109	166	128
灌云县	67945	66408	2534	2448	10	43	26
灌南县	110673	107301	193	332		69	
连云港经济技术开发区	86905	68793	152	72		5	
连云港高新技术产业开发区	22752	18778	69	1134			
淮安市	**1434336**	**1353098**	**12572**	**10932**	**1481**	**440**	**38**
淮安区	252571	246975	3584	3590	10	74	6
淮阴区	204239	198129	1044	1543		42	
清江浦区	259341	252029	3642	1706	30	38	
洪泽区	115470	112644	1321	1159	3	93	26
涟水县	218093	202001	741	585		92	
盱眙县	107104	102579	1442	716	6	11	6
金湖县	112177	109807	485	1421		57	
淮安经济技术开发区	165341	128934	313	212	1432	33	

单位：人

集体联营	国有与集体联营	其他联营	有限责任公司	国有独资	其他有限责任公司	股份有限公司	私营	私营独资
	1		29493	4939	24554	17395	314690	10033
13		1	21120	1592	19528	8300	360760	4706
68	**158**	**89**	**639892**	**52141**	**587751**	**199562**	**4426226**	**128605**
			52754	7827	44927	17942	231446	1750
11	42		55933	3112	52821	11273	480898	10705
12			28826	3040	25786	12139	306213	15722
2		19	63552	10541	53011	11909	275364	3660
4		7	60039	2066	57973	32204	474957	40471
			74647	4485	70162	36098	443432	1655
5	33		48873	6505	42368	22437	498904	22364
4	71	12	98713	1037	97676	21515	498835	12732
18	2	20	110673	11521	99152	24427	954037	12667
12	10	31	45882	2007	43875	9618	262140	6879
84	**26**	**34**	**826728**	**17282**	**809446**	**284052**	**2798672**	**112525**
			44708	7796	36912	38666	180740	1526
20			24619	512	24107	6334	162502	649
		7	233694	1663	232031	13825	474431	15522
47		24	66798	1055	65743	38082	353192	51912
	22		19550	2125	17425	8683	139659	809
	4		135955	633	135322	7144	269466	10536
6		3	32911	387	32524	13236	464205	17714
			222011	1650	220361	15604	359025	7133
11			46482	1461	45021	142478	395452	6724
36	**11**	**97**	**172715**	**35152**	**137563**	**24290**	**640548**	**19643**
			33689	12625	21064	5020	18108	298
		5	41799	7880	33919	5065	144947	1390
4		6	12908	2178	10730	2456	172381	4538
27	6	5	18845	1923	16922	1753	126581	8061
	5	12	15512	1251	14261	2682	43179	2748
		69	12942	1168	11774	857	92690	2478
5			26128	3604	22524	6158	36278	39
			10892	4523	6369	299	6384	91
193	**32**	**177**	**178377**	**12030**	**166347**	**36599**	**1112632**	**71005**
43		25	14264	584	13680	4485	220968	20605
24	9	9	19291	3055	16236	2072	174072	15878
17	10	11	43450	3695	39755	10335	192828	4537
24		43	16751	674	16077	3537	89780	5295
55	13	24	24348	1608	22740	6333	169902	11941
2		3	8036	362	7674	1633	90735	2011
		57	9839	947	8892	1639	96366	9243
28		5	42398	1105	41293	6565	77981	1495

2-07 续表 2

地 区	企业从业人员数	内资	国有	集体	股份合作	联营	国有联营
盐城市	**2083660**	**1996631**	**16064**	**10421**	**2537**	**440**	**73**
亭湖区	236532	225941	1401	273	97	64	24
盐都区	366755	357884	3582	664	23	39	17
大丰区	197547	188582	1648	587	3	91	8
响水县	111128	110061	1912	558	22	3	
滨海县	172816	170236	2463	1033		48	
阜宁县	321853	315837	1165	1062	174	59	
射阳县	179248	171388	1055	1045	1698	61	24
建湖县	190614	188665	787	2428	69	1	
盐城经济技术开发区	60839	35391	402	28			
东台市	246328	232646	1649	2743	451	74	
扬州市	**2464224**	**2353450**	**17604**	**13475**	**1200**	**674**	**4**
广陵区	362417	348196	3442	1959	98	15	
邗江区	390425	373329	4597	853	146	52	
江都区	569221	557714	2373	3724	32	288	
宝应县	336704	323929	1903	2739		120	4
扬州经济技术开发区	130557	101553	1156	115	179	5	
仪征市	270469	252273	2533	856	623	140	
高邮市	404431	396456	1600	3229	122	54	
镇江市	**1183812**	**1068497**	**15462**	**9170**	**148**	**535**	**26**
京口区	103206	100734	2946	513	9	78	
润州区	100305	95107	5465	660		61	5
丹徒区	111200	104683	1678	1200	11	258	
镇江新区	152814	130443	841	1081		32	
丹阳市	350308	300752	1765	1674		33	13
扬中市	155658	148836	1542	1155	128	11	8
句容市	210321	187942	1225	2887		62	
泰州市	**2087064**	**1982704**	**13177**	**6747**	**1419**	**183**	
海陵区	265282	255967	4147	871	197	39	
高港区	241261	231162	1726	546	56	3	
姜堰区	377227	367847	1119	1014	166	17	
泰州医药高新技术产业开发区	126398	88907	887	582	13	8	
兴化市	262184	252914	822	890	135	38	
靖江市	383969	373790	419	675	66	48	
泰兴市	430743	412117	4057	2169	786	30	
宿迁市	**1183037**	**1118891**	**8621**	**1299**	**134**	**98**	**3**
宿城区	187696	154446	3294	39	2	8	
宿豫区	149299	143313	483	44			
沭阳县	365911	352911	1411	657	112	55	3
泗阳县	244681	240560	263	191	20		
泗洪县	152936	148132	2495	338		35	
宿迁经济技术开发区	82514	79529	675	30			

单位：人

集体联营	国有与集体联营	其他联营	有限责任公司	国有独资	其他有限责任公司	股份有限公司	私营	私营独资
202	**18**	**147**	**309174**	**21957**	**287217**	**39096**	**1618743**	**141782**
40			43988	6413	37575	5719	174329	3600
16	6		27920	2847	25073	7272	318373	19297
55	3	25	28408	4179	24229	2590	155255	14996
		3	20039	1904	18135	1795	85732	3675
11		37	76722	128	76594	5686	84284	4666
12		47	40791	638	40153	4276	268260	39762
5	1	31	17638	905	16733	4563	145303	17060
1			25746	1057	24689	733	158901	7474
			10014	1458	8556	2020	22927	191
62	8	4	17908	2428	15480	4442	205379	31061
246	**50**	**374**	**487921**	**34405**	**453516**	**182541**	**1649908**	**106408**
15			56369	2345	54024	66191	220122	13345
47		5	110519	8578	101941	5528	251631	9924
21		267	149156	10956	138200	35132	367009	32375
114		2	29009	8652	20357	40798	249236	14805
5			34201	3092	31109	12682	53215	4417
40		100	35044	402	34642	17380	195697	12914
4	50		73623	380	73243	4830	312998	18628
304	**114**	**91**	**130900**	**13368**	**117532**	**34613**	**877531**	**46336**
		78	23543	3880	19663	4361	69284	1265
	48	8	15572	3436	12136	5756	67593	1121
246	12		17875	921	16954	2633	81028	8566
32			23269	2257	21012	4618	100540	7706
20			19217	884	18333	8405	269658	13457
	3		10763	464	10299	5426	129811	3826
6	51	5	20661	1526	19135	3414	159617	10395
55	**28**	**100**	**557366**	**61694**	**495672**	**48964**	**1354784**	**66891**
	15	24	39191	1153	38038	7395	204127	7660
3			44314	10795	33519	1559	182958	4029
5		12	191265	223	191042	9718	164548	15040
7	1		23598	1729	21869	3551	60268	2687
		38	15401	176	15225	6472	229140	13216
20	12	16	66419	46912	19507	7245	298918	10702
20		10	177178	706	176472	13024	214825	13557
	59	**36**	**179471**	**11260**	**168211**	**54070**	**874958**	**91570**
	8		34505	2158	32347	27701	88897	1927
			26730	845	25885	5498	110558	2244
	20	32	23961	757	23204	7075	319402	73323
			25178	5023	20155	1771	213137	5649
	31	4	30546	1030	29516	10682	104036	8054
			38551	1447	37104	1343	38928	373

2-07 续表 3

地 区	私营合伙	私营有限责任公司	私营股份有限公司	其他	港澳台商投资	与港澳台商合资经营	与港澳台商合作经营
总计	**86344**	**21545507**	**640959**	**2493**	**1517898**	**379813**	**11400**
南京市	**10023**	**1900601**	**114747**	**473**	**120767**	**34700**	**65**
玄武区	1375	64745	2121		6696	823	
秦淮区	863	149614	6740		9159	1242	50
建邺区	816	143365	8721		10312	939	
鼓楼区	1568	275688	5890		11020	4110	4
浦口区	865	195710	6815	27	10459	2934	
栖霞区	709	118416	56144		14663	9219	
雨花台区	425	99498	5158	26	6415	2147	
江宁区	708	301639	9722		33115	5139	11
六合区	644	204791	6031		6910	2666	
溧水区	528	185637	3819	340	10332	5148	
高淳区	1522	161498	3586	80	1686	333	
无锡市	**6367**	**2133804**	**55845**	**81**	**177153**	**64157**	**806**
锡山区	265	199568	6850		23718	4098	
惠山区	717	232044	6523		15596	8829	33
滨湖区	821	207853	11998	81	8550	2376	49
梁溪区	642	257556	2766		4025	1333	28
新吴区	865	224298	9272		49008	8339	40
江阴市	936	639882	8244		55702	28962	141
宜兴市	2121	372603	10192		20554	10220	515
徐州市	**4266**	**1512036**	**22615**	**648**	**33126**	**13380**	**562**
鼓楼区	136	119162	583		110	67	
云龙区	154	78451	1033		779	77	215
贾汪区	133	50109	938		3283	3095	
泉山区	478	121006	1574	37	1840	738	347
铜山区	388	235977	2233	56	2030	1093	
丰县	160	99514	547	420	1783	291	
沛县	250	201690	6580	4	1504	811	
睢宁县	511	150131	1451		7439	1840	
徐州经济技术开发区	71	44174	2216		10334	4112	
新沂市	1444	187727	2056	100	1597	572	
邳州市	541	224095	3404	31	2427	684	
常州市	**5807**	**1886170**	**51292**		**145050**	**55358**	**2070**
天宁区	162	150647	2208		29315	16908	1091
钟楼区	295	158130	6056		8657	5051	25
新北区	1579	308256	16709		21763	7354	406
武进区	2134	621658	14724		67994	16955	123

单位：人

港澳台商独资	港澳台商投资股份有限公司	其他港澳台商投资	外商投资企业	中外合资经营	中外合作经营	外资企业	外商投资股份有限公司	其他外商投资
1083433	**37238**	**6014**	**2535994**	**653833**	**15086**	**1805758**	**52090**	**9227**
80639	**4192**	**1171**	**271914**	**103499**	**1942**	**162660**	**1950**	**1863**
5628	1	244	2676	1404	148	1124		
7864	2	1	30834	15755	13	14711	19	336
9309	58	6	4011	648		3317		46
5616	560	730	42121	24473	92	17249	294	13
7489	1	35	12841	8181		4407	78	175
5218	226		61252	12120	21	49111		
3739	524	5	7747	4915		1609		1223
25804	2157	4	84611	25563	167	57266	1559	56
3864	379	1	15548	6294	1091	8163		
4892	284	8	5706	1833	410	3463		
1216		137	4567	2313		2240		14
106334	**5135**	**721**	**330556**	**107824**	**1553**	**219406**	**844**	**929**
18658	924	38	39033	9545	48	29163	144	133
6704	28	2	10897	5144		5692	31	30
3514	2003	608	21966	15892	374	5388	35	277
2609	41	14	5406	3972	25	1385		24
39781	803	45	189645	37555	780	150858	114	338
25410	1188	1	49023	30236	111	18522	28	126
9658	148	13	14586	5480	215	8398	492	1
18032	**1146**	**6**	**24005**	**11206**	**72**	**12107**		**620**
43			850	770		70		10
487			233	214	15	4		
2	186		542	185		357		
755			798	622		176		
937			1963	1604		355		4
1492			1129	997		132		
693			146	59		87		
5599			951	159	57	735		
5970	246	6	9722	2403		7319		
334	691		4010	2731		687		592
1720	23		3661	1462		2185		14
84873	**2500**	**249**	**133706**	**47985**	**1718**	**76285**	**7572**	**146**
11179		137	7596	3888	734	2974		
3539		42	10375	8382	296	1447	247	3
12684	1308	11	58384	11755	72	43580	2977	
50856	1	59	35886	14431	398	17853	3187	17

2-07 续表 4

地 区	私营合伙	私营有限责任公司	私营股份有限公司	其他	港澳台商投资	与港澳台商合资经营	与港澳台商合作经营
金坛区	1353	298290	5014		10145	4769	367
溧阳市	284	349189	6581		7176	4321	58
苏州市	**16370**	**4149059**	**132192**	**68**	**634426**	**89943**	**6160**
虎丘区	527	221587	7582		57285	4245	15
吴中区	633	444979	24581		26987	4528	560
相城区	648	275711	14132		19980	5916	139
姑苏区	1152	261078	9474	68	2260	1174	8
吴江区	1336	421113	12037		101590	16107	497
苏州工业园区	1984	431623	8170		74081	11772	654
常熟市	4642	463850	8048		81609	12054	199
张家港市	1923	469060	15120		17882	9628	15
昆山市	2843	914229	24298		217976	17285	1301
太仓市	682	245829	8750		34776	7234	2772
南通市	**18774**	**2586579**	**80794**	**215**	**118506**	**43678**	**512**
崇川区	412	171982	6820		5414	2109	3
港闸区	346	156490	5017		5251	1212	12
通州区	4223	448791	5895	7	20052	8783	23
如东县	3020	291134	7126	206	14047	1534	
南通经济技术开发区	531	136444	1875	2	12651	3059	
启东市	6344	248731	3855		15607	3192	312
如皋市	442	441225	4824		10170	5094	6
海门市	2407	343846	5639		22646	10847	146
海安市	1049	347936	39743		12668	7848	10
连云港市	**732**	**608136**	**12037**	**218**	**17520**	**2966**	**186**
连云区	30	17344	436		1225	574	
海州区	185	141293	2079		545	103	
赣榆区	78	164798	2967		1085	353	186
东海县	144	116025	2351		2283	328	
灌云县	134	40039	258		870		
灌南县	155	86849	3208	218	490	134	
连云港经济技术开发区		35530	709		10901	1405	
连云港高新技术产业开发区	6	6258	29		121	69	
淮安市	**3377**	**1020414**	**17836**	**65**	**42207**	**12962**	**449**
淮安区	426	195187	4750		3767	978	180
淮阴区	493	156623	1078	65	5204	3081	
清江浦区	577	186267	1447		4743	1141	69
洪泽区	676	83004	805		1916	770	
涟水县	340	154885	2736		6741	1680	
盱眙县	183	85082	3459		3606	1618	
金湖县	528	85604	991		1879	1113	
淮安经济技术开发区	154	73762	2570		14351	2581	200

单位：人

港澳台商独资	港澳台商投资股份有限公司	其他港澳台商投资	外商投资企业	中外合资经营	中外合作经营	外资企业	外商投资股份有限公司	其他外商投资
3818	1191		14412	5164	167	8906	135	40
2797			7053	4365	51	1525	1026	86
522463	**14946**	**914**	**1302526**	**185507**	**2122**	**1086743**	**24906**	**3248**
46632	6388	5	175315	27834	80	147056	170	175
20554	1260	85	78332	16653	250	60941	78	410
13578	346	1	37140	6394	22	28662	2047	15
960	117	1	5856	4437	207	1151	8	53
83600	1113	273	108069	19847	61	87596	462	103
59449	2149	57	268112	29604	350	231122	6622	414
69304	51	1	80356	21885		58286	113	72
8149	76	14	49163	14265	392	32982	1400	124
196934	1991	465	417114	28308	428	374896	12198	1284
23303	1455	12	83069	16280	332	64051	1808	598
72091	**1994**	**231**	**150581**	**56850**	**4142**	**87688**	**1525**	**376**
3270	31	1	4780	3776	10	952	28	14
4027			10005	4975	992	3347	668	23
9987	1224	35	23405	11337	715	11282	18	53
12098	384	31	13508	5722	257	7449	80	
9448	128	16	30073	5746	262	23241	629	195
11840	195	68	15224	8876	12	6318	18	
5047	23		21051	5734	1884	13412		21
11576		77	18923	5506	10	13308	69	30
4798	9	3	13612	5178		8379	15	40
13873	**443**	**52**	**31194**	**9338**	**10**	**12203**	**9627**	**16**
651			762	144		586	32	
172	270		11528	429	5	1645	9449	
546			1431	509		922		
1955			2860	924		1916	8	12
870			667	301		366		
356			2882	1837		1045		
9323	173		7211	4118	5	3088		
		52	3853	1076		2635	138	4
28525	**69**	**202**	**39031**	**11621**	**404**	**26122**	**108**	**776**
2604	5		1829	365	3	1451		10
2123			906	677	50	163		16
3517		16	2569	823	24	1704		18
1080	64	2	910	468	30	329	83	
5061			9351	2923		6410		18
1988			919	215		628	12	64
684		82	491	187		296	8	
11468		102	22056	5963	297	15141	5	650

2-07 续表5

地　区	私营合伙	私营有限责任公司	私营股份有限公司	其他	港澳台商投资	与港澳台商合资经营	与港澳台商合作经营
盐城市	**9038**	**1438073**	**29850**	**156**	**26989**	**14282**	**243**
亭湖区	344	166868	3517	70	1962	471	25
盐都区	2032	293316	3728	11	2787	1290	62
大丰区	1000	133119	6140		4581	3611	
响水县	174	79514	2369		708	447	
滨海县	390	78984	244		1723	305	
阜宁县	2568	223388	2542	50	1145	393	
射阳县	484	125307	2452	25	4222	2924	
建湖县	586	145474	5367		890	375	23
盐城经济技术开发区	137	21310	1289		3644	618	133
东台市	1323	170793	2202		5327	3848	
扬州市	**4402**	**1480051**	**59047**	**127**	**53321**	**21964**	**251**
广陵区	411	201733	4633		7042	3296	
邗江区	823	230728	10156	3	9770	4659	5
江都区	900	328254	5480		5029	2946	
宝应县	764	226512	7155	124	9091	2027	8
扬州经济技术开发区	252	46883	1663		12620	4116	
仪征市	580	177832	4371		4655	1203	136
高邮市	672	268109	25589		5114	3717	102
镇江市	**1931**	**808351**	**20913**	**138**	**49990**	**16578**	**27**
京口区	241	66619	1159		1480	562	
润州区	131	64877	1464		2885	1308	
丹徒区	189	71064	1209		2673	402	11
镇江新区	620	88051	4163	62	8391	2614	
丹阳市	255	248565	7381		14412	4104	1
扬中市	136	122949	2900		1915	1713	15
句容市	359	146226	2637	76	18234	5875	
泰州市	**2679**	**1264544**	**20670**	**64**	**49789**	**6297**	**39**
海陵区	527	194488	1452		1947	1230	
高港区	16	178408	505		1901	379	3
姜堰区	237	142086	7185		2938	449	
泰州医药高新技术产业开发区	63	55652	1866		33123	876	15
兴化市	581	212558	2785	16	1557	469	
靖江市	218	284433	3565		3542	944	
泰兴市	1037	196919	3312	48	4781	1950	21
宿迁市	**2578**	**757689**	**23121**	**240**	**49054**	**3548**	**30**
宿城区	223	85090	1657		30249	2415	
宿豫区	141	106074	2099		2807	149	
沭阳县	1571	240241	4267	238	9579	320	18
泗阳县	510	195566	11412		3615	405	12
泗洪县	129	93046	2807		1385	183	
宿迁经济技术开发区	4	37672	879	2	1419	76	

单位：人

港澳台商独资	港澳台商投资股份有限公司	其他港澳台商投资	外商投资企业	中外合资经营	中外合作经营	外资企业	外商投资股份有限公司	其他外商投资
11617	**847**		**60040**	**28632**	**449**	**30451**	**271**	**237**
783	683		8629	4796	169	3412	247	5
1426	9		6084	1472		4553	15	44
907	63		4384	1721		2652	7	4
211	50		359	28		331		
1418			857	857				
710	42		4871	3754		1079		38
1298			3638	2003	3	1551		81
492			1059	412		646		1
2893			21804	7991	118	13629	2	64
1479			8355	5598	159	2598		
30286	**202**	**618**	**57453**	**25520**	**371**	**31049**	**252**	**261**
3746			7179	2887		4076	204	12
4734	126	246	7326	3348		3926	40	12
2083			6478	5751		701		26
7047		9	3684	1396	112	2176		
8141		363	16384	3141	9	13226	8	
3264	52		13541	7134		6255		152
1271	24		2861	1863	250	689		59
31561	**1765**	**59**	**65325**	**33106**	**524**	**27221**	**3885**	**589**
888	30		992	239		729	23	1
1287	290		2313	1814		499		
2245	15		3844	2067	161	1496	120	
5330	447		13980	4613		5928	3237	202
10185	122		35144	19690	246	15181	27	
187			4907	3620	117	692	478	
11439	861	59	4145	1063		2696		386
39804	**3534**	**115**	**54571**	**28309**	**1774**	**24134**	**317**	**37**
710	7		7368	2314		5054		
1359	160		8198	6038	31	2129		
2424	3	62	6442	2117	75	4246		4
28820	3364	48	4368	1527		2825	7	9
1088			7713	6214		1499		
2598			6637	1803	1668	2881	284	1
2805		5	13845	8296		5500	26	23
43335	**465**	**1676**	**15092**	**4436**	**5**	**9689**	**833**	**129**
27560	258	16	3001	434		1731	833	3
2528	130		3179	1495		1684		
8129		1112	3421	423		2919		79
2573	77	548	506	307		185		14
1202			3419	566	5	2834		14
1343			1566	1211		336		19

2-08 按行业（大类）、登记注册

行业大类	代码	企业法人单位数	内资				
				国有	集体	股份合作	联营
总计		**1859211**	**1831466**	**3987**	**6644**	**1312**	**441**
农、林、牧、渔业	**A**	**2903**	**2888**	**27**	**39**	**8**	**12**
农业	01	12	12				
林业	02	1	1	1			
畜牧业	03	6	6				
渔业	04	2	2				
农、林、牧、渔专业及辅助性活动	05	2882	2867	26	39	8	12
采矿业	**B**	**370**	**366**	**12**	**12**		
煤炭开采和洗选业	06	22	22	2			
石油和天然气开采业	07	5	5				
黑色金属矿采选业	08	49	47	1			
有色金属矿采选业	09	12	12	1			
非金属矿采选业	10	242	240	7	10		
开采专业及辅助性活动	11	22	22	1			
其他采矿业	12	18	18		2		
制造业	**C**	**513326**	**495562**	**295**	**1436**	**674**	**75**
农副食品加工业	13	7431	7180	37	26	17	1
食品制造业	14	4739	4521	15	13	4	1
酒、饮料和精制茶制造业	15	1823	1747	10	29	1	1
烟草制品业	16	12	12	1			
纺织业	17	42224	41178	13	101	45	4
纺织服装、服饰业	18	27640	26568	5	45	14	1
皮革、毛皮、羽毛及其制品和制鞋业	19	4626	4415		21	5	1
木材加工和木、竹、藤、棕、草制品业	20	12986	12876	5	11	11	4
家具制造业	21	10547	10404	2	8	3	
造纸和纸制品业	22	9637	9430	5	30	19	
印刷和记录媒介复制业	23	10930	10780	30	144	49	7
文教、工美、体育和娱乐用品制造业	24	16272	15704	7	51	21	1
石油、煤炭及其他燃料加工业	25	716	692		5	1	
化学原料和化学制品制造业	26	9785	8731	12	80	36	5
医药制造业	27	2401	2152	3	6	2	2
化学纤维制造业	28	2492	2408		8	1	
橡胶和塑料制品业	29	28684	27583	8	93	49	2
非金属矿物制品业	30	24182	23632	20	110	55	15
黑色金属冶炼和压延加工业	31	4110	3949	2	15	6	
有色金属冶炼和压延加工业	32	4761	4551		26	5	1

类型分组的企业法人单位数

单位：个

国有联营	集体联营	国有与集体联营	其他联营	有限责任公司	国有独资	其他有限责任公司	股份有限公司	私营	私营独资	私营合伙
56	**155**	**69**	**161**	**107276**	**3563**	**103713**	**14733**	**1696985**	**124911**	**14144**
	4	**2**	**6**	**241**	**19**	**222**	**39**	**2519**	**640**	**37**
				4	3	1		8	1	
				2	1	1		4	1	
								2		
	4	2	6	235	15	220	39	2505	638	37
				46	**7**	**39**	**8**	**288**	**51**	**1**
				7	1	6	1	12	1	
				1		1	1	3		
				4		4		42	1	
				4		4	1	6		
				27	6	21	5	191	47	1
				1		1		20	1	
				2		2		14	1	
7	**33**	**11**	**24**	**19020**	**266**	**18754**	**3816**	**470237**	**63207**	**3394**
			1	442	12	430	66	6590	1139	71
		1		257	9	248	49	4182	494	27
	1			129	2	127	29	1548	370	16
				7	4	3		4		
	3		1	1135	8	1127	233	39646	5590	358
			1	1136	24	1112	168	25199	4367	151
	1			204	3	201	22	4162	822	43
	1		3	346	3	343	105	12393	3939	96
				392		392	76	9923	847	17
				279	3	276	37	9060	1479	119
1	3	3		410	8	402	72	10068	2255	136
			1	557	5	552	101	14966	3291	133
				43	1	42	13	630	57	2
1	1	1	2	732	21	711	171	7695	879	56
1			1	262	2	260	83	1794	119	8
				96	1	95	39	2264	169	18
	1		1	792	2	790	148	26490	4234	273
	7	2	6	1048	19	1029	197	22186	3621	285
				162	3	159	37	3727	448	19
	1			213	5	208	42	4264	564	27

2-08 续表 1

行业大类	代码	企业法人单位数	内资				
				国有	集体	股份合作	联营
金属制品业	33	53951	52794	12	137	63	8
通用设备制造业	34	80978	78922	27	161	100	8
专用设备制造业	35	53614	51877	24	75	51	2
汽车制造业	36	14055	13017	5	22	13	
铁路、船舶、航空航天和其他运输设备制造业	37	7453	7124	8	27	13	2
电气机械和器材制造业	38	34453	33088	19	96	46	5
计算机、通信和其他电子设备制造业	39	20815	18856	7	30	18	1
仪器仪表制造业	40	9650	9241	8	24	16	
其他制造业	41	6208	6069	4	17	2	
废弃资源综合利用业	42	1454	1412	1	8		1
金属制品、机械和设备修理业	43	4697	4649	5	17	8	2
电力、热力、燃气及水生产和供应业	**D**	**5023**	**4744**	**120**	**211**	**9**	**19**
电力、热力生产和供应业	44	2575	2438	41	19	3	5
燃气生产和供应业	45	435	359	2	2	2	
水的生产和供应业	46	2013	1947	77	190	4	14
建筑业	**E**	**119568**	**119302**	**180**	**232**	**26**	**10**
房屋建筑业	47	23183	23133	36	73	8	4
土木工程建筑业	48	25525	25449	95	90	5	2
建筑安装业	49	24173	24082	21	31	6	2
建筑装饰、装修和其他建筑业	50	46687	46638	28	38	7	2
批发和零售业	**F**	**601887**	**598573**	**1081**	**1996**	**280**	**142**
批发业	51	388834	386152	772	1002	153	78
零售业	52	213053	212421	309	994	127	64
交通运输、仓储和邮政业	**G**	**58550**	**58150**	**301**	**336**	**33**	**20**
铁路运输业	53	6	6				
道路运输业	54	41936	41863	68	154	13	5
水上运输业	55	1905	1884	10	64	7	3
航空运输业	56	128	126	1			
管道运输业	57	17	14	1			
多式联运和运输代理业	58	7103	7046	7	11		
装卸搬运和仓储业	59	6234	5993	174	102	12	9
邮政业	60	1221	1218	40	5	1	3
住宿和餐饮业	**H**	**25853**	**25517**	**152**	**131**	**11**	**7**
住宿业	61	6327	6225	105	77	7	4
餐饮业	62	19526	19292	47	54	4	3
信息传输、软件和信息技术服务业	**I**	**72049**	**71317**	**64**	**20**	**12**	**5**
电信、广播电视和卫星传输服务	63	1423	1404	29	4		2
互联网和相关服务	64	9611	9575	3		1	
软件和信息技术服务业	65	61015	60338	32	16	11	3

单位：个

国有联营	集体联营	国有与集体联营	其他联营	有限责任公司	国有独资	其他有限责任公司	股份有限公司	私营	私营独资	私营合伙
1	6		1	1604	19	1585	314	50656	6757	355
1	3	1	3	2542	26	2516	503	75581	10318	574
2				1802	17	1785	382	49539	3758	240
				574	10	564	99	12304	1268	51
		2		432	12	420	94	6547	959	31
	3		2	1426	18	1408	328	31167	2520	137
		1		982	16	966	224	17594	1180	68
				464	4	460	100	8629	553	41
				252	2	250	37	5757	772	22
	1			76	4	72	17	1309	134	4
	1		1	224	3	221	30	4363	304	16
3	**2**	**4**	**10**	**1065**	**154**	**911**	**115**	**3205**	**204**	**21**
2	1	2		518	67	451	60	1792	19	2
				81	5	76	15	257	21	2
1	1	2	10	466	82	384	40	1156	164	17
3	**4**	**1**	**2**	**7580**	**235**	**7345**	**911**	**110360**	**1265**	**64**
1	3			1865	47	1818	262	20885	276	14
2				2035	146	1889	213	23007	357	23
		1	1	1254	13	1241	149	22618	246	12
	1		1	2426	29	2397	287	43850	386	15
22	**53**	**13**	**54**	**27846**	**340**	**27506**	**3369**	**563830**	**35233**	**1122**
11	34	9	24	16402	222	16180	1932	365795	15809	476
11	19	4	30	11444	118	11326	1437	198035	19424	646
1	**7**	**6**	**6**	**3877**	**200**	**3677**	**567**	**53013**	**1805**	**82**
				4	1	3	2			
	1	1	3	2372	83	2289	380	38868	1338	45
	3			260	19	241	36	1504	36	3
				35	8	27	6	84		
				4	2	2	1	8		
				549	35	514	59	6420	91	5
	3	5	1	565	50	515	65	5066	334	29
1			2	88	2	86	18	1063	6	
2			**5**	**2304**	**91**	**2213**	**217**	**22692**	**2068**	**198**
2			2	764	57	707	82	5185	853	72
			3	1540	34	1506	135	17507	1215	126
1	**1**		**3**	**6100**	**67**	**6033**	**698**	**64417**	**1009**	**448**
			2	199	19	180	66	1104	38	
				688	4	684	94	8789	236	69
1	1		1	5213	44	5169	538	54524	735	379

2-08 续表 2

行业大类	代码	企业法人单位数	内资				
				国有	集体	股份合作	联营
金融业	**J**	**6679**	**6305**	**184**	**12**	**5**	**1**
货币金融服务	66	1812	1646	71	4		1
资本市场服务	67	3049	3017	16	2	4	
保险业	68	1158	997	89		1	
其他金融业	69	660	645	8	6		
房地产业	**K**	**58568**	**57316**	**256**	**477**	**84**	**21**
房地产业	70	58568	57316	256	477	84	21
租赁和商务服务业	**L**	**173997**	**172968**	**604**	**994**	**82**	**50**
租赁业	71	13441	13388	11	24	7	
商务服务业	72	160556	159580	593	970	75	50
科学研究和技术服务业	**M**	**120183**	**118684**	**341**	**285**	**43**	**36**
研究和试验发展	73	32066	31412	26	20	8	4
专业技术服务业	74	55733	55302	243	148	22	15
科技推广和应用服务业	75	32384	31970	72	117	13	17
水利、环境和公共设施管理业	**N**	**7664**	**7593**	**104**	**74**	**1**	**3**
水利管理业	76	398	398	19	14		1
生态保护和环境治理业	77	1400	1356	7	9		
公共设施管理业	78	5564	5537	63	43	1	2
土地管理业	79	302	302	15	8		
居民服务、修理和其他服务业	**O**	**34853**	**34734**	**97**	**196**	**29**	**13**
居民服务业	80	12661	12615	61	109	7	7
机动车、电子产品和日用产品修理业	81	14506	14463	22	57	19	2
其他服务业	82	7686	7656	14	30	3	4
教育	**P**	**17396**	**17334**	**43**	**27**	**6**	**4**
教育	83	17396	17334	43	27	6	4
卫生和社会工作	**Q**	**4343**	**4317**	**23**	**38**	**5**	**8**
卫生	84	3373	3354	18	26	4	5
社会工作	85	970	963	5	12	1	3
文化、体育和娱乐业	**R**	**35999**	**35796**	**103**	**128**	**4**	**15**
新闻和出版业	86	217	215	16	2		
广播、电视、电影和录音制作业	87	3755	3731	31	62	2	5
文化艺术业	88	9836	9771	33	33		2
体育	89	3000	2967	8	2		1
娱乐业	90	19191	19112	15	29	2	7

单位：个

国有联营	集体联营	国有与集体联营	其他联营	有限责任公司	国有独资	其他有限责任公司	股份有限公司	私营	私营独资	私营合伙
		1		**941**	**93**	**848**	**1090**	**4070**	**51**	**1076**
		1		260	24	236	494	816	2	5
				415	32	383	32	2548	13	1018
				130	15	115	549	226	30	
				136	22	114	15	480	6	53
1	**10**	**3**	**7**	**7153**	**447**	**6706**	**627**	**48697**	**1085**	**214**
1	10	3	7	7153	447	6706	627	48697	1085	214
9	**13**	**13**	**15**	**14688**	**997**	**13691**	**1408**	**155130**	**4397**	**6114**
				839	15	824	80	12427	491	29
9	13	13	15	13849	982	12867	1328	142703	3906	6085
1	**13**	**8**	**14**	**9137**	**246**	**8891**	**1059**	**107771**	**1783**	**576**
	3		1	2262	45	2217	279	28813	286	146
1	4	6	4	4273	143	4130	472	50129	898	158
	6	2	9	2602	58	2544	308	28829	599	272
1	**1**	**1**		**1250**	**222**	**1028**	**123**	**6038**	**163**	**15**
		1		97	24	73	7	260	12	1
				154	11	143	20	1166	30	4
1	1			908	151	757	87	4433	117	9
				91	36	55	9	179	4	1
	7	**3**	**3**	**2053**	**26**	**2027**	**228**	**32114**	**2897**	**164**
	2	3	2	788	13	775	100	11540	1089	62
	1		1	774	7	767	81	13507	1471	79
	4			491	6	485	47	7067	337	23
			4	**1252**	**24**	**1228**	**144**	**15856**	**540**	**73**
			4	1252	24	1228	144	15856	540	73
	4	**2**	**2**	**371**	**5**	**366**	**52**	**3819**	**710**	**126**
	3		2	291	2	289	40	2969	664	119
	1	2		80	3	77	12	850	46	7
5	**3**	**1**	**6**	**2352**	**124**	**2228**	**262**	**32929**	**7803**	**419**
				87	24	63	7	103	3	
3			2	341	26	315	53	3236	642	15
1			1	630	44	586	70	9003	1906	100
	1			263	13	250	23	2670	99	11
1	2	1	3	1031	17	1014	109	17917	5153	293

2-08 续表 3

行业大类	代码	私营有限责任公司	私营股份有限公司	其他	港澳台商投资	与港澳台商合资经营	与港澳台商合作经营
总计		**1542866**	**15064**	**88**	**11436**	**3391**	**118**
农、林、牧、渔业	**A**	**1796**	**46**	**3**	**7**	**1**	
农业	01	7					
林业	02						
畜牧业	03	3					
渔业	04	2					
农、林、牧、渔专业及辅助性活动	05	1784	46	3	7	1	
采矿业	**B**	**233**	**3**		**3**		
煤炭开采和洗选业	06	10	1				
石油和天然气开采业	07	3					
黑色金属矿采选业	08	41			1		
有色金属矿采选业	09	6					
非金属矿采选业	10	142	1		2		
开采专业及辅助性活动	11	18	1				
其他采矿业	12	13					
制造业	**C**	**398460**	**5176**	**9**	**6680**	**2104**	**55**
农副食品加工业	13	5295	85	1	99	40	
食品制造业	14	3617	44		88	29	
酒、饮料和精制茶制造业	15	1125	37		24	7	
烟草制品业	16	4					
纺织业	17	33225	473	1	541	190	9
纺织服装、服饰业	18	20470	211		435	191	9
皮革、毛皮、羽毛及其制品和制鞋业	19	3264	33		93	33	1
木材加工和木、竹、藤、棕、草制品业	20	8226	132	1	51	18	1
家具制造业	21	8412	647		48	11	
造纸和纸制品业	22	7397	65		100	32	1
印刷和记录媒介复制业	23	7603	74		67	24	1
文教、工美、体育和娱乐用品制造业	24	11419	123		242	83	1
石油、煤炭及其他燃料加工业	25	559	12		9	3	
化学原料和化学制品制造业	26	6623	137		366	115	2
医药制造业	27	1615	52		104	41	1
化学纤维制造业	28	2058	19		37	18	
橡胶和塑料制品业	29	21701	282	1	420	108	2
非金属矿物制品业	30	18012	268	1	236	97	1
黑色金属冶炼和压延加工业	31	3231	29		79	44	2
有色金属冶炼和压延加工业	32	3626	47		75	22	1

单位：个

港澳台商独资	港澳台商投资股份有限公司	其他港澳台商投资	外商投资企业	中外合资经营	中外合作经营	外资企业	外商投资股份有限公司	其他外商投资
7601	**174**	**152**	**16309**	**4767**	**141**	**10810**	**250**	**341**
5		**1**	**8**	**5**		**3**		
5		1	8	5		3		
3			**1**	**1**				
1			1	1				
2								
4367	**101**	**53**	**11084**	**3142**	**92**	**7619**	**122**	**109**
58	1		152	78		71	3	
55	3	1	130	44	1	77	3	5
17			52	15		37		
334	4	4	505	182	9	303	4	7
225	5	5	637	283	16	323	5	10
55	2	2	118	37	1	78	1	1
32			59	17		40		2
37			95	27	1	62	1	4
66	1		107	30		76	1	
42			83	20	1	62		
153	2	3	326	114	1	201	4	6
6			15	8		7		
239	7	3	688	191	5	482	5	5
59	3		145	70	3	66	4	2
17	1	1	47	21		26		
299	7	4	681	148	6	515	5	7
131	4	3	314	115	3	187	8	1
33			82	40		41	1	
51	1		135	34		98	1	2

2-08 续表 4

行业大类	代码	私营有限责任公司	私营股份有限公司	其他	港澳台商投资	与港澳台商合资经营	与港澳台商合作经营
金属制品业	33	43126	418		452	158	2
通用设备制造业	34	64114	575		654	166	4
专用设备制造业	35	45121	420	2	617	176	5
汽车制造业	36	10866	119		227	60	2
铁路、船舶、航空航天和其他运输设备制造业	37	5489	68	1	117	36	
电气机械和器材制造业	38	28133	377	1	530	177	5
计算机、通信和其他电子设备制造业	39	16117	229		780	168	5
仪器仪表制造业	40	7930	105		109	32	
其他制造业	41	4917	46		51	15	
废弃资源综合利用业	42	1148	23		18	7	
金属制品、机械和设备修理业	43	4017	26		11	3	
电力、热力、燃气及水生产和供应业	**D**	**2934**	**46**		**156**	**67**	**7**
电力、热力生产和供应业	44	1746	25		91	32	5
燃气生产和供应业	45	230	4		42	23	
水的生产和供应业	46	958	17		23	12	2
建筑业	**E**	**108025**	**1006**	**3**	**139**	**56**	**3**
房屋建筑业	47	20343	252		29	10	
土木工程建筑业	48	22397	230	2	47	22	2
建筑安装业	49	22188	172	1	35	16	
建筑装饰、装修和其他建筑业	50	43097	352		28	8	1
批发和零售业	**F**	**523618**	**3857**	**29**	**1440**	**252**	**8**
批发业	51	347137	2373	18	1121	181	6
零售业	52	176481	1484	11	319	71	2
交通运输、仓储和邮政业	**G**	**50688**	**438**	**3**	**235**	**67**	**5**
铁路运输业	53						
道路运输业	54	37206	279	3	39	9	4
水上运输业	55	1434	31		13	12	
航空运输业	56	84					
管道运输业	57	8					
多式联运和运输代理业	58	6257	67		35	12	
装卸搬运和仓储业	59	4658	45		146	34	1
邮政业	60	1041	16		2		
住宿和餐饮业	**H**	**20199**	**227**	**3**	**172**	**50**	**3**
住宿业	61	4199	61	1	60	20	
餐饮业	62	16000	166	2	112	30	3
信息传输、软件和信息技术服务业	**I**	**62376**	**584**	**1**	**288**	**54**	**3**
电信、广播电视和卫星传输服务	63	1054	12		14		
互联网和相关服务	64	8390	94		17	1	
软件和信息技术服务业	65	52932	478	1	257	53	3

单位：个

港澳台商独资	港澳台商投资股份有限公司	其他港澳台商投资	外商投资企业	中外合资经营	中外合作经营	外资企业	外商投资股份有限公司	其他外商投资
280	5	7	705	191	5	497	6	6
467	14	3	1402	345	9	1017	20	11
421	10	5	1120	301	8	791	7	13
161	3	1	811	178	4	620	6	3
79	1	1	212	77	2	129	2	2
335	9	4	835	260	10	546	12	7
583	18	6	1179	212	4	935	13	15
77			300	64	1	230	5	
36			88	26	2	58	2	
11			24	9		15		
8			37	5		29	3	
79	**1**	**2**	**123**	**67**	**7**	**41**	**5**	**3**
51	1	2	46	25	4	13	1	3
19			34	19	1	11	3	
9			43	23	2	17	1	
74	**4**	**2**	**127**	**43**	**1**	**76**		**7**
17	1	1	21	5		10		6
23			29	18		11		
16	3		56	13	1	42		
18		1	21	7		13		1
1127	**25**	**28**	**1874**	**371**	**7**	**1378**	**39**	**79**
892	18	24	1561	289	6	1188	28	50
235	7	4	313	82	1	190	11	29
155	**6**	**2**	**165**	**68**	**1**	**93**	**2**	**1**
25	1		34	15	1	17	1	
	1		8	8				
			2	1		1		
			3	3				
20	2	1	22	9		13		
108	2	1	95	32		61	1	1
2			1			1		
113	**5**	**1**	**164**	**39**	**2**	**107**	**6**	**10**
37	2	1	42	15	1	25	1	
76	3		122	24	1	82	5	10
214	**10**	**7**	**444**	**150**	**3**	**262**	**13**	**16**
8	4	2	5	2		2	1	
15	1		19	11		7		1
191	5	5	420	137	3	253	12	15

2-08 续表 5

行业大类	代码						
		私营有限责任公司	私营股份有限公司	其他	港澳台商投资	与港澳台商合资经营	与港澳台商合作经营
金融业	**J**	**2881**	**62**	**2**	**155**	**72**	**5**
货币金融服务	66	769	40		113	60	2
资本市场服务	67	1502	15		17	5	3
保险业	68	192	4	2	17	4	
其他金融业	69	418	3		8	3	
房地产业	**K**	**46935**	**463**	**1**	**832**	**273**	**16**
房地产业	70	46935	463	1	832	273	16
租赁和商务服务业	**L**	**143253**	**1366**	**12**	**526**	**130**	**6**
租赁业	71	11750	157		33	18	
商务服务业	72	131503	1209	12	493	112	6
科学研究和技术服务业	**M**	**104398**	**1014**	**12**	**550**	**159**	**3**
研究和试验发展	73	28117	264		239	75	2
专业技术服务业	74	48621	452		146	41	1
科技推广和应用服务业	75	27660	298	12	165	43	
水利、环境和公共设施管理业	**N**	**5780**	**80**		**48**	**20**	**1**
水利管理业	76	244	3				
生态保护和环境治理业	77	1111	21		27	11	1
公共设施管理业	78	4252	55		21	9	
土地管理业	79	173	1				
居民服务、修理和其他服务业	**O**	**28787**	**266**	**4**	**53**	**13**	**1**
居民服务业	80	10289	100	3	20	5	1
机动车、电子产品和日用产品修理业	81	11851	106	1	17	4	
其他服务业	82	6647	60		16	4	
教育	**P**	**15094**	**149**	**2**	**22**	**4**	
教育	83	15094	149	2	22	4	
卫生和社会工作	**Q**	**2932**	**51**	**1**	**11**	**7**	
卫生	84	2146	40	1	8	6	
社会工作	85	786	11		3	1	
文化、体育和娱乐业	**R**	**24477**	**230**	**3**	**119**	**62**	**2**
新闻和出版业	86	98	2				
广播、电视、电影和录音制作业	87	2539	40	1	18	9	
文化艺术业	88	6929	68		45	33	
体育	89	2531	29		16	6	2
娱乐业	90	12380	91	2	40	14	

单位：个

港澳台商独资	港澳台商投资股份有限公司	其他港澳台商投资	外商投资企业	中外合资经营	中外合作经营	外资企业	外商投资股份有限公司	其他外商投资
63		**15**	**219**	**128**	**1**	**59**	**25**	**6**
51			53	19		32		2
8		1	15	5	1	5	1	3
		13	144	99		21	24	
4		1	7	5		1		1
526	**12**	**5**	**420**	**157**	**9**	**239**	**5**	**10**
526	12	5	420	157	9	239	5	10
361	**7**	**22**	**503**	**109**	**4**	**316**	**13**	**61**
14		1	20	7		11		2
347	7	21	483	102	4	305	13	59
377	**3**	**8**	**949**	**400**	**5**	**497**	**18**	**29**
158	3	1	415	189	1	204	5	16
100		4	285	91	3	177	9	5
119		3	249	120	1	116	4	8
27			**23**	**10**		**12**		**1**
15			17	9		8		
12			6	1		4		1
38		**1**	**66**	**11**	**1**	**49**	**2**	**3**
13		1	26	7	1	13	2	3
13			26	3		23		
12			14	1		13		
16		**2**	**40**	**17**	**3**	**18**		**2**
16		2	40	17	3	18		2
4			**15**	**3**	**3**	**8**		**1**
2			11	3	3	4		1
2			4			4		
52		**3**	**84**	**46**	**2**	**33**		**3**
			2	2				
8		1	6	6				
11		1	20	14		5		1
7		1	17	8	1	7		1
26			39	16	1	21		1

2-09 按行业（大类）、登记注册类型

行业大类	代码	企业从业人员数					
			内资				
				国有	集体	股份合作	联营
总计		**34578766**	**30524874**	**247864**	**142432**	**24615**	**5200**
农、林、牧、渔业	**A**	**26917**	**26728**	**1824**	**213**	**25**	**75**
农业	01						
林业	02						
畜牧业	03						
渔业	04						
农、林、牧、渔专业及辅助性活动	05	26917	26728	1824	213	25	75
采矿业	**B**	**69556**	**69466**	**597**	**78**		
煤炭开采和洗选业	06	47573	47573	72			
石油和天然气开采业	07	7876	7876				
黑色金属矿采选业	08	3884	3880	17			
有色金属矿采选业	09	960	960	23			
非金属矿采选业	10	9059	8973	463	78		
开采专业及辅助性活动	11	98	98	22			
其他采矿业	12	106	106				
制造业	**C**	**14355647**	**10837945**	**13897**	**29669**	**14366**	**1666**
农副食品加工业	13	210668	177916	978	330	184	
食品制造业	14	128285	98377	416	117	45	
酒、饮料和精制茶制造业	15	84225	72206	93	193	2	9
烟草制品业	16	6631	6631	745			
纺织业	17	1101373	958679	384	2185	1428	12
纺织服装、服饰业	18	929760	752812	166	1289	92	
皮革、毛皮、羽毛及其制品和制鞋业	19	144973	115386		372	78	38
木材加工和木、竹、藤、棕、草制品业	20	228988	219083	110	870	84	25
家具制造业	21	159284	141970	35	56	31	
造纸和纸制品业	22	168043	132078	120	353	862	
印刷和记录媒介复制业	23	200240	175481	1074	1899	1370	85
文教、工美、体育和娱乐用品制造业	24	391659	304829	244	1014	224	1
石油、煤炭及其他燃料加工业	25	33364	28899		22	4	
化学原料和化学制品制造业	26	519055	395386	807	1432	1391	168
医药制造业	27	231035	161201	162	37	157	90
化学纤维制造业	28	167224	150973		241	2	
橡胶和塑料制品业	29	645105	492046	195	1924	678	9
非金属矿物制品业	30	527868	473432	153	2291	931	130
黑色金属冶炼和压延加工业	31	273269	234870	14	994	118	
有色金属冶炼和压延加工业	32	167049	142165		592	113	3

分组的企业法人单位从业人员数

单位：人

国有联营	集体联营	国有与集体联营	其他联营	有限责任公司			股份有限公司	私营	
					国有独资	其他有限责任公司			私营独资
900	**1996**	**766**	**1538**	**5428773**	**581110**	**4847663**	**1382265**	**23291232**	**1018422**
	27	**33**	**15**	**3326**	**389**	**2937**	**451**	**20814**	**4420**
	27	33	15	3326	389	2937	451	20814	4420
				60293	**27112**	**33181**	**4225**	**4273**	**587**
				47297	25042	22255		204	50
				6499		6499	1357	20	
				2540		2540		1323	
				908		908		29	
				3018	2070	948	2868	2546	527
				3		3		73	4
				28		28		78	6
338	**786**	**93**	**449**	**1312795**	**111494**	**1201301**	**566118**	**8899134**	**673455**
				21824	284	21540	3519	151016	12808
				17746	1504	16242	3975	76078	4333
	9			8931	142	8789	40237	22741	2669
				5833	2440	3393		53	
	4		8	86118	1377	84741	28476	840042	68722
				82431	7721	74710	12634	656200	61069
	38			10688	401	10287	340	103870	11669
	5		20	9517	19	9498	2232	206177	56208
				10329		10329	2127	129392	7868
				11437	1879	9558	888	118418	12081
56	21	8		17881	1066	16815	3516	149656	17350
			1	23558	476	23082	4314	275474	36744
				6891	983	5908	4576	17406	466
167			1	100567	12442	88125	38221	252800	9824
13			77	52712	409	52303	20872	87171	1615
				32371	179	32192	16326	102033	2373
	6		3	30199	503	29696	17642	441391	41344
	92	2	36	44726	2170	42556	24631	400552	32102
				34546	860	33686	12865	186333	5101
	3			23449	514	22935	7259	110749	6635

2-09 续表 1

行业大类	代码	企业从业人员数	内资	国有	集体	股份合作	联营
金属制品业	33	1012730	878168	434	2427	1052	114
通用设备制造业	34	1498108	1224045	342	2653	1851	136
专用设备制造业	35	1075201	881395	806	1233	840	2
汽车制造业	36	663996	414646	2534	602	388	
铁路、船舶、航空航天和其他运输设备制造业	37	325111	254368	2991	941	381	80
电气机械和器材制造业	38	1272003	974210	626	3842	725	287
计算机、通信和其他电子设备制造业	39	1779625	624830	58	942	722	
仪器仪表制造业	40	257091	210812	284	413	514	
其他制造业	41	88174	78424	89	334	20	
废弃资源综合利用业	42	21619	19713	3	17		280
金属制品、机械和设备修理业	43	43891	42914	34	54	79	197
电力、热力、燃气及水生产和供应业	**D**	**196682**	**166370**	**7078**	**3254**	**69**	**105**
电力、热力生产和供应业	44	116082	103504	1365	193	7	47
燃气生产和供应业	45	20957	8716	22	3	8	
水的生产和供应业	46	59643	54150	5691	3058	54	58
建筑业	**E**	**8802798**	**8786151**	**58694**	**33764**	**3374**	**538**
房屋建筑业	47	6239731	6236422	24493	18129	2060	334
土木工程建筑业	48	1126460	1121923	31096	8090	364	82
建筑安装业	49	667427	662755	1110	1806	355	112
建筑装饰、装修和其他建筑业	50	769180	765051	1995	5739	595	10
批发和零售业	**F**	**3695667**	**3506787**	**25326**	**17490**	**1944**	**888**
批发业	51	2360286	2278172	20545	8660	1212	535
零售业	52	1335381	1228615	4781	8830	732	353
交通运输、仓储和邮政业	**G**	**1014134**	**985558**	**51983**	**12690**	**1123**	**179**
铁路运输业	53						
道路运输业	54	636299	632306	17201	5343	153	35
水上运输业	55	95475	90178	603	3391	893	2
航空运输业	56	16045	16036	445			
管道运输业	57	7880	7352				
多式联运和运输代理业	58	70798	64567	278	290		
装卸搬运和仓储业	59	114110	101776	4478	3648	61	132
邮政业	60	73527	73343	28978	18	16	10
住宿和餐饮业	**H**	**480074**	**405654**	**11353**	**2144**	**42**	**257**
住宿业	61	149468	138648	8423	1342	29	227
餐饮业	62	330606	267006	2930	802	13	30
信息传输、软件和信息技术服务业	**I**	**850728**	**773994**	**4194**	**101**	**27**	**21**
电信、广播电视和卫星传输服务	63	134065	100441	2497	51		12
互联网和相关服务	64	158398	154649	60		3	
软件和信息技术服务业	65	558265	518904	1637	50	24	9

单位：人

国有联营	集体联营	国有与集体联营	其他联营	有限责任公司	国有独资	其他有限责任公司	股份有限公司	私营	私营独资
41	57		16	61695	3675	58020	20572	791874	68606
59	56	3	18	102626	3057	99569	63744	1052693	97098
2				86447	25071	61376	37073	754994	33522
				77361	7445	69916	22235	311526	15557
		80		63546	15683	47863	9868	176454	9638
	19		268	128374	13065	115309	88427	751929	27434
				122462	7546	114916	58815	441831	13226
				28923	395	28528	19323	161355	4956
				3461	59	3402	400	74120	9633
	280			2303	64	2239	795	16315	883
	196		1	3843	65	3778	216	38491	1921
40	**10**	**52**	**3**	**108584**	**58091**	**50493**	**7018**	**40262**	**1385**
32	5	10		76712	46583	30129	3815	21365	90
				4426	660	3766	919	3338	102
8	5	42	3	27446	10848	16598	2284	15559	1193
105	**315**	**12**	**106**	**2006233**	**151162**	**1855071**	**464001**	**6219475**	**10149**
23	311			1545041	75221	1469820	396832	4249533	2659
82				254012	69815	184197	28248	800027	2597
		12	100	118695	4093	114602	11235	529374	2101
	4		6	88485	2033	86452	27686	640541	2792
126	**404**	**47**	**311**	**413167**	**12510**	**400657**	**77758**	**2969148**	**180162**
71	272	42	150	227081	9218	217863	44017	1975203	98086
55	132	5	161	186086	3292	182794	33741	993945	82076
10	**33**	**67**	**69**	**306498**	**71337**	**235161**	**53004**	**559900**	**12909**
	15	3	17	208862	52966	155896	23521	377010	8726
	2			38589	12365	26224	8605	38095	362
				9732	2075	7657	5062	797	
				426	308	118	6830	96	
				12745	1105	11640	2695	48559	522
	16	64	52	24291	2379	21912	5951	63215	3253
10				11853	139	11714	340	32128	46
85			**172**	**99949**	**10138**	**89811**	**11155**	**280683**	**20123**
85			142	47352	7678	39674	6438	74822	5557
			30	52597	2460	50137	4717	205861	14566
2	**6**		**13**	**193681**	**18263**	**175418**	**88685**	**487280**	**5706**
			12	32373	15600	16773	52255	13253	158
				55896	22	55874	10187	88503	1031
2	6		1	105412	2641	102771	26243	385524	4517

2-09 续表2

行业大类	代码	企业从业人员数	内资	国有	集体	股份合作	联营
金融业	**J**	**27271**	**22202**	**392**	**136**	**21**	**5**
货币金融服务	66	12443	9091	121	26		5
资本市场服务	67	7732	7689	22	40	21	
保险业	68	522	522	4			
其他金融业	69	6574	4900	245	70		
房地产业	**K**	**992856**	**958736**	**6308**	**5683**	**444**	**128**
房地产业	70	992856	958736	6308	5683	444	128
租赁和商务服务业	**L**	**2069590**	**2045286**	**44493**	**24582**	**2240**	**556**
租赁业	71	92594	88546	109	405	27	
商务服务业	72	1976996	1956740	44384	24177	2213	556
科学研究和技术服务业	**M**	**1039282**	**1005065**	**10445**	**4385**	**553**	**305**
研究和试验发展	73	223875	210530	852	149	36	37
专业技术服务业	74	629239	613596	8893	3166	425	234
科技推广和应用服务业	75	186168	180939	700	1070	92	34
水利、环境和公共设施管理业	**N**	**180527**	**178370**	**4462**	**3232**	**2**	**103**
水利管理业	76	4264	4264	258	148		48
生态保护和环境治理业	77	16905	15475	244	233		
公共设施管理业	78	154122	153395	3682	2623	2	55
土地管理业	79	5236	5236	278	228		
居民服务、修理和其他服务业	**O**	**295159**	**288035**	**1342**	**3727**	**133**	**174**
居民服务业	80	90352	89337	956	2941	38	127
机动车、电子产品和日用产品修理业	81	93146	88109	287	557	89	32
其他服务业	82	111661	110589	99	229	6	15
教育	**P**	**127986**	**126938**	**2201**	**525**	**18**	**47**
教育	83	127986	126938	2201	525	18	47
卫生和社会工作	**Q**	**114075**	**107318**	**824**	**199**	**212**	**85**
卫生	84	102157	95524	754	103	212	43
社会工作	85	11918	11794	70	96		42
文化、体育和娱乐业	**R**	**239817**	**234271**	**2451**	**560**	**22**	**68**
新闻和出版业	86	9730	9639	523	20		
广播、电视、电影和录音制作业	87	40246	39664	643	174	11	35
文化艺术业	88	60096	59357	650	241		10
体育	89	24748	22902	320	2		2
娱乐业	90	104997	102709	315	123	11	21

单位：人

				有限责任公司			股份有限公司	私营	
国有联营	集体联营	国有与集体联营	其他联营		国有独资	其他有限责任公司			私营独资
		5		**4356**	**497**	**3859**	**789**	**16503**	**347**
		5		1933	114	1819	395	6611	4
				1019	209	810	234	6353	9
				65	2	63		453	186
				1339	172	1167	160	3086	148
12	**46**	**39**	**31**	**242648**	**20726**	**221922**	**30437**	**673088**	**3406**
12	46	39	31	242648	20726	221922	30437	673088	3406
140	**184**	**84**	**148**	**346703**	**47590**	**299113**	**29486**	**1596834**	**24862**
				9063	1110	7953	1000	77942	2495
140	184	84	148	337640	46480	291160	28486	1518892	22367
	58	**176**	**71**	**152835**	**19821**	**133014**	**31270**	**805088**	**10415**
	32		5	29136	4690	24446	3157	177163	1302
	23	176	35	101025	12586	88439	24447	475406	5983
	3		31	22674	2545	20129	3666	152519	3130
3	**52**	**48**		**64729**	**15399**	**49330**	**5041**	**100801**	**1503**
		48		1636	238	1398	56	2118	101
				3008	232	2776	465	11525	192
3	52			57068	13226	43842	4446	85519	1162
				3017	1703	1314	74	1639	48
	54	**67**	**53**	**28870**	**2810**	**26060**	**2021**	**251690**	**16924**
	12	67	48	9966	1540	8426	825	74458	6766
	27		5	6416	142	6274	624	80052	7936
	15			12488	1128	11360	572	97180	2222
			47	**13909**	**707**	**13202**	**3036**	**107130**	**5038**
			47	13909	707	13202	3036	107130	5038
	13	**37**	**35**	**26060**	**1336**	**24724**	**2655**	**77281**	**7152**
	8		35	23846	1006	22840	2116	68448	6953
	5	37		2214	330	1884	539	8833	199
39	**8**	**6**	**15**	**44137**	**11728**	**32409**	**5115**	**181848**	**39879**
				6983	3673	3310	1016	1097	38
35				10595	2481	8114	1073	27133	4183
			10	9171	3771	5400	588	48697	16165
	2			5059	806	4253	187	17332	449
4	6	6	5	12329	997	11332	2251	87589	19044

2-09 续表3

行业大类	代码	私营合伙	私营有限责任公司	私营股份有限公司	其他	港澳台商投资	与港澳台商合资经营
总计		**86344**	**21545507**	**640959**	**2493**	**1517898**	**379813**
农、林、牧、渔业	**A**	**226**	**15689**	**479**		**74**	**15**
农业	01						
林业	02						
畜牧业	03						
渔业	04						
农、林、牧、渔专业及辅助性活动	05	226	15689	479		74	15
采矿业	**B**	**1**	**3650**	**35**		**90**	
煤炭开采和洗选业	06		127	27			
石油和天然气开采业	07		20				
黑色金属矿采选业	08		1323			4	
有色金属矿采选业	09		29				
非金属矿采选业	10	1	2013	5		86	
开采专业及辅助性活动	11		66	3			
其他采矿业	12		72				
制造业	**C**	**41558**	**7886934**	**297187**	**300**	**1269671**	**319274**
农副食品加工业	13	892	133137	4179	65	8674	2755
食品制造业	14	171	70097	1477		11872	6090
酒、饮料和精制茶制造业	15	234	19196	642		2392	527
烟草制品业	16		53				
纺织业	17	4655	755176	11489	34	83794	33977
纺织服装、服饰业	18	2575	583134	9422		74357	38672
皮革、毛皮、羽毛及其制品和制鞋业	19	599	89894	1708		14424	4849
木材加工和木、竹、藤、棕、草制品业	20	1794	145848	2327	68	2533	645
家具制造业	21	142	116608	4774		5850	1436
造纸和纸制品业	22	1342	102834	2161		10983	2829
印刷和记录媒介复制业	23	1193	129573	1540		12095	4313
文教、工美、体育和娱乐用品制造业	24	1692	228369	8669		30585	11371
石油、煤炭及其他燃料加工业	25	6	16117	817		1647	152
化学原料和化学制品制造业	26	607	219833	22536		45946	14127
医药制造业	27	154	78828	6574		31943	11034
化学纤维制造业	28	147	94788	4725		9026	4421
橡胶和塑料制品业	29	3133	385281	11633	8	59190	13696
非金属矿物制品业	30	2575	355494	10381	18	23126	9127
黑色金属冶炼和压延加工业	31	284	177690	3258		24539	16153
有色金属冶炼和压延加工业	32	203	98464	5447		7421	2501

单位：人

与港澳台商合作经营	港澳台商独资	港澳台商投资股份有限公司	其他港澳台商投资	外商投资企业	中外合资经营	中外合作经营	外资企业	外商投资股份有限公司	其他外商投资
11400	**1083433**	**37238**	**6014**	**2535994**	**653833**	**15086**	**1805758**	**52090**	**9227**
	39		**20**	**115**	**81**		**34**		
	39		20	115	81		34		
	90								
	4								
	86								
8464	**907511**	**30930**	**3492**	**2248031**	**513622**	**12505**	**1667158**	**48678**	**6068**
	5658	261		24078	7653		16103	322	
	4649	1122	11	18036	5467	157	11853	344	215
	1865			9627	3111		6516		
1640	47260	318	599	58900	18955	846	38917	64	118
1349	32885	389	1062	102591	45976	2586	53060	33	936
200	9059	96	220	15163	3608	321	11080	147	7
8	1880			7372	1661		5675		36
	4414			11464	1377	16	9426	598	47
2763	5339	52		24982	4590		17332	3060	
	7782			12664	1766	297	10601		
3	18890	2	319	56245	20234	21	34529	1422	39
	1495			2818	2399		419		
17	29604	2129	69	77723	25589	474	50625	747	288
58	18280	2571		37891	8319	831	18181	10536	24
	4363	239	3	7225	3112		4113		
12	44921	403	158	93869	17767	356	74511	948	287
28	12951	1005	15	31310	9511	103	21164	503	29
38	8348			13860	9838		3879	143	
186	4125	609		17463	6828		10487	4	144

2-09 续表 4

行业大类	代码						
		私营合伙	私营有限责任公司	私营股份有限公司	其他	港澳台商投资	与港澳台商合资经营
金属制品业	33	5022	698033	20213		50877	17830
通用设备制造业	34	7282	922663	25650		83296	17035
专用设备制造业	35	2421	690996	28055		62312	18340
汽车制造业	36	604	282770	12595		37473	8085
铁路、船舶、航空航天和其他运输设备制造业	37	634	162919	3263	107	21416	11528
电气机械和器材制造业	38	1668	681451	41376		92297	32250
计算机、通信和其他电子设备制造业	39	618	392694	35293		446214	28550
仪器仪表制造业	40	678	142622	13099		11047	4359
其他制造业	41	159	60962	3366		2846	1769
废弃资源综合利用业	42	18	15228	186		975	468
金属制品、机械和设备修理业	43	56	36182	332		521	385
电力、热力、燃气及水生产和供应业	**D**	**172**	**37975**	**730**		**16599**	**11324**
电力、热力生产和供应业	44	4	20799	472		7947	5221
燃气生产和供应业	45	6	3216	14		6549	4798
水的生产和供应业	46	162	13960	244		2103	1305
建筑业	**E**	**403**	**5999762**	**209161**	**72**	**6564**	**2869**
房屋建筑业	47	136	4081475	165263		1892	1165
土木工程建筑业	48	105	777616	19709	4	2093	703
建筑安装业	49	78	520608	6587	68	1023	506
建筑装饰、装修和其他建筑业	50	84	620063	17602		1556	495
批发和零售业	**F**	**5862**	**2747284**	**35840**	**1066**	**97147**	**9618**
批发业	51	2886	1854587	19644	919	30341	3418
零售业	52	2976	892697	16196	147	66806	6200
交通运输、仓储和邮政业	**G**	**1174**	**535526**	**10291**	**181**	**17164**	**7156**
铁路运输业	53						
道路运输业	54	814	360632	6838	181	1868	764
水上运输业	55	16	36765	952		3770	3351
航空运输业	56		797				
管道运输业	57		96				
多式联运和运输代理业	58	46	46606	1385		5368	808
装卸搬运和仓储业	59	298	59057	607		5976	2233
邮政业	60		31573	509		182	
住宿和餐饮业	**H**	**2176**	**253378**	**5006**	**71**	**30126**	**7149**
住宿业	61	543	66654	2068	15	6189	2746
餐饮业	62	1633	186724	2938	56	23937	4403
信息传输、软件和信息技术服务业	**I**	**1324**	**454485**	**25765**	**5**	**27702**	**2328**
电信、广播电视和卫星传输服务	63		12482	613		11161	
互联网和相关服务	64	189	82631	4652		3418	11
软件和信息技术服务业	65	1135	359372	20500	5	13123	2317

单位：人

与港澳台商合作经营	港澳台商独资	港澳台商投资股份有限公司	其他港澳台商投资	外商投资企业	中外合资经营	中外合作经营	外资企业	外商投资股份有限公司	其他外商投资
530	31390	980	147	83685	29011	406	52811	1132	325
69	61923	3995	274	190767	34338	1283	151287	3245	614
195	42020	1375	382	131494	35532	369	93945	1313	335
287	26997	2058	46	211877	67865	2034	139511	2402	65
	9387	498	3	49327	23281	1101	22179	2375	391
91	54016	5901	39	205496	47047	718	152618	4696	417
990	409602	6927	145	708581	70112	261	622496	13961	1751
	6688			35232	6503	33	28037	659	
	1077			6904	1535	292	5075	2	
	507			931	440		491		
	136			456	197		237	22	
731	**4519**	**25**		**13713**	**9354**	**1314**	**2233**	**750**	**62**
493	2208	25		4631	2149	1061	694	665	62
	1751			5692	4693	31	913	55	
238	560			3390	2512	222	626	30	
664	**2727**	**281**	**23**	**10083**	**4002**	**70**	**5969**		**42**
	570	140	17	1417	343		1050		24
492	898			2444	1938		506		
	376	141		3649	1332	70	2247		
172	883		6	2573	389		2166		18
70	**86120**	**615**	**724**	**91733**	**26081**	**104**	**63066**	**806**	**1676**
62	25639	523	699	51773	4391	101	45546	199	1536
8	60481	92	25	39960	21690	3	17520	607	140
411	**7329**	**2239**	**29**	**11412**	**6226**		**5161**	**16**	**9**
377	711	16		2125	1277		842	6	
		419		1527	1527				
				9	1		8		
				528	528				
	4130	401	29	863	167		696		
34	2306	1403		6358	2726		3613	10	9
	182			2			2		
160	**22410**	**335**	**72**	**44294**	**29378**	**11**	**14396**	**370**	**139**
	3125	246	72	4631	1053	10	3274	294	
160	19285	89		39663	28325	1	11122	76	139
29	**22408**	**1752**	**1185**	**49032**	**38533**	**10**	**9923**	**449**	**117**
	8596	1496	1069	22463	22434			29	
	3301	106		331	271		57		3
29	10511	150	116	26238	15828	10	9866	420	114

2-09 续表 5

行业大类	代码	私营合伙	私营有限责任公司	私营股份有限公司	其他	港澳台商投资	与港澳台商合资经营
金融业	**J**	**2236**	**13485**	**435**		**3781**	**617**
货币金融服务	66	24	6227	356		2114	599
资本市场服务	67	1840	4462	42		26	5
保险业	68		267				
其他金融业	69	372	2529	37		1641	13
房地产业	**K**	**663**	**658216**	**10803**		**20072**	**7447**
房地产业	70	663	658216	10803		20072	7447
租赁和商务服务业	**L**	**20712**	**1535772**	**15488**	**392**	**10070**	**3135**
租赁业	71	134	73890	1423		864	324
商务服务业	72	20578	1461882	14065	392	9206	2811
科学研究和技术服务业	**M**	**3149**	**771822**	**19702**	**184**	**9069**	**3953**
研究和试验发展	73	558	171935	3368		4429	1669
专业技术服务业	74	771	454771	13881		3541	1969
科技推广和应用服务业	75	1820	145116	2453	184	1099	315
水利、环境和公共设施管理业	**N**	**70**	**97624**	**1604**		**1594**	**770**
水利管理业	76	6	2006	5			
生态保护和环境治理业	77	19	10823	491		1122	507
公共设施管理业	78	28	83231	1098		472	263
土地管理业	79	17	1564	10			
居民服务、修理和其他服务业	**O**	**1017**	**231008**	**2741**	**78**	**2029**	**124**
居民服务业	80	449	65845	1398	26	399	45
机动车、电子产品和日用产品修理业	81	488	70674	954	52	858	35
其他服务业	82	80	94489	389		772	44
教育	**P**	**903**	**100049**	**1140**	**72**	**228**	**23**
教育	83	903	100049	1140	72	228	23
卫生和社会工作	**Q**	**2649**	**65437**	**2043**	**2**	**2558**	**2517**
卫生	84	2607	56944	1944	2	2548	2516
社会工作	85	42	8493	99		10	1
文化、体育和娱乐业	**R**	**2049**	**137411**	**2509**	**70**	**3360**	**1494**
新闻和出版业	86		1057	2			
广播、电视、电影和录音制作业	87	144	21536	1270		474	121
文化艺术业	88	578	31639	315		486	417
体育	89	50	16674	159		824	289
娱乐业	90	1277	66505	763	70	1576	667

单位：人

与港澳台商合作经营	港澳台商独资	港澳台商投资股份有限公司	其他港澳台商投资	外商投资企业	中外合资经营	中外合作经营	外资企业	外商投资股份有限公司	其他外商投资
7	**3138**		**19**	**1288**	**328**	**1**	**944**	**7**	**8**
4	1511			1238	295		941		2
3	6		12	17	3	1	2	7	4
	1621		7	33	30		1		2
269	**11824**	**200**	**332**	**14048**	**7510**	**102**	**6246**	**66**	**124**
269	11824	200	332	14048	7510	102	6246	66	124
79	**6763**	**42**	**51**	**14234**	**6102**	**12**	**7205**	**136**	**779**
	540			3184	985		1956		243
79	6223	42	51	11050	5117	12	5249	136	536
43	**4217**	**819**	**37**	**25148**	**9795**	**331**	**14113**	**758**	**151**
41	1895	819	5	8916	4691	28	3839	270	88
2	1540		30	12102	3647	294	7674	478	9
	782		2	4130	1457	9	2600	10	54
32	**792**			**563**	**322**		**237**		**4**
32	583			308	170		138		
	209			255	152		99		4
3	**1898**		**4**	**5095**	**435**	**32**	**4542**	**54**	**32**
3	347		4	616	326	32	172	54	32
	823			4179	105		4074		
	728			300	4		296		
	188		**17**	**820**	**299**	**150**	**366**		**5**
	188		17	820	299	150	366		5
	41			**4199**	**945**	**171**	**3080**		**3**
	32			4085	945	171	2966		3
	9			114			114		
438	**1419**		**9**	**2186**	**820**	**273**	**1085**		**8**
				91	91				
	351		2	108	108				
	69			253	242		9		2
438	90		7	1022	267	155	598		2
	909			712	112	118	478		4

2-10 按地区、控股情况分组的企业法人单位数

单位：个

地区	企业法人单位数	国有控股	集体控股	私人控股	港澳台商控股	外商控股	其他
总计	**1859211**	**14468**	**10614**	**1773139**	**10261**	**12579**	**38150**
南京市	**175925**	**3323**	**1292**	**162704**	**938**	**924**	**6744**
玄武区	12835	420	145	11571	41	24	634
秦淮区	19934	462	154	18400	84	58	776
建邺区	10322	236	35	9592	76	53	330
鼓楼区	26086	727	197	23712	103	72	1275
浦口区	28202	317	156	26201	197	108	1223
栖霞区	12280	263	112	11201	62	142	500
雨花台区	9560	171	75	8813	55	31	415
江宁区	21637	386	181	19875	164	261	770
六合区	16183	180	98	15415	68	96	326
溧水区	10517	79	60	10056	55	52	215
高淳区	8369	82	79	7868	33	27	280
无锡市	**234438**	**1273**	**1332**	**224822**	**1157**	**1363**	**4491**
锡山区	18972	88	81	18302	190	207	104
惠山区	26952	98	138	25936	159	122	499
滨湖区	26285	318	209	25098	86	92	482
梁溪区	47495	261	243	45846	97	59	989
新吴区	24812	159	112	22820	225	567	929
江阴市	53053	180	366	51330	237	190	750
宜兴市	36869	169	183	35490	163	126	738
徐州市	**128655**	**877**	**666**	**124807**	**272**	**125**	**1908**
鼓楼区	11421	62	55	11055	9	8	232
云龙区	12561	121	35	12204	12	7	182
贾汪区	4984	40	50	4730	9	4	151
泉山区	16090	154	82	15418	59	10	367
铜山区	16506	85	91	16069	20	12	229
丰县	6824	42	49	6590	10	6	127
沛县	9417	88	80	9208	14	6	21
睢宁县	12365	81	82	12104	31	8	59
徐州经济技术开发区	5177	79	28	4721	49	36	264
新沂市	16176	54	67	15796	17	9	233
邳州市	17134	71	47	16912	42	19	43
常州市	**148016**	**713**	**473**	**143594**	**667**	**836**	**1733**
天宁区	21458	122	75	21057	76	60	68
钟楼区	18920	153	64	18517	71	71	44
新北区	38714	172	52	37739	174	356	221
武进区	46149	141	148	45107	226	240	287

2-10　续表 1　　单位：个

地　区	企业法人单位数	国有控股	集体控股	私人控股	港澳台商控股	外商控股	其他
金坛区	10603	70	84	9956	61	69	363
溧阳市	12172	55	50	11218	59	40	750
苏州市	**489831**	**2283**	**2342**	**464084**	**4506**	**6861**	**9755**
虎丘区	26026	218	151	24456	297	624	280
吴中区	49224	226	408	46740	348	416	1086
相城区	28838	190	152	27801	204	262	229
姑苏区	56489	319	232	53196	135	56	2551
吴江区	55110	156	209	52203	477	460	1605
苏州工业园区	53678	270	90	50333	653	1726	606
常熟市	46447	195	295	44299	268	463	927
张家港市	44068	216	264	42045	216	313	1014
昆山市	103018	289	343	98222	1516	1942	706
太仓市	26933	204	198	24789	392	599	751
南通市	**148202**	**833**	**863**	**142292**	**961**	**1035**	**2218**
崇川区	19551	244	125	18604	46	60	472
港闸区	9931	68	90	9642	27	52	52
通州区	21947	72	131	21280	127	146	191
如东县	16209	74	72	15236	162	125	540
南通经济技术开发区	9483	79	23	8939	89	200	153
启东市	15302	75	52	14656	100	127	292
如皋市	19108	73	41	18604	65	67	258
海门市	16597	98	215	15699	264	187	134
海安市	20074	50	114	19632	81	71	126
连云港市	**52416**	**709**	**257**	**50383**	**140**	**125**	**802**
连云区	3036	188	54	2652	19	18	105
海州区	17599	177	37	17039	24	17	305
赣榆区	6686	64	37	6451	17	11	106
东海县	12837	73	45	12626	30	22	41
灌云县	4077	59	29	3809	10	5	165
灌南县	5001	44	27	4877	13	15	25
连云港经济技术开发区	2338	51	15	2190	22	25	35
连云港高新技术产业开发区	842	53	13	739	5	12	20
淮安市	**75126**	**753**	**572**	**71789**	**346**	**161**	**1505**
淮安区	12146	136	114	11760	56	18	62
淮阴区	11212	63	62	10933	33	10	111
清江浦区	16818	185	74	16182	45	15	317
洪泽区	5997	81	77	5644	22	11	162
涟水县	6118	59	58	5702	24	20	255
盱眙县	6766	85	81	6405	45	18	132
金湖县	7695	62	50	7476	27	6	74
淮安经济技术开发区	8374	82	56	7687	94	63	392

2-10 续表2

单位：个

地 区	企业法人单位数	国有控股	集体控股	私人控股	港澳台商控股	外商控股	其他
盐城市	**107806**	**1007**	**627**	**103979**	**271**	**279**	**1643**
亭湖区	15627	148	63	14996	20	25	375
盐都区	16838	99	62	16272	18	31	356
大丰区	10028	226	86	9480	42	43	151
响水县	8046	67	35	7850	12	2	80
滨海县	10122	64	65	9775	22	7	189
阜宁县	13098	51	56	12926	12	10	43
射阳县	9769	164	84	9335	45	21	120
建湖县	9075	52	38	8932	11	8	34
盐城经济技术开发区	1982	48	9	1616	36	109	164
东台市	13221	88	129	12797	53	23	131
扬州市	**93049**	**815**	**843**	**88902**	**321**	**232**	**1936**
广陵区	17225	135	95	16197	49	29	720
邗江区	23415	239	127	22707	73	44	225
江都区	17900	90	238	17179	32	24	337
宝应县	9403	53	127	9085	29	12	97
扬州经济技术开发区	3944	109	30	3481	53	68	203
仪征市	9657	121	102	9088	48	34	264
高邮市	11505	68	124	11165	37	21	90
镇江市	**66735**	**725**	**560**	**63976**	**335**	**332**	**807**
京口区	7936	173	56	7610	24	24	49
润州区	7209	146	46	6851	19	16	131
丹徒区	6017	68	89	5739	34	34	53
镇江新区	6926	104	71	6189	79	75	408
丹阳市	17010	100	150	16492	77	122	69
扬中市	10773	62	53	10573	18	26	41
句容市	10864	72	95	10522	84	35	56
泰州市	**74697**	**660**	**604**	**70766**	**237**	**243**	**2187**
海陵区	10975	175	80	10510	31	28	151
高港区	6831	32	55	6610	27	16	91
姜堰区	12620	63	122	12187	37	45	166
泰州医药高新技术产业开发区	6506	175	47	5806	67	53	358
兴化市	9146	50	87	8838	18	19	134
靖江市	14388	78	58	14114	19	28	91
泰兴市	14231	87	155	12701	38	54	1196
宿迁市	**64315**	**497**	**183**	**61041**	**110**	**63**	**2421**
宿城区	7951	147	27	7560	26	15	176
宿豫区	4738	78	24	4411	19	5	201
沭阳县	30547	54	68	29073	35	15	1302
泗阳县	9687	124	16	9342	14	10	181
泗洪县	8073	65	44	7489	11	10	454
宿迁经济技术开发区	3319	29	4	3166	5	8	107

2-11 按地区、控股情况分组的企业法人单位从业人员数

单位：人

地　区	企业从业人员数	国有控股	集体控股	私人控股	港澳台商控股	外商控股	其他
总计	**34578766**	**2074189**	**640031**	**27151323**	**1392956**	**2203636**	**1116631**
南京市	**3822828**	**674363**	**63979**	**2532678**	**110128**	**206896**	**234784**
玄武区	215748	82193	3275	100919	6378	1470	21513
秦淮区	328115	50047	2814	218181	8699	30434	17940
建邺区	298275	101372	1260	174403	10229	6509	4502
鼓楼区	604472	145002	9564	348053	7338	18336	76179
浦口区	344846	51174	3865	252605	9753	7695	19754
栖霞区	372688	78856	6366	203342	11488	52998	19638
雨花台区	211737	37045	7606	140835	5165	3247	17839
江宁区	618182	70634	10255	393916	33437	67444	42496
六合区	300288	31800	9861	234192	5865	11431	7139
溧水区	275889	13155	2675	242302	10043	5072	2642
高淳区	252588	13085	6438	223930	1733	2260	5142
无锡市	**3288456**	**122411**	**52646**	**2547276**	**155205**	**282456**	**128462**
锡山区	320824	6324	1597	246530	23479	33798	9096
惠山区	331918	10130	4409	285425	10586	7573	13795
滨湖区	332356	17209	4642	264579	7087	20406	18433
梁溪区	343452	30148	5770	291326	4009	2620	9579
新吴区	585571	25412	5339	297773	49525	174956	32566
江阴市	877782	15983	25804	728504	44394	31963	31134
宜兴市	496553	17205	5085	433139	16125	11140	13859
徐州市	**2092440**	**199582**	**52000**	**1764236**	**25878**	**16687**	**34057**
鼓楼区	134524	3030	917	126392	125	487	3573
云龙区	113072	21074	707	88727	503	321	1740
贾汪区	73905	2801	5306	64016	28	372	1382
泉山区	203358	51035	3895	140552	1484	1351	5041
铜山区	307093	10461	23109	267104	1099	461	4859
丰县	136833	4450	2024	127172	1677	218	1292
沛县	263096	28405	5833	226933	726	148	1051
睢宁县	201612	18485	3326	170362	7524	827	1088
徐州经济技术开发区	124868	30629	864	64259	9616	8333	11167
新沂市	247611	4071	4386	234700	1082	1433	1939
邳州市	286468	25141	1633	254019	2014	2736	925
常州市	**2570431**	**81281**	**13670**	**2198287**	**112359**	**104773**	**60061**
天宁区	230654	10814	1524	190683	18380	5202	4051
钟楼区	220399	18173	513	187986	7339	3774	2614
新北区	471927	16740	3582	367474	18100	52488	13543
武进区	854378	20886	4061	732213	57936	28756	10526

2-11 续表 1

单位：人

地 区	企业从业人员数	国有控股	集体控股	私人控股	港澳台商控股	外商控股	其他
金坛区	387425	8871	1566	351428	7374	10409	7777
溧阳市	405648	5797	2424	368503	3230	4144	21550
苏州市	**7250505**	**200152**	**80290**	**4929449**	**605025**	**1225012**	**210577**
虎丘区	537008	24767	4942	263361	58139	170462	15337
吴中区	657942	14023	7018	518944	27008	71166	19783
相城区	410000	9067	10114	330137	15693	35867	9122
姑苏区	373850	44872	5958	301212	2162	1202	18444
吴江区	779320	7869	3448	554473	93397	97622	22511
苏州工业园区	897609	28092	5854	514961	70176	259798	18728
常熟市	735720	15882	10171	547127	76618	63589	22333
张家港市	690067	17074	18416	574671	14084	41351	24471
昆山市	1729405	26506	9054	1037738	216396	408418	31293
太仓市	439584	12000	5315	286825	31352	75537	28555
南通市	**4207909**	**84977**	**153768**	**3550283**	**96514**	**113900**	**208467**
崇川区	280096	30559	3043	235753	3379	1467	5895
港闸区	210076	8664	1048	186169	5095	6602	2498
通州区	773013	6343	131161	596108	17552	17125	4724
如东县	490152	5377	4020	443443	15083	9660	12569
南通经济技术开发区	211359	9312	2587	156973	10394	26610	5483
启东市	445350	4396	2683	332814	13629	9041	82787
如皋市	543330	4848	1512	505050	7398	18097	6425
海门市	642533	11404	3168	508845	16740	15995	86381
海安市	612000	4074	4546	585128	7244	9303	1705
连云港市	**910064**	**97195**	**19135**	**736186**	**17640**	**27337**	**12571**
连云区	64921	32453	3548	25225	1196	688	1811
海州区	207737	25241	1960	165256	623	11340	3317
赣榆区	193558	6491	5527	178311	609	974	1646
东海县	155573	7529	2251	138561	3899	2555	778
灌云县	67945	4646	3230	56982	870	366	1851
灌南县	110673	2077	565	103389	459	2838	1345
连云港经济技术开发区	86905	10378	793	60145	9755	4866	968
连云港高新技术产业开发区	22752	8380	1261	8317	229	3710	855
淮安市	**1434336**	**56926**	**24830**	**1250814**	**42496**	**35677**	**23593**
淮安区	252571	7268	4444	233531	3340	1637	2351
淮阴区	204239	6977	2166	189502	2322	1362	1910
清江浦区	259341	15304	8330	223208	4496	2036	5967
洪泽区	115470	2712	2457	105890	1479	690	2242
涟水县	218093	6453	1176	190940	7065	7394	5065
盱眙县	107104	2558	1606	97513	3816	640	971
金湖县	112177	3036	2285	104778	1061	304	713
淮安经济技术开发区	165341	12618	2366	105452	18917	21614	4374

2-11　续表 2　　　单位：人

地　区	企业从业人员数	国有控股	集体控股	私人控股	港澳台商控股	外商控股	其他
盐城市	**2083660**	**64689**	**20480**	**1888825**	**18193**	**50373**	**41100**
亭湖区	236532	15383	2576	200475	1902	7968	8228
盐都区	366755	8496	952	345335	2115	5224	4633
大丰区	197547	12327	1161	171385	1498	4295	6881
响水县	111128	5144	1064	101620	589	331	2380
滨海县	172816	4496	2616	159106	1468	291	4839
阜宁县	321853	2423	1714	310869	835	4717	1295
射阳县	179248	5018	2554	163443	2352	2163	3718
建湖县	190614	2621	3012	181727	783	730	1741
盐城经济技术开发区	60839	4350	577	27335	3287	21439	3851
东台市	246328	4431	4254	227530	3364	3215	3534
扬州市	**2464224**	**249134**	**114651**	**1929316**	**68621**	**43738**	**58764**
广陵区	362417	78840	23371	239730	4113	4742	11621
邗江区	390425	71045	5912	285842	7594	7656	12376
江都区	569221	23763	64279	439044	29287	3684	9164
宝应县	336704	20281	9851	292931	7917	2400	3324
扬州经济技术开发区	130557	29191	968	65393	12138	14575	8292
仪征市	270469	22709	4377	224107	3815	8256	7205
高邮市	404431	3305	5893	382269	3757	2425	6782
镇江市	**1183812**	**56563**	**17273**	**986816**	**43745**	**46993**	**32422**
京口区	103206	16472	1465	80454	2069	920	1826
润州区	100305	15424	1245	77579	2511	1071	2475
丹徒区	111200	7373	2166	92840	2645	2018	4158
镇江新区	152814	7319	2398	111911	8624	12540	10022
丹阳市	350308	3375	2888	301392	11553	23487	7613
扬中市	155658	2501	2144	143194	280	3242	4297
句容市	210321	4099	4967	179446	16063	3715	2031
泰州市	**2087064**	**130162**	**21017**	**1811263**	**47613**	**38613**	**38396**
海陵区	265282	13730	3209	236869	1661	5766	4047
高港区	241261	13986	620	219770	1743	2366	2776
姜堰区	377227	3954	2395	358126	2738	5251	4763
泰州医药高新技术产业开发区	126398	11232	1807	70560	33041	3391	6367
兴化市	262184	1448	3024	245743	1565	7357	3047
靖江市	383969	51845	3057	319315	3045	4555	2152
泰兴市	430743	33967	6905	360880	3820	9927	15244
宿迁市	**1183037**	**56754**	**6292**	**1025894**	**49539**	**11181**	**33377**
宿城区	187696	31906	290	115026	30942	2815	6717
宿豫区	149299	3027	387	136314	2951	1689	4931
沭阳县	365911	2174	3471	335571	9294	3058	12343
泗阳县	244681	6992	248	231041	3683	282	2435
泗洪县	152936	7816	909	134871	1250	2883	5207
宿迁经济技术开发区	82514	4839	987	73071	1419	454	1744

2-12 按行业（大类）、控股情况分组的企业法人单位数

单位：个

行业大类	代码	企业法人单位数	国有控股	集体控股	私人控股	港澳台商控股	外商控股	其他
总计		**1859211**	**14468**	**10614**	**1773139**	**10261**	**12579**	**38150**
农、林、牧、渔业	**A**	**2903**	**58**	**65**	**2686**	**5**	**4**	**85**
农业	01	12	3	1	8			
林业	02	1	1					
畜牧业	03	6	1		5			
渔业	04	2			2			
农、林、牧、渔专业及辅助性活动	05	2882	53	64	2671	5	4	85
采矿业	**B**	**370**	**33**	**10**	**315**	**4**		**8**
煤炭开采和洗选业	06	22	8		14			
石油和天然气开采业	07	5	2		3			
黑色金属矿采选业	08	49	2		44	1		2
有色金属矿采选业	09	12	3		9			
非金属矿采选业	10	242	17	8	211	3		3
开采专业及辅助性活动	11	22	1		19			2
其他采矿业	12	18		2	15			1
制造业	**C**	**513326**	**1393**	**2187**	**487442**	**5593**	**8703**	**8008**
农副食品加工业	13	7431	76	49	6972	77	97	160
食品制造业	14	4739	39	25	4401	76	97	101
酒、饮料和精制茶制造业	15	1823	31	33	1635	26	40	58
烟草制品业	16	12	7		5			
纺织业	17	42224	45	168	40766	407	354	484
纺织服装、服饰业	18	27640	51	73	26352	333	389	442
皮革、毛皮、羽毛及其制品和制鞋业	19	4626	3	25	4386	67	82	63
木材加工和木、竹、藤、棕、草制品业	20	12986	10	24	12619	42	48	243
家具制造业	21	10547	2	17	10276	39	70	143
造纸和纸制品业	22	9637	9	41	9283	87	82	135
印刷和记录媒介复制业	23	10930	58	176	10364	67	66	199
文教、工美、体育和娱乐用品制造业	24	16272	18	70	15498	194	236	256
石油、煤炭及其他燃料加工业	25	716	9	9	664	7	10	17
化学原料和化学制品制造业	26	9785	99	122	8433	314	581	236
医药制造业	27	2401	32	15	2090	87	95	82
化学纤维制造业	28	2492	13	11	2387	23	31	27
橡胶和塑料制品业	29	28684	21	127	27250	367	559	360
非金属矿物制品业	30	24182	116	166	23048	188	225	439
黑色金属冶炼和压延加工业	31	4110	14	32	3898	49	58	59
有色金属冶炼和压延加工业	32	4761	26	36	4451	63	109	76

2-12　续表 1　　　　单位：个

行业大类	代码	企业法人单位数	国有控股	集体控股	私人控股	港澳台商控股	外商控股	其他
金属制品业	33	53951	67	185	51965	390	557	787
通用设备制造业	34	80978	117	247	77817	567	1146	1084
专用设备制造业	35	53614	102	128	51152	534	882	816
汽车制造业	36	14055	80	38	12810	196	700	231
铁路、船舶、航空航天和其他运输设备制造业	37	7453	65	48	6920	101	157	162
电气机械和器材制造业	38	34453	114	171	32597	421	641	509
计算机、通信和其他电子设备制造业	39	20815	100	61	18496	699	1021	438
仪器仪表制造业	40	9650	41	32	9065	96	251	165
其他制造业	41	6208	8	20	5947	47	68	118
废弃资源综合利用业	42	1454	6	10	1372	15	17	34
金属制品、机械和设备修理业	43	4697	14	28	4523	14	34	84
电力、热力、燃气及水生产和供应业	**D**	**5023**	**542**	**296**	**3736**	**139**	**78**	**232**
电力、热力生产和供应业	44	2575	262	53	2064	80	21	95
燃气生产和供应业	45	435	41	6	307	35	28	18
水的生产和供应业	46	2013	239	237	1365	24	29	119
建筑业	**E**	**119568**	**740**	**510**	**115634**	**160**	**102**	**2422**
房屋建筑业	47	23183	135	144	22416	23	15	450
土木工程建筑业	48	25525	444	190	24224	44	17	606
建筑安装业	49	24173	69	102	23447	40	52	463
建筑装饰、装修和其他建筑业	50	46687	92	74	45547	53	18	903
批发和零售业	**F**	**601887**	**2281**	**2593**	**583687**	**1532**	**1536**	**10258**
批发业	51	388834	1543	1349	377251	1152	1295	6244
零售业	52	213053	738	1244	206436	380	241	4014
交通运输、仓储和邮政业	**G**	**58550**	**939**	**504**	**55650**	**213**	**123**	**1121**
铁路运输业	53	6	6					
道路运输业	54	41936	329	249	40584	45	22	707
水上运输业	55	1905	96	87	1650	6	6	60
航空运输业	56	128	21	1	100		2	4
管道运输业	57	17	5		9		1	2
多式联运和运输代理业	58	7103	119	16	6772	37	18	141
装卸搬运和仓储业	59	6234	318	144	5402	123	73	174
邮政业	60	1221	45	7	1133	2	1	33
住宿和餐饮业	**H**	**25853**	**426**	**198**	**24246**	**165**	**131**	**687**
住宿业	61	6327	283	108	5638	53	36	209
餐饮业	62	19526	143	90	18608	112	95	478
信息传输、软件和信息技术服务业	**I**	**72049**	**395**	**119**	**68876**	**299**	**320**	**2040**
电信、广播电视和卫星传输服务	63	1423	121	12	1233	12	6	39
互联网和相关服务	64	9611	47	10	9288	20	12	234
软件和信息技术服务业	65	61015	227	97	58355	267	302	1767

2-12 续表 2 单位：个

行业大类	代码	企业法人单位数	国有控股	集体控股	私人控股	港澳台商控股	外商控股	其他
金融业	**J**	**6679**	**1257**	**62**	**4618**	**90**	**75**	**577**
货币金融服务	66	1812	442	36	1063	70	34	167
资本市场服务	67	3049	209	17	2645	13	9	156
保险业	68	1158	541	3	365	3	31	215
其他金融业	69	660	65	6	545	4	1	39
房地产业	**K**	**58568**	**1552**	**1003**	**52730**	**760**	**335**	**2188**
房地产业	70	58568	1552	1003	52730	760	335	2188
租赁和商务服务业	**L**	**173997**	**2592**	**1700**	**163794**	**530**	**386**	**4995**
租赁业	71	13441	59	43	13014	27	16	282
商务服务业	72	160556	2533	1657	150780	503	370	4713
科学研究和技术服务业	**M**	**120183**	**995**	**591**	**114396**	**520**	**645**	**3036**
研究和试验发展	73	32066	129	72	30603	212	268	782
专业技术服务业	74	55733	645	289	53096	155	209	1339
科技推广和应用服务业	75	32384	221	230	30697	153	168	915
水利、环境和公共设施管理业	**N**	**7664**	**534**	**226**	**6547**	**46**	**12**	**299**
水利管理业	76	398	63	16	292	1		26
生态保护和环境治理业	77	1400	47	22	1258	24	8	41
公共设施管理业	78	5564	344	175	4799	21	4	221
土地管理业	79	302	80	13	198			11
居民服务、修理和其他服务业	**O**	**34853**	**153**	**265**	**33505**	**72**	**53**	**805**
居民服务业	80	12661	76	128	12089	27	17	324
机动车、电子产品和日用产品修理业	81	14506	43	81	14034	25	23	300
其他服务业	82	7686	34	56	7382	20	13	181
教育	**P**	**17396**	**104**	**49**	**16763**	**31**	**22**	**427**
教育	83	17396	104	49	16763	31	22	427
卫生和社会工作	**Q**	**4343**	**38**	**51**	**4091**	**13**	**13**	**137**
卫生	84	3373	30	34	3179	11	9	110
社会工作	85	970	8	17	912	2	4	27
文化、体育和娱乐业	**R**	**35999**	**436**	**185**	**34423**	**89**	**41**	**825**
新闻和出版业	86	217	80	4	123			10
广播、电视、电影和录音制作业	87	3755	117	73	3468	10		87
文化艺术业	88	9836	127	47	9444	19	4	195
体育	89	3000	39	7	2852	14	12	76
娱乐业	90	19191	73	54	18536	46	25	457

2-13 按行业（大类）、控股情况分组的企业法人单位从业人员数

单位：人

行业大类	代码	企业从业人员数	国有控股	集体控股	私人控股	港澳台商控股	外商控股	其他
总计		**34578766**	**2074189**	**640031**	**27151323**	**1392956**	**2203636**	**1116631**
农、林、牧、渔业	**A**	**26917**	**3162**	**403**	**22384**	**50**	**44**	**874**
农业	01							
林业	02							
畜牧业	03							
渔业	04							
农、林、牧、渔专业及辅助性活动	05	26917	3162	403	22384	50	44	874
采矿业	**B**	**69556**	**62484**	**62**	**6301**	**314**		**395**
煤炭开采和洗选业	06	47573	47358		215			
石油和天然气开采业	07	7876	7856		20			
黑色金属矿采选业	08	3884	2314		1561	4		5
有色金属矿采选业	09	960	291		669			
非金属矿采选业	10	9059	4643	62	3671	310		373
开采专业及辅助性活动	11	98	22		70			6
其他采矿业	12	106			95			11
制造业	**C**	**14355647**	**466283**	**139906**	**10308341**	**1128503**	**1978829**	**333785**
农副食品加工业	13	210668	3676	1698	173587	7300	19900	4507
食品制造业	14	128285	7227	1242	88808	11131	14430	5447
酒、饮料和精制茶制造业	15	84225	21915	20385	28311	2412	9395	1807
烟草制品业	16	6631	6559		72			
纺织业	17	1101373	9756	9142	954037	66397	46842	15199
纺织服装、服饰业	18	929760	14466	5077	764695	52697	69018	23807
皮革、毛皮、羽毛及其制品和制鞋业	19	144973	381	1910	115351	12669	12136	2526
木材加工和木、竹、藤、棕、草制品业	20	228988	540	1010	215399	2227	6508	3304
家具制造业	21	159284	12	552	139836	5091	10907	2886
造纸和纸制品业	22	168043	2493	1433	126497	10612	24288	2720
印刷和记录媒介复制业	23	200240	3679	4207	165859	9921	11333	5241
文教、工美、体育和娱乐用品制造业	24	391659	1558	2427	309664	25336	44544	8130
石油、煤炭及其他燃料加工业	25	33364	7793	1528	20286	1532	1049	1176
化学原料和化学制品制造业	26	519055	45105	6772	344541	38876	65423	18338
医药制造业	27	231035	8688	3127	147333	28378	35796	7713
化学纤维制造业	28	167224	11161	898	142888	4968	4324	2985
橡胶和塑料制品业	29	645105	3990	3707	486919	53087	84866	12536
非金属矿物制品业	30	527868	17326	4347	448272	20504	25855	11564
黑色金属冶炼和压延加工业	31	273269	9828	15965	217011	16367	10947	3151
有色金属冶炼和压延加工业	32	167049	6252	2242	134289	6405	11967	5894

2-13 续表1

单位：人

行业大类	代码	企业从业人员数	国有控股	集体控股	私人控股	港澳台商控股	外商控股	其他
金属制品业	33	1012730	15132	4815	855074	43306	73941	20462
通用设备制造业	34	1498108	25603	10883	1176972	74826	173194	36630
专用设备制造业	35	1075201	34681	3723	852560	51768	110512	21957
汽车制造业	36	663996	51529	4045	373737	34886	172674	27125
铁路、船舶、航空航天和其他运输设备制造业	37	325111	48322	2529	218138	12797	34243	9082
电气机械和器材制造业	38	1272003	46019	17054	903032	81280	186403	38215
计算机、通信和其他电子设备制造业	39	1779625	52098	6277	569221	441042	678824	32163
仪器仪表制造业	40	257091	9132	1127	198976	9068	32739	6049
其他制造业	41	88174	115	422	77686	2554	5763	1634
废弃资源综合利用业	42	21619	397	451	18769	600	630	772
金属制品、机械和设备修理业	43	43891	850	911	40521	466	378	765
电力、热力、燃气及水生产和供应业	**D**	**196682**	**108723**	**7724**	**53964**	**13528**	**7121**	**5622**
电力、热力生产和供应业	44	116082	73122	2577	29117	6926	1845	2495
燃气生产和供应业	45	20957	7013	154	5294	4796	3327	373
水的生产和供应业	46	59643	28588	4993	19553	1806	1949	2754
建筑业	**E**	**8802798**	**519577**	**298558**	**7701609**	**33977**	**7249**	**241828**
房屋建筑业	47	6239731	326551	239749	5454605	27035	1210	190581
土木工程建筑业	48	1126460	168068	28266	903217	2758	733	23418
建筑安装业	49	667427	19371	21923	609692	2573	2852	11016
建筑装饰、装修和其他建筑业	50	769180	5587	8620	734095	1611	2454	16813
批发和零售业	**F**	**3695667**	**114586**	**35581**	**3237223**	**98012**	**84423**	**125842**
批发业	51	2360286	71425	14936	2118031	30957	47680	77257
零售业	52	1335381	43161	20645	1119192	67055	36743	48585
交通运输、仓储和邮政业	**G**	**1014134**	**262560**	**29285**	**639548**	**12851**	**7739**	**62151**
铁路运输业	53							
道路运输业	54	636299	148324	16630	432491	913	978	36963
水上运输业	55	95475	36495	5007	45112	2128	1062	5671
航空运输业	56	16045	14997	5	1021		9	13
管道运输业	57	7880	7561		126		68	125
多式联运和运输代理业	58	70798	6859	1102	53758	4796	986	3297
装卸搬运和仓储业	59	114110	18342	6415	71541	4832	4634	8346
邮政业	60	73527	29982	126	35499	182	2	7736
住宿和餐饮业	**H**	**480074**	**45490**	**7349**	**329066**	**28650**	**43882**	**25637**
住宿业	61	149468	33625	3594	91322	5050	4735	11142
餐饮业	62	330606	11865	3755	237744	23600	39147	14495
信息传输、软件和信息技术服务业	**I**	**850728**	**125417**	**14393**	**611757**	**25909**	**20463**	**52789**
电信、广播电视和卫星传输服务	63	134065	102268	484	17936	10092	3022	263
互联网和相关服务	64	158398	5204	3745	130907	3472	128	14942
软件和信息技术服务业	65	558265	17945	10164	462914	12345	17313	37584

2-13　续表 2　　单位：人

行业大类	代码	企业从业人员数	国有控股	集体控股	私人控股	港澳台商控股	外商控股	其他
金融业	**J**	**27271**	**1967**	**306**	**19472**	**3321**	**976**	**1229**
货币金融服务	66	12443	660	155	8264	1685	963	716
资本市场服务	67	7732	292	81	7158	15	12	174
保险业	68	522	6		516			
其他金融业	69	6574	1009	70	3534	1621	1	339
房地产业	**K**	**992856**	**69640**	**32084**	**795840**	**19118**	**12261**	**63913**
房地产业	70	992856	69640	32084	795840	19118	12261	63913
租赁和商务服务业	**L**	**2069590**	**148915**	**41615**	**1737940**	**12033**	**9881**	**119206**
租赁业	71	92594	2170	779	83133	614	3173	2725
商务服务业	72	1976996	146745	40836	1654807	11419	6708	116481
科学研究和技术服务业	**M**	**1039282**	**60947**	**11318**	**900369**	**8575**	**19543**	**38530**
研究和试验发展	73	223875	8658	677	193506	3658	6150	11226
专业技术服务业	74	629239	48368	8298	537922	3860	9615	21176
科技推广和应用服务业	75	186168	3921	2343	168941	1057	3778	6128
水利、环境和公共设施管理业	**N**	**180527**	**37911**	**9725**	**116175**	**1439**	**329**	**14948**
水利管理业	76	4264	1313	272	2356	5		318
生态保护和环境治理业	77	16905	1656	668	12569	1074	230	708
公共设施管理业	78	154122	31936	8345	99521	360	99	13861
土地管理业	79	5236	3006	440	1729			61
居民服务、修理和其他服务业	**O**	**295159**	**6039**	**7603**	**267471**	**2094**	**4609**	**7343**
居民服务业	80	90352	3027	4388	79728	422	239	2548
机动车、电子产品和日用产品修理业	81	93146	810	1003	84628	882	4074	1749
其他服务业	82	111661	2202	2212	103115	790	296	3046
教育	**P**	**127986**	**4541**	**1471**	**116866**	**261**	**505**	**4342**
教育	83	127986	4541	1471	116866	261	505	4342
卫生和社会工作	**Q**	**114075**	**5940**	**394**	**89887**	**2232**	**4278**	**11344**
卫生	84	102157	5507	288	80198	2223	4164	9777
社会工作	85	11918	433	106	9689	9	114	1567
文化、体育和娱乐业	**R**	**239817**	**30007**	**2254**	**197110**	**2089**	**1504**	**6853**
新闻和出版业	86	9730	7428	141	2010			151
广播、电视、电影和录音制作业	87	40246	7530	564	30425	359		1368
文化艺术业	88	60096	6292	578	52137	92	5	992
体育	89	24748	2209	89	19600	614	911	1325
娱乐业	90	104997	6548	882	92938	1024	588	3017

2-14 按地区、开业（成立）时间

地 区	企业法人单位数	1949年以前	1950-1977年	1978-1991年	1992-2000年	2001年	2002年	2003年	2004年	2005年	2006年
总计	**1859211**	**69**	**697**	**9554**	**67214**	**21052**	**27255**	**33179**	**32597**	**33683**	**40911**
南京市	**175925**	**11**	**67**	**865**	**6551**	**1788**	**2721**	**3493**	**3614**	**3826**	**4289**
玄武区	12835	1	5	115	846	221	326	363	375	386	393
秦淮区	19934	1	16	139	1174	273	460	521	580	597	593
建邺区	10322		3	24	258	61	125	171	192	186	209
鼓楼区	26086	1	13	204	1498	343	522	671	685	701	734
浦口区	28202	2	7	87	521	124	217	366	370	426	525
栖霞区	12280	3	4	57	437	127	180	260	257	232	314
雨花台区	9560		3	38	296	88	121	133	165	168	196
江宁区	21637	2	7	112	799	250	312	442	378	417	557
六合区	16183	1	6	55	350	124	208	285	293	299	365
溧水区	10517		2	18	221	82	132	152	144	186	212
高淳区	8369		1	16	151	95	118	129	175	228	191
无锡市	**234438**	**4**	**72**	**1955**	**13508**	**4088**	**5066**	**5718**	**4900**	**4180**	**5216**
锡山区	18972	2	2	45	1334	403	415	505	446	397	468
惠山区	26952		5	148	1957	610	637	823	707	536	651
滨湖区	26285		7	294	1646	483	520	569	530	438	536
梁溪区	47495	1	14	244	1731	615	756	886	828	701	912
新吴区	24812		8	103	1135	382	476	613	557	405	509
江阴市	53053	1	21	578	2994	931	1288	1420	1011	932	1208
宜兴市	36869		15	543	2711	664	974	902	821	771	932
徐州市	**128655**	**7**	**48**	**336**	**2065**	**795**	**910**	**1049**	**1175**	**1384**	**1809**
鼓楼区	11421		1	17	271	104	139	148	153	196	237
云龙区	12561	1	1	41	253	117	125	153	146	155	219
贾汪区	4984		2	12	77	23	43	56	42	47	64
泉山区	16090		2	29	394	126	126	186	174	236	295
铜山区	16506	3	7	63	267	89	109	123	126	141	190
丰县	6824		2	18	113	42	46	39	70	67	125
沛县	9417		6	32	150	57	59	55	87	94	119
睢宁县	12365		7	45	101	24	55	34	39	39	76
徐州经济技术开发区	5177		1	15	130	58	57	84	88	90	110
新沂市	16176	2	5	48	128	61	66	72	97	141	185
邳州市	17134	1	14	16	181	94	85	99	153	178	189
常州市	**148016**	**9**	**45**	**1275**	**9389**	**2152**	**2906**	**3076**	**2771**	**3047**	**3488**
天宁区	21458		1	184	1710	437	551	576	513	530	556
钟楼区	18920		3	155	1043	294	424	428	356	353	424
新北区	38714	4	8	170	1751	398	530	643	581	640	812
武进区	46149	3	19	596	3801	728	988	1002	898	985	1127
金坛区	10603	2	8	73	591	180	227	221	226	266	293

分组的企业法人单位数

单位：个

2007 年	2008 年	2009 年	2010 年	2011 年	2012 年	2013 年	2014 年	2015 年	2016 年	2017 年	2018 年	无开业年份
39861	**40683**	**48767**	**65770**	**69927**	**74572**	**88849**	**131586**	**163814**	**256389**	**306129**	**301122**	**5531**
4121	**4301**	**4967**	**6066**	**6243**	**7264**	**8154**	**12409**	**14877**	**21548**	**24844**	**33256**	**650**
430	405	472	474	537	517	502	834	998	1300	1309	2017	9
639	568	636	800	746	854	820	1206	1575	2042	2097	3567	30
224	251	281	356	376	385	515	748	914	1316	1702	2002	23
692	744	776	900	762	985	1019	1484	1976	2868	3332	5127	49
391	380	593	699	791	1031	1360	2224	2837	3921	4859	6425	46
248	302	385	424	443	622	744	936	1002	1459	1823	1979	42
168	193	256	319	354	382	472	732	927	1439	1662	1439	9
538	498	585	756	757	848	975	1575	1861	3045	3575	3305	43
419	540	507	663	781	890	873	1297	1341	1900	1769	3012	205
219	255	263	387	365	403	552	879	1011	1444	1736	1845	9
153	165	213	288	331	347	322	494	435	814	980	2538	185
4795	**5038**	**6246**	**8267**	**8554**	**8531**	**10226**	**16296**	**19234**	**28371**	**34273**	**39198**	**702**
530	558	632	793	860	780	849	1314	1485	2193	2459	2457	45
576	636	706	1034	989	925	1345	1890	2047	2872	3802	3973	83
436	507	698	896	915	933	1118	1827	2066	3521	3952	4340	53
858	884	1117	1411	1574	1773	2365	3837	4533	6732	7886	7761	76
433	455	650	873	936	875	1060	1741	2029	2909	3604	4942	117
1105	1185	1483	1878	1877	1855	2083	3432	4186	5762	7632	10000	191
857	813	960	1382	1403	1390	1406	2255	2888	4382	4938	5725	137
2007	**2296**	**2915**	**3701**	**4070**	**4532**	**6255**	**8822**	**12234**	**22419**	**25690**	**23709**	**427**
285	318	347	404	449	474	459	693	911	2176	1781	1854	4
273	310	330	433	488	595	602	1059	1353	2103	2156	1643	5
76	80	108	148	137	156	182	275	325	966	1102	1006	57
306	375	431	480	548	638	809	1358	1729	2846	3010	1949	43
232	253	349	429	535	584	605	980	1691	2957	3203	3355	215
83	107	183	230	247	256	342	518	654	1142	1403	1132	5
159	183	202	256	288	375	325	512	843	1491	1721	2348	55
65	110	156	307	305	340	533	743	1148	2735	3186	2316	1
147	151	190	266	273	214	276	389	459	658	936	584	1
174	200	286	356	370	351	836	923	1435	2384	4212	3842	2
207	209	333	392	430	549	1286	1372	1686	2961	2980	3680	39
3260	**3205**	**3761**	**5284**	**5772**	**6099**	**7254**	**10557**	**12442**	**18454**	**21203**	**22299**	**268**
531	541	646	873	860	850	938	1393	1637	2478	2678	2973	2
407	398	395	539	589	736	882	1321	1594	2326	2842	3389	22
794	776	928	1375	1611	1687	2020	3068	3635	5223	5974	5965	121
1051	990	1211	1608	1754	1860	2310	3200	3690	5372	6547	6326	83
261	264	304	395	369	432	459	706	871	1339	1480	1619	17

2-14 续表 1

地区	企业法人单位数	1949年以前	1950-1977年	1978-1991年	1992-2000年	2001年	2002年	2003年	2004年	2005年	2006年
溧阳市	12172		6	97	493	115	186	206	197	273	276
苏州市	**489831**	**11**	**102**	**1566**	**15810**	**5695**	**7387**	**9399**	**8364**	**8759**	**11051**
虎丘区	26026		11	91	949	238	373	445	470	459	577
吴中区	49224		5	80	1298	466	618	894	759	877	1066
相城区	28838		3	63	1062	361	560	659	582	640	748
姑苏区	56489	3	10	277	1657	504	704	844	792	896	1086
吴江区	55110	2	8	154	1967	858	1061	1482	1107	934	1296
苏州工业园区	53678		3	30	923	314	528	719	748	752	868
常熟市	46447	2	36	449	2198	722	908	1037	831	889	1113
张家港市	44068	1	8	149	2332	725	977	1058	914	1043	1164
昆山市	103018	2	15	188	2174	1092	1209	1706	1629	1771	2416
太仓市	26933	1	3	85	1250	415	449	555	532	498	717
南通市	**148202**	**5**	**87**	**779**	**5843**	**1675**	**2213**	**3145**	**3926**	**3924**	**4403**
崇川区	19551	1	10	79	952	283	375	570	579	519	659
港闸区	9931	3	8	27	431	116	133	235	234	236	286
通州区	21947		15	194	894	228	336	430	515	546	565
如东县	16209		13	118	570	200	250	263	572	637	673
南通经济技术开发区	9483		4	35	294	124	120	150	220	156	229
启东市	15302		10	91	780	201	355	400	395	431	450
如皋市	19108		7	28	620	181	199	282	455	441	554
海门市	16597		13	126	665	168	219	416	481	372	430
海安市	20074	1	7	81	637	174	226	399	475	586	557
连云港市	**52416**	**2**	**18**	**196**	**916**	**282**	**449**	**521**	**657**	**780**	**1103**
连云区	3036		3	23	110	37	40	46	70	95	110
海州区	17599	1	7	56	365	112	177	209	268	316	441
赣榆区	6686		3	22	99	32	69	64	71	71	129
东海县	12837	1		45	154	53	87	97	119	139	169
灌云县	4077		2	25	46	20	33	27	25	38	103
灌南县	5001		2	11	58	6	16	41	42	62	61
连云港经济技术开发区	2338			9	47	11	16	23	48	51	70
连云港高新技术产业开发区	842		1	5	37	11	11	14	14	8	20
淮安市	**75126**	**2**	**58**	**347**	**1292**	**449**	**585**	**799**	**920**	**929**	**1264**
淮安区	12146	1	12	100	259	63	97	126	152	161	190
淮阴区	11212		13	47	241	75	96	118	128	119	166
清江浦区	16818		6	51	236	123	140	209	210	266	317
洪泽区	5997		4	31	98	25	49	57	79	51	81
涟水县	6118	1	6	35	80	39	58	51	72	72	95
盱眙县	6766		5	36	86	33	47	67	76	77	128
金湖县	7695		12	42	233	70	71	115	147	116	165
淮安经济技术开发区	8374			5	59	21	27	56	56	67	122

单位：个

2007 年	2008 年	2009 年	2010 年	2011 年	2012 年	2013 年	2014 年	2015 年	2016 年	2017 年	2018 年	无开业年份
216	236	277	494	589	534	645	869	1015	1716	1682	2027	23
10732	**10277**	**13008**	**18553**	**20604**	**20979**	**24534**	**36768**	**44333**	**64840**	**82560**	**74067**	**432**
564	592	858	1128	1270	1225	1170	1889	2350	3273	4593	3495	6
1064	1008	1261	1937	2184	2338	2930	4129	4642	6795	8084	6746	43
697	623	679	1102	1325	1326	1401	2149	2397	3296	4943	4204	18
1137	1092	1269	1714	1834	2082	2644	3913	5542	9239	10720	8478	52
1279	1111	1683	2509	2622	2450	3063	4108	4566	6833	8278	7714	25
885	859	1001	1491	1833	2025	2289	4650	6619	8524	8349	10204	64
994	858	1197	1622	1763	1610	1882	2805	2967	4923	9282	8272	87
1105	986	1288	1674	1782	1895	2231	3193	3366	5003	6516	6619	39
2345	2558	3086	4363	4897	4924	5684	8210	9740	13834	17337	13810	28
662	590	686	1013	1094	1104	1240	1722	2144	3120	4458	4525	70
4404	**4104**	**4116**	**5791**	**6088**	**6335**	**8184**	**9085**	**11913**	**19020**	**22799**	**19760**	**603**
648	649	695	785	873	983	1143	1406	1709	2320	2471	1828	14
232	253	310	391	423	390	427	654	719	1151	1610	1655	7
551	516	647	954	975	836	1042	1239	1572	2950	3783	2734	425
898	496	434	731	757	803	1563	840	1594	1356	1734	1657	50
163	163	266	291	342	393	459	714	930	1324	1896	1200	10
372	411	349	528	538	524	651	829	1112	2063	2407	2386	19
561	828	477	833	864	896	1219	1265	1488	2415	2960	2518	17
351	280	365	448	473	523	546	807	1175	2752	2921	3029	37
628	508	573	830	843	987	1134	1331	1614	2689	3017	2753	24
1054	**1068**	**1307**	**1482**	**1660**	**1796**	**2248**	**3883**	**4937**	**8853**	**9719**	**9270**	**215**
109	99	110	92	86	108	124	207	160	349	387	665	6
416	450	545	575	642	670	812	1553	1777	3049	3378	1780	
110	113	125	146	176	221	340	447	784	1411	1436	811	6
127	150	217	340	430	375	538	894	1151	2134	2404	3192	21
115	65	94	94	94	126	143	254	327	690	848	870	38
76	99	86	114	82	157	137	237	406	757	824	1603	124
83	77	102	100	126	121	118	219	273	321	279	225	19
18	15	28	21	24	18	36	72	59	142	163	124	1
1304	**1470**	**1742**	**2685**	**2514**	**3116**	**3693**	**5442**	**7422**	**12279**	**14189**	**12440**	**185**
176	196	251	397	423	535	765	860	1204	1799	2438	1819	122
150	264	295	400	371	510	595	874	1193	1941	1962	1648	6
331	362	408	549	488	587	703	1326	1761	3405	3051	2280	9
96	96	127	251	249	315	301	401	599	906	1015	1166	
89	92	120	200	149	243	289	453	496	954	1609	913	2
159	158	231	302	305	317	376	449	608	945	1075	1273	13
182	198	187	360	339	313	377	560	777	901	1205	1306	19
121	104	123	226	190	296	287	519	784	1428	1834	2035	14

2-14 续表 2

地 区	企业法人单位数	1949年以前	1950-1977年	1978-1991年	1992-2000年	2001年	2002年	2003年	2004年	2005年	2006年
盐城市	**107806**	**3**	**58**	**571**	**2756**	**773**	**1132**	**1418**	**1507**	**1743**	**2227**
亭湖区	15627	1	3	66	397	112	157	278	316	288	376
盐都区	16838		12	83	327	93	133	188	182	229	266
大丰区	10028		10	75	313	109	153	171	172	198	267
响水县	8046		4	12	92	32	45	61	50	65	76
滨海县	10122	1	3	48	172	55	98	120	101	137	164
阜宁县	13098		5	42	242	78	98	124	159	152	213
射阳县	9769	1	6	61	265	73	122	110	114	129	254
建湖县	9075		4	63	330	81	132	149	157	206	240
盐城经济技术开发区	1982		2	5	30	4	14	14	19	30	29
东台市	13221		9	116	588	136	180	203	237	309	342
扬州市	**93049**	**12**	**50**	**609**	**3076**	**1002**	**1343**	**1507**	**1622**	**1709**	**1983**
广陵区	17225	4	7	106	554	230	367	362	337	281	339
邗江区	23415	4	6	75	497	171	297	321	309	337	409
江都区	17900	1	12	197	816	220	190	266	316	381	484
宝应县	9403		10	70	315	90	114	116	152	161	182
扬州经济技术开发区	3944		2	22	178	65	82	81	89	89	130
仪征市	9657		6	56	298	96	108	157	172	231	193
高邮市	11505	3	7	83	418	130	185	204	247	229	246
镇江市	**66735**	**2**	**44**	**511**	**2834**	**969**	**1169**	**1276**	**1227**	**1379**	**1681**
京口区	7936	1	5	34	299	115	116	172	174	182	203
润州区	7209		4	43	238	85	132	130	137	136	158
丹徒区	6017		7	54	210	77	163	115	139	153	172
镇江新区	6926		1	40	200	85	84	109	94	128	297
丹阳市	17010		18	214	1003	303	345	399	318	347	416
扬中市	10773		5	83	595	215	249	212	225	272	273
句容市	10864	1	4	43	289	89	80	139	140	161	162
泰州市	**74697**		**43**	**452**	**2691**	**1168**	**1028**	**1374**	**1422**	**1470**	**1702**
海陵区	10975		6	49	434	172	151	240	238	229	238
高港区	6831		1	22	268	96	75	102	102	140	140
姜堰区	12620		14	106	319	327	176	243	263	252	350
泰州医药高新技术产业开发区	6506			48	166	66	77	111	100	79	140
兴化市	9146		5	39	288	95	119	158	173	179	188
靖江市	14388		7	94	638	264	251	298	315	320	357
泰兴市	14231		10	94	578	148	179	222	231	271	289
宿迁市	**64315**	**1**	**5**	**92**	**483**	**216**	**346**	**404**	**492**	**553**	**695**
宿城区	7951		1	19	94	41	63	92	96	84	98
宿豫区	4738			10	27	13	30	46	53	41	70
沭阳县	30547		2	34	196	96	139	129	164	222	254
泗阳县	9687	1		11	76	35	45	69	103	100	124
泗洪县	8073		2	17	65	23	50	34	48	68	82
宿迁经济技术开发区	3319			1	25	8	19	34	28	38	67

单位：个

2007年	2008年	2009年	2010年	2011年	2012年	2013年	2014年	2015年	2016年	2017年	2018年	无开业年份
2287	**2563**	**2731**	**3477**	**3843**	**4370**	**4701**	**7373**	**9816**	**16500**	**19385**	**18211**	**361**
401	434	456	510	580	719	706	1224	1648	2445	2490	2013	7
322	375	430	460	480	583	637	1183	1747	2904	3187	2953	64
241	244	294	410	437	424	462	692	858	1325	1602	1566	5
105	128	130	177	206	250	309	467	792	1636	1803	1603	3
168	259	215	348	484	506	466	781	923	1599	1640	1605	229
223	246	273	426	406	447	594	765	1013	2047	2512	3028	5
161	192	253	302	323	443	419	585	747	1446	2219	1541	3
254	221	252	329	371	326	393	603	779	1220	1190	1746	29
43	42	48	72	82	118	130	212	273	295	313	206	1
369	422	380	443	474	554	585	861	1036	1583	2429	1950	15
1953	**1901**	**2180**	**2829**	**3115**	**3496**	**3890**	**6217**	**8351**	**13809**	**14702**	**16187**	**1506**
373	363	387	465	547	736	725	1297	1552	2477	2877	2800	39
424	425	459	657	759	779	842	1559	1965	3221	3589	5070	1240
400	417	452	513	545	618	752	961	1556	2863	2847	2953	140
161	176	217	308	345	372	493	711	1079	1443	1364	1516	8
117	104	93	144	134	139	160	264	331	523	532	663	2
254	182	242	354	362	389	377	637	954	1415	1589	1560	25
224	234	330	388	423	463	541	788	914	1867	1904	1625	52
1511	**1599**	**1971**	**2510**	**2554**	**2612**	**3023**	**4703**	**5460**	**9739**	**11354**	**8598**	**9**
188	198	242	246	225	292	279	565	698	1250	1483	968	1
137	155	196	202	199	237	287	432	513	1157	1334	1297	
157	163	182	223	237	225	324	435	482	788	1026	684	1
165	175	209	382	341	358	387	517	526	843	988	994	3
422	398	543	686	737	745	813	1234	1343	2289	2567	1869	1
281	293	344	450	488	470	475	737	890	1375	1665	1175	1
161	217	255	321	327	285	458	783	1008	2037	2291	1611	2
1643	**1915**	**2391**	**3092**	**2719**	**2938**	**3417**	**4870**	**6006**	**9606**	**11929**	**12699**	**122**
260	286	363	440	339	434	469	732	1003	1622	1813	1453	4
148	175	202	236	268	276	390	498	607	923	970	1174	18
275	308	394	491	435	461	542	765	849	1397	1772	2832	49
152	166	251	344	215	219	270	371	586	925	1143	1071	6
196	247	255	438	405	430	461	623	747	1312	1672	1115	1
324	415	540	578	555	551	676	948	1055	1712	2145	2307	38
288	318	386	565	502	567	609	933	1159	1715	2414	2747	6
790	**946**	**1432**	**2033**	**2191**	**2504**	**3270**	**5161**	**6789**	**10951**	**13482**	**11428**	**51**
112	131	141	198	205	273	280	532	886	1550	1644	1405	6
81	84	81	134	140	144	205	368	444	768	1073	926	
294	397	729	1105	1191	1335	1704	2596	3248	4913	6485	5299	15
135	168	254	322	307	319	466	703	844	1702	2025	1872	6
102	103	157	176	222	314	444	664	982	1377	1665	1459	19
66	63	70	98	126	119	171	298	385	641	590	467	5

2-15 按地区、开业（成立）时间分组的

地　区	企业从业人员数	1949 年以前	1950-1977 年	1978-1991 年	1992-2000 年
总计	**34578766**	**36666**	**592699**	**1369400**	**4763454**
南京市	**3822828**	**16967**	**96222**	**289172**	**585965**
玄武区	215748	3	545	6935	37401
秦淮区	328115	2	5743	10157	70162
建邺区	298275		73806	3929	42406
鼓楼区	604472	319	3507	142827	116469
浦口区	344846	6654	331	15040	51027
栖霞区	372688	5942	1398	34890	46862
雨花台区	211737		5353	2842	29497
江宁区	618182	3497	2328	26626	89683
六合区	300288	550	2909	9166	38744
溧水区	275889		275	34322	19553
高淳区	252588		27	2438	44161
无锡市	**3288456**	**924**	**15327**	**151636**	**571050**
锡山区	320824	922	196	2040	62324
惠山区	331918		573	6193	48791
滨湖区	332356		2327	20868	60519
梁溪区	343452		2157	12745	41644
新吴区	585571		4676	11280	107578
江阴市	877782	2	2388	67089	151116
宜兴市	496553		3010	31421	99078
徐州市	**2092440**	**2373**	**6514**	**40452**	**205422**
鼓楼区	134524		71	246	4012
云龙区	113072	2	234	8564	10326
贾汪区	73905		441	665	3703
泉山区	203358		509	5311	50760
铜山区	307093	2354	2439	2309	32574
丰县	136833		10	353	3669
沛县	263096		751	1868	28843
睢宁县	201612		70	2157	5079
徐州经济技术开发区	124868		22	3428	44651
新沂市	247611	15	200	14864	11221
邳州市	286468	2	1767	687	10584
常州市	**2570431**	**726**	**26741**	**150828**	**418864**
天宁区	230654		561	18006	53056
钟楼区	220399		389	23884	35356
新北区	471927		1275	12328	79463
武进区	854378	704	18829	44325	118248

企业法人单位从业人员数

单位：人

2001 年	2002 年	2003 年	2004 年	2005 年	2006 年	2007 年
1255744	**1268537**	**1501264**	**1310649**	**1214380**	**1450691**	**1159052**
95717	**151619**	**169656**	**142933**	**179481**	**151926**	**114033**
4553	13400	6156	9052	3914	5923	5413
8002	12956	10294	11826	16586	15349	8046
2740	12053	8130	11243	4295	5745	13727
11632	17128	18753	23650	73385	12344	10889
4601	6389	10081	10063	11108	13751	11521
9632	23059	24742	11058	11803	6251	5159
7068	3915	8639	4846	8494	12013	5484
28399	21920	36926	30974	18914	43674	25459
5257	13502	13546	11597	10616	18333	10919
6761	22841	16163	9916	10144	8943	12254
7072	4456	16226	8708	10222	9600	5162
149732	**169985**	**188911**	**146740**	**151653**	**118159**	**97876**
20613	23237	19463	17440	10934	11410	10896
15698	18699	19691	16828	18576	11621	11054
11102	11706	16205	10766	15475	10697	8573
6698	9492	17880	8592	7751	11106	11683
34004	31814	29037	38305	46445	21877	20726
37893	57839	67676	32376	34242	31501	21276
23724	17198	18959	22433	18230	19947	13668
32622	**25420**	**103444**	**42437**	**47343**	**90649**	**75556**
1630	2372	2807	1510	2916	3961	4337
1944	2174	4825	2133	2755	3947	3860
1857	1712	1326	1268	1632	9594	1569
3855	1542	2603	6437	3276	4956	3862
10196	6577	71435	5562	4326	8166	22937
1936	1524	1183	4679	4511	4014	2431
1551	1623	3963	3440	8347	23596	15680
2222	1579	1415	3410	1692	3366	4767
1420	1796	5084	6119	2715	11737	3371
3760	1872	5235	2762	5987	7181	5847
2251	2649	3568	5117	9186	10131	6895
132003	**83627**	**126791**	**85569**	**94770**	**98826**	**80018**
8611	8397	9728	5787	8876	9722	7575
5519	7454	10196	13165	9276	6028	7564
13004	16561	32414	23675	20203	16931	19605
36955	26824	41027	23964	34796	42990	32446

2-15 续表 1

地　区	企业从业人员数	1949 年以前	1950-1977 年	1978-1991 年	1992-2000 年
金坛区	387425	22	4847	20001	30470
溧阳市	405648		840	32284	102271
苏州市	**7250505**	**1398**	**14080**	**128835**	**1143332**
虎丘区	537008		2388	6020	162238
吴中区	657942		403	7277	71467
相城区	410000		1139	8703	48149
姑苏区	373850	311	1180	22254	50269
吴江区	779320		799	18932	126664
苏州工业园区	897609		933	2305	120855
常熟市	735720	96	3619	27398	101034
张家港市	690067	192	3292	14238	145829
昆山市	1729405	1	234	17856	257200
太仓市	439584	798	93	3852	59627
南通市	**4207909**	**5314**	**348063**	**120838**	**690107**
崇川区	280096	3859	28294	9388	44168
港闸区	210076	1449	1978	1865	23865
通州区	773013		208314	28700	51343
如东县	490152		2329	36695	84026
南通经济技术开发区	211359		1463	1554	24171
启东市	445350		28220	26777	115147
如皋市	543330		51917	4375	96443
海门市	642533		905	8905	38984
海安市	612000	6	24643	2579	211960
连云港市	**910064**	**753**	**3641**	**45621**	**120980**
连云区	64921		2438	1129	20902
海州区	207737	613	838	5979	30887
赣榆区	193558		72	30086	10875
东海县	155573	140		2423	21068
灌云县	67945		212	2367	1120
灌南县	110673		50	644	1354
连云港经济技术开发区	86905			1916	25555
连云港高新技术产业开发区	22752		31	1077	9219
淮安市	**1434336**	**15**	**8444**	**13591**	**115051**
淮安区	252571	5	14	2807	30861
淮阴区	204239		96	1547	16951
清江浦区	259341		6525	3555	18849
洪泽区	115470		665	1356	4048
涟水县	218093	10	65	719	7830
盱眙县	107104		222	547	7377
金湖县	112177		857	2468	8070
淮安经济技术开发区	165341			592	21065

单位：人

2001 年	2002 年	2003 年	2004 年	2005 年	2006 年	2007 年
64058	11528	13479	10947	15373	15472	9220
3856	12863	19947	8031	6246	7683	3608
304668	**379147**	**393739**	**370866**	**262657**	**377723**	**275484**
30893	23002	35324	25897	16714	23139	14073
22848	33555	34273	24827	26410	27728	22891
16234	34095	20057	13871	17483	26262	17308
12829	6677	20565	9615	10787	10364	12201
47211	58566	44703	28863	22999	31005	38501
41747	52428	51724	58019	50011	42248	49250
20170	35874	32844	28775	21392	79147	27680
23379	30739	33948	37669	27250	33776	25071
72634	76569	101903	124208	52388	84425	48133
16723	27642	18398	19122	17223	19629	20376
173346	**128292**	**154190**	**125189**	**143216**	**136937**	**114093**
5493	8987	14606	11178	10018	8703	7162
2021	12823	9643	6320	25088	9191	5240
9277	20913	30667	18031	18263	21443	12825
8438	11889	11690	18885	17247	18526	19897
4357	8265	6264	14571	5833	8411	5440
7970	13872	16009	10263	16545	21795	13197
9395	11685	16939	13609	20342	17553	24739
117909	7782	35219	17308	13573	16430	12068
8486	32076	13153	15024	16307	14885	13525
24217	**14690**	**28008**	**31806**	**21998**	**34360**	**21656**
5219	453	3639	841	1523	1686	1275
6994	4350	12189	3770	6809	7263	4935
444	5023	3347	2692	3588	5364	2662
1424	1197	2634	3995	3560	8161	4073
243	1304	609	264	1024	4986	3962
348	884	4432	3308	2462	2963	1991
8858	396	667	15540	2601	3395	2387
687	1083	491	1396	431	542	371
25582	**34817**	**25738**	**48077**	**50388**	**73202**	**83794**
3363	4714	3847	7192	23808	4485	24844
1843	6923	3467	5434	3731	6787	10805
12993	11670	6040	7374	6717	8497	5884
976	3320	1622	2099	2193	4969	2680
1088	3940	2205	7990	5670	23409	18244
1621	824	2040	3084	2500	2634	5441
2180	2293	4086	2663	2976	3159	4468
1518	1133	2431	12241	2793	19262	11428

2-15 续表2

地 区	企业从业人员数	1949年以前	1950-1977年	1978-1991年	1992-2000年
盐城市	**2083660**	**5209**	**4453**	**68392**	**201402**
亭湖区	236532	3	336	21996	30604
盐都区	366755		1220	10397	30992
大丰区	197547		325	5077	22637
响水县	111128		259	1152	2972
滨海县	172816	2	316	2198	11659
阜宁县	321853		24	2739	22854
射阳县	179248	5204	707	3660	11809
建湖县	190614		203	11937	33217
盐城经济技术开发区	60839		395	1759	7710
东台市	246328		668	7477	26948
扬州市	**2464224**	**1655**	**41953**	**164223**	**240411**
广陵区	362417	1212	3698	4647	30039
邗江区	390425	410	806	12964	53875
江都区	569221	5	654	106064	53280
宝应县	336704		35687	2076	45872
扬州经济技术开发区	130557		289	9643	17768
仪征市	270469		192	2866	11886
高邮市	404431	28	627	25963	27691
镇江市	**1183812**	**404**	**10416**	**48645**	**143892**
京口区	103206	400	150	8562	15502
润州区	100305		5253	6797	17923
丹徒区	111200		3694	3658	9154
镇江新区	152814		449	1965	16373
丹阳市	350308		338	23603	42446
扬中市	155658		502	3270	22798
句容市	210321	4	30	790	19696
泰州市	**2087064**		**16056**	**140461**	**291728**
海陵区	265282		1819	45653	39313
高港区	241261		207	1520	29510
姜堰区	377227		2365	46262	120996
泰州医药高新技术产业开发区	126398			2522	5708
兴化市	262184		462	4690	17911
靖江市	383969		3432	28663	29646
泰兴市	430743		7771	11151	48644
宿迁市	**1183037**	**928**	**789**	**6706**	**35250**
宿城区	187696			1746	12466
宿豫区	149299			740	2395
沭阳县	365911		351	1011	5519
泗阳县	244681	928		908	4181
泗洪县	152936		438	2295	8016
宿迁经济技术开发区	82514			6	2673

单位：人

2001年	2002年	2003年	2004年	2005年	2006年	2007年
27541	**53059**	**54128**	**47288**	**51177**	**74568**	**65959**
3659	10317	7279	6502	6048	7576	9561
2856	6097	8566	5886	10438	13043	9008
3630	10436	6994	4850	5867	6876	5991
703	1612	5116	1432	1777	2977	3598
576	3405	6151	4321	3096	9766	3505
6403	3062	3291	9363	5755	9455	11346
1981	4714	4021	3053	3006	8643	3785
3762	3786	5759	5231	4644	7503	6283
179	4130	248	931	3490	1448	4131
3792	5500	6703	5719	7056	7281	8751
101548	**71804**	**72763**	**76945**	**73276**	**156524**	**96197**
9336	15038	15505	13706	10440	8051	11913
9579	10831	9456	9826	10371	65427	9859
18739	17857	15014	13818	17536	24548	23288
31613	3969	9910	13880	10958	8916	6644
4185	6782	9221	3539	2749	11412	6809
22593	3279	6530	12417	7986	13304	23029
5503	14048	7127	9759	13236	24866	14655
48495	**43466**	**59443**	**42011**	**35038**	**45756**	**37445**
2967	1919	4196	4732	2045	4497	2391
2485	4301	2840	2506	2337	3850	2075
3510	5066	3655	4737	3397	4711	6918
3363	4024	4495	3233	4536	7045	5048
10626	16381	27639	13495	11923	13506	10878
11666	7412	3604	7067	5071	4719	6135
13878	4363	13014	6241	5729	7428	4000
128606	**63644**	**74170**	**103830**	**60787**	**63265**	**50498**
4396	3165	10189	6412	5557	9868	11658
22790	5032	10364	12092	10368	3741	9544
20155	4166	23719	9723	7869	8877	4485
2704	3436	3210	5849	2002	4168	3925
3828	3649	6475	20148	8902	7361	6638
58623	12154	7308	37708	17349	16846	6919
16110	32042	12905	11898	8740	12404	7329
11667	**48967**	**50283**	**46958**	**42596**	**28796**	**46443**
3172	3131	18430	2906	10234	2992	4146
3641	28889	3543	2925	1813	7131	5203
2084	2931	2194	15939	9824	8448	13633
2398	2686	2196	24210	11048	3274	4465
337	7558	1159	495	7565	3453	9761
35	3772	22761	483	2112	3498	9235

2-15 续表 3

地 区	2008 年	2009 年	2010 年	2011 年	2012 年
总计	**1079887**	**1164615**	**1376595**	**1216739**	**1286313**
南京市	**146399**	**118296**	**145521**	**124118**	**181107**
玄武区	34186	8162	6044	10995	18506
秦淮区	8979	9444	12131	10821	10970
建邺区	5417	8659	23773	8001	12833
鼓楼区	29632	9185	14468	10925	12486
浦口区	7530	5829	14172	15600	18643
栖霞区	5933	15273	8584	7500	14568
雨花台区	4517	10017	6485	8212	20592
江宁区	22874	16907	21146	21122	29501
六合区	9260	13724	16103	13837	18245
溧水区	10861	8940	11322	7823	10664
高淳区	7210	12156	11293	9282	14099
无锡市	**92113**	**91745**	**110714**	**108943**	**106151**
锡山区	8739	10980	13871	10236	14308
惠山区	9947	9477	12530	12282	11762
滨湖区	8975	10158	14597	14142	14344
梁溪区	11738	8364	10465	10474	10676
新吴区	8895	17902	12861	20279	19293
江阴市	31783	20891	29415	25974	22225
宜兴市	12036	13973	16975	15556	13543
徐州市	**69691**	**86342**	**82661**	**62858**	**70839**
鼓楼区	5408	4166	4246	4448	5348
云龙区	11898	4169	3637	3356	4667
贾汪区	1849	5413	4700	2447	2754
泉山区	4030	6169	6779	5124	7483
铜山区	9830	11710	7146	8853	8016
丰县	3480	23876	6156	5535	4919
沛县	11152	11753	13315	7423	9393
睢宁县	6354	4273	8829	6777	9461
徐州经济技术开发区	5397	2440	3912	3191	2791
新沂市	6173	6809	14592	6779	6863
邳州市	4120	5564	9349	8925	9144
常州市	**64283**	**78239**	**96626**	**88385**	**79277**
天宁区	4938	6110	6590	6495	5750
钟楼区	5080	6138	8149	5705	6360
新北区	13901	13638	24911	18011	17320
武进区	22813	30102	31494	32476	26664

单位：人

2013 年	2014 年	2015 年	2016 年	2017 年	2018 年	无开业年份
1228546	**1598744**	**1550087**	**4239169**	**2450771**	**1459232**	**5532**
139294	**172392**	**138525**	**374434**	**171714**	**116918**	**419**
11290	5988	6080	9918	6025	5254	5
13101	29624	11952	25316	13804	12844	6
9003	7931	8665	16546	11163	8167	43
18289	13169	14623	21601	15328	13827	36
13099	17458	17723	47943	26955	19196	132
10951	17396	10047	80080	14333	7216	11
8570	13466	12192	19302	12660	7562	11
16789	30292	20720	62363	33707	14292	69
13328	18151	18121	24019	11625	8732	4
16622	10104	12925	24945	12479	8022	10
8252	8813	5477	42401	13635	11806	92
113591	**155291**	**167849**	**250645**	**209001**	**119942**	**478**
9609	13053	13230	22777	17201	7325	20
14079	19106	16951	23303	22613	12107	37
10365	13057	13717	27058	23637	14059	9
15836	21776	27463	39426	35395	22035	56
13858	28675	30780	45957	24672	16535	122
25597	43277	44217	45868	54495	30459	183
24247	16347	21491	46256	30988	17422	51
79057	**112601**	**124965**	**339188**	**230717**	**160970**	**319**
4777	7885	11308	32669	17103	13304	
4305	6585	6519	11885	9358	5929	
2424	4170	3768	8740	9711	4139	23
8118	16120	11779	24949	19019	10662	15
8581	10351	12005	28635	21232	11850	9
7210	7139	9371	20247	15608	8973	9
5912	13683	17002	43930	22473	17198	200
11120	12957	16890	53788	26831	18559	16
4205	4228	3213	4253	7936	2956	3
8220	11743	13063	38865	45558	30002	
14185	17740	20047	71227	35888	37398	44
106823	**125720**	**102283**	**315488**	**139173**	**75066**	**305**
8637	9498	7921	25582	12326	6484	4
9508	9022	13446	18836	11359	7940	25
20642	22868	22170	37650	30550	14754	53
43372	44887	35109	97545	43928	24735	145

2-15 续表 4

地 区	2008年	2009年	2010年	2011年	2012年
金坛区	9742	12947	14004	11109	11097
溧阳市	7809	9304	11478	14589	12086
苏州市	**228220**	**222660**	**324811**	**330881**	**299879**
虎丘区	16362	14698	19793	17462	13847
吴中区	30814	24326	28494	31016	25824
相城区	15274	11718	16239	21231	18370
姑苏区	10383	8029	35920	11775	21084
吴江区	28945	30512	35156	37071	30328
苏州工业园区	22892	20323	33537	37290	28811
常熟市	16941	27251	26231	26340	30978
张家港市	16470	18473	27304	28008	26803
昆山市	53598	52453	78873	99876	71365
太仓市	16541	14877	23264	20812	32469
南通市	**99574**	**182586**	**153505**	**113872**	**109543**
崇川区	8856	8036	6886	8051	10319
港闸区	5200	9399	6544	5489	5143
通州区	11816	12967	21944	21613	14734
如东县	12889	9826	22093	19213	16597
南通经济技术开发区	6023	4504	8526	8296	9589
启东市	13973	12747	18131	11186	10603
如皋市	16469	10655	27592	14014	13538
海门市	9857	102940	13575	11187	11234
海安市	14491	11512	28214	14823	17786
连云港市	**29398**	**25714**	**33837**	**26396**	**24938**
连云区	947	1640	6131	1687	2437
海州区	6374	4945	6820	6676	5133
赣榆区	11526	1839	7408	4386	2405
东海县	2992	3603	4819	6420	6304
灌云县	2734	5890	1602	1633	3095
灌南县	2175	5927	4235	3120	3784
连云港经济技术开发区	2001	1629	2369	2223	1591
连云港高新技术产业开发区	649	241	453	251	189
淮安市	**48605**	**65644**	**67898**	**58112**	**54017**
淮安区	4327	25142	7517	7988	7354
淮阴区	6848	6058	8493	6925	8549
清江浦区	13073	14138	9263	7439	7337
洪泽区	9977	3085	5797	5897	7899
涟水县	3010	4773	10028	8106	7073
盱眙县	2498	4916	9453	10851	5046
金湖县	3733	2239	7589	6605	3358
淮安经济技术开发区	5139	5293	9758	4301	7401

单位：人

2013 年	2014 年	2015 年	2016 年	2017 年	2018 年	无开业年份
10164	26579	13850	53015	18713	10712	76
14500	12866	9787	82860	22297	10441	2
254207	**371727**	**325237**	**548857**	**447420**	**244445**	**232**
13644	18662	20608	23879	22575	15789	1
35349	40637	31611	73206	42090	22882	14
17673	19391	19022	25627	26968	15182	4
12071	18016	21901	34053	25608	17948	10
26826	29618	31370	46641	41844	22758	8
30982	45092	48299	76231	46555	38024	53
19339	31108	22305	73021	62410	21731	36
22153	32080	29437	50153	40550	23240	13
63466	119054	83327	121101	98262	52469	10
12704	18069	17357	24945	40558	14422	83
133052	**180601**	**129838**	**545651**	**252515**	**166253**	**1334**
10287	10269	10321	29633	15271	10289	22
4618	7742	7312	32374	14003	12759	10
15698	26463	22052	132322	45226	27583	819
28029	25513	24024	44184	33048	24891	223
10895	13019	11335	17923	28557	12352	11
9667	11683	11093	35174	25008	16198	92
16016	14723	15003	99744	30001	18532	46
22725	54301	13833	83002	29510	21277	9
15117	16888	14865	71295	31891	22372	102
23932	**36015**	**73745**	**166905**	**69586**	**51326**	**542**
1883	1725	755	5088	2279	1239	5
6953	10692	14139	27833	22244	11301	
3049	7127	37758	34570	11167	8161	9
5783	7408	7553	32027	15711	14270	8
1750	2093	2688	20672	5262	4391	44
2822	4036	8292	35827	10678	10887	454
1126	2127	1398	9367	1216	521	22
566	807	1162	1521	1029	556	
49436	**74721**	**73493**	**257001**	**124617**	**81938**	**155**
7358	10769	9033	33971	19024	14049	99
8761	14038	12079	38506	22627	13771	
7777	12092	17164	46806	21588	14544	16
4761	4852	6083	22159	10688	10344	
5425	7876	8566	64108	21136	6818	4
5910	6519	5828	13996	7898	7892	7
4185	6226	6871	19732	11064	7341	14
5259	12349	7869	17723	10592	7179	15

2-15 续表 5

地 区	2008 年	2009 年	2010 年	2011 年	2012 年
盐城市	**82053**	**72348**	**86793**	**78536**	**79961**
亭湖区	10045	11433	6847	6713	6991
盐都区	18234	13810	14140	10044	11138
大丰区	7690	5162	11891	13556	8133
响水县	1930	3721	10525	4662	3411
滨海县	8224	4268	6651	6926	7683
阜宁县	6052	9852	9406	9445	10377
射阳县	6503	6810	6476	6548	11429
建湖县	11616	5002	6179	7610	6436
盐城经济技术开发区	1715	3733	2560	3648	4991
东台市	10044	8557	12118	9384	9372
扬州市	**61804**	**59410**	**64553**	**77111**	**123370**
广陵区	8670	6845	6206	10789	73476
邗江区	9292	11662	11658	14774	8658
江都区	13843	11529	12086	11705	12144
宝应县	7246	7167	7203	13568	6325
扬州经济技术开发区	2181	4499	4451	5028	3081
仪征市	5961	8320	13356	12153	9399
高邮市	14611	9388	9593	9094	10287
镇江市	**44318**	**40469**	**57729**	**45615**	**42779**
京口区	3951	2296	5416	3042	4849
润州区	2786	3063	2403	3542	2208
丹徒区	3840	3928	3785	4177	3889
镇江新区	5469	4287	10634	8644	6769
丹阳市	9204	14940	15682	12944	12341
扬中市	4559	4653	11067	5259	7478
句容市	14509	7302	8742	8007	5245
泰州市	**65457**	**72907**	**73258**	**53335**	**62912**
海陵区	6042	9514	10163	6895	6399
高港区	10147	13490	4797	4799	4389
姜堰区	6913	11557	7087	8912	7527
泰州医药高新技术产业开发区	5865	8152	7151	6367	14548
兴化市	7041	9638	9399	7786	9363
靖江市	8609	8640	23350	6997	10675
泰兴市	20840	11916	11311	11579	10011
宿迁市	**47972**	**48255**	**78689**	**48577**	**51540**
宿城区	18929	5095	13935	5611	12505
宿豫区	4265	10909	9425	6409	2558
沭阳县	7911	14219	26954	16604	21442
泗阳县	3783	10574	18331	10521	9212
泗洪县	11274	3290	7975	7276	4122
宿迁经济技术开发区	1810	4168	2069	2156	1701

单位：人

2013年	2014年	2015年	2016年	2017年	2018年	无开业年份
85969	**100019**	**116788**	**354758**	**229141**	**143255**	**863**
9181	9565	13564	32869	17530	7890	23
15205	18161	22530	81850	37767	25178	195
8173	10721	10029	16190	16688	16565	66
3903	6325	8428	20557	14262	11787	19
6644	8275	9326	45265	14844	9567	148
11770	12617	19675	55348	67828	35166	25
6855	8433	11574	25216	24552	14267	2
7685	6091	8773	30508	10085	8287	17
3592	3806	3644	3003	4228	1496	2
12961	16025	9245	43952	21357	13052	366
61661	**84114**	**97572**	**393107**	**239277**	**104423**	**523**
8487	12142	15580	49791	24737	22078	31
11063	15245	17380	51457	28078	17645	109
12257	14560	21492	116220	31001	21488	93
6748	10740	13240	52893	31342	10697	10
2549	4813	5813	11633	8107	5991	14
8253	15297	12203	40265	27197	13912	71
12304	11317	11864	70848	88815	12612	195
46643	**52447**	**61843**	**129515**	**93497**	**53887**	**59**
3236	3271	4009	12719	8985	4070	1
3421	3282	3507	14406	7260	4060	
5601	4559	5108	11959	10291	5535	28
8641	8228	8189	17576	13501	10330	15
15666	16167	20436	28981	21446	11666	
4703	6518	7681	13840	11167	6484	5
5375	10422	12913	30034	20847	11742	10
81416	**59534**	**72536**	**385048**	**107304**	**60117**	**195**
9753	7054	16779	34951	12686	6921	95
7381	7816	7385	65818	5978	4065	28
5346	9766	7657	41504	12929	9349	63
4101	3944	5975	24707	7896	4166	2
12138	7307	10213	81797	20961	6477	
24563	9622	9717	33553	20985	8603	7
18134	14025	14810	102718	25869	20536	
53465	**73562**	**65413**	**178572**	**136809**	**80692**	**108**
6759	12502	6932	19959	15583	10661	2
3430	6774	5130	16609	18887	8623	
20154	28521	29028	54802	48804	35497	41
11048	12552	13036	52584	31049	15665	32
8909	7382	8737	27101	17157	8609	27
3165	5831	2550	7517	5329	1637	6

2-16 按行业（大类）、运营状态

行业大类	代码	企业法人单位数	正常运营	停业（歇业）
总计		**1859211**	**1506838**	**178132**
农、林、牧、渔业	**A**	**2903**	**2217**	**341**
农业	01	12	11	
林业	02	1	1	
畜牧业	03	6	6	
渔业	04	2	2	
农、林、牧、渔专业及辅助性活动	05	2882	2197	341
采矿业	**B**	**370**	**200**	**84**
煤炭开采和洗选业	06	22	19	1
石油和天然气开采业	07	5	4	
黑色金属矿采选业	08	49	22	14
有色金属矿采选业	09	12	6	4
非金属矿采选业	10	242	124	56
开采专业及辅助性活动	11	22	14	6
其他采矿业	12	18	11	3
制造业	**C**	**513326**	**432856**	**43755**
农副食品加工业	13	7431	5985	725
食品制造业	14	4739	3810	448
酒、饮料和精制茶制造业	15	1823	1459	219
烟草制品业	16	12	12	
纺织业	17	42224	35755	3551
纺织服装、服饰业	18	27640	22089	3197
皮革、毛皮、羽毛及其制品和制鞋业	19	4626	3684	532
木材加工和木、竹、藤、棕、草制品业	20	12986	10068	1295
家具制造业	21	10547	8433	1187
造纸和纸制品业	22	9637	8387	722
印刷和记录媒介复制业	23	10930	9895	634
文教、工美、体育和娱乐用品制造业	24	16272	13303	1452
石油、煤炭及其他燃料加工业	25	716	572	75
化学原料和化学制品制造业	26	9785	7726	1123
医药制造业	27	2401	2007	171
化学纤维制造业	28	2492	2137	184
橡胶和塑料制品业	29	28684	25097	2008
非金属矿物制品业	30	24182	19160	2848
黑色金属冶炼和压延加工业	31	4110	3553	365
有色金属冶炼和压延加工业	32	4761	4006	461

分组的企业法人单位数

单位：个

筹建	当年关闭	当年破产	当年注销	当年吊销	其他
108787	**27301**	**1271**	**19343**	**2251**	**15288**
178	**82**	**5**	**34**	**2**	**44**
	1				
178	81	5	34	2	44
26	**38**	**2**	**11**	**6**	**3**
1	1				
1					
4	6		1	1	1
1			1		
17	30	2	8	3	2
1			1		
1	1			2	
19927	**9432**	**546**	**3352**	**619**	**2839**
334	245	11	57	17	57
302	97	5	36	13	28
78	36	2	8	9	12
1260	910	61	334	60	293
890	848	42	294	59	221
163	155	7	41	7	37
459	804	54	184	57	65
486	271	7	86	12	65
273	126	9	49	8	63
191	116	3	42	8	41
880	336	25	150	29	97
34	26		4	1	4
346	382	17	74	27	90
149	36	4	14	3	17
79	44	12	6	4	26
860	416	15	117	19	152
1090	651	45	188	45	155
73	71	6	23	2	17
134	103	8	17	7	25

2-16 续表 1

行业大类	代码	企业法人单位数	正常运营	停业（歇业）
金属制品业	33	53951	45994	4480
通用设备制造业	34	80978	69886	5985
专用设备制造业	35	53614	46179	4070
汽车制造业	36	14055	11769	1186
铁路、船舶、航空航天和其他运输设备制造业	37	7453	6041	824
电气机械和器材制造业	38	34453	29400	2721
计算机、通信和其他电子设备制造业	39	20815	17730	1673
仪器仪表制造业	40	9650	8491	544
其他制造业	41	6208	5118	522
废弃资源综合利用业	42	1454	1088	185
金属制品、机械和设备修理业	43	4697	4022	368
电力、热力、燃气及水生产和供应业	**D**	**5023**	**3993**	**381**
电力、热力生产和供应业	44	2575	1917	206
燃气生产和供应业	45	435	366	16
水的生产和供应业	46	2013	1710	159
建筑业	**E**	**119568**	**98117**	**9672**
房屋建筑业	47	23183	18808	1538
土木工程建筑业	48	25525	21143	1989
建筑安装业	49	24173	20595	1809
建筑装饰、装修和其他建筑业	50	46687	37571	4336
批发和零售业	**F**	**601887**	**480068**	**66482**
批发业	51	388834	314522	41973
零售业	52	213053	165546	24509
交通运输、仓储和邮政业	**G**	**58550**	**49831**	**4519**
铁路运输业	53	6	6	
道路运输业	54	41936	35781	3174
水上运输业	55	1905	1608	139
航空运输业	56	128	93	10
管道运输业	57	17	16	1
多式联运和运输代理业	58	7103	6034	613
装卸搬运和仓储业	59	6234	5208	514
邮政业	60	1221	1085	68
住宿和餐饮业	**H**	**25853**	**19733**	**3095**
住宿业	61	6327	5307	438
餐饮业	62	19526	14426	2657
信息传输、软件和信息技术服务业	**I**	**72049**	**56101**	**6811**
电信、广播电视和卫星传输服务	63	1423	1264	71
互联网和相关服务	64	9611	7368	1016
软件和信息技术服务业	65	61015	47469	5724

单位：个

筹建	当年关闭	当年破产	当年注销	当年吊销	其他
2066	776	43	317	37	238
3163	1044	43	411	56	390
2235	545	32	282	34	237
727	226	7	69	7	64
274	183	9	59	19	44
1468	428	42	203	45	146
869	232	21	155	18	117
427	84	5	42	1	56
328	127	9	48	10	46
101	50	1	13	1	15
188	64	1	29	4	21
454	**80**	**1**	**62**	**5**	**47**
335	43	1	46	1	26
42	6		2		3
77	31		14	4	18
8530	**1190**	**44**	**982**	**106**	**927**
2114	280	15	212	19	197
1750	220	6	193	18	206
1191	187	9	182	17	183
3475	503	14	395	52	341
32724	**9292**	**377**	**7264**	**877**	**4803**
18989	5406	166	4260	597	2921
13735	3886	211	3004	280	1882
2437	**661**	**36**	**590**	**71**	**405**
1748	488	27	400	40	278
83	24	3	21	7	20
23			1		1
233	57		98	13	55
321	74	6	63	6	42
29	18		7	5	9
1812	**570**	**22**	**385**	**32**	**204**
395	85	7	54	6	35
1417	485	15	331	26	169
6410	**701**	**19**	**1055**	**76**	**876**
44	17	1	14	2	10
803	134	5	179	12	94
5563	550	13	862	62	772

2-16 续表 2

行业大类	代码	企业法人单位数	正常运营	停业（歇业）
金融业	**J**	**6679**	**5658**	**543**
货币金融服务	66	1812	1661	80
资本市场服务	67	3049	2383	350
保险业	68	1158	1124	17
其他金融业	69	660	490	96
房地产业	**K**	**58568**	**47906**	**5446**
房地产业	70	58568	47906	5446
租赁和商务服务业	**L**	**173997**	**136389**	**17547**
租赁业	71	13441	11040	1108
商务服务业	72	160556	125349	16439
科学研究和技术服务业	**M**	**120183**	**93987**	**10581**
研究和试验发展	73	32066	24217	2979
专业技术服务业	74	55733	45806	4432
科技推广和应用服务业	75	32384	23964	3170
水利、环境和公共设施管理业	**N**	**7664**	**6207**	**630**
水利管理业	76	398	331	33
生态保护和环境治理业	77	1400	1110	98
公共设施管理业	78	5564	4538	479
土地管理业	79	302	228	20
居民服务、修理和其他服务业	**O**	**34853**	**28834**	**2810**
居民服务业	80	12661	9889	1248
机动车、电子产品和日用产品修理业	81	14506	12820	806
其他服务业	82	7686	6125	756
教育	**P**	**17396**	**13621**	**1513**
教育	83	17396	13621	1513
卫生和社会工作	**Q**	**4343**	**3354**	**285**
卫生	84	3373	2681	199
社会工作	85	970	673	86
文化、体育和娱乐业	**R**	**35999**	**27766**	**3637**
新闻和出版业	86	217	198	4
广播、电视、电影和录音制作业	87	3755	3030	298
文化艺术业	88	9836	7473	769
体育	89	3000	2366	253
娱乐业	90	19191	14699	2313

单位：个

筹建	当年关闭	当年破产	当年注销	当年吊销	其他
207	**34**	**8**	**66**	**8**	**155**
36	13	3	6	2	11
130	13	3	35	4	131
7	3		5		2
34	5	2	20	2	11
3276	**724**	**48**	**540**	**76**	**552**
3276	724	48	540	76	552
13454	**1872**	**67**	**2257**	**209**	**2202**
830	167	7	137	25	127
12624	1705	60	2120	184	2075
11464	**1248**	**46**	**1465**	**93**	**1299**
3748	322	8	394	16	382
3806	538	21	588	55	487
3910	388	17	483	22	430
584	**87**	**2**	**90**	**6**	**58**
16	3		6	1	8
155	16		13		8
366	66	2	68	5	40
47	2		3		2
1945	**465**	**16**	**430**	**34**	**319**
1003	191	3	180	15	132
513	164	9	114	9	71
429	110	4	136	10	116
1670	**221**	**8**	**206**	**7**	**150**
1670	221	8	206	7	150
583	**31**	**1**	**45**	**2**	**42**
413	19		34		27
170	12	1	11	2	15
3106	**573**	**23**	**509**	**22**	**363**
8	1		4		2
334	26		26		41
1175	78		227	7	107
270	40	3	29	2	37
1319	428	20	223	13	176

2-17 按行业（大类）、运营状态

行业大类	代码	企业从业人员数		
			正常运营	停业（歇业）
总计		**34578766**	**33869124**	**334746**
农、林、牧、渔业	**A**	**26917**	**25232**	**951**
农业	01			
林业	02			
畜牧业	03			
渔业	04			
农、林、牧、渔专业及辅助性活动	05	26917	25232	951
采矿业	**B**	**69556**	**65984**	**2648**
煤炭开采和洗选业	06	47573	46004	1563
石油和天然气开采业	07	7876	7876	
黑色金属矿采选业	08	3884	2965	631
有色金属矿采选业	09	960	922	38
非金属矿采选业	10	9059	8022	410
开采专业及辅助性活动	11	98	95	
其他采矿业	12	106	100	6
制造业	**C**	**14355647**	**14076192**	**132558**
农副食品加工业	13	210668	204784	2612
食品制造业	14	128285	125307	1478
酒、饮料和精制茶制造业	15	84225	83109	720
烟草制品业	16	6631	6631	
纺织业	17	1101373	1073383	12543
纺织服装、服饰业	18	929760	908751	11016
皮革、毛皮、羽毛及其制品和制鞋业	19	144973	141364	1946
木材加工和木、竹、藤、棕、草制品业	20	228988	212477	7432
家具制造业	21	159284	152980	3121
造纸和纸制品业	22	168043	164420	1972
印刷和记录媒介复制业	23	200240	197395	1401
文教、工美、体育和娱乐用品制造业	24	391659	380267	5513
石油、煤炭及其他燃料加工业	25	33364	32138	415
化学原料和化学制品制造业	26	519055	502810	8473
医药制造业	27	231035	228985	691
化学纤维制造业	28	167224	165077	564
橡胶和塑料制品业	29	645105	634907	4995
非金属矿物制品业	30	527868	508395	10672
黑色金属冶炼和压延加工业	31	273269	269816	2692
有色金属冶炼和压延加工业	32	167049	164473	1073

分组的企业法人单位从业人员数

单位：人

筹建	当年关闭	当年破产	当年注销	当年吊销	其他
158033	**103257**	**8904**	**44932**	**7422**	**52348**
323	**215**	**23**	**43**	**8**	**122**
323	215	23	43	8	122
51	**733**	**28**	**70**	**42**	
	6				
17	269			2	
31	458	28	70	40	
3					
56582	**53698**	**5291**	**9944**	**2417**	**18965**
1140	1036	139	176	39	742
761	397	74	95	42	131
158	132	20	23	15	48
3002	6810	376	1386	257	3616
1534	5383	275	1403	189	1209
564	708	3	93	34	261
1070	6169	417	742	203	478
1400	1407	13	181	33	149
457	737	28	106	34	289
325	704	19	79	14	303
2400	2220	172	468	148	471
153	629		4		25
2520	3245	80	322	199	1406
821	189	2	75		272
1429	89		1		64
1610	2141	77	237	112	1026
3174	3923	162	503	132	907
214	409	1	45		92
670	422	8	77	29	297

2-17 续表 1

行业大类	代码	企业从业人员数	正常运营	停业（歇业）
金属制品业	33	1012730	991804	9625
通用设备制造业	34	1498108	1469419	13672
专用设备制造业	35	1075201	1057764	8304
汽车制造业	36	663996	656027	2349
铁路、船舶、航空航天和其他运输设备制造业	37	325111	320399	2422
电气机械和器材制造业	38	1272003	1251526	8386
计算机、通信和其他电子设备制造业	39	1779625	1770226	3935
仪器仪表制造业	40	257091	254562	1020
其他制造业	41	88174	84033	2183
废弃资源综合利用业	42	21619	20313	656
金属制品、机械和设备修理业	43	43891	42650	677
电力、热力、燃气及水生产和供应业	**D**	**196682**	**192096**	**1326**
电力、热力生产和供应业	44	116082	112607	748
燃气生产和供应业	45	20957	20736	12
水的生产和供应业	46	59643	58753	566
建筑业	**E**	**8802798**	**8745659**	**27607**
房屋建筑业	47	6239731	6217155	10842
土木工程建筑业	48	1126460	1114953	5714
建筑安装业	49	667427	658598	4213
建筑装饰、装修和其他建筑业	50	769180	754953	6838
批发和零售业	**F**	**3695667**	**3529635**	**85427**
批发业	51	2360286	2253687	57459
零售业	52	1335381	1275948	27968
交通运输、仓储和邮政业	**G**	**1014134**	**994385**	**9127**
铁路运输业	53			
道路运输业	54	636299	622626	6567
水上运输业	55	95475	93942	500
航空运输业	56	16045	15905	3
管道运输业	57	7880	7880	
多式联运和运输代理业	58	70798	69468	697
装卸搬运和仓储业	59	114110	111425	1230
邮政业	60	73527	73139	130
住宿和餐饮业	**H**	**480074**	**467340**	**5594**
住宿业	61	149468	145586	1460
餐饮业	62	330606	321754	4134
信息传输、软件和信息技术服务业	**I**	**850728**	**832519**	**7264**
电信、广播电视和卫星传输服务	63	134065	133441	474
互联网和相关服务	64	158398	155437	1361
软件和信息技术服务业	65	558265	543641	5429

单位：人

筹建	当年关闭	当年破产	当年注销	当年吊销	其他
4673	4472	132	583	182	1259
8128	3839	185	910	235	1720
5508	2198	53	340	114	920
3539	705	53	747	28	548
731	934	35	122	219	249
5416	2122	2631	650	98	1174
3092	1074	228	334	33	703
803	285	21	40		360
772	802	83	95	7	199
219	355	4	58		14
299	162		49	21	33
1483	**1009**	**4**	**701**	**4**	**59**
1262	784	4	662		15
70	133		5		1
151	92		34	4	43
13258	**4962**	**650**	**4646**	**513**	**5503**
3835	1836	526	2318	301	2918
3041	845	32	593	82	1200
1984	769	71	1304	22	466
4398	1512	21	431	108	919
28208	**23167**	**1683**	**15012**	**2537**	**9998**
17779	14109	737	8399	1400	6716
10429	9058	946	6613	1137	3282
3430	**2525**	**234**	**1362**	**191**	**2880**
2090	1861	192	545	84	2334
140	111	8	491	45	238
135			1		1
213	151		162	8	99
789	312	34	150	54	116
63	90		13		92
2867	**1584**	**90**	**899**	**411**	**1289**
1271	303	26	256	115	451
1596	1281	64	643	296	838
6818	**1424**	**96**	**1006**	**101**	**1500**
40	20		23	4	63
790	272	21	256	39	222
5988	1132	75	727	58	1215

2-17 续表2

行业大类	代码	企业从业人员数	正常运营	停业（歇业）
金融业	**J**	**27271**	**26091**	**463**
货币金融服务	66	12443	12143	125
资本市场服务	67	7732	7078	239
保险业	68	522	464	27
其他金融业	69	6574	6406	72
房地产业	**K**	**992856**	**973075**	**10612**
房地产业	70	992856	973075	10612
租赁和商务服务业	**L**	**2069590**	**2016384**	**23890**
租赁业	71	92594	89117	1573
商务服务业	72	1976996	1927267	22317
科学研究和技术服务业	**M**	**1039282**	**1000570**	**14792**
研究和试验发展	73	223875	212242	4670
专业技术服务业	74	629239	614804	6219
科技推广和应用服务业	75	186168	173524	3903
水利、环境和公共设施管理业	**N**	**180527**	**175578**	**955**
水利管理业	76	4264	4128	73
生态保护和环境治理业	77	16905	15999	102
公共设施管理业	78	154122	150328	720
土地管理业	79	5236	5123	60
居民服务、修理和其他服务业	**O**	**295159**	**284787**	**4777**
居民服务业	80	90352	86458	1711
机动车、电子产品和日用产品修理业	81	93146	90940	964
其他服务业	82	111661	107389	2102
教育	**P**	**127986**	**123370**	**1522**
教育	83	127986	123370	1522
卫生和社会工作	**Q**	**114075**	**111659**	**379**
卫生	84	102157	100325	253
社会工作	85	11918	11334	126
文化、体育和娱乐业	**R**	**239817**	**228568**	**4854**
新闻和出版业	86	9730	9715	3
广播、电视、电影和录音制作业	87	40246	38920	664
文化艺术业	88	60096	56858	1218
体育	89	24748	23904	352
娱乐业	90	104997	99171	2617

单位：人

筹建	当年关闭	当年破产	当年注销	当年吊销	其他
278	**66**	**12**	**57**	**18**	**286**
52	16	3	4		100
207	8	4	19	10	167
2	28		1		
17	14	5	33	8	19
4027	**2047**	**331**	**809**	**247**	**1708**
4027	2047	331	809	247	1708
15801	**4339**	**121**	**4082**	**469**	**4504**
753	566	29	277	59	220
15048	3773	92	3805	410	4284
13765	**4379**	**69**	**2334**	**250**	**3123**
4427	1145	8	358	49	976
4546	1519	12	715	111	1313
4792	1715	49	1261	90	834
1601	**349**		**1676**	**26**	**342**
22	7		27		7
728	44		8		24
819	298		1636	26	295
32			5		16
2088	**1060**	**106**	**1218**	**86**	**1037**
1081	369	48	245	26	414
507	352	45	138	34	166
500	339	13	835	26	457
1838	**496**	**86**	**297**	**6**	**371**
1838	496	86	297	6	371
1763	**83**	**14**	**96**	**29**	**52**
1407	41		89		42
356	42	14	7	29	10
3852	**1121**	**66**	**680**	**67**	**609**
1			10		1
439	103		56		64
1299	175		341	11	194
315	63	8	36		70
1798	780	58	237	56	280

2-18 按地区、运营状态分组的企业法人单位数

单位：个

地　区	企业法人单位数	正常运营	停业（歇业）	筹建	当年关闭	当年破产	当年注销	当年吊销	其他
总计	**1859211**	**1506838**	**178132**	**108787**	**27301**	**1271**	**19343**	**2251**	**15288**
南京市	**175925**	**136274**	**16993**	**17410**	**1307**	**40**	**1606**	**323**	**1972**
玄武区	12835	9484	1441	1026	181	10	272	92	329
秦淮区	19934	16904	1367	1386	49	4	82	7	135
建邺区	10322	8464	606	1084	32		103	11	22
鼓楼区	26086	20077	2855	2258	77	3	302	46	468
浦口区	28202	18046	5095	4015	347	3	377	104	215
栖霞区	12280	10626	608	899	58	2	52		35
雨花台区	9560	8425	463	445	49	3	48	2	125
江宁区	21637	18806	1188	1371	66	5	105	4	92
六合区	16183	12589	1178	1777	149	4	147	6	333
溧水区	10517	7108	1255	1577	271	5	67	44	190
高淳区	8369	5745	937	1572	28	1	51	7	28
无锡市	**234438**	**180721**	**29113**	**17836**	**2077**	**77**	**3013**	**223**	**1378**
锡山区	18972	15645	2088	906	153	5	111		64
惠山区	26952	22252	2451	1860	122	8	175	9	75
滨湖区	26285	21082	2789	1866	147	8	213	6	174
梁溪区	47495	35991	6772	2746	366	12	1121	157	330
新吴区	24812	20810	1010	2511	196	5	94	4	182
江阴市	53053	39032	6885	4868	895	18	913	33	409
宜兴市	36869	25909	7118	3079	198	21	386	14	144
徐州市	**128655**	**108425**	**6806**	**6743**	**3347**	**235**	**1804**	**454**	**841**
鼓楼区	11421	10506	224	174	26	5	40	19	427
云龙区	12561	11162	731	369	126	1	100	29	43
贾汪区	4984	2794	452	1221	387	19	85	3	23
泉山区	16090	14688	623	435	126	1	124	61	32
铜山区	16506	11744	1570	2295	507	29	219	24	118
丰县	6824	5596	454	63	542	68	79	1	21
沛县	9417	7046	591	852	624	61	154	51	38
睢宁县	12365	11435	571	231	91	5	20	4	8
徐州经济技术开发区	5177	4556	383	109	30		76	2	21
新沂市	16176	14751	547	459	177	26	154	24	38
邳州市	17134	14147	660	535	711	20	753	236	72
常州市	**148016**	**110624**	**22201**	**9928**	**2849**	**64**	**1116**	**78**	**1156**
天宁区	21458	15289	3579	1561	77	2	95	8	847
钟楼区	18920	13658	3024	2068	45	10	78	2	35
新北区	38714	26830	7306	2725	1342	15	403	21	72
武进区	46149	38641	4631	1989	549	10	168	9	152

2-18　续表 1　　单位：个

地　区	企业法人单位数	正常运营	停业（歇业）	筹建	当年关闭	当年破产	当年注销	当年吊销	其他
金坛区	10603	8363	1341	609	206	4	44	9	27
溧阳市	12172	7843	2320	976	630	23	328	29	23
苏州市	**489831**	**398081**	**57740**	**22061**	**2607**	**146**	**4919**	**215**	**4062**
虎丘区	26026	23640	1185	686	95	2	359	4	55
吴中区	49224	43540	2993	2067	147	10	348	9	110
相城区	28838	24278	3026	1086	141	4	194	9	100
姑苏区	56489	45573	8032	1516	102	26	820	62	358
吴江区	55110	47865	4366	1969	300	30	479	15	86
苏州工业园区	53678	46056	1463	2391	74	3	841	51	2799
常熟市	46447	29554	10462	5140	546	11	670	9	55
张家港市	44068	36763	4539	1739	316	25	497	16	173
昆山市	103018	79491	19106	3214	469	15	555	32	136
太仓市	26933	21321	2568	2253	417	20	156	8	190
南通市	**148202**	**126267**	**9471**	**6886**	**2428**	**94**	**1778**	**312**	**966**
崇川区	19551	18194	719	340	165		76	16	41
港闸区	9931	9113	451	269	31	3	34	1	29
通州区	21947	18855	911	1322	270	20	346	55	168
如东县	16209	13273	1357	621	261	14	378	44	261
南通经济技术开发区	9483	8582	584	162	56	1	67	1	30
启东市	15302	11532	1302	1200	835	10	198	71	154
如皋市	19108	16685	1254	561	274	23	119	32	160
海门市	16597	12711	1799	1501	227	8	212	36	103
海安市	20074	17322	1094	910	309	15	348	56	20
连云港市	**52416**	**46164**	**2679**	**2284**	**485**	**32**	**242**	**80**	**450**
连云区	3036	2015	525	263	29		32	1	171
海州区	17599	17237	150	64	21	3	44	25	55
赣榆区	6686	5910	335	203	167	14	28	1	28
东海县	12837	11089	803	512	155	7	93	45	133
灌云县	4077	3406	380	220	35	4	19	3	10
灌南县	5001	3664	275	931	75	4	15	5	32
连云港经济技术开发区	2338	2123	148	62			2		3
连云港高新技术产业开发区	842	720	63	29	3		9		18
淮安市	**75126**	**59551**	**7334**	**3721**	**2690**	**175**	**949**	**127**	**579**
淮安区	12146	7862	1414	1690	687	9	294	26	164
淮阴区	11212	9169	1080	236	455	119	50	5	98
清江浦区	16818	14932	1181	120	123	4	208	69	181
洪泽区	5997	5425	426	35	22	5	60	3	21
涟水县	6118	5485	356	88	133	3	34	3	16
盱眙县	6766	3990	1308	430	831	32	126	9	40
金湖县	7695	5793	968	483	346		74	8	23
淮安经济技术开发区	8374	6895	601	639	93	3	103	4	36

2-18 续表 2

单位：个

地 区	企业法人单位数	正常运营	停业（歇业）	筹建	当年关闭	当年破产	当年注销	当年吊销	其他
盐城市	**107806**	**90915**	**7611**	**3706**	**2222**	**98**	**1307**	**83**	**1864**
亭湖区	15627	14413	431	245	33	2	22	3	478
盐都区	16838	15285	707	507	80	9	129	10	111
大丰区	10028	8175	795	621	103	9	169	18	138
响水县	8046	7141	515	158	109	2	56		65
滨海县	10122	7137	1757	752	161	10	189	29	87
阜宁县	13098	12057	456	168	164	10	222	2	19
射阳县	9769	7141	951	291	230	30	276	5	845
建湖县	9075	7332	553	530	447	19	125	11	58
盐城经济技术开发区	1982	1847	76	42	1		6		10
东台市	13221	10387	1370	392	894	7	113	5	53
扬州市	**93049**	**72228**	**5922**	**10998**	**2360**	**44**	**733**	**83**	**681**
广陵区	17225	14541	974	825	618	4	158	33	72
邗江区	23415	18240	1012	3757	189	6	111	10	90
江都区	17900	11872	1458	3483	647	12	214	8	206
宝应县	9403	7160	1344	705	62	6	78	5	43
扬州经济技术开发区	3944	3424	165	139	27	1	37	18	133
仪征市	9657	6743	622	1539	586	5	93	6	63
高邮市	11505	10248	347	550	231	10	42	3	74
镇江市	**66735**	**61047**	**2825**	**897**	**1257**	**32**	**420**	**38**	**219**
京口区	7936	7560	154	28	118		46	18	12
润州区	7209	5659	692	357	386	11	51	5	48
丹徒区	6017	5654	206	62	45	2	39		9
镇江新区	6926	6604	141	88	53	2	25	2	11
丹阳市	17010	15002	1251	207	402	6	65	2	75
扬中市	10773	10529	120	34	28	1	25	2	34
句容市	10864	10039	261	121	225	10	169	9	30
泰州市	**74697**	**63086**	**4610**	**4364**	**1236**	**37**	**817**	**30**	**517**
海陵区	10975	9570	549	415	286	9	112	3	31
高港区	6831	5882	257	568	86		25	1	12
姜堰区	12620	9123	1185	1479	306	13	323	14	177
泰州医药高新技术产业开发区	6506	5047	884	412	37	3	67	1	55
兴化市	9146	8407	258	161	216	1	32	2	69
靖江市	14388	12266	999	761	126	5	174	7	50
泰兴市	14231	12791	478	568	179	6	84	2	123
宿迁市	**64315**	**53455**	**4827**	**1953**	**2436**	**197**	**639**	**205**	**603**
宿城区	7951	6318	790	382	280	12	68	5	96
宿豫区	4738	4144	214	84	166	14	41	6	69
沭阳县	30547	26267	2123	289	1387	131	113	10	227
泗阳县	9687	7830	679	324	307	11	233	176	127
泗洪县	8073	6249	716	660	242	17	125	5	59
宿迁经济技术开发区	3319	2647	305	214	54	12	59	3	25

2-19 按地区、运营状态分组的企业法人单位从业人员数

单位：人

地　区	企业法人从业人员数	正常运营	停业（歇业）	筹建	当年关闭	当年破产	当年注销	当年吊销	其他
总计	**34578766**	**33869124**	**334746**	**158033**	**103257**	**8904**	**44932**	**7422**	**52348**
南京市	**3822828**	**3783170**	**16155**	**17227**	**2073**	**29**	**909**	**296**	**2969**
玄武区	215748	213725	642	1200	35	2	40	12	92
秦淮区	328115	324563	1751	1297	190	3	51	5	255
建邺区	298275	295624	635	1896	29		44	6	41
鼓楼区	604472	599937	1992	1895	56		113	9	470
浦口区	344846	335001	4242	4321	506	1	288	40	447
栖霞区	372688	371363	434	685	56		22		128
雨花台区	211737	210034	723	607	121		38		214
江宁区	618182	613003	2481	2023	123	1	115	2	434
六合区	300288	296063	2011	1228	385		143		458
溧水区	275889	273554	660	936	335	14	16		374
高淳区	252588	250303	584	1139	237	8	39	222	56
无锡市	**3288456**	**3233093**	**27149**	**15879**	**2764**	**2159**	**2102**	**66**	**5244**
锡山区	320824	315082	3972	1090	414	17	55		194
惠山区	331918	326549	2776	1572	346	12	546	11	106
滨湖区	332356	327629	2772	1572	78	2	34		269
梁溪区	343452	335930	3740	1973	429	3	637	43	697
新吴区	585571	578671	2657	3046	270	10	60	1	856
江阴市	877782	862030	6661	3969	1010	2085	438	8	1581
宜兴市	496553	487202	4571	2657	217	30	332	3	1541
徐州市	**2092440**	**2015444**	**28196**	**11227**	**24080**	**1691**	**6505**	**2373**	**2924**
鼓楼区	134524	133859	322	77	18	4	90	65	89
云龙区	113072	111300	613	522	165		192	119	161
贾汪区	73905	68339	1899	1085	2087	100	163	3	229
泉山区	203358	197115	3928	712	636	9	691	133	134
铜山区	307093	296229	4252	2569	3237	16	341	132	317
丰县	136833	128150	3907	287	3591	288	324	2	284
沛县	263096	245846	3545	2117	7728	783	1836	1084	157
睢宁县	201612	196427	3097	717	844	105	162	66	194
徐州经济技术开发区	124868	123626	649	264	168		53	1	107
新沂市	247611	240932	2982	1065	1370	280	604	164	214
邳州市	286468	273621	3002	1812	4236	106	2049	604	1038
常州市	**2570431**	**2520634**	**27192**	**15406**	**2586**	**317**	**1646**	**56**	**2594**
天宁区	230654	227972	1073	1113	67	2	81	1	345
钟楼区	220399	215197	2498	2100	76	200	102	5	221
新北区	471927	463662	4436	2764	758	4	101	25	177
武进区	854378	834556	12467	4606	849	5	451	5	1439

2-19 续表 1 单位：人

地区	企业法人从业人员数	正常运营	停业（歇业）	筹建	当年关闭	当年破产	当年注销	当年吊销	其他
金坛区	387425	380081	3383	3552	86	2	13		308
溧阳市	405648	399166	3335	1271	750	104	898	20	104
苏州市	**7250505**	**7179594**	**41564**	**15563**	**4740**	**183**	**2172**	**141**	**6548**
虎丘区	537008	535483	801	446	83	6	145	1	43
吴中区	657942	652816	2632	1314	272	111	134		663
相城区	410000	403937	3534	1429	890	2	69		139
姑苏区	373850	365033	7152	856	170	7	296	69	267
吴江区	779320	774923	2167	1302	563	41	56	13	255
苏州工业园区	897609	889267	1286	2450	93	3	668	47	3795
常熟市	735720	726088	5273	2113	1856	4	225	2	159
张家港市	690067	685234	2648	1240	291	1	329		324
昆山市	1729405	1712416	13532	2715	322	5	165	9	241
太仓市	439584	434397	2539	1698	200	3	85		662
南通市	**4207909**	**4106682**	**44613**	**19669**	**16613**	**785**	**9901**	**2125**	**7521**
崇川区	280096	277711	1304	311	229		229	128	184
港闸区	210076	208823	756	282	41		23	1	150
通州区	773013	755678	7449	3312	2413	177	1525	492	1967
如东县	490152	464000	12484	3528	2804	173	4062	515	2586
南通经济技术开发区	211359	209534	717	494	179		214		221
启东市	445350	422765	7619	5432	7110	22	869	573	960
如皋市	543330	535236	4391	1525	797	164	310	78	829
海门市	642533	635582	3403	1176	1013	190	466	113	590
海安市	612000	597353	6490	3609	2027	59	2203	225	34
连云港市	**910064**	**887035**	**11903**	**6876**	**1583**	**161**	**801**	**251**	**1454**
连云区	64921	64271	238	369	4		6		33
海州区	207737	206038	753	288	111	12	222	138	175
赣榆区	193558	190773	876	935	531	109	228	2	104
东海县	155573	150262	3752	636	295	24	166	71	367
灌云县	67945	65685	1633	558	21	8	20	10	10
灌南县	110673	101039	4190	3889	621	8	148	30	748
连云港经济技术开发区	86905	86312	390	193			4		6
连云港高新技术产业开发区	22752	22655	71	8			7		11
淮安市	**1434336**	**1385072**	**28733**	**6553**	**7790**	**332**	**2767**	**389**	**2700**
淮安区	252571	244997	3757	2973	518	18	147	27	134
淮阴区	204239	187508	12363	572	1927	106	179	9	1575
清江浦区	259341	253359	3202	155	857	4	1068	304	392
洪泽区	115470	113347	1428	118	122	43	238	24	150
涟水县	218093	214041	2267	354	489	23	790	8	121
盱眙县	107104	99891	2897	478	3405	126	129	11	167
金湖县	112177	108596	2225	970	201		76	6	103
淮安经济技术开发区	165341	163333	594	933	271	12	140		58

2-19　续表 2　　　　单位：人

地　区	企业法人从业人员数	正常运营	停业（歇业）	筹建	当年关闭	当年破产	当年注销	当年吊销	其他
盐城市	**2083660**	**1990318**	**49361**	**16065**	**9494**	**1153**	**6940**	**163**	**10166**
亭湖区	236532	229206	2168	1001	152	121	142		3742
盐都区	366755	354265	4853	3295	597	124	1542	80	1999
大丰区	197547	192244	2005	2362	195	64	329	20	328
响水县	111128	106241	3228	654	478	5	248		274
滨海县	172816	166316	4078	1113	308	2	849	21	129
阜宁县	321853	304307	9912	1916	2851	356	2216	14	281
射阳县	179248	160813	11739	1521	1601	136	1122	9	2307
建湖县	190614	184821	2204	1022	1778	333	253	19	184
盐城经济技术开发区	60839	60153	298	299	23		12		54
东台市	246328	231952	8876	2882	1511	12	227		868
扬州市	**2464224**	**2408209**	**23368**	**17100**	**7694**	**241**	**3315**	**267**	**4030**
广陵区	362417	350215	6405	2331	2300	40	686	124	316
邗江区	390425	385622	1539	1726	529	2	292	20	695
江都区	569221	556628	5279	5031	903	25	540	29	786
宝应县	336704	325796	5281	2440	1097	32	1242		816
扬州经济技术开发区	130557	128488	733	507	88		89	70	582
仪征市	270469	264916	1779	2310	1015	18	204	15	212
高邮市	404431	396544	2352	2755	1762	124	262	9	623
镇江市	**1183812**	**1160843**	**8769**	**2906**	**6799**	**98**	**2572**	**147**	**1678**
京口区	103206	100833	674	53	432		1130	72	12
润州区	100305	99081	518	136	64	2	169	4	331
丹徒区	111200	108138	1282	533	839	2	223		183
镇江新区	152814	148923	1643	861	755	41	288	45	258
丹阳市	350308	342945	2969	588	3201	25	178	7	395
扬中市	155658	154196	770	130	127	10	147	7	271
句容市	210321	206727	913	605	1381	18	437	12	228
泰州市	**2087064**	**2063112**	**7826**	**6806**	**4728**	**492**	**2563**	**74**	**1463**
海陵区	265282	260878	1629	1172	1179	46	309	9	60
高港区	241261	240037	489	565	100		35		35
姜堰区	377227	372458	1637	1019	604	88	748	12	661
泰州医药高新技术产业开发区	126398	124362	754	1014	97	1	85		85
兴化市	262184	260030	752	335	867		75	5	120
靖江市	383969	380869	833	448	387	348	964	7	113
泰兴市	430743	424478	1732	2253	1494	9	347	41	389
宿迁市	**1183037**	**1135918**	**19917**	**6756**	**12313**	**1263**	**2739**	**1074**	**3057**
宿城区	187696	184816	1693	390	478	1	134		184
宿豫区	149299	145309	970	1458	905	152	206	22	277
沭阳县	365911	341940	10780	1227	8018	1029	730	72	2115
泗阳县	244681	233396	4793	1949	1785	45	1453	975	285
泗洪县	152936	148611	1398	1515	1110	23	195	5	79
宿迁经济技术开发区	82514	81846	283	217	17	13	21		117

2-20 按地区、单位规模分组的企业法人单位数

单位：个

地　区	企业法人单位数	大型企业	中型企业	小型企业	微型企业
总计	**1831909**	**2868**	**24038**	**275133**	**1529870**
南京市	**171482**	**608**	**3349**	**25186**	**142339**
玄武区	12476	58	261	1655	10502
秦淮区	19290	77	402	2614	16197
建邺区	10022	62	252	1671	8037
鼓楼区	25437	95	495	3082	21765
浦口区	27560	47	291	2550	24672
栖霞区	11949	63	267	1848	9771
雨花台区	9317	58	239	1777	7243
江宁区	20870	87	524	4043	16216
六合区	15824	29	250	2468	13077
溧水区	10429	18	168	1745	8498
高淳区	8308	14	200	1733	6361
无锡市	**230956**	**294**	**2704**	**29861**	**198097**
锡山区	18759	27	249	3201	15282
惠山区	26636	18	221	3572	22825
滨湖区	25820	36	324	3062	22398
梁溪区	46348	37	345	3865	42101
新吴区	24449	74	424	3607	20344
江阴市	52406	67	766	7999	43574
宜兴市	36538	35	375	4555	31573
徐州市	**127109**	**119**	**1591**	**21306**	**104093**
鼓楼区	11293	8	91	2576	8618
云龙区	12255	11	132	803	11309
贾汪区	4947	6	83	742	4116
泉山区	15900	21	178	2667	13034
铜山区	16311	20	211	1496	14584
丰县	6699	5	113	1246	5335
沛县	9311	7	182	2376	6746
睢宁县	12288	12	146	1722	10408
徐州经济技术开发区	5120	14	90	620	4396
新沂市	16008	8	184	3038	12778
邳州市	16977	7	181	4020	12769
常州市	**145979**	**252**	**1828**	**19341**	**124558**
天宁区	21186	34	238	2104	18810
钟楼区	18506	35	195	1688	16588
新北区	38239	39	402	4646	33152
武进区	45509	89	551	7078	37791

注：本表不含无单位规模标识的单位数据。

2-20　续表 1　　　　单位：个

地　区	企业法人单位数	大型企业	中型企业	小型企业	微型企业
金坛区	10497	28	208	1842	8419
溧阳市	12042	27	234	1983	9798
苏州市	**482289**	**767**	**5163**	**53823**	**422536**
虎丘区	25639	81	384	2893	22281
吴中区	48566	56	463	5675	42372
相城区	28358	30	305	3483	24540
姑苏区	55623	53	301	2854	52415
吴江区	54662	70	546	6348	47698
苏州工业园区	52762	155	747	6018	45842
常熟市	45517	58	494	5377	39588
张家港市	43602	61	559	6624	36358
昆山市	101051	179	1050	11035	88787
太仓市	26509	24	314	3516	22655
南通市	**146103**	**208**	**2222**	**34830**	**108843**
崇川区	19010	41	283	2514	16172
港闸区	9763	15	169	1671	7908
通州区	21673	24	257	7385	14007
如东县	16093	17	269	7282	8525
南通经济技术开发区	9332	11	202	2642	6477
启东市	15109	24	224	2909	11952
如皋市	18883	30	330	3579	14944
海门市	16389	20	252	3674	12443
海安市	19851	26	236	3174	16415
连云港市	**51521**	**69**	**643**	**6454**	**44355**
连云区	2964	10	57	309	2588
海州区	17354	27	161	1980	15186
赣榆区	6573	5	87	850	5631
东海县	12600	4	106	1261	11229
灌云县	3994		58	434	3502
灌南县	4898	7	74	1182	3635
连云港经济技术开发区	2327	11	55	305	1956
连云港高新技术产业开发区	811	5	45	133	628
淮安市	**74163**	**68**	**957**	**11590**	**61548**
淮安区	11986	9	123	1932	9922
淮阴区	11109	4	121	2284	8700
清江浦区	16515	26	194	2019	14276
洪泽区	5930	1	76	1176	4677
涟水县	6044	6	133	1278	4627
盱眙县	6671	2	97	945	5627
金湖县	7649	1	72	1163	6413
淮安经济技术开发区	8259	19	141	793	7306

2-20 续表 2

单位：个

地 区	企业法人单位数	大型企业	中型企业	小型企业	微型企业
盐城市	**106883**	**79**	**1477**	**21169**	**84158**
亭湖区	15407	19	229	1787	13372
盐都区	16648	19	234	4365	12030
大丰区	9934	9	174	1704	8047
响水县	8001	4	78	1001	6918
滨海县	10055	3	135	1366	8551
阜宁县	13006	7	127	4177	8695
射阳县	9711	2	154	2610	6945
建湖县	9015	5	134	1383	7493
盐城经济技术开发区	1970	6	54	434	1476
东台市	13136	5	158	2342	10631
扬州市	**91935**	**142**	**1345**	**19835**	**70613**
广陵区	17040	24	213	3159	13644
邗江区	22984	40	331	3043	19570
江都区	17730	20	216	5248	12246
宝应县	9349	11	167	1993	7178
扬州经济技术开发区	3864	21	105	1057	2681
仪征市	9564	15	133	2714	6702
高邮市	11404	11	180	2621	8592
镇江市	**66062**	**86**	**978**	**12593**	**52405**
京口区	7745	18	120	844	6763
润州区	7092	16	141	900	6035
丹徒区	5977	3	83	1454	4437
镇江新区	6860	8	99	1974	4779
丹阳市	16922	23	218	3596	13085
扬中市	10734	5	122	1499	9108
句容市	10732	13	195	2326	8198
泰州市	**73926**	**109**	**1084**	**11341**	**61392**
海陵区	10751	29	183	1608	8931
高港区	6758	11	105	882	5760
姜堰区	12502	22	143	1608	10729
泰州医药高新技术产业开发区	6426	7	127	912	5380
兴化市	9097	4	150	1724	7219
靖江市	14257	15	189	1935	12118
泰兴市	14135	21	187	2672	11255
宿迁市	**63501**	**67**	**697**	**7804**	**54933**
宿城区	7770	26	148	819	6777
宿豫区	4622	10	96	691	3825
沭阳县	30348	13	172	3521	26642
泗阳县	9491	7	122	1411	7951
泗洪县	7981	6	105	1015	6855
宿迁经济技术开发区	3289	5	54	347	2883

2-21 按地区、单位规模分组的企业法人单位从业人员数

单位：人

地　区	企业从业人员数	大型企业	中型企业	小型企业	微型企业
总计	**34299496**	**7690123**	**7805641**	**11855682**	**6948050**
南京市	**3772533**	**1248475**	**906352**	**1074294**	**543412**
玄武区	212540	95883	39556	45827	31274
秦淮区	319234	104232	70952	80040	64010
建邺区	292435	149354	44790	68111	30180
鼓楼区	593698	260624	142729	122090	68255
浦口区	341523	80327	83381	101994	75821
栖霞区	369029	177101	61300	88051	42577
雨花台区	208279	78223	37952	62380	29724
江宁区	610302	173497	160433	196174	80198
六合区	298344	46572	79944	119073	52755
溧水区	275157	55077	83260	100310	36510
高淳区	251992	27585	102055	90244	32108
无锡市	**3255984**	**520955**	**624421**	**1324310**	**786298**
锡山区	319444	46447	61395	143608	67994
惠山区	330281	26110	45603	153611	104957
滨湖区	326754	37029	72756	126155	90814
梁溪区	330685	19616	53621	115589	141859
新吴区	581291	182725	108709	200242	89615
江阴市	873211	159900	171779	373669	167863
宜兴市	494318	49128	110558	211436	123196
徐州市	**2076240**	**317929**	**463029**	**755119**	**540163**
鼓楼区	132611	2050	18264	51881	60416
云龙区	109962	9887	25780	32086	42209
贾汪区	73616	6010	15031	36935	15640
泉山区	201203	46509	41848	50757	62089
铜山区	305867	102159	72958	74205	56545
丰县	136031	22450	22417	56670	34494
沛县	261747	48870	71986	95463	45428
睢宁县	200458	15749	43158	79504	62047
徐州经济技术开发区	124513	46843	22542	38220	16908
新沂市	245802	10413	64156	105491	65742
邳州市	284430	6989	64889	133907	78645
常州市	**2553645**	**546545**	**613736**	**915329**	**478035**
天宁区	228034	45080	48049	73497	61408
钟楼区	216906	38642	48608	75648	54008
新北区	467929	56150	98703	201802	111274
武进区	850500	176274	167188	342227	164811

注：本表不含无单位规模标识的单位数据。

2-21 续表1

单位：人

地 区	企业从业人员数	大型企业	中型企业	小型企业	微型企业
金坛区	386104	85859	135338	118543	46364
溧阳市	404172	144540	115850	103612	40170
苏州市	**7182486**	**1568015**	**1408983**	**2661479**	**1544009**
虎丘区	531865	184883	99886	173126	73970
吴中区	650695	90719	112722	278855	168399
相城区	407111	44274	77488	180799	104550
姑苏区	364128	68231	74975	92103	128819
吴江区	776648	155983	170450	287832	162383
苏州工业园区	886164	226860	206681	291792	160831
常熟市	731185	136937	135077	318500	140671
张家港市	682278	106066	126969	292262	156981
昆山市	1716117	499598	308466	552442	355611
太仓市	436295	54464	96269	193768	91794
南通市	**4182673**	**1435626**	**763938**	**1302193**	**680916**
崇川区	274576	59011	72536	67229	75800
港闸区	208169	54782	47598	65536	40253
通州区	769914	318806	103554	237852	109702
如东县	487893	95581	82707	238612	70993
南通经济技术开发区	208641	16647	52373	104486	35135
启东市	443690	152466	89738	127559	73927
如皋市	539896	197878	103884	148551	89583
海门市	640065	289755	116532	156812	76966
海安市	609829	250700	95016	155556	108557
连云港市	**902436**	**163566**	**265194**	**249292**	**224384**
连云区	64596	24801	16504	15435	7856
海州区	205221	27687	45846	49479	82209
赣榆区	192827	38392	88971	38359	27105
东海县	153627	3041	47119	51324	52143
灌云县	67319		24551	25471	17297
灌南县	109462	26658	17289	37022	28493
连云港经济技术开发区	86827	37874	15203	27099	6651
连云港高新技术产业开发区	22557	5113	9711	5103	2630
淮安市	**1422602**	**178605**	**445981**	**460461**	**337555**
淮安区	251298	61299	66546	73158	50295
淮阴区	201790	6244	55677	85056	54813
清江浦区	255675	29042	77900	67038	81695
洪泽区	114992	1680	33387	51311	28614
涟水县	217196	30475	99914	54117	32690
盱眙县	105525	3621	32428	44820	24656
金湖县	111812	2642	26257	48248	34665
淮安经济技术开发区	164314	43602	53872	36713	30127

2-21　续表 2　　单位：人

地　区	企业从业人员数	大型企业	中型企业	小型企业	微型企业
盐城市	**2073987**	**192827**	**522919**	**838120**	**520121**
亭湖区	234664	17743	81271	75298	60352
盐都区	365082	46702	86597	145499	86284
大丰区	196632	14725	52991	76026	52890
响水县	110792	10819	20020	33257	46696
滨海县	171130	3069	60083	66004	41974
阜宁县	320691	50953	48958	146486	74294
射阳县	178570	2351	30421	94897	50901
建湖县	190058	21237	59667	69800	39354
盐城经济技术开发区	60805	12410	15435	24628	8332
东台市	245563	12818	67476	106225	59044
扬州市	**2453499**	**624995**	**615497**	**824127**	**388880**
广陵区	360529	102672	73313	99437	85107
邗江区	387421	86922	105182	114463	80854
江都区	567469	153055	132291	219654	62469
宝应县	336025	99959	103647	90384	42035
扬州经济技术开发区	129882	37113	24742	50982	17045
仪征市	268746	45440	69957	109265	44084
高邮市	403427	99834	106365	139942	57286
镇江市	**1177634**	**121031**	**264434**	**479742**	**312427**
京口区	101265	17257	25750	29829	28429
润州区	99584	11699	35271	27247	25367
丹徒区	110963	6173	20490	56139	28161
镇江新区	152025	10811	22951	70783	47480
丹阳市	349609	40717	71745	157822	79325
扬中市	155300	5577	38689	60655	50379
句容市	208888	28797	49538	77267	53286
泰州市	**2079667**	**570285**	**622908**	**587961**	**298513**
海陵区	263197	67375	86833	69263	39726
高港区	240685	42411	122969	51874	23431
姜堰区	376484	174786	72653	81562	47483
泰州医药高新技术产业开发区	125688	31425	31098	42125	21040
兴化市	261516	7645	114351	96426	43094
靖江市	383060	108918	103925	114223	55994
泰兴市	429037	137725	91079	132488	67745
宿迁市	**1166110**	**201269**	**288249**	**383255**	**293337**
宿城区	182822	59554	42803	49632	30833
宿豫区	147993	49468	26491	47181	24853
沭阳县	362509	16915	67552	141084	136958
泗阳县	240627	31609	77884	74335	56799
泗洪县	150758	15266	53201	50611	31680
宿迁经济技术开发区	81401	28457	20318	20412	12214

2-22 按行业（大类）、单位规模分组的企业法人单位数

单位：个

行业大类	代码	企业法人单位数	大型企业	中型企业	小型企业	微型企业
总计		**1831909**	**2868**	**24038**	**275133**	**1529870**
农、林、牧、渔业	**A**	**2903**	**5**	**476**	**1269**	**1153**
农业	01	12				12
林业	02	1				1
畜牧业	03	6		2	1	3
渔业	04	2				2
农、林、牧、渔专业及辅助性活动	05	2882	5	474	1268	1135
采矿业	**B**	**370**	**6**	**10**	**68**	**286**
煤炭开采和洗选业	06	22	2	2	7	11
石油和天然气开采业	07	5	2			3
黑色金属矿采选业	08	49	1	1	12	35
有色金属矿采选业	09	12		1	2	9
非金属矿采选业	10	242	1	6	47	188
开采专业及辅助性活动	11	22				22
其他采矿业	12	18				18
制造业	**C**	**513326**	**1027**	**5025**	**107218**	**400056**
农副食品加工业	13	7431	13	70	1954	5394
食品制造业	14	4739	8	55	954	3722
酒、饮料和精制茶制造业	15	1823	7	21	283	1512
烟草制品业	16	12	3	1	3	5
纺织业	17	42224	44	364	10516	31300
纺织服装、服饰业	18	27640	34	387	7136	20083
皮革、毛皮、羽毛及其制品和制鞋业	19	4626	3	66	1318	3239
木材加工和木、竹、藤、棕、草制品业	20	12986	1	35	2809	10141
家具制造业	21	10547	6	48	1346	9147
造纸和纸制品业	22	9637	11	38	1473	8115
印刷和记录媒介复制业	23	10930	5	51	1945	8929
文教、工美、体育和娱乐用品制造业	24	16272	12	136	3467	12657
石油、煤炭及其他燃料加工业	25	716	6	18	156	536
化学原料和化学制品制造业	26	9785	41	264	3702	5778
医药制造业	27	2401	27	110	870	1394
化学纤维制造业	28	2492	22	66	768	1636
橡胶和塑料制品业	29	28684	31	201	5991	22461
非金属矿物制品业	30	24182	17	139	5433	18593
黑色金属冶炼和压延加工业	31	4110	44	66	1148	2852
有色金属冶炼和压延加工业	32	4761	10	63	1451	3237

注：本表不含无单位规模标识的单位数据。

2-22　续表 1　　单位：个

行业大类	代码	企业法人单位数	大型企业	中型企业	小型企业	微型企业
金属制品业	33	53951	38	290	9873	43750
通用设备制造业	34	80978	64	463	13589	66862
专用设备制造业	35	53614	43	308	9835	43428
汽车制造业	36	14055	69	358	3866	9762
铁路、船舶、航空航天和其他运输设备制造业	37	7453	38	110	1707	5598
电气机械和器材制造业	38	34453	135	561	7803	25954
计算机、通信和其他电子设备制造业	39	20815	279	583	4407	15546
仪器仪表制造业	40	9650	14	132	1773	7731
其他制造业	41	6208	2	10	1039	5157
废弃资源综合利用业	42	1454		3	258	1193
金属制品、机械和设备修理业	43	4697		8	345	4344
电力、热力、燃气及水生产和供应业	**D**	**5023**	**14**	**78**	**1114**	**3817**
电力、热力生产和供应业	44	2575	9	36	469	2061
燃气生产和供应业	45	435	3	11	150	271
水的生产和供应业	46	2013	2	31	495	1485
建筑业	**E**	**119568**	**301**	**3878**	**19746**	**95643**
房屋建筑业	47	23183	178	2044	5059	15902
土木工程建筑业	48	25525	83	1030	5163	19249
建筑安装业	49	24173	22	428	4286	19437
建筑装饰、装修和其他建筑业	50	46687	18	376	5238	41055
批发和零售业	**F**	**601887**	**400**	**6343**	**60269**	**534875**
批发业	51	388834	209	4057	39988	344580
零售业	52	213053	191	2286	20281	190295
交通运输、仓储和邮政业	**G**	**58544**	**68**	**306**	**6499**	**51671**
铁路运输业	53					
道路运输业	54	41936	25	134	4249	37528
水上运输业	55	1905	8	46	518	1333
航空运输业	56	128	3	7	16	102
管道运输业	57	17	1	1	8	7
多式联运和运输代理业	58	7103	2	13	550	6538
装卸搬运和仓储业	59	6234	13	88	899	5234
邮政业	60	1221	16	17	259	929
住宿和餐饮业	**H**	**25853**	**60**	**562**	**6618**	**18613**
住宿业	61	6327	25	273	2007	4022
餐饮业	62	19526	35	289	4611	14591
信息传输、软件和信息技术服务业	**I**	**72049**	**118**	**576**	**9470**	**61885**
电信、广播电视和卫星传输服务	63	1423	10	80	244	1089
互联网和相关服务	64	9611	8	117	1170	8316
软件和信息技术服务业	65	61015	100	379	8056	52480

2-22 续表 2 单位：个

行业大类	代码	企业法人单位数	大型企业	中型企业	小型企业	微型企业
金融业	**J**	**6611**	**259**	**115**	**353**	**5884**
货币金融服务	66	1812	259	103	191	1259
资本市场服务	67	3022		6	64	2952
保险业	68	1117			66	1051
其他金融业	69	660		6	32	622
房地产业	**K**	**52109**	**197**	**5022**	**5744**	**41146**
房地产业	70	52109	197	5022	5744	41146
租赁和商务服务业	**L**	**173997**	**36**	**301**	**19636**	**154024**
租赁业	71	13441	1	18	1834	11588
商务服务业	72	160556	35	283	17802	142436
科学研究和技术服务业	**M**	**120183**	**187**	**840**	**22932**	**96224**
研究和试验发展	73	32066	25	132	5513	26396
专业技术服务业	74	55733	151	631	12425	42526
科技推广和应用服务业	75	32384	11	77	4994	27302
水利、环境和公共设施管理业	**N**	**7664**	**89**	**186**	**2310**	**5079**
水利管理业	76	398		5	114	279
生态保护和环境治理业	77	1400	1	17	411	971
公共设施管理业	78	5564	87	154	1676	3647
土地管理业	79	302	1	10	109	182
居民服务、修理和其他服务业	**O**	**34853**	**63**	**164**	**6244**	**28382**
居民服务业	80	12661	9	62	2235	10355
机动车、电子产品和日用产品修理业	81	14506	6	21	2310	12169
其他服务业	82	7686	48	81	1699	5858
教育	**P**					
教育	83					
卫生和社会工作	**Q**	**970**	**3**	**18**	**219**	**730**
卫生	84					
社会工作	85	970	3	18	219	730
文化、体育和娱乐业	**R**	**35999**	**35**	**138**	**5424**	**30402**
新闻和出版业	86	217	9	20	86	102
广播、电视、电影和录音制作业	87	3755	10	30	959	2756
文化艺术业	88	9836	4	25	1451	8356
体育	89	3000	2	26	569	2403
娱乐业	90	19191	10	37	2359	16785

2-23 按行业（大类）、单位规模分组的企业法人单位从业人员数

单位：人

行业大类	代码	企业从业人员数	大型企业	中型企业	小型企业	微型企业
总计		**34299496**	**7690123**	**7805641**	**11855682**	**6948050**
农、林、牧、渔业	**A**	**26917**	**2075**	**12215**	**10338**	**2289**
农业	01					
林业	02					
畜牧业	03					
渔业	04					
农、林、牧、渔专业及辅助性活动	05	26917	2075	12215	10338	2289
采矿业	**B**	**69556**	**56962**	**7006**	**3801**	**1787**
煤炭开采和洗选业	06	47573	44875	2391	233	74
石油和天然气开采业	07	7876	7856			20
黑色金属矿采选业	08	3884	2297	609	610	368
有色金属矿采选业	09	960		621	268	71
非金属矿采选业	10	9059	1934	3385	2690	1050
开采专业及辅助性活动	11	98				98
其他采矿业	12	106				106
制造业	**C**	**14355647**	**2808993**	**2586645**	**6441300**	**2518709**
农副食品加工业	13	210668	19068	32996	120998	37606
食品制造业	14	128285	14681	27291	62613	23700
酒、饮料和精制茶制造业	15	84225	44961	9399	20407	9458
烟草制品业	16	6631	4801	577	474	779
纺织业	17	1101373	88082	184035	612812	216444
纺织服装、服饰业	18	929760	102031	217347	457342	153040
皮革、毛皮、羽毛及其制品和制鞋业	19	144973	5516	32671	83656	23130
木材加工和木、竹、藤、棕、草制品业	20	228988	1359	16954	140474	70201
家具制造业	21	159284	10756	23211	73188	52129
造纸和纸制品业	22	168043	21561	17023	80479	48980
印刷和记录媒介复制业	23	200240	10723	25341	107676	56500
文教、工美、体育和娱乐用品制造业	24	391659	31887	70403	206906	82463
石油、煤炭及其他燃料加工业	25	33364	9602	10251	9665	3846
化学原料和化学制品制造业	26	519055	79871	130821	269654	38709
医药制造业	27	231035	85095	55037	79890	11013
化学纤维制造业	28	167224	65539	33220	54762	13703
橡胶和塑料制品业	29	645105	60669	101684	339219	143533
非金属矿物制品业	30	527868	29199	67197	316626	114846
黑色金属冶炼和压延加工业	31	273269	147590	33153	73282	19244
有色金属冶炼和压延加工业	32	167049	20202	31339	94707	20801

注：本表不含无单位规模标识的单位数据。

2-23 续表 1　　单位：人

行业大类	代码	企业从业人员数	大型企业	中型企业	小型企业	微型企业
金属制品业	33	1012730	61878	142455	543076	265321
通用设备制造业	34	1498108	142684	227603	732291	395530
专用设备制造业	35	1075201	114469	150830	546675	263227
汽车制造业	36	663996	142999	189673	268855	62469
铁路、船舶、航空航天和其他运输设备制造业	37	325111	117089	56390	115544	36088
电气机械和器材制造业	38	1272003	304239	298580	509056	160128
计算机、通信和其他电子设备制造业	39	1779625	1042496	320998	324374	91757
仪器仪表制造业	40	257091	26389	67633	119764	43305
其他制造业	41	88174	3557	6671	45129	32817
废弃资源综合利用业	42	21619		1192	14192	6235
金属制品、机械和设备修理业	43	43891		4670	17514	21707
电力、热力、燃气及水生产和供应业	**D**	**196682**	**56668**	**39067**	**78324**	**22623**
电力、热力生产和供应业	44	116082	48902	18567	37468	11145
燃气生产和供应业	45	20957	3212	4474	11600	1671
水的生产和供应业	46	59643	4554	16026	29256	9807
建筑业	**E**	**8802798**	**3386837**	**3488581**	**1317222**	**610158**
房屋建筑业	47	6239731	3029301	2521228	561523	127679
土木工程建筑业	48	1126460	205162	511145	278839	131314
建筑安装业	49	667427	94783	237213	209949	125482
建筑装饰、装修和其他建筑业	50	769180	57591	218995	266911	225683
批发和零售业	**F**	**3695667**	**379494**	**479274**	**976030**	**1860869**
批发业	51	2360286	187158	233413	617111	1322604
零售业	52	1335381	192336	245861	358919	538265
交通运输、仓储和邮政业	**G**	**1014134**	**195670**	**199939**	**351015**	**267510**
铁路运输业	53					
道路运输业	54	636299	87847	132155	224733	191564
水上运输业	55	95475	26828	24524	36108	8015
航空运输业	56	16045	11030	3791	642	582
管道运输业	57	7880	6830	423	588	39
多式联运和运输代理业	58	70798	5645	6321	27026	31806
装卸搬运和仓储业	59	114110	14134	23912	46183	29881
邮政业	60	73527	43356	8813	15735	5623
住宿和餐饮业	**H**	**480074**	**93082**	**119326**	**193953**	**73713**
住宿业	61	149468	12232	58741	60545	17950
餐饮业	62	330606	80850	60585	133408	55763
信息传输、软件和信息技术服务业	**I**	**850728**	**260734**	**176405**	**231081**	**182508**
电信、广播电视和卫星传输服务	63	134065	71821	50666	7567	4011
互联网和相关服务	64	158398	54840	47347	29757	26454
软件和信息技术服务业	65	558265	134073	78392	193757	152043

2-23　续表 2　　　　单位：人

行业大类	代码	企业从业人员数	大型企业	中型企业	小型企业	微型企业
金融业	**J**	**27271**		**168**	**3085**	**24018**
货币金融服务	66	12443		10	437	11996
资本市场服务	67	7732		158	293	7281
保险业	68	522				522
其他金融业	69	6574			2355	4219
房地产业	**K**	**943729**	**131617**	**289263**	**186189**	**336660**
房地产业	70	943729	131617	289263	186189	336660
租赁和商务服务业	**L**	**2069590**	**41724**	**193068**	**1240032**	**594766**
租赁业	71	92594	1855	6702	42364	41673
商务服务业	72	1976996	39869	186366	1197668	553093
科学研究和技术服务业	**M**	**1039282**	**132813**	**132270**	**508053**	**266146**
研究和试验发展	73	223875	18502	20396	115899	69078
专业技术服务业	74	629239	107917	100388	293385	127549
科技推广和应用服务业	75	186168	6394	11486	98769	69519
水利、环境和公共设施管理业	**N**	**180527**	**70670**	**31186**	**63842**	**14829**
水利管理业	76	4264		656	2717	891
生态保护和环境治理业	77	16905	324	2438	11301	2842
公共设施管理业	78	154122	70020	26661	46804	10637
土地管理业	79	5236	326	1431	3020	459
居民服务、修理和其他服务业	**O**	**295159**	**52018**	**26334**	**128539**	**88268**
居民服务业	80	90352	5554	9659	45836	29303
机动车、电子产品和日用产品修理业	81	93146	6894	2920	42357	40975
其他服务业	82	111661	39570	13755	40346	17990
教育	**P**					
教育	83					
卫生和社会工作	**Q**	**11918**	**1629**	**2785**	**5612**	**1892**
卫生	84					
社会工作	85	11918	1629	2785	5612	1892
文化、体育和娱乐业	**R**	**239817**	**19137**	**22109**	**117266**	**81305**
新闻和出版业	86	9730	3820	2928	2712	270
广播、电视、电影和录音制作业	87	40246	5690	4773	21628	8155
文化艺术业	88	60096	2322	3748	32003	22023
体育	89	24748	604	4252	13284	6608
娱乐业	90	104997	6701	6408	47639	44249

2-24 按地区、营业收入组距分组的企业法人单位数

单位：个

地　区	企业法人单位数	100万元及以下	100-200万元	200-500万元	500-1000万元	1000-2000万元	2000-5000万元	5000万元-1亿元	1亿元以上
总计	**1859211**	**980635**	**212329**	**284542**	**160104**	**98669**	**59326**	**26372**	**37234**
南京市	**175925**	**112013**	**15060**	**18008**	**9674**	**7409**	**6358**	**2922**	**4481**
玄武区	12835	8689	883	1105	619	534	485	212	308
秦淮区	19934	13169	1925	1861	942	700	627	286	424
建邺区	10322	6679	692	970	568	433	408	219	353
鼓楼区	26086	18019	1862	2076	1213	965	899	416	636
浦口区	28202	20837	2326	2253	1003	657	529	246	351
栖霞区	12280	7087	1228	1452	847	569	491	193	413
雨花台区	9560	5509	877	1123	667	489	421	172	302
江宁区	21637	11934	2074	2603	1485	1292	1073	468	708
六合区	16183	9622	1498	2027	1006	664	683	294	389
溧水区	10517	5942	968	1500	592	542	421	237	315
高淳区	8369	4526	727	1038	732	564	321	179	282
无锡市	**234438**	**133609**	**23936**	**30838**	**16318**	**11838**	**9145**	**3826**	**4928**
锡山区	18972	8620	2083	2987	1881	1394	1068	442	497
惠山区	26952	13114	3049	4304	2534	1717	1308	466	460
滨湖区	26285	16212	2594	3236	1607	1067	818	323	428
梁溪区	47495	31615	4908	5688	2190	1422	906	352	414
新吴区	24812	13016	2624	3368	1875	1425	1197	507	800
江阴市	53053	28970	5119	6729	3816	3062	2534	1197	1626
宜兴市	36869	22062	3559	4526	2415	1751	1314	539	703
徐州市	**128655**	**63924**	**15662**	**23133**	**12046**	**6818**	**3310**	**1681**	**2081**
鼓楼区	11421	3416	1272	3412	2498	408	212	79	124
云龙区	12561	9330	1086	977	441	279	231	92	125
贾汪区	4984	3065	503	491	286	294	168	68	109
泉山区	16090	7914	1673	3387	1706	812	279	109	210
铜山区	16506	11757	1261	1443	699	479	361	231	275
丰县	6824	2952	1077	1328	456	308	285	194	224
沛县	9417	3486	1387	1901	1070	753	341	226	253
睢宁县	12365	5519	2326	2329	867	536	429	169	190
徐州经济技术开发区	5177	2977	501	619	319	277	217	111	156
新沂市	16176	7798	2154	2860	1541	996	426	203	198
邳州市	17134	5710	2422	4386	2163	1676	361	199	217
常州市	**148016**	**83465**	**15370**	**19405**	**11022**	**7764**	**5551**	**2402**	**3037**
天宁区	21458	12890	2078	2589	1477	962	784	319	359
钟楼区	18920	12321	1783	2099	1004	708	522	191	292
新北区	38714	23093	3672	4445	2546	2144	1460	605	749
武进区	46149	22565	5706	7470	4186	2650	1815	807	950

2-24 续表 1 单位：个

地 区	企业法人单位数	100 万元及以下	100-200 万元	200-500 万元	500-1000 万元	1000-2000 万元	2000-5000 万元	5000 万元-1 亿元	1 亿元以上
金坛区	10603	5707	1147	1357	792	546	497	216	341
溧阳市	12172	6889	984	1445	1017	754	473	264	346
苏州市	**489831**	**306904**	**46311**	**54867**	**29800**	**20802**	**16106**	**6489**	**8552**
虎丘区	26026	16614	2181	2699	1453	1090	883	425	681
吴中区	49224	29472	5322	6316	3246	2115	1530	607	616
相城区	28838	16473	3133	3923	2057	1401	982	396	473
姑苏区	56489	44285	3777	4070	1836	1142	772	289	318
吴江区	55110	30855	5377	7002	4475	3348	2338	792	923
苏州工业园区	53678	36331	4972	5000	2389	1647	1472	695	1172
常熟市	46447	29627	3707	4759	2734	2136	1841	739	904
张家港市	44068	23407	4450	5700	3526	2528	2243	908	1306
昆山市	103018	64026	10880	12237	6240	4001	2956	1184	1494
太仓市	26933	15814	2512	3161	1844	1394	1089	454	665
南通市	**148202**	**46001**	**18316**	**32660**	**25335**	**15552**	**4288**	**2215**	**3835**
崇川区	19551	6810	3211	4287	3067	1176	508	202	290
港闸区	9931	4208	1422	1792	1046	723	290	188	262
通州区	21947	2907	1038	5645	6745	4300	549	265	498
如东县	16209	1947	984	4073	4326	3683	373	311	512
南通经济技术开发区	9483	3341	1085	1106	1504	1565	336	199	347
启东市	15302	5669	2157	3826	2015	765	307	165	398
如皋市	19108	7556	2859	4023	2377	907	585	285	516
海门市	16597	5339	1529	4121	2640	1723	588	234	423
海安市	20074	8224	4031	3787	1615	710	752	366	589
连云港市	**52416**	**26347**	**7528**	**10592**	**3615**	**1896**	**1094**	**594**	**750**
连云区	3036	2066	195	239	178	107	97	65	89
海州区	17599	6417	3578	5339	1200	562	240	104	159
赣榆区	6686	3946	812	833	357	331	203	92	112
东海县	12837	7890	1553	1892	732	348	203	117	102
灌云县	4077	2726	448	379	191	106	110	49	68
灌南县	5001	1605	590	1500	720	319	111	74	82
连云港经济技术开发区	2338	1142	290	330	195	98	102	74	107
连云港高新技术产业开发区	842	555	62	80	42	25	28	19	31
淮安市	**75126**	**31483**	**11143**	**17481**	**7798**	**2922**	**1932**	**927**	**1440**
淮安区	12146	4778	1492	3203	1604	493	247	119	210
淮阴区	11212	4232	2356	2594	1126	344	243	116	201
清江浦区	16818	6731	2826	4718	1388	451	287	169	248
洪泽区	5997	1961	1132	1322	869	263	219	86	145
涟水县	6118	1280	778	2091	1030	327	294	123	195
盱眙县	6766	3855	726	919	529	267	207	114	149
金湖县	7695	3327	907	1681	885	468	217	103	107
淮安经济技术开发区	8374	5319	926	953	367	309	218	97	185

2-24 续表 2 单位：个

地　区	企业法人单位数	100万元及以下	100-200万元	200-500万元	500-1000万元	1000-2000万元	2000-5000万元	5000万元-1亿元	1亿元以上
盐城市	**107806**	**43180**	**16382**	**20837**	**14722**	**6316**	**2872**	**1441**	**2056**
亭湖区	15627	9396	2034	1999	888	493	415	180	222
盐都区	16838	4783	2347	4275	3858	612	402	232	329
大丰区	10028	4160	1705	1882	1027	447	398	184	225
响水县	8046	4135	1901	1122	398	190	145	55	100
滨海县	10122	5288	1819	1584	579	316	227	141	168
阜宁县	13098	3288	2049	3187	2230	1809	235	126	174
射阳县	9769	2578	1066	2204	2352	1015	232	128	194
建湖县	9075	4029	1557	1596	755	437	325	166	210
盐城经济技术开发区	1982	987	194	252	157	115	107	54	116
东台市	13221	4536	1710	2736	2478	882	386	175	318
扬州市	**93049**	**38411**	**12546**	**19027**	**11095**	**6478**	**2461**	**1115**	**1916**
广陵区	17225	5711	2661	4425	2719	989	334	139	247
邗江区	23415	12843	3505	4090	1180	705	491	218	383
江都区	17900	7667	1630	2907	2499	2210	415	200	372
宝应县	9403	3810	1630	1936	855	445	352	126	249
扬州经济技术开发区	3944	1552	423	665	547	348	207	75	127
仪征市	9657	3802	714	2195	1350	911	340	153	192
高邮市	11505	3026	1983	2809	1945	870	322	204	346
镇江市	**66735**	**22380**	**10990**	**16857**	**7753**	**4560**	**2012**	**871**	**1312**
京口区	7936	4939	960	976	384	257	186	79	155
润州区	7209	4167	762	998	584	269	187	78	164
丹徒区	6017	2014	762	1317	831	730	177	89	97
镇江新区	6926	1417	1353	2223	644	799	199	97	194
丹阳市	17010	4343	3067	4889	2090	1315	737	278	291
扬中市	10773	2265	1876	3351	1878	808	294	114	187
句容市	10864	3235	2210	3103	1342	382	232	136	224
泰州市	**74697**	**36075**	**10252**	**12523**	**6309**	**3811**	**2516**	**1209**	**2002**
海陵区	10975	5641	1422	1768	851	464	329	172	328
高港区	6831	3641	791	1182	494	255	188	103	177
姜堰区	12620	6421	1882	1945	946	609	321	178	318
泰州医药高新技术产业开发区	6506	4006	589	710	379	258	254	137	173
兴化市	9146	2697	1374	2109	1270	792	406	183	315
靖江市	14388	7631	1795	2056	1080	724	542	206	354
泰兴市	14231	6038	2399	2753	1289	709	476	230	337
宿迁市	**64315**	**36843**	**8833**	**8314**	**4617**	**2503**	**1681**	**680**	**844**
宿城区	7951	5875	555	537	264	211	233	107	169
宿豫区	4738	2734	635	513	237	193	198	106	122
沭阳县	30547	15120	4800	5043	3073	1424	632	208	247
泗阳县	9687	5356	1753	1322	519	246	251	99	141
泗洪县	8073	5475	761	653	393	335	264	100	92
宿迁经济技术开发区	3319	2283	329	246	131	94	103	60	73

2-25 按地区、营业收入组距分组的企业法人单位从业人员数

单位：人

地区	企业从业人员数	100万元及以下	100-200万元	200-500万元	500-1000万元	1000-2000万元	2000-5000万元	5000万元-1亿元	1亿元以上
总计	**34578766**	**2576628**	**1428514**	**2929406**	**2730360**	**2811090**	**3145463**	**2684164**	**16273141**
南京市	**3822828**	**334481**	**117302**	**205446**	**182257**	**219421**	**344417**	**302526**	**2116978**
玄武区	215748	21823	6022	11848	9185	12026	21497	19028	114319
秦淮区	328115	44080	15171	22840	18589	19811	30953	30644	146027
建邺区	298275	24270	5494	11299	9823	13595	16502	16081	201211
鼓楼区	604472	47711	12953	22057	19933	26643	44647	32440	398088
浦口区	344846	52451	16675	24333	19700	19373	29953	28463	153898
栖霞区	372688	25965	9043	14173	16714	16850	26588	14651	248704
雨花台区	211737	20683	7130	12881	11722	16365	24994	12343	105619
江宁区	618182	46088	18198	31239	28868	37378	55432	51727	349252
六合区	300288	28402	11719	23873	16974	18621	46408	41160	113131
溧水区	275889	12762	7591	17042	12391	17051	26346	28582	154124
高淳区	252588	10246	7306	13861	18358	21708	21097	27407	132605
无锡市	**3288456**	**317290**	**151977**	**291866**	**246498**	**286373**	**408609**	**295414**	**1290429**
锡山区	320824	20931	12408	26668	26626	28764	42279	34405	128743
惠山区	331918	33056	18108	37769	35670	37092	48596	29548	92079
滨湖区	332356	44300	18307	32507	26707	30748	40302	28699	110786
梁溪区	343452	74389	30999	50636	31044	30479	36630	23085	66190
新吴区	585571	39861	17311	33001	27515	32913	59243	41574	334153
江阴市	877782	58119	31668	63791	60057	78318	116838	89456	379535
宜兴市	496553	46634	23176	47494	38879	48059	64721	48647	178943
徐州市	**2092440**	**202017**	**108856**	**252386**	**210271**	**200152**	**175735**	**161662**	**781361**
鼓楼区	134524	11561	8433	39572	37172	7336	8223	4676	17551
云龙区	113072	31599	6982	8924	6224	8461	10459	7660	32763
贾汪区	73905	6252	3753	6476	7241	11143	9705	8044	21291
泉山区	203358	24355	10162	33066	21753	14878	13381	10317	75446
铜山区	307093	30028	9311	16387	13187	16268	24565	30482	166865
丰县	136833	13091	9346	16954	8570	9037	11968	13593	54274
沛县	263096	12048	11789	25184	27154	27689	17140	18597	123495
睢宁县	201612	22836	16421	26526	16490	17974	20925	21373	59067
徐州经济技术开发区	124868	9567	2738	4793	4599	5649	9513	8649	79360
新沂市	247611	25461	13678	31530	28405	30181	26106	17892	74358
邳州市	286468	15219	16243	42974	39476	51536	23750	20379	76891
常州市	**2570431**	**177826**	**91331**	**179242**	**171886**	**210049**	**279958**	**223423**	**1236716**
天宁区	230654	24923	10972	19535	16448	17828	28353	20021	92574
钟楼区	220399	28337	9658	18817	15944	19448	21996	16746	89453
新北区	471927	41795	20298	36949	34357	49628	62412	44530	181958
武进区	854378	45879	32272	68549	71518	79972	99652	78222	378314

2-25 续表 1 单位：人

地区	企业从业人员数	100 万元及以下	100-200 万元	200-500 万元	500-1000 万元	1000-2000 万元	2000-5000 万元	5000 万元-1 亿元	1 亿元以上
金坛区	387425	21596	10289	18682	16742	20665	35631	30144	233676
溧阳市	405648	15296	7842	16710	16877	22508	31914	33760	260741
苏州市	**7250505**	**707779**	**306940**	**551271**	**480694**	**539497**	**794788**	**640691**	**3228845**
虎丘区	537008	37585	14666	26185	21642	28709	50602	39655	317964
吴中区	657942	76494	36846	61710	52587	60538	81191	72199	216377
相城区	410000	42452	20819	39550	33500	40006	51827	42644	139202
姑苏区	373850	83313	21939	33169	24916	22762	36426	22560	128765
吴江区	779320	56078	29780	55254	54851	64520	88412	78505	351920
苏州工业园区	897609	103533	34440	56939	45362	50280	76710	67889	462456
常熟市	735720	47192	24204	49965	48105	56845	98362	85503	325544
张家港市	690067	59077	30569	61415	55965	62991	93531	67917	258602
昆山市	1729405	164056	75736	131863	112898	115762	160380	119768	848942
太仓市	439584	37999	17941	35221	30868	37084	57347	44051	179073
南通市	**4207909**	**139205**	**123714**	**326235**	**407478**	**404789**	**236008**	**215723**	**2354757**
崇川区	280096	19303	17201	32815	31140	22393	22011	20292	114941
港闸区	210076	13093	8765	16608	18407	20674	14476	13947	104106
通州区	773013	6682	7509	50121	98264	88778	29158	28566	463935
如东县	490152	5435	6213	46478	79637	106728	20736	20046	204879
南通经济技术开发区	211359	9974	6820	10624	25012	41530	14325	24311	78763
启东市	445350	18311	16007	41800	36107	21388	21252	21670	268815
如皋市	543330	22876	20867	46626	42013	28563	35267	26877	320241
海门市	642533	8698	8401	40343	46424	49425	36518	26314	426410
海安市	612000	34833	31931	40820	30474	25310	42265	33700	372667
连云港市	**910064**	**87655**	**49380**	**102824**	**60987**	**54452**	**64629**	**58723**	**431414**
连云区	64921	4269	1524	2504	2743	2365	5244	3905	42367
海州区	207737	23854	21364	42592	15248	12362	14635	11925	65757
赣榆区	193558	12148	6152	9915	7996	10644	12882	7392	126429
东海县	155573	26144	10278	19601	13614	11637	12975	13832	47492
灌云县	67945	10060	3529	5397	4550	4120	5542	4469	30278
灌南县	110673	6417	4536	19190	13796	10191	6362	5341	44840
连云港经济技术开发区	86905	2517	1317	2327	1872	2255	5291	7122	64204
连云港高新技术产业开发区	22752	2246	680	1298	1168	878	1698	4737	10047
淮安市	**1434336**	**86275**	**74027**	**175420**	**138575**	**90110**	**116220**	**108044**	**645665**
淮安区	252571	7010	8228	29650	26679	16188	19817	16327	128672
淮阴区	204239	15038	17871	33137	26551	13949	14080	13009	70604
清江浦区	259341	21936	17800	43136	22643	12882	17085	20004	103855
洪泽区	115470	6123	6354	13589	16094	8508	13754	7453	43595
涟水县	218093	3872	5004	19135	16175	7820	15681	16372	134034
盱眙县	107104	8805	5490	9932	10130	9841	12561	10040	40305
金湖县	112177	7038	5925	17830	14618	12314	11894	8590	33968
淮安经济技术开发区	165341	16453	7355	9011	5685	8608	11348	16249	90632

2-25 续表 2 单位：人

地 区	企业从业人员数	100 万元及以下	100-200 万元	200-500 万元	500-1000 万元	1000-2000 万元	2000-5000 万元	5000 万元-1 亿元	1 亿元以上
盐城市	**2083660**	**142129**	**122844**	**229959**	**270538**	**224690**	**168277**	**160379**	**764844**
亭湖区	236532	30827	13566	21598	17915	15860	23244	24855	88667
盐都区	366755	17997	16059	43157	76560	24884	22856	25300	139942
大丰区	197547	13025	11815	20992	18095	15755	23476	17204	77185
响水县	111128	18134	18813	13191	7176	6575	8576	7454	31209
滨海县	172816	12228	13119	20595	12749	11144	18000	20149	64832
阜宁县	321853	14198	18820	42293	44230	69689	14265	15949	102409
射阳县	179248	6961	8430	24267	40565	33487	13119	10781	41638
建湖县	190614	11748	10023	16658	15082	14872	17373	16579	88279
盐城经济技术开发区	60839	4530	1807	2833	2501	4342	7032	5315	32479
东台市	246328	12481	10392	24375	35665	28082	20336	16793	98204
扬州市	**2464224**	**88870**	**86822**	**215980**	**227511**	**238616**	**176418**	**162785**	**1267222**
广陵区	362417	18975	16742	37357	49914	30340	20036	21129	167924
邗江区	390425	28129	23563	42400	24660	24160	32122	25718	189673
江都区	569221	10440	12987	40005	53539	89136	29684	36038	297392
宝应县	336704	8727	11837	26300	21112	15609	23190	15199	214730
扬州经济技术开发区	130557	6327	3094	8550	11288	11014	14287	9249	66748
仪征市	270469	6622	6460	31838	31393	32505	23823	20430	117398
高邮市	404431	9650	12139	29530	35605	35852	33276	35022	213357
镇江市	**1183812**	**62840**	**65977**	**173227**	**130689**	**131707**	**114471**	**110788**	**394113**
京口区	103206	14133	6433	10647	8161	7889	9144	9056	37743
润州区	100305	8454	4715	10198	9374	7406	7622	9318	43218
丹徒区	111200	6986	4930	13390	14807	22115	10942	8519	29511
镇江新区	152814	6709	10542	37088	16240	19369	10041	9288	43537
丹阳市	350308	9581	17751	47051	36307	43260	47401	38785	110172
扬中市	155658	4793	7186	22020	22242	19372	16430	12917	50698
句容市	210321	12184	14420	32833	23558	12296	12891	22905	79234
泰州市	**2087064**	**93115**	**65893**	**130948**	**114541**	**118691**	**147251**	**136347**	**1280278**
海陵区	265282	16528	9662	17833	14442	14173	18153	18928	155563
高港区	241261	7989	4493	10501	7799	7877	11188	10830	180584
姜堰区	377227	13230	11295	19407	16029	18306	20426	21572	256962
泰州医药高新技术产业开发区	126398	11366	3962	8097	6811	9024	14681	13338	59119
兴化市	262184	8393	8089	18962	19384	19659	21796	18814	147087
靖江市	383969	17912	11298	21398	18789	20640	32059	24666	237207
泰兴市	430743	17697	17094	34750	31287	29012	28948	28199	243756
宿迁市	**1183037**	**137146**	**63451**	**94602**	**88435**	**92543**	**118682**	**107659**	**480519**
宿城区	187696	22207	5325	8464	6288	12362	17653	16125	99272
宿豫区	149299	14227	5596	7179	7246	7365	16282	15278	76126
沭阳县	365911	46054	26016	46801	50682	44115	37805	36244	78194
泗阳县	244681	29866	16078	19063	12893	11773	24369	16602	114037
泗洪县	152936	17707	7799	9536	8612	13858	16315	14823	64286
宿迁经济技术开发区	82514	7085	2637	3559	2714	3070	6258	8587	48604

2-26 按行业（大类）、营业收入

行业大类	代码	企业法人单位数	100 万元及以下	100-200 万元
总计		**1859211**	**980635**	**212329**
农、林、牧、渔业	**A**	**2903**	**1541**	**368**
农业	01	12	12	
林业	02	1	1	
畜牧业	03	6	3	
渔业	04	2	2	
农、林、牧、渔专业及辅助性活动	05	2882	1523	368
采矿业	**B**	**370**	**155**	**30**
煤炭开采和洗选业	06	22	3	2
石油和天然气开采业	07	5	2	
黑色金属矿采选业	08	49	20	3
有色金属矿采选业	09	12	7	
非金属矿采选业	10	242	99	22
开采专业及辅助性活动	11	22	14	1
其他采矿业	12	18	10	2
制造业	**C**	**513326**	**186929**	**63639**
农副食品加工业	13	7431	2433	749
食品制造业	14	4739	2107	550
酒、饮料和精制茶制造业	15	1823	913	232
烟草制品业	16	12	2	1
纺织业	17	42224	11793	3947
纺织服装、服饰业	18	27640	9946	3284
皮革、毛皮、羽毛及其制品和制鞋业	19	4626	1512	505
木材加工和木、竹、藤、棕、草制品业	20	12986	4072	1582
家具制造业	21	10547	5062	1586
造纸和纸制品业	22	9637	3263	1479
印刷和记录媒介复制业	23	10930	3839	1682
文教、工美、体育和娱乐用品制造业	24	16272	6387	2046
石油、煤炭及其他燃料加工业	25	716	213	66
化学原料和化学制品制造业	26	9785	2645	673
医药制造业	27	2401	750	197
化学纤维制造业	28	2492	530	172
橡胶和塑料制品业	29	28684	9243	3835
非金属矿物制品业	30	24182	8962	2746
黑色金属冶炼和压延加工业	31	4110	1006	351
有色金属冶炼和压延加工业	32	4761	1308	408

组距分组的企业法人单位数

单位：个

200-500 万元	500-1000 万元	1000-2000 万元	2000-5000 万元	5000 万元-1 亿元	1 亿元以上
284542	**160104**	**98669**	**59326**	**26372**	**37234**
513	**334**	**107**	**24**	**7**	**9**
1	1	1			
512	333	106	24	7	9
52	**40**	**34**	**14**	**14**	**31**
3	4	1	1	3	5
		1			2
4	3	7	4	1	7
2				2	1
35	31	23	8	8	16
5	1	1			
3	1	1	1		
93445	**66077**	**47154**	**26479**	**11801**	**17802**
1221	929	742	503	299	555
737	488	379	197	124	157
265	149	97	51	31	85
		2	1		6
8034	7011	5577	3284	1290	1288
5098	4344	2629	1225	566	548
820	710	586	261	97	135
2403	2119	1681	675	216	238
1770	989	702	267	76	95
2155	1331	707	304	151	247
2342	1368	896	436	167	200
2866	2115	1559	615	274	410
119	95	67	57	21	78
1155	1055	1073	1043	634	1507
292	224	247	213	153	325
308	277	353	374	187	291
5670	4046	2759	1683	704	744
4153	2972	2275	1328	715	1031
609	536	521	468	207	412
697	540	523	484	271	530

2-26 续表 1

行业大类	代码	企业法人单位数	100 万元及以下	100-200 万元
金属制品业	33	53951	20533	7061
通用设备制造业	34	80978	32362	11507
专用设备制造业	35	53614	21317	7228
汽车制造业	36	14055	4644	1608
铁路、船舶、航空航天和其他运输设备制造业	37	7453	2653	897
电气机械和器材制造业	38	34453	11427	3983
计算机、通信和其他电子设备制造业	39	20815	8165	2438
仪器仪表制造业	40	9650	4098	1259
其他制造业	41	6208	2452	797
废弃资源综合利用业	42	1454	622	124
金属制品、机械和设备修理业	43	4697	2670	646
电力、热力、燃气及水生产和供应业	**D**	**5023**	**1942**	**432**
电力、热力生产和供应业	44	2575	1106	217
燃气生产和供应业	45	435	130	17
水的生产和供应业	46	2013	706	198
建筑业	**E**	**119568**	**62940**	**14105**
房屋建筑业	47	23183	9894	2340
土木工程建筑业	48	25525	11876	3067
建筑安装业	49	24173	12194	3191
建筑装饰、装修和其他建筑业	50	46687	28976	5507
批发和零售业	**F**	**601887**	**327474**	**70714**
批发业	51	388834	192423	44982
零售业	52	213053	135051	25732
交通运输、仓储和邮政业	**G**	**58550**	**26385**	**7526**
铁路运输业	53	6	2	
道路运输业	54	41936	18652	5600
水上运输业	55	1905	656	163
航空运输业	56	128	71	9
管道运输业	57	17	2	
多式联运和运输代理业	58	7103	3450	852
装卸搬运和仓储业	59	6234	3030	753
邮政业	60	1221	522	149
住宿和餐饮业	**H**	**25853**	**15455**	**4034**
住宿业	61	6327	3261	1064
餐饮业	62	19526	12194	2970
信息传输、软件和信息技术服务业	**I**	**72049**	**51582**	**6134**
电信、广播电视和卫星传输服务	63	1423	792	188
互联网和相关服务	64	9611	6827	822
软件和信息技术服务业	65	61015	43963	5124

单位：个

200-500 万元	500-1000 万元	1000-2000 万元	2000-5000 万元	5000 万元-1 亿元	1 亿元以上
10276	6864	4512	2518	963	1224
15678	9617	6069	2970	1180	1595
9828	6329	4530	2345	924	1113
2361	1607	1467	949	487	932
1345	927	709	411	181	330
6325	4653	3207	2033	955	1870
3245	2244	1639	1094	609	1381
1597	964	700	429	223	380
1162	1011	567	146	33	40
218	175	144	76	50	45
696	388	235	39	13	10
662	**595**	**486**	**314**	**176**	**416**
282	286	196	142	94	252
48	45	34	36	28	97
332	264	256	136	54	67
18914	**8980**	**5359**	**3670**	**2304**	**3296**
3664	1964	1338	1168	1010	1805
4292	2361	1444	1030	644	811
4207	1962	1177	773	333	336
6751	2693	1400	699	317	344
94362	**44218**	**31305**	**17316**	**7396**	**9102**
61001	36158	27149	14131	5953	7037
33361	8060	4156	3185	1443	2065
10664	**6968**	**3120**	**2309**	**822**	**756**
			2		2
8018	5121	2283	1473	473	316
275	269	141	189	102	110
15	12	5	4	4	8
1	2		5	2	5
1124	708	377	342	122	128
1041	683	255	230	98	144
190	173	59	64	21	43
3176	**1506**	**807**	**589**	**202**	**84**
950	413	272	237	95	35
2226	1093	535	352	107	49
7347	**3769**	**1273**	**1074**	**400**	**470**
189	92	28	30	19	85
956	512	165	166	64	99
6202	3165	1080	878	317	286

2-26 续表 2

行业大类	代码	企业法人单位数	100 万元及以下	100-200 万元
金融业	**J**	**6679**	**3422**	**379**
货币金融服务	66	1812	505	129
资本市场服务	67	3049	2304	164
保险业	68	1158	177	36
其他金融业	69	660	436	50
房地产业	**K**	**58568**	**34500**	**5290**
房地产业	70	58568	34500	5290
租赁和商务服务业	**L**	**173997**	**120908**	**16685**
租赁业	71	13441	8211	1772
商务服务业	72	160556	112697	14913
科学研究和技术服务业	**M**	**120183**	**76701**	**12864**
研究和试验发展	73	32066	21053	3097
专业技术服务业	74	55733	33238	6666
科技推广和应用服务业	75	32384	22410	3101
水利、环境和公共设施管理业	**N**	**7664**	**4155**	**804**
水利管理业	76	398	207	47
生态保护和环境治理业	77	1400	773	136
公共设施管理业	78	5564	3036	595
土地管理业	79	302	139	26
居民服务、修理和其他服务业	**O**	**34853**	**24342**	**4116**
居民服务业	80	12661	9475	1262
机动车、电子产品和日用产品修理业	81	14506	9701	1927
其他服务业	82	7686	5166	927
教育	**P**	**17396**	**13472**	**1422**
教育	83	17396	13472	1422
卫生和社会工作	**Q**	**4343**	**2772**	**385**
卫生	84	3373	2077	299
社会工作	85	970	695	86
文化、体育和娱乐业	**R**	**35999**	**25960**	**3402**
新闻和出版业	86	217	81	22
广播、电视、电影和录音制作业	87	3755	2077	375
文化艺术业	88	9836	6930	932
体育	89	3000	2265	293
娱乐业	90	19191	14607	1780

单位：个

200-500 万元	500-1000 万元	1000-2000 万元	2000-5000 万元	5000 万元-1 亿元	1 亿元以上
559	**409**	**326**	**440**	**273**	**871**
200	167	146	148	97	420
232	148	60	68	26	47
70	58	94	204	139	380
57	36	26	20	11	24
6655	**4577**	**1937**	**1806**	**1075**	**2728**
6655	4577	1937	1806	1075	2728
19859	**9949**	**2597**	**2226**	**886**	**887**
2068	1033	166	131	42	18
17791	8916	2431	2095	844	869
15699	**9228**	**2671**	**1958**	**607**	**455**
3954	2576	708	467	134	77
8031	4517	1445	1120	381	335
3714	2135	518	371	92	43
1099	**770**	**308**	**240**	**124**	**164**
69	48	11	9	3	4
191	142	53	59	29	17
802	558	238	168	87	80
37	22	6	4	5	63
4983	**784**	**337**	**207**	**64**	**20**
1550	189	93	61	24	7
2178	425	150	89	29	7
1255	170	94	57	11	6
1579	**674**	**132**	**89**	**18**	**10**
1579	674	132	89	18	10
448	**307**	**166**	**163**	**62**	**40**
344	248	151	154	60	40
104	59	15	9	2	
4526	**919**	**550**	**408**	**141**	**93**
25	23	15	22	6	23
681	289	159	111	34	29
1358	238	170	144	50	14
305	64	34	28	9	2
2157	305	172	103	42	25

2-27 按行业（大类）、营业收入

行业大类	代码	企业从业人员数	100万元及以下	100-200万元
总计		**34578766**	**2576628**	**1428514**
农、林、牧、渔业	**A**	**26917**	**4319**	**2405**
农业	01			
林业	02			
畜牧业	03			
渔业	04			
农、林、牧、渔专业及辅助性活动	05	26917	4319	2405
采矿业	**B**	**69556**	**366**	**218**
煤炭开采和洗选业	06	47573	6	14
石油和天然气开采业	07	7876	8	
黑色金属矿采选业	08	3884	28	41
有色金属矿采选业	09	960	39	
非金属矿采选业	10	9059	254	147
开采专业及辅助性活动	11	98	18	3
其他采矿业	12	106	13	13
制造业	**C**	**14355647**	**527281**	**454494**
农副食品加工业	13	210668	7618	5763
食品制造业	14	128285	7077	4662
酒、饮料和精制茶制造业	15	84225	3240	2322
烟草制品业	16	6631	747	3
纺织业	17	1101373	28226	29330
纺织服装、服饰业	18	929760	34243	35782
皮革、毛皮、羽毛及其制品和制鞋业	19	144973	4718	4680
木材加工和木、竹、藤、棕、草制品业	20	228988	12350	11768
家具制造业	21	159284	16037	11222
造纸和纸制品业	22	168043	8456	8798
印刷和记录媒介复制业	23	200240	11260	10423
文教、工美、体育和娱乐用品制造业	24	391659	18412	16277
石油、煤炭及其他燃料加工业	25	33364	985	396
化学原料和化学制品制造业	26	519055	7748	4729
医药制造业	27	231035	3842	2198
化学纤维制造业	28	167224	3541	1099
橡胶和塑料制品业	29	645105	24869	24576
非金属矿物制品业	30	527868	23762	19878
黑色金属冶炼和压延加工业	31	273269	2372	2430
有色金属冶炼和压延加工业	32	167049	2915	2541

组距分组的企业法人单位从业人员数

单位：人

200-500 万元	500-1000 万元	1000-2000 万元	2000-5000 万元	5000 万元-1 亿元	1 亿元以上
2929406	**2730360**	**2811090**	**3145463**	**2684164**	**16273141**
5903	**6784**	**3337**	**929**	**888**	**2352**
5903	6784	3337	929	888	2352
743	**665**	**912**	**1687**	**2410**	**62555**
24	98	20	5	1610	45796
		12			7856
235	65	186	629	15	2685
32				268	621
340	492	677	1035	517	5597
69	4	4			
43	6	13	18		
1029995	**1202581**	**1478483**	**1553048**	**1249929**	**6859836**
15099	17135	20894	23928	19908	100323
9197	10100	13648	14701	14571	54329
3647	2711	3637	3572	2515	62581
		48	19		5814
86607	112868	148661	171845	132579	391257
84474	110460	123120	126648	110373	304660
11474	16110	23304	24026	17168	43493
24951	33738	50702	35522	17837	42120
19214	17922	23507	20443	10784	40155
19493	20995	18824	13555	13003	64919
23773	23893	27132	27057	19197	57505
36244	43719	55641	47299	37218	136849
1148	1431	1636	1563	861	25344
12389	18494	30978	46845	46262	351610
4118	5698	9618	16445	19004	170112
2960	3678	8254	13879	11109	122704
57628	68851	79866	88440	71676	229199
45357	52784	68782	72910	56642	187753
5347	7560	10834	16267	13265	215194
6629	8419	13063	17931	16045	99506

2-27 续表 1

行业大类	代码	企业从业人员数	100 万元及以下	100-200 万元
金属制品业	33	1012730	54606	48186
通用设备制造业	34	1498108	88110	75052
专用设备制造业	35	1075201	60413	49688
汽车制造业	36	663996	12795	11978
铁路、船舶、航空航天和其他运输设备制造业	37	325111	7211	7070
电气机械和器材制造业	38	1272003	29917	26529
计算机、通信和其他电子设备制造业	39	1779625	24100	17392
仪器仪表制造业	40	257091	11581	8236
其他制造业	41	88174	6863	6079
废弃资源综合利用业	42	21619	1436	809
金属制品、机械和设备修理业	43	43891	7831	4598
电力、热力、燃气及水生产和供应业	**D**	**196682**	**5105**	**3233**
电力、热力生产和供应业	44	116082	2792	1592
燃气生产和供应业	45	20957	311	122
水的生产和供应业	46	59643	2002	1519
建筑业	**E**	**8802798**	**200834**	**121553**
房屋建筑业	47	6239731	37176	22719
土木工程建筑业	48	1126460	39370	28011
建筑安装业	49	667427	39407	26541
建筑装饰、装修和其他建筑业	50	769180	84881	44282
批发和零售业	**F**	**3695667**	**647682**	**327774**
批发业	51	2360286	369244	200280
零售业	52	1335381	278438	127494
交通运输、仓储和邮政业	**G**	**1014134**	**71287**	**49088**
铁路运输业	53			
道路运输业	54	636299	48303	33728
水上运输业	55	95475	1814	1119
航空运输业	56	16045	328	57
管道运输业	57	7880	7	
多式联运和运输代理业	58	70798	8743	5646
装卸搬运和仓储业	59	114110	9984	7158
邮政业	60	73527	2108	1380
住宿和餐饮业	**H**	**480074**	**55197**	**41583**
住宿业	61	149468	13439	11287
餐饮业	62	330606	41758	30296
信息传输、软件和信息技术服务业	**I**	**850728**	**138523**	**45142**
电信、广播电视和卫星传输服务	63	134065	2520	1423
互联网和相关服务	64	158398	18840	5780
软件和信息技术服务业	65	558265	117163	37939

单位：人

200-500 万元	500-1000 万元	1000-2000 万元	2000-5000 万元	5000 万元-1 亿元	1 亿元以上
108294	118904	131015	138441	94537	318747
160852	172387	186649	165737	123115	526206
105576	112900	141531	134814	100732	369547
27553	32515	48323	64322	59120	407390
16973	18364	25760	30502	22042	197189
64390	78655	102431	115405	99374	755302
38255	46075	57772	80449	87905	1427677
16360	17254	23775	25531	23922	130432
12768	18572	17591	8348	3712	14241
1789	2422	3519	3863	3270	4511
7436	7967	7968	2741	2183	3167
7149	**10032**	**14313**	**12648**	**12216**	**131986**
2808	4281	5286	3198	5741	90384
457	742	734	1058	1178	16355
3884	5009	8293	8392	5297	25247
260515	**224969**	**259324**	**423013**	**626031**	**6686559**
59396	59775	81825	189694	343282	5445864
57559	56764	63808	92809	149924	638215
57201	46398	51464	68846	63354	314216
86359	62032	62227	71664	69471	288264
654310	**429329**	**445132**	**281580**	**171147**	**738713**
388495	337328	377845	195036	110409	381649
265815	92001	67287	86544	60738	357064
104430	**114026**	**87330**	**127768**	**92537**	**367668**
74793	79700	63527	82209	60241	193798
3240	6607	5890	12491	13250	51064
152	262	124	191	1354	13577
21	10		125	94	7623
8427	8117	5888	10755	5006	18216
15184	15466	9379	15981	9193	31765
2613	3864	2522	6016	3399	51625
56391	**48823**	**51136**	**79164**	**50584**	**97196**
17315	13695	18223	36481	24791	14237
39076	35128	32913	42683	25793	82959
83456	**67440**	**43164**	**64500**	**48311**	**360192**
2403	2211	1120	2347	4468	117573
11029	8689	7044	10466	7718	88832
70024	56540	35000	51687	36125	153787

2-27 续表 2

行业大类	代码	企业从业人员数	100 万元及以下	100-200 万元
金融业	**J**	**27271**	**4948**	**1777**
货币金融服务	66	12443	1369	928
资本市场服务	67	7732	2429	343
保险业	68	522	174	58
其他金融业	69	6574	976	448
房地产业	**K**	**992856**	**143866**	**61600**
房地产业	70	992856	143866	61600
租赁和商务服务业	**L**	**2069590**	**343478**	**138564**
租赁业	71	92594	22683	11754
商务服务业	72	1976996	320795	126810
科学研究和技术服务业	**M**	**1039282**	**205533**	**92462**
研究和试验发展	73	223875	54274	20924
专业技术服务业	74	629239	97449	49992
科技推广和应用服务业	75	186168	53810	21546
水利、环境和公共设施管理业	**N**	**180527**	**17908**	**8406**
水利管理业	76	4264	689	309
生态保护和环境治理业	77	16905	2730	1022
公共设施管理业	78	154122	14108	6857
土地管理业	79	5236	381	218
居民服务、修理和其他服务业	**O**	**295159**	**81497**	**36155**
居民服务业	80	90352	31012	12310
机动车、电子产品和日用产品修理业	81	93146	30527	13183
其他服务业	82	111661	19958	10662
教育	**P**	**127986**	**46873**	**14426**
教育	83	127986	46873	14426
卫生和社会工作	**Q**	**114075**	**13205**	**4943**
卫生	84	102157	10468	3805
社会工作	85	11918	2737	1138
文化、体育和娱乐业	**R**	**239817**	**68726**	**24691**
新闻和出版业	86	9730	192	179
广播、电视、电影和录音制作业	87	40246	5908	2714
文化艺术业	88	60096	17430	5996
体育	89	24748	7649	3093
娱乐业	90	104997	37547	12709

单位：人

200-500 万元	500-1000 万元	1000-2000 万元	2000-5000 万元	5000 万元-1 亿元	1 亿元以上
3221	**3898**	**2597**	**2753**	**1505**	**6572**
1831	1913	1577	1870	772	2183
613	1400	225	373	566	1783
115	137		38		
662	448	795	472	167	2606
126771	**127940**	**96070**	**136787**	**93356**	**206466**
126771	127940	96070	136787	93356	206466
248697	**225704**	**161599**	**250359**	**197804**	**503385**
19704	17743	5000	5261	3943	6506
228993	207961	156599	245098	193861	496879
171942	**171784**	**87285**	**107355**	**60742**	**142179**
38930	43978	16432	21081	10409	17847
94738	92999	57555	73514	44026	118966
38274	34807	13298	12760	6307	5366
18752	**22490**	**20174**	**26064**	**33013**	**33720**
975	1072	421	431	130	237
2359	2722	1809	2333	2360	1570
14857	18247	17832	23099	30207	28915
561	449	112	201	316	2998
70829	**25763**	**22039**	**27888**	**13749**	**17239**
23126	6481	5826	4884	5917	796
24176	8460	4560	3998	2869	5373
23527	10822	11653	19006	4963	11070
23923	**17245**	**8269**	**8892**	**3924**	**4434**
23923	17245	8269	8892	3924	4434
9322	**12639**	**10920**	**19217**	**13018**	**30811**
7380	9690	9625	17858	12520	30811
1942	2949	1295	1359	498	
53057	**18248**	**19006**	**21811**	**13000**	**21278**
270	678	694	1703	849	5165
7540	5294	4658	4630	3367	6135
14749	3836	5479	7185	3030	2391
5166	2061	2043	2880	1391	465
25332	6379	6132	5413	4363	7122

2-28 按地区、资产总计组距分组的企业法人单位数

单位：个

地　区	企业法人单位数	50万元及以下	50-100万元	100-500万元	500-1000万元	1000-5000万元	5000万元-1亿元	1亿元以上
总计	**1859211**	**805590**	**233740**	**477270**	**137988**	**133586**	**26843**	**44194**
南京市	**175925**	**90586**	**17564**	**34128**	**11320**	**13292**	**3038**	**5997**
玄武区	12835	7270	1132	2202	773	841	187	430
秦淮区	19934	10619	2318	3663	1216	1331	256	531
建邺区	10322	5167	833	1913	744	949	206	510
鼓楼区	26086	14229	2652	4655	1556	1840	391	763
浦口区	28202	17652	2522	4327	1187	1452	368	694
栖霞区	12280	5405	1428	2788	951	949	205	554
雨花台区	9560	4361	978	2106	721	799	194	401
江宁区	21637	9192	2093	4756	1670	2285	524	1117
六合区	16183	7705	1823	3540	1215	1184	275	441
溧水区	10517	5222	1016	2211	699	850	226	293
高淳区	8369	3764	769	1967	588	812	206	263
无锡市	**234438**	**109565**	**25481**	**55907**	**17333**	**17272**	**3301**	**5579**
锡山区	18972	6440	2115	5888	1839	1784	352	554
惠山区	26952	9436	3041	8466	2693	2348	358	610
滨湖区	26285	12788	2845	6037	1738	1863	337	677
梁溪区	47495	29472	5784	8336	1790	1379	267	467
新吴区	24812	10072	2758	6660	2049	1991	428	854
江阴市	53053	23657	5140	12581	4445	4738	945	1547
宜兴市	36869	17700	3798	7939	2779	3169	614	870
徐州市	**128655**	**52172**	**17949**	**36961**	**9397**	**8775**	**1399**	**2002**
鼓楼区	11421	3236	1561	4836	1146	473	80	89
云龙区	12561	7970	1408	1970	482	444	91	196
贾汪区	4984	2522	603	926	293	402	104	134
泉山区	16090	6795	1973	4528	990	1447	113	244
铜山区	16506	8276	1892	3990	935	964	180	269
丰县	6824	2113	1123	2348	559	480	97	104
沛县	9417	3801	1316	2466	830	690	142	172
睢宁县	12365	5207	2416	3254	607	579	137	165
徐州经济技术开发区	5177	2195	546	1198	364	528	101	245
新沂市	16176	5424	3249	4663	1363	1114	190	173
邳州市	17134	4633	1862	6782	1828	1654	164	211
常州市	**148016**	**64599**	**17031**	**37209**	**11541**	**11563**	**2369**	**3704**
天宁区	21458	11171	2245	4606	1564	1328	207	337
钟楼区	18920	9536	2239	4282	1166	1091	219	387
新北区	38714	18759	4071	9126	2784	2614	523	837
武进区	46149	15910	5990	13918	4154	4211	796	1170

2-28　续表 1　　　　单位：个

地　区	企业法人单位数	50 万元及以下	50-100 万元	100-500 万元	500-1000 万元	1000-5000 万元	5000 万元-1 亿元	1 亿元以上
金坛区	10603	4099	1308	2483	890	1073	296	454
溧阳市	12172	5124	1178	2794	983	1246	328	519
苏州市	**489831**	**241371**	**51432**	**111748**	**32826**	**33846**	**6860**	**11748**
虎丘区	26026	12542	2649	5644	1716	2032	489	954
吴中区	49224	22138	5628	12432	3689	3526	669	1142
相城区	28838	12125	3010	7779	2287	2384	461	792
姑苏区	56489	38230	5309	8568	2069	1531	271	511
吴江区	55110	23763	5529	14683	4576	4482	803	1274
苏州工业园区	53678	29626	5885	9642	2686	3251	899	1689
常熟市	46447	22866	4267	10303	3356	3765	707	1183
张家港市	44068	17425	4761	11873	4037	4067	698	1207
昆山市	103018	50366	11683	24308	6469	6663	1359	2170
太仓市	26933	12290	2711	6516	1941	2145	504	826
南通市	**148202**	**40335**	**20622**	**51368**	**17155**	**12660**	**2359**	**3703**
崇川区	19551	7607	3430	5536	1348	1028	195	407
港闸区	9931	3413	1531	3024	839	735	152	237
通州区	21947	2933	2134	9455	4795	1858	352	420
如东县	16209	1404	1182	7723	2786	2591	219	304
南通经济技术开发区	9483	2884	1187	2518	1258	978	225	433
启东市	15302	4352	2124	5579	1555	1101	186	405
如皋市	19108	6390	3591	5486	1419	1331	386	505
海门市	16597	4939	1855	5860	1742	1470	268	463
海安市	20074	6413	3588	6187	1413	1568	376	529
连云港市	**52416**	**22407**	**8703**	**13315**	**3039**	**2991**	**813**	**1148**
连云区	3036	1685	223	481	204	219	73	151
海州区	17599	6891	3647	4945	936	781	154	245
赣榆区	6686	3265	915	1373	389	458	116	170
东海县	12837	5652	1934	3385	769	737	214	146
灌云县	4077	2221	466	781	163	260	85	101
灌南县	5001	1364	1195	1692	274	246	88	142
连云港经济技术开发区	2338	923	237	509	242	229	67	131
连云港高新技术产业开发区	842	406	86	149	62	61	16	62
淮安市	**75126**	**30826**	**12927**	**20968**	**4405**	**3774**	**917**	**1309**
淮安区	12146	5333	1784	3526	719	552	116	116
淮阴区	11212	4044	2235	3469	702	506	112	144
清江浦区	16818	6914	4015	4473	533	507	124	252
洪泽区	5997	1869	1107	1869	539	370	113	130
涟水县	6118	1070	945	2909	542	426	91	135
盱眙县	6766	3182	860	1307	499	605	143	170
金湖县	7695	3139	971	2302	598	451	110	124
淮安经济技术开发区	8374	5275	1010	1113	273	357	108	238

2-28 续表 2

单位：个

地 区	企业法人单位数	50 万元及以下	50-100 万元	100-500 万元	500-1000 万元	1000-5000 万元	5000 万元-1 亿元	1 亿元以上
盐城市	**107806**	**36162**	**16438**	**34883**	**9134**	**7512**	**1502**	**2175**
亭湖区	15627	7583	2502	3225	800	950	237	330
盐都区	16838	4062	2252	6463	1921	1597	230	313
大丰区	10028	3911	1620	2551	685	749	191	321
响水县	8046	2958	1636	2561	378	312	55	146
滨海县	10122	3954	1648	3218	522	499	120	161
阜宁县	13098	2786	2145	5097	1964	835	116	155
射阳县	9769	2867	1249	3961	835	567	134	156
建湖县	9075	2993	1327	2824	787	832	134	178
盐城经济技术开发区	1982	778	262	341	159	209	68	165
东台市	13221	4270	1797	4642	1083	962	217	250
扬州市	**93049**	**34787**	**13053**	**26100**	**7878**	**7960**	**1292**	**1979**
广陵区	17225	5158	2381	6673	1662	939	154	258
邗江区	23415	11285	4351	4986	1141	979	212	461
江都区	17900	7028	1198	3396	2410	3296	251	321
宝应县	9403	3625	1514	2647	531	722	170	194
扬州经济技术开发区	3944	1200	546	1170	375	386	87	180
仪征市	9657	3994	1253	2441	775	751	171	272
高邮市	11505	2497	1810	4787	984	887	247	293
镇江市	**66735**	**22398**	**10009**	**20989**	**5552**	**5120**	**932**	**1735**
京口区	7936	4428	1231	1449	279	312	74	163
润州区	7209	4025	799	1505	330	285	64	201
丹徒区	6017	1280	810	2064	708	914	95	146
镇江新区	6926	3112	1001	1586	423	417	117	270
丹阳市	17010	4685	2376	5945	1672	1650	267	415
扬中市	10773	2329	2052	4153	1114	724	154	247
句容市	10864	2539	1740	4287	1026	818	161	293
泰州市	**74697**	**28654**	**10931**	**20480**	**5328**	**5962**	**1341**	**2001**
海陵区	10975	4554	1641	2772	730	733	190	355
高港区	6831	3205	835	1655	390	453	98	195
姜堰区	12620	5232	1828	3404	829	886	193	248
泰州医药高新技术产业开发区	6506	3008	672	1333	431	619	154	289
兴化市	9146	2022	1176	3545	975	1002	211	215
靖江市	14388	5892	1975	3560	1076	1291	240	354
泰兴市	14231	4741	2804	4211	897	978	255	345
宿迁市	**64315**	**31728**	**11600**	**13214**	**3080**	**2859**	**720**	**1114**
宿城区	7951	4978	826	1011	322	401	135	278
宿豫区	4738	1974	889	895	280	397	110	193
沭阳县	30547	14449	6244	7161	1454	856	178	205
泗阳县	9687	3687	2419	2366	461	473	119	162
泗洪县	8073	4688	902	1281	398	538	108	158
宿迁经济技术开发区	3319	1952	320	500	165	194	70	118

2-29 按地区、资产总计组距分组的企业法人单位从业人员数

单位：人

地 区	企业从业人员数	50万元及以下	50-100万元	100-500万元	500-1000万元	1000-5000万元	5000万元-1亿元	1亿元以上
总计	**34578766**	**2135430**	**1436953**	**4993629**	**2604694**	**5411286**	**2725948**	**15270826**
南京市	**3822828**	**243507**	**107457**	**361402**	**226819**	**574979**	**288396**	**2020268**
玄武区	215748	15586	6049	19103	14278	31352	13330	116050
秦淮区	328115	34158	14897	36124	20897	55922	23423	142694
建邺区	298275	17946	4947	19877	11031	47938	15316	181220
鼓楼区	604472	34100	13589	55910	29987	65785	27933	377168
浦口区	344846	36813	14478	37505	21055	43940	29526	161529
栖霞区	372688	16883	8331	28290	24555	37081	16131	241417
雨花台区	211737	15154	6437	23194	14923	31997	15696	104336
江宁区	618182	31284	13343	47469	33528	100651	43528	348379
六合区	300288	21675	11303	37427	26298	63617	30809	109159
溧水区	275889	11700	6206	25163	16432	45655	45547	125186
高淳区	252588	8208	7877	31340	13835	51041	27157	113130
无锡市	**3288456**	**244825**	**138426**	**505256**	**299973**	**628294**	**251020**	**1220662**
锡山区	320824	14424	10085	49115	30703	68574	30710	117213
惠山区	331918	20342	13810	66573	39382	74444	26115	91252
滨湖区	332356	32649	15942	53630	28225	69066	23512	109332
梁溪区	343452	74626	34118	78738	34245	52998	14976	53751
新吴区	585571	28587	15949	76099	44973	77105	31109	311749
江阴市	877782	44187	27973	111110	79727	184494	77240	353051
宜兴市	496553	30010	20549	69991	42718	101613	47358	184314
徐州市	**2092440**	**166429**	**117008**	**400622**	**200040**	**356681**	**157733**	**693927**
鼓楼区	134524	12190	12208	52254	21072	15394	6438	14968
云龙区	113072	25348	6503	15190	8544	19264	7821	30402
贾汪区	73905	4735	3781	14429	6395	16152	6247	22166
泉山区	203358	21301	11907	43163	15352	25707	6928	79000
铜山区	307093	18463	10722	32569	16195	45432	16599	167113
丰县	136833	8702	8020	27512	12287	26691	11876	41745
沛县	263096	16479	11399	43267	23906	37193	21643	109209
睢宁县	201612	23891	19074	40739	17478	46230	12155	42045
徐州经济技术开发区	124868	5755	2353	8008	10982	16693	6500	74577
新沂市	247611	17508	16686	51860	30561	48344	29513	53139
邳州市	286468	12057	14355	71631	37268	59581	32013	59563
常州市	**2570431**	**134139**	**80575**	**330698**	**193489**	**435768**	**228192**	**1167570**
天宁区	230654	19377	10599	35038	20361	40361	21046	83872
钟楼区	220399	18408	9323	40221	20732	36491	17174	78050
新北区	471927	30453	19166	77822	42179	85223	40978	176106
武进区	854378	42003	25489	116076	73446	160945	79788	356631

2-29 续表 1

单位：人

地　区	企业从业人员数	50 万元及以下	50-100 万元	100-500 万元	500-1000 万元	1000-5000 万元	5000 万元-1 亿元	1 亿元以上
金坛区	387425	13478	9450	32022	19096	61571	41473	210335
溧阳市	405648	10420	6548	29519	17675	51177	27733	262576
苏州市	**7250505**	**509658**	**265355**	**1035327**	**553481**	**1237539**	**563663**	**3085482**
虎丘区	537008	22563	12036	56386	25304	77794	40241	302684
吴中区	657942	51302	29033	113689	63127	137429	59864	203498
相城区	410000	28729	15887	65520	39741	88780	38940	132403
姑苏区	373850	68042	22485	59441	28570	56244	24212	114856
吴江区	779320	39444	22329	101590	64772	131837	64699	354649
苏州工业园区	897609	79189	31389	109622	44675	123021	77638	432075
常熟市	735720	36280	26521	115210	63795	144051	55033	294830
张家港市	690067	39948	26667	104496	67293	147681	51919	252063
昆山市	1729405	118845	64712	240651	117999	245954	113392	827852
太仓市	439584	25316	14296	68722	38205	84748	37725	170572
南通市	**4207909**	**138897**	**148237**	**613316**	**324622**	**506504**	**224736**	**2251597**
崇川区	280096	28521	19173	45753	18382	38329	11976	117962
港闸区	210076	11857	8300	31606	17063	29347	11281	100622
通州区	773013	8700	20240	118169	77389	79683	37993	430839
如东县	490152	4317	9221	115433	67362	91482	23248	179089
南通经济技术开发区	211359	8576	9725	39078	22604	32954	16732	81690
启东市	445350	14031	14407	60262	27505	47827	28720	252598
如皋市	543330	22736	27805	67166	30349	58558	35460	301256
海门市	642533	8664	13775	71310	36703	63783	27170	421128
海安市	612000	31495	25591	64539	27265	64541	32156	366413
连云港市	**910064**	**79616**	**53321**	**125879**	**47836**	**117499**	**89476**	**396437**
连云区	64921	2226	1189	4390	2064	7794	6892	40366
海州区	207737	29307	22125	40583	12842	22306	12248	68326
赣榆区	193558	10927	5459	15178	9079	17960	18670	116285
东海县	155573	19003	9580	26889	12018	25864	19123	43096
灌云县	67945	7555	2658	8812	3386	14761	16272	14501
灌南县	110673	7321	10947	25594	5069	8701	9391	43650
连云港经济技术开发区	86905	1897	794	2841	2413	16367	5528	57065
连云港高新技术产业开发区	22752	1380	569	1592	965	3746	1352	13148
淮安市	**1434336**	**96499**	**88435**	**248460**	**96084**	**197565**	**156439**	**550854**
淮安区	252571	12420	13437	43392	16790	30783	24774	110975
淮阴区	204239	15176	15959	47209	20102	30199	18465	57129
清江浦区	259341	27478	27310	50864	11545	26698	20199	95247
洪泽区	115470	6903	7110	24548	9936	19299	15968	31706
涟水县	218093	3708	5653	30681	12034	31242	25958	108817
盱眙县	107104	6291	5616	13458	8962	24466	16339	31972
金湖县	112177	7563	7063	26328	11330	19524	14528	25841
淮安经济技术开发区	165341	16960	6287	11980	5385	15354	20208	89167

2-29　续表 2　　　　单位：人

地　区	企业从业人员数	50 万元及以下	50-100 万元	100-500 万元	500-1000 万元	1000-5000 万元	5000 万元-1 亿元	1 亿元以上
盐城市	**2083660**	**131002**	**121809**	**426304**	**203079**	**320333**	**190029**	**691104**
亭湖区	236532	24745	13357	28725	16444	37128	22983	93150
盐都区	366755	18579	15871	83807	34949	55983	28539	129027
大丰区	197547	14012	19504	30010	16026	35408	15451	67136
响水县	111128	14951	12248	26060	7077	12274	9632	28886
滨海县	172816	8994	10304	33536	13046	27189	24159	55588
阜宁县	321853	13948	19614	81506	55798	37003	16472	97512
射阳县	179248	10778	10704	63300	20779	25625	19760	28302
建湖县	190614	8387	7170	26756	15781	34383	25932	72205
盐城经济技术开发区	60839	3265	1753	3226	3077	9033	5492	34993
东台市	246328	13343	11284	49378	20102	46307	21609	84305
扬州市	**2464224**	**98243**	**98515**	**340212**	**170483**	**394612**	**206372**	**1155787**
广陵区	362417	21246	16653	80792	24127	49166	22261	148172
邗江区	390425	25906	28049	50775	26579	51367	27207	180542
江都区	569221	10699	9654	45546	45530	140002	45200	272590
宝应县	336704	13914	13365	37741	12659	44625	33019	181381
扬州经济技术开发区	130557	3972	3972	17703	9879	20408	9712	64911
仪征市	270469	12444	15022	48182	23355	35083	21491	114892
高邮市	404431	10062	11800	59473	28354	53961	47482	193299
镇江市	**1183812**	**93598**	**68679**	**218910**	**99916**	**198105**	**86334**	**418270**
京口区	103206	14048	7029	18066	7369	14248	5966	36480
润州区	100305	8538	4920	18571	6407	11595	4544	45730
丹徒区	111200	4311	4855	21034	12572	30479	6471	31478
镇江新区	152814	32112	14554	25735	8055	16524	7932	47902
丹阳市	350308	17013	14404	60537	33620	71262	29467	124005
扬中市	155658	7061	10056	31972	15566	23507	13236	54260
句容市	210321	10515	12861	42995	16327	30490	18718	78415
泰州市	**2087064**	**77700**	**66317**	**217192**	**104447**	**286294**	**170120**	**1164994**
海陵区	265282	14510	10008	31174	14027	27288	23264	145011
高港区	241261	8029	4282	15134	7114	27258	13341	166103
姜堰区	377227	9623	10059	31849	16976	40512	30766	237442
泰州医药高新技术产业开发区	126398	7226	3639	11757	7815	23449	9659	62853
兴化市	262184	6274	7301	32433	14996	57880	35900	107400
靖江市	383969	15158	11475	33544	22736	60461	25026	215569
泰兴市	430743	16880	19553	61301	20783	49446	32164	230616
宿迁市	**1183037**	**121317**	**82819**	**170051**	**84425**	**157113**	**113438**	**453874**
宿城区	187696	16623	8601	13739	8538	22690	13327	104178
宿豫区	149299	9417	5391	15999	12516	18987	13360	73629
沭阳县	365911	55500	39882	82308	35185	46335	27962	78739
泗阳县	244681	19676	20319	37131	12695	32143	30391	92326
泗洪县	152936	14545	6597	16274	10887	27918	20443	56272
宿迁经济技术开发区	82514	5556	2029	4600	4604	9040	7955	48730

2-30 按行业（大类）、资产总计组距

行业大类	代码	企业法人单位数	
			50万元及以下
总计		**1859211**	**805590**
农、林、牧、渔业	**A**	**2903**	**1216**
农业	01	12	11
林业	02	1	1
畜牧业	03	6	3
渔业	04	2	2
农、林、牧、渔专业及辅助性活动	05	2882	1199
采矿业	**B**	**370**	**112**
煤炭开采和洗选业	06	22	4
石油和天然气开采业	07	5	2
黑色金属矿采选业	08	49	15
有色金属矿采选业	09	12	2
非金属矿采选业	10	242	71
开采专业及辅助性活动	11	22	13
其他采矿业	12	18	5
制造业	**C**	**513326**	**129202**
农副食品加工业	13	7431	1777
食品制造业	14	4739	1476
酒、饮料和精制茶制造业	15	1823	580
烟草制品业	16	12	2
纺织业	17	42224	8285
纺织服装、服饰业	18	27640	8252
皮革、毛皮、羽毛及其制品和制鞋业	19	4626	1173
木材加工和木、竹、藤、棕、草制品业	20	12986	3473
家具制造业	21	10547	4395
造纸和纸制品业	22	9637	2260
印刷和记录媒介复制业	23	10930	2338
文教、工美、体育和娱乐用品制造业	24	16272	4928
石油、煤炭及其他燃料加工业	25	716	133
化学原料和化学制品制造业	26	9785	1746
医药制造业	27	2401	443
化学纤维制造业	28	2492	349
橡胶和塑料制品业	29	28684	5607
非金属矿物制品业	30	24182	6116
黑色金属冶炼和压延加工业	31	4110	616
有色金属冶炼和压延加工业	32	4761	878

分组的企业法人单位数

单位：个

50-100 万元	100-500 万元	500-1000 万元	1000-5000 万元	5000 万元-1 亿元	1 亿元以上
233740	**477270**	**137988**	**133586**	**26843**	**44194**
424	**750**	**256**	**182**	**36**	**39**
					1
	2				1
424	748	256	182	36	37
25	**72**	**51**	**47**	**21**	**42**
1	1	3	4	3	6
				1	2
1	9	6	6	4	8
	3		3	1	3
17	51	39	29	12	23
3	3	1	2		
3	5	2	3		
60724	**169984**	**58326**	**65561**	**13007**	**16522**
737	2192	894	1177	329	325
545	1373	447	581	134	183
233	508	177	175	39	111
	1		3		6
4217	14816	6188	6688	1087	943
3569	9476	2853	2729	402	359
527	1541	627	600	81	77
1840	4785	1343	1258	166	121
1677	2787	760	733	114	81
1291	3910	1047	794	175	160
1597	4204	1249	1179	188	175
2195	5297	1574	1765	281	232
75	207	101	104	21	75
637	2051	1020	2109	804	1418
128	501	247	450	224	408
124	666	383	594	145	231
3419	10775	3700	3853	660	670
2510	7265	2768	3576	953	994
304	1239	610	824	181	336
374	1320	635	962	231	361

2-30 续表 1

行业大类	代码	企业法人单位数	50 万元及以下
金属制品业	33	53951	13650
通用设备制造业	34	80978	20945
专用设备制造业	35	53614	13932
汽车制造业	36	14055	3197
铁路、船舶、航空航天和其他运输设备制造业	37	7453	1831
电气机械和器材制造业	38	34453	7954
计算机、通信和其他电子设备制造业	39	20815	5520
仪器仪表制造业	40	9650	2866
其他制造业	41	6208	1863
废弃资源综合利用业	42	1454	454
金属制品、机械和设备修理业	43	4697	2163
电力、热力、燃气及水生产和供应业	**D**	**5023**	**1341**
电力、热力生产和供应业	44	2575	797
燃气生产和供应业	45	435	91
水的生产和供应业	46	2013	453
建筑业	**E**	**119568**	**53300**
房屋建筑业	47	23183	8492
土木工程建筑业	48	25525	9712
建筑安装业	49	24173	9911
建筑装饰、装修和其他建筑业	50	46687	25185
批发和零售业	**F**	**601887**	**284391**
批发业	51	388834	164342
零售业	52	213053	120049
交通运输、仓储和邮政业	**G**	**58550**	**21785**
铁路运输业	53	6	
道路运输业	54	41936	15432
水上运输业	55	1905	512
航空运输业	56	128	50
管道运输业	57	17	1
多式联运和运输代理业	58	7103	2959
装卸搬运和仓储业	59	6234	2344
邮政业	60	1221	487
住宿和餐饮业	**H**	**25853**	**14227**
住宿业	61	6327	2555
餐饮业	62	19526	11672
信息传输、软件和信息技术服务业	**I**	**72049**	**44779**
电信、广播电视和卫星传输服务	63	1423	672
互联网和相关服务	64	9611	6072
软件和信息技术服务业	65	61015	38035

单位：个

50-100 万元	100-500 万元	500-1000 万元	1000-5000 万元	5000 万元-1 亿元	1 亿元以上
6561	18734	6395	6475	1051	1085
10876	28559	8828	8832	1357	1581
6307	17573	6196	7093	1240	1273
1312	4116	1558	2290	562	1020
874	2337	774	1025	218	394
3631	10855	3868	5026	1239	1880
2294	5972	2084	2696	753	1496
1190	2987	887	1061	244	415
802	2238	663	551	57	34
157	387	160	173	53	70
721	1312	290	185	18	8
378	**1025**	**435**	**674**	**252**	**918**
195	491	191	277	116	508
27	71	38	84	33	91
156	463	206	313	103	319
15060	**27644**	**7972**	**9307**	**2639**	**3646**
2309	5107	1692	2599	1183	1801
2992	6396	1967	2551	763	1144
3346	6395	1841	1984	339	357
6413	9746	2472	2173	354	344
85456	**156158**	**39703**	**27986**	**3904**	**4289**
55045	110294	30791	22291	2809	3262
30411	45864	8912	5695	1095	1027
8024	**17570**	**5486**	**3833**	**679**	**1173**
					6
6019	13509	3737	2476	340	423
197	428	227	292	94	155
8	22	8	12	3	25
		1	4	1	10
865	1701	943	476	72	87
757	1545	495	507	152	434
178	365	75	66	17	33
3172	**5256**	**1367**	**1217**	**258**	**356**
778	1575	511	558	130	220
2394	3681	856	659	128	136
7788	**12419**	**2973**	**2847**	**513**	**730**
199	307	66	62	17	100
1097	1548	352	354	65	123
6492	10564	2555	2431	431	507

2-30 续表 2

行业大类	代码	企业法人单位数	50 万元及以下
金融业	**J**	**6679**	**1807**
货币金融服务	66	1812	245
资本市场服务	67	3049	1093
保险业	68	1158	192
其他金融业	69	660	277
房地产业	**K**	**58568**	**27132**
房地产业	70	58568	27132
租赁和商务服务业	**L**	**173997**	**102614**
租赁业	71	13441	6282
商务服务业	72	160556	96332
科学研究和技术服务业	**M**	**120183**	**62662**
研究和试验发展	73	32066	16565
专业技术服务业	74	55733	27883
科技推广和应用服务业	75	32384	18214
水利、环境和公共设施管理业	**N**	**7664**	**3047**
水利管理业	76	398	139
生态保护和环境治理业	77	1400	575
公共设施管理业	78	5564	2237
土地管理业	79	302	96
居民服务、修理和其他服务业	**O**	**34853**	**21171**
居民服务业	80	12661	8584
机动车、电子产品和日用产品修理业	81	14506	8012
其他服务业	82	7686	4575
教育	**P**	**17396**	**12121**
教育	83	17396	12121
卫生和社会工作	**Q**	**4343**	**2179**
卫生	84	3373	1674
社会工作	85	970	505
文化、体育和娱乐业	**R**	**35999**	**22504**
新闻和出版业	86	217	70
广播、电视、电影和录音制作业	87	3755	1883
文化艺术业	88	9836	6353
体育	89	3000	1948
娱乐业	90	19191	12250

单位：个

50-100 万元	100-500 万元	500-1000 万元	1000-5000 万元	5000 万元-1 亿元	1 亿元以上
224	**966**	**468**	**973**	**414**	**1827**
52	151	80	217	132	935
101	515	273	500	152	415
36	208	80	200	104	338
35	92	35	56	26	139
5170	**8967**	**2901**	**4663**	**1964**	**7771**
5170	8967	2901	4663	1964	7771
19719	**31941**	**7025**	**6607**	**1557**	**4534**
1952	3711	774	554	78	90
17767	28230	6251	6053	1479	4444
14556	**26969**	**7307**	**6467**	**999**	**1223**
3678	7292	2172	1751	281	327
7173	12830	3482	3282	481	602
3705	6847	1653	1434	237	294
784	**1734**	**529**	**699**	**204**	**667**
51	95	31	29	11	42
135	294	115	133	43	105
573	1283	367	520	144	440
25	62	16	17	6	80
5123	**6577**	**1188**	**654**	**79**	**61**
1539	1889	377	208	36	28
2462	3192	535	268	26	11
1122	1496	276	178	17	22
2004	**2416**	**454**	**325**	**47**	**29**
2004	2416	454	325	47	29
487	**833**	**266**	**423**	**75**	**80**
383	625	211	357	62	61
104	208	55	66	13	19
4622	**5989**	**1281**	**1121**	**195**	**287**
13	46	16	36	9	27
419	736	270	348	36	63
1249	1555	335	250	36	58
324	511	96	81	15	25
2617	3141	564	406	99	114

2-31 按行业（大类）、资产总计组距

行业大类	代码	企业从业人员数	50万元及以下
总计		**34578766**	**2135430**
农、林、牧、渔业	**A**	**26917**	**3198**
农业	01		
林业	02		
畜牧业	03		
渔业	04		
农、林、牧、渔专业及辅助性活动	05	26917	3198
采矿业	**B**	**69556**	**366**
煤炭开采和洗选业	06	47573	7
石油和天然气开采业	07	7876	8
黑色金属矿采选业	08	3884	194
有色金属矿采选业	09	960	1
非金属矿采选业	10	9059	123
开采专业及辅助性活动	11	98	24
其他采矿业	12	106	9
制造业	**C**	**14355647**	**354032**
农副食品加工业	13	210668	4808
食品制造业	14	128285	4206
酒、饮料和精制茶制造业	15	84225	1454
烟草制品业	16	6631	747
纺织业	17	1101373	19412
纺织服装、服饰业	18	929760	37840
皮革、毛皮、羽毛及其制品和制鞋业	19	144973	4485
木材加工和木、竹、藤、棕、草制品业	20	228988	11914
家具制造业	21	159284	14096
造纸和纸制品业	22	168043	6043
印刷和记录媒介复制业	23	200240	6899
文教、工美、体育和娱乐用品制造业	24	391659	16052
石油、煤炭及其他燃料加工业	25	33364	192
化学原料和化学制品制造业	26	519055	3461
医药制造业	27	231035	1040
化学纤维制造业	28	167224	560
橡胶和塑料制品业	29	645105	13671
非金属矿物制品业	30	527868	13981
黑色金属冶炼和压延加工业	31	273269	2552
有色金属冶炼和压延加工业	32	167049	1673

分组的企业法人单位从业人员数

单位：人

50-100 万元	100-500 万元	500-1000 万元	1000-5000 万元	5000 万元-1 亿元	1 亿元以上
1436953	**4993629**	**2604694**	**5411286**	**2725948**	**15270826**
2739	**7815**	**3877**	**4757**	**876**	**3655**
2739	7815	3877	4757	876	3655
127	**718**	**948**	**1213**	**784**	**65400**
9	21	41	86	73	47336
				12	7856
9	118	87	123	139	3214
	33		37	119	770
89	446	795	941	441	6224
12	51	4	7		
8	49	21	19		
389237	**1879584**	**1157215**	**2797518**	**1307678**	**6470383**
5572	26621	17742	52007	31598	72320
3731	16358	8568	24255	14981	56186
1492	5356	2777	6291	2344	64511
	3		67		5814
30718	173633	120731	299546	130997	326336
41475	189809	101623	237588	88582	232843
4923	25697	20911	44519	18218	26220
14892	67569	33422	56339	16950	27902
11528	32806	17750	34768	14733	33603
7383	36204	17727	30386	16128	54172
8472	39492	22827	48002	22738	51810
16983	74697	41238	100070	45225	97394
424	2167	1647	2659	952	25323
3602	21405	17538	78162	54661	340226
758	5728	5010	20686	21162	176651
740	6192	6012	23579	11912	118229
18401	107003	69478	162024	66677	207851
14968	74463	48005	131127	68163	177161
1633	10837	10081	28145	13721	206300
1976	12863	11268	36215	17639	85415

2-31 续表 1

行业大类	代码	企业从业人员数	
			50 万元及以下
金属制品业	33	1012730	33460
通用设备制造业	34	1498108	52056
专用设备制造业	35	1075201	34183
汽车制造业	36	663996	7187
铁路、船舶、航空航天和其他运输设备制造业	37	325111	5687
电气机械和器材制造业	38	1272003	20324
计算机、通信和其他电子设备制造业	39	1779625	15571
仪器仪表制造业	40	257091	7294
其他制造业	41	88174	5362
废弃资源综合利用业	42	21619	879
金属制品、机械和设备修理业	43	43891	6943
电力、热力、燃气及水生产和供应业	**D**	**196682**	**3449**
电力、热力生产和供应业	44	116082	2200
燃气生产和供应业	45	20957	187
水的生产和供应业	46	59643	1062
建筑业	**E**	**8802798**	**177608**
房屋建筑业	47	6239731	32635
土木工程建筑业	48	1126460	34037
建筑安装业	49	667427	33374
建筑装饰、装修和其他建筑业	50	769180	77562
批发和零售业	**F**	**3695667**	**600136**
批发业	51	2360286	342936
零售业	52	1335381	257200
交通运输、仓储和邮政业	**G**	**1014134**	**63620**
铁路运输业	53		
道路运输业	54	636299	42646
水上运输业	55	95475	1781
航空运输业	56	16045	106
管道运输业	57	7880	
多式联运和运输代理业	58	70798	7915
装卸搬运和仓储业	59	114110	9131
邮政业	60	73527	2041
住宿和餐饮业	**H**	**480074**	**58333**
住宿业	61	149468	11055
餐饮业	62	330606	47278
信息传输、软件和信息技术服务业	**I**	**850728**	**116211**
电信、广播电视和卫星传输服务	63	134065	2164
互联网和相关服务	64	158398	17135
软件和信息技术服务业	65	558265	96912

单位：人

50-100 万元	100-500 万元	500-1000 万元	1000-5000 万元	5000 万元-1 亿元	1 亿元以上
36874	185974	118918	247282	101059	289163
58292	271019	158696	330951	126065	501029
34275	169073	107195	250079	105310	375086
8224	44352	32249	106251	55579	410154
6502	28904	16678	46467	22460	198413
24444	110354	69977	197838	117520	731546
14323	64760	42010	124998	88959	1429004
6468	28766	15826	43061	24170	131506
5365	28675	12984	20951	4182	10655
799	3605	2339	4262	3322	6413
4000	15199	5988	8943	1671	1147
2313	**10908**	**7569**	**14440**	**6715**	**151288**
1236	5140	4170	4037	1943	97356
121	719	548	2412	1472	15498
956	5049	2851	7991	3300	38434
119633	**366180**	**218360**	**794438**	**818074**	**6308505**
22474	85707	63289	354736	542408	5138482
25438	81680	44667	150886	136290	653462
24799	79933	42748	132705	68711	285157
46922	118860	67656	156111	70665	231404
380718	**1056597**	**439720**	**509352**	**157986**	**551158**
239672	730282	330893	353767	74925	287811
141046	326315	108827	155585	83061	263347
48923	**181401**	**102347**	**159043**	**59915**	**398885**
32345	132008	69597	102155	35477	222071
1453	5709	6642	18351	7926	53613
54	196	99	267	91	15232
		7	62	21	7790
5779	13341	10830	13914	3423	15596
7228	21497	12774	18101	8446	36933
2064	8650	2398	6193	4531	47650
30792	**88296**	**47014**	**86703**	**31814**	**137122**
6921	23680	14830	31811	14304	46867
23871	64616	32184	54892	17510	90255
50800	**127338**	**56097**	**100112**	**48839**	**351331**
1587	3917	2866	3054	2373	118104
6127	18322	8086	16134	6713	85881
43086	105099	45145	80924	39753	147346

2-31 续表 2

行业大类	代码	企业从业人员数	
			50 万元及以下
金融业	**J**	**27271**	**2304**
货币金融服务	66	12443	542
资本市场服务	67	7732	1038
保险业	68	522	187
其他金融业	69	6574	537
房地产业	**K**	**992856**	**104211**
房地产业	70	992856	104211
租赁和商务服务业	**L**	**2069590**	**305264**
租赁业	71	92594	15972
商务服务业	72	1976996	289292
科学研究和技术服务业	**M**	**1039282**	**153322**
研究和试验发展	73	223875	33794
专业技术服务业	74	629239	80516
科技推广和应用服务业	75	186168	39012
水利、环境和公共设施管理业	**N**	**180527**	**10340**
水利管理业	76	4264	392
生态保护和环境治理业	77	16905	1433
公共设施管理业	78	154122	8291
土地管理业	79	5236	224
居民服务、修理和其他服务业	**O**	**295159**	**75728**
居民服务业	80	90352	29475
机动车、电子产品和日用产品修理业	81	93146	25327
其他服务业	82	111661	20926
教育	**P**	**127986**	**40024**
教育	83	127986	40024
卫生和社会工作	**Q**	**114075**	**7742**
卫生	84	102157	6281
社会工作	85	11918	1461
文化、体育和娱乐业	**R**	**239817**	**59542**
新闻和出版业	86	9730	223
广播、电视、电影和录音制作业	87	40246	6501
文化艺术业	88	60096	16729
体育	89	24748	6360
娱乐业	90	104997	29729

单位：人

50-100 万元	100-500 万元	500-1000 万元	1000-5000 万元	5000 万元-1 亿元	1 亿元以上
976	**4096**	**1949**	**3663**	**1397**	**12886**
380	1417	965	1847	960	6332
270	1445	582	1017	313	3067
52	229	9	40	5	
274	1005	393	759	119	3487
58825	**180358**	**105241**	**201336**	**73576**	**269309**
58825	180358	105241	201336	73576	269309
165473	**602391**	**255886**	**364125**	**105018**	**271433**
10649	31121	10844	12049	3203	8756
154824	571270	245042	352076	101815	262677
90305	**258427**	**118951**	**203858**	**57041**	**157378**
20118	62273	30729	39424	10558	26979
48743	137919	66929	138622	38015	118495
21444	58235	21293	25812	8468	11904
7512	**24831**	**13546**	**53355**	**22649**	**48294**
500	982	454	733	308	895
883	3241	1638	2890	1760	5060
5957	19852	11191	49474	20223	39134
172	756	263	258	358	3205
40954	**97315**	**32260**	**35010**	**7954**	**5938**
12935	28012	9091	7252	2160	1427
13941	29649	8868	7991	3242	4128
14078	39654	14301	19767	2552	383
16883	**33578**	**11913**	**15901**	**4043**	**5644**
16883	33578	11913	15901	4043	5644
3946	**14592**	**10125**	**32996**	**12521**	**32153**
3031	11786	8249	30586	11736	30488
915	2806	1876	2410	785	1665
26797	**59204**	**21676**	**33466**	**9068**	**30064**
70	596	331	2528	867	5115
2633	8026	4507	9054	1066	8459
7400	16225	6950	7686	1553	3553
2522	6434	2049	3582	1750	2051
14172	27923	7839	10616	3832	10886

2-32 按行业（大类）、地区分组的

行业大类	代码	企业法人单位数	南京	无锡	徐州
总计		**14468**	**3323**	**1273**	**877**
农、林、牧、渔业	**A**	**58**	**2**		**4**
农业	01	3			
林业	02	1			
畜牧业	03	1			
渔业	04				
农、林、牧、渔专业及辅助性活动	05	53	2		4
采矿业	**B**	**33**	**4**		**8**
煤炭开采和洗选业	06	8			6
石油和天然气开采业	07	2	1		
黑色金属矿采选业	08	2			2
有色金属矿采选业	09	3	2		
非金属矿采选业	10	17	1		
开采专业及辅助性活动	11	1			
其他采矿业	12				
制造业	**C**	**1393**	**316**	**144**	**79**
农副食品加工业	13	76	5	2	5
食品制造业	14	39	5	4	1
酒、饮料和精制茶制造业	15	31	2	4	3
烟草制品业	16	7	2		1
纺织业	17	45	3	7	2
纺织服装、服饰业	18	51	18	5	2
皮革、毛皮、羽毛及其制品和制鞋业	19	3	1		
木材加工和木、竹、藤、棕、草制品业	20	10		1	2
家具制造业	21	2			
造纸和纸制品业	22	9	1		
印刷和记录媒介复制业	23	58	21	4	5
文教、工美、体育和娱乐用品制造业	24	18	8		
石油、煤炭及其他燃料加工业	25	9	1	2	
化学原料和化学制品制造业	26	99	20	2	4
医药制造业	27	32	10	4	
化学纤维制造业	28	13	2	2	
橡胶和塑料制品业	29	21	4	1	
非金属矿物制品业	30	116	16	14	11
黑色金属冶炼和压延加工业	31	14	4	3	
有色金属冶炼和压延加工业	32	26		4	2

国有控股企业法人单位数

单位：个

常州	苏州	南通	连云港	淮安	盐城	扬州	镇江	泰州	宿迁
713	**2283**	**833**	**709**	**753**	**1007**	**815**	**725**	**660**	**497**
	4	**4**	**5**	**3**	**20**	**4**	**6**	**2**	**4**
		1		1	1				
					1				
			1						
	4	3	4	2	18	4	6	2	4
1	**1**		**4**	**5**	**4**	**2**	**3**		**1**
						1	1		
						1			
							1		
1	1		4	4	4		1		1
				1					
92	**195**	**94**	**64**	**55**	**96**	**114**	**76**	**37**	**31**
	4	5	8	10	20	8	5	1	3
2	2	2	4	1	5	7	4		2
1	3		4	2	3	3	3		3
	1	1		2					
	8	6	1	3	8	2		3	2
5	6	4	1	2	2		5		1
1									1
1					3			1	2
	1				1				
	1	1			1		3		2
3	5	2	5	2	3	4	3	1	
	1	2		1		4			2
1	1			1		1		2	
6	21	13	8	9		7	6	1	2
1	2	5	1	3		5		1	
1		1	4		2	1			
3	5	1	1	1	1	1	3		
12	20	7	12	2	4	4	10	3	1
	4			1		1		1	
4	6	2	1		2	3		2	

2-32 续表 1

行业大类	代码	企业法人单位数	南京	无锡	徐州
金属制品业	33	67	15	10	6
通用设备制造业	34	117	18	12	11
专用设备制造业	35	102	21	12	12
汽车制造业	36	80	24	12	3
铁路、船舶、航空航天和其他运输设备制造业	37	65	19	4	3
电气机械和器材制造业	38	114	32	17	2
计算机、通信和其他电子设备制造业	39	100	39	14	1
仪器仪表制造业	40	41	23	2	1
其他制造业	41	8		1	
废弃资源综合利用业	42	6	1		1
金属制品、机械和设备修理业	43	14	1	1	1
电力、热力、燃气及水生产和供应业	**D**	**542**	**41**	**36**	**44**
电力、热力生产和供应业	44	262	18	21	25
燃气生产和供应业	45	41	6	3	1
水的生产和供应业	46	239	17	12	18
建筑业	**E**	**740**	**175**	**46**	**76**
房屋建筑业	47	135	32	3	23
土木工程建筑业	48	444	95	36	42
建筑安装业	49	69	23	2	2
建筑装饰、装修和其他建筑业	50	92	25	5	9
批发和零售业	**F**	**2281**	**503**	**178**	**166**
批发业	51	1543	316	115	109
零售业	52	738	187	63	57
交通运输、仓储和邮政业	**G**	**939**	**166**	**64**	**76**
铁路运输业	53	6	5		1
道路运输业	54	329	76	27	27
水上运输业	55	96	18	2	2
航空运输业	56	21	3	4	1
管道运输业	57	5	2		2
多式联运和运输代理业	58	119	27	10	4
装卸搬运和仓储业	59	318	27	20	38
邮政业	60	45	8	1	1
住宿和餐饮业	**H**	**426**	**120**	**41**	**25**
住宿业	61	283	87	27	14
餐饮业	62	143	33	14	11
信息传输、软件和信息技术服务业	**I**	**395**	**140**	**47**	**18**
电信、广播电视和卫星传输服务	63	121	20	4	10
互联网和相关服务	64	47	24	5	
软件和信息技术服务业	65	227	96	38	8

单位：个

常州	苏州	南通	连云港	淮安	盐城	扬州	镇江	泰州	宿迁
4	9	8	1		4	4	4	1	1
9	27	8	3	4	10	6	3	6	
9	17	5	3	3	7	6	3	2	2
3	5	3	2	1	6	17	4		
10	4	9				7	5	4	
5	14	2	2	4	5	13	9	4	5
9	17	5	1	2	2	6	1	2	1
1	7				3	2	2		
	1				1	2	1	1	1
1		1			2				
	3	1	2	1	1		2	1	
25	**74**	**55**	**42**	**40**	**87**	**24**	**18**	**27**	**29**
11	22	25	18	19	56	11	8	12	16
1	11	5	2	2	3	4		2	1
13	41	25	22	19	28	9	10	13	12
26	**81**	**21**	**57**	**39**	**44**	**45**	**43**	**45**	**42**
6	5	5	9	4	6	12	8	10	12
15	52	11	33	30	32	23	28	26	21
4	13	1	2	2	3	7	4	5	1
1	11	4	13	3	3	3	3	4	8
84	**266**	**140**	**91**	**176**	**224**	**137**	**130**	**103**	**83**
65	169	102	63	142	168	78	91	83	42
19	97	38	28	34	56	59	39	20	41
42	**132**	**68**	**83**	**54**	**78**	**56**	**37**	**57**	**26**
14	49	22	15	16	21	24	12	19	7
4	14	8	21	3	8	3	3	9	1
4		3	2	1	1	1			1
		1							
6	31	6	19		3	4	5	4	
13	37	25	23	22	39	22	13	23	16
1	1	3	3	12	6	2	4	2	1
13	**90**	**7**	**26**	**14**	**16**	**32**	**22**	**10**	**10**
9	67	5	17	6	10	20	11	4	6
4	23	2	9	8	6	12	11	6	4
13	**50**	**17**	**16**	**18**	**20**	**16**	**16**	**13**	**11**
7	9	11	10	10	12	9	7	9	3
1	5		2	3	1	2	3		1
5	36	6	4	5	7	5	6	4	7

2-32 续表 2

行业大类	代码	企业法人单位数	南京	无锡	徐州
金融业	**J**	**1257**	**227**	**129**	**74**
货币金融服务	66	442	65	40	24
资本市场服务	67	209	49	29	6
保险业	68	541	91	53	42
其他金融业	69	65	22	7	2
房地产业	**K**	**1552**	**374**	**129**	**70**
房地产业	70	1552	374	129	70
租赁和商务服务业	**L**	**2592**	**598**	**251**	**103**
租赁业	71	59	15	4	8
商务服务业	72	2533	583	247	95
科学研究和技术服务业	**M**	**995**	**314**	**89**	**71**
研究和试验发展	73	129	40	20	6
专业技术服务业	74	645	217	48	44
科技推广和应用服务业	75	221	57	21	21
水利、环境和公共设施管理业	**N**	**534**	**95**	**55**	**29**
水利管理业	76	63	5	4	7
生态保护和环境治理业	77	47	4	6	
公共设施管理业	78	344	71	31	16
土地管理业	79	80	15	14	6
居民服务、修理和其他服务业	**O**	**153**	**40**	**18**	**10**
居民服务业	80	76	10	14	5
机动车、电子产品和日用产品修理业	81	43	21	2	2
其他服务业	82	34	9	2	3
教育	**P**	**104**	**20**	**9**	**6**
教育	83	104	20	9	6
卫生和社会工作	**Q**	**38**	**13**	**2**	**1**
卫生	84	30	12	2	1
社会工作	85	8	1		
文化、体育和娱乐业	**R**	**436**	**175**	**35**	**17**
新闻和出版业	86	80	61	3	3
广播、电视、电影和录音制作业	87	117	40	15	3
文化艺术业	88	127	44	12	7
体育	89	39	8	2	1
娱乐业	90	73	22	3	3

单位：个

常州	苏州	南通	连云港	淮安	盐城	扬州	镇江	泰州	宿迁
83	**201**	**127**	**48**	**57**	**66**	**68**	**65**	**61**	**51**
29	86	48	18	23	25	27	21	18	18
14	55	19	1	5	8	4	9	5	5
40	48	48	28	27	32	36	34	36	26
	12	12	1	2	1	1	1	2	2
64	**377**	**90**	**55**	**58**	**75**	**61**	**80**	**69**	**50**
64	377	90	55	58	75	61	80	69	50
151	**497**	**134**	**119**	**136**	**146**	**138**	**99**	**142**	**78**
3	7	2	3	2	3	5		1	6
148	490	132	116	134	143	133	99	141	72
58	**152**	**27**	**39**	**32**	**59**	**44**	**48**	**33**	**29**
7	25	3	7	2	9	4	1	5	
41	95	16	22	21	21	30	41	24	25
10	32	8	10	9	29	10	6	4	4
21	**75**	**21**	**29**	**36**	**40**	**25**	**41**	**37**	**30**
5	8		3	10	7	3	5	3	3
5	12	5			3	1	8	2	1
10	48	14	23	22	27	19	25	16	22
1	7	2	3	4	3	2	3	16	4
5	**12**	**7**	**14**	**8**	**8**	**17**	**7**	**6**	**1**
4	7	5	7	5	4	9	2	3	1
1	2	2	3	1	2	5	2		
	3		4	2	2	3	3	3	
7	**22**	**7**	**3**	**6**	**1**	**3**	**9**	**4**	**7**
7	22	7	3	6	1	3	9	4	7
2	**7**		**3**	**2**	**4**	**1**	**1**		**2**
1	2		2	2	4	1	1		2
1	5		1						
26	**47**	**14**	**11**	**14**	**19**	**28**	**24**	**14**	**12**
2	5	3				2		1	
10	6	2	2	4	9	15	5	3	3
5	18	4	4	6	5	8	5	4	5
4	9	1	2		2	3	2	3	2
5	9	4	3	4	3		12	3	2

2-33 按行业（大类）、地区分组的国有

行业大类	代码	企业从业人员数	南京	无锡	徐州
总计		**2074189**	**674363**	**122411**	**199582**
农、林、牧、渔业	**A**	**3162**	**74**		**211**
农业	01				
林业	02				
畜牧业	03				
渔业	04				
农、林、牧、渔专业及辅助性活动	05	3162	74		211
采矿业	**B**	**62484**	**1584**		**49600**
煤炭开采和洗选业	06	47358			47286
石油和天然气开采业	07	7856	1357		
黑色金属矿采选业	08	2314			2314
有色金属矿采选业	09	291	142		
非金属矿采选业	10	4643	85		
开采专业及辅助性活动	11	22			
其他采矿业	12				
制造业	**C**	**466283**	**142975**	**40401**	**32063**
农副食品加工业	13	3676	226	52	308
食品制造业	14	7227	783	40	175
酒、饮料和精制茶制造业	15	21915	79	27	714
烟草制品业	16	6559	2172		1706
纺织业	17	9756	707	499	4
纺织服装、服饰业	18	14466	7070	1800	157
皮革、毛皮、羽毛及其制品和制鞋业	19	381			
木材加工和木、竹、藤、棕、草制品业	20	540			
家具制造业	21	12			
造纸和纸制品业	22	2493			
印刷和记录媒介复制业	23	3679	1563	432	442
文教、工美、体育和娱乐用品制造业	24	1558	797		
石油、煤炭及其他燃料加工业	25	7793	3901	504	
化学原料和化学制品制造业	26	45105	23545	481	185
医药制造业	27	8688	1870	1921	
化学纤维制造业	28	11161	1420	243	
橡胶和塑料制品业	29	3990	823	481	
非金属矿物制品业	30	17326	5944	1990	2247
黑色金属冶炼和压延加工业	31	9828	5783	1028	
有色金属冶炼和压延加工业	32	6252		432	50

控股企业法人单位从业人员数

单位：人

常州	苏州	南通	连云港	淮安	盐城	扬州	镇江	泰州	宿迁
81281	**200152**	**84977**	**97195**	**56926**	**64689**	**249134**	**56563**	**130162**	**56754**
	14	**31**	**694**	**34**	**854**	**86**	**40**	**3**	**1121**
	14	31	694	34	854	86	40	3	1121
76	**416**		**780**	**2092**	**1092**	**6519**	**325**		
						20	52		
						6499			
							149		
76	416		780	2070	1092		124		
				22					
30212	**35028**	**36491**	**10866**	**11134**	**12296**	**69774**	**15661**	**8489**	**20893**
	137	114	150	183	1107	571	613	118	97
963		777	487	1	959	721	1862		459
8	390		350	3313	272	355	34		16373
	186	577		1918					
	293	2195	1	100	2658	793		573	1933
1210	852	790	113	103	544		1726		101
376									5
1					102			420	17
					12				
	876	29			394		1129		65
312	66	18	193	153	51	194	194	61	
	220	16				226			299
38	165			983		672		1530	
1303	4170	5049	2609	1360		3656	2305	110	332
808	692	1879	143	201		1109		65	
1		947	1629		893	6028			
83	719	1603		95	24	52	110		
1744	2164	656	332	267	257	457	868	387	13
	1793			269		14		941	
668	1311	2061	186		145	1002		397	

2-33 续表 1

行业大类	代码	企业从业人员数	南京	无锡	徐州
金属制品业	33	15132	3670	2138	387
通用设备制造业	34	25603	2202	4335	440
专用设备制造业	35	34681	1938	1322	24775
汽车制造业	36	51529	24307	9266	
铁路、船舶、航空航天和其他运输设备制造业	37	48322	11341	380	47
电气机械和器材制造业	38	46019	11088	6481	216
计算机、通信和其他电子设备制造业	39	52098	26907	6257	25
仪器仪表制造业	40	9132	4784	259	54
其他制造业	41	115		31	
废弃资源综合利用业	42	397	32		131
金属制品、机械和设备修理业	43	850	23	2	
电力、热力、燃气及水生产和供应业	**D**	**108723**	**46982**	**8040**	**6595**
电力、热力生产和供应业	44	73122	40121	3151	4401
燃气生产和供应业	45	7013	1570	1208	25
水的生产和供应业	46	28588	5291	3681	2169
建筑业	**E**	**519577**	**156742**	**15191**	**59465**
房屋建筑业	47	326551	86195	1575	36834
土木工程建筑业	48	168068	58383	10565	21970
建筑安装业	49	19371	9876	2925	73
建筑装饰、装修和其他建筑业	50	5587	2288	126	588
批发和零售业	**F**	**114586**	**39462**	**7973**	**8143**
批发业	51	71425	24103	3765	4929
零售业	52	43161	15359	4208	3214
交通运输、仓储和邮政业	**G**	**262560**	**79759**	**13848**	**18199**
铁路运输业	53				
道路运输业	54	148324	44919	9745	5077
水上运输业	55	36495	14727	237	820
航空运输业	56	14997	9945	1187	620
管道运输业	57	7561	705		6830
多式联运和运输代理业	58	6859	2731	490	70
装卸搬运和仓储业	59	18342	1726	794	1020
邮政业	60	29982	5006	1395	3762
住宿和餐饮业	**H**	**45490**	**14610**	**3815**	**1839**
住宿业	61	33625	11122	3144	1243
餐饮业	62	11865	3488	671	596
信息传输、软件和信息技术服务业	**I**	**125417**	**71813**	**7864**	**3899**
电信、广播电视和卫星传输服务	63	102268	57540	3899	3622
互联网和相关服务	64	5204	3892	436	
软件和信息技术服务业	65	17945	10381	3529	277

单位：人

常州	苏州	南通	连云港	淮安	盐城	扬州	镇江	泰州	宿迁
1566	572	2732	1135		274	2184	186	276	12
3683	5962	3327	2196	351	465	1672	135	835	
1916	2059	358	449	49	1159	121	386	115	34
735	594	905	236	8	738	13444	1296		
6677	274	10991				16849	969	794	
3716	1923	376	331	632	1866	15527	1935	806	1122
4352	8706	860	49	1145	308	1597	1191	688	13
5	813				48	2467	702		
	1					63	1	1	18
47		175			12				
	90	56	277	3	8		19	372	
3421	**9302**	**6000**	**6054**	**3523**	**5801**	**4384**	**4191**	**3197**	**1233**
1739	3552	2766	4424	2195	3835	2100	3086	1129	623
110	1504	740	53	157	85	1232		126	203
1572	4246	2494	1577	1171	1881	1052	1105	1942	407
9736	**15777**	**1615**	**17941**	**12582**	**7262**	**118852**	**8958**	**89889**	**5567**
2048	340	378	1992	1059	569	110063	956	84435	107
5451	14235	1018	14314	11279	6239	6448	7799	5010	5357
2196	783	140	324	124	421	2037	146	314	12
41	419	79	1311	120	33	304	57	130	91
2740	**17976**	**4962**	**2890**	**4201**	**7056**	**5401**	**3196**	**2779**	**7807**
1899	9628	3577	2120	2683	4505	2945	1972	2036	7263
841	8348	1385	770	1518	2551	2456	1224	743	544
13599	**42395**	**14982**	**23459**	**9720**	**9821**	**14094**	**8184**	**10037**	**4463**
9658	31071	9681	4384	6389	6704	8461	3948	6055	2232
522	1120	2592	11796	504	933	320	2230	572	122
825		638	445	332	520	477			8
		26							
190	1693	289	940		16	169	164	107	
210	3563	860	4980	563	1065	1719	420	913	509
2194	4948	896	914	1932	583	2948	1422	2390	1592
889	**11056**	**450**	**2812**	**702**	**2142**	**4277**	**1648**	**511**	**739**
670	8973	348	1993	331	1733	2338	1046	297	387
219	2083	102	819	371	409	1939	602	214	352
3813	**9417**	**4386**	**2387**	**3535**	**5213**	**5696**	**2088**	**2824**	**2482**
3661	6436	4259	2136	2959	5050	5553	1949	2781	2423
51	140		100	482		23	78		2
101	2841	127	151	94	163	120	61	43	57

2-33 续表 2

行业大类	代码	企业从业人员数	南京	无锡	徐州
金融业	**J**	**1967**	**644**	**123**	**78**
货币金融服务	66	660	174	37	5
资本市场服务	67	292	6	6	60
保险业	68	6			1
其他金融业	69	1009	464	80	12
房地产业	**K**	**69640**	**20161**	**5139**	**3333**
房地产业	70	69640	20161	5139	3333
租赁和商务服务业	**L**	**148915**	**37406**	**10790**	**10019**
租赁业	71	2170	561	74	333
商务服务业	72	146745	36845	10716	9686
科学研究和技术服务业	**M**	**60947**	**31230**	**2862**	**2717**
研究和试验发展	73	8658	2651	414	404
专业技术服务业	74	48368	27056	1992	1915
科技推广和应用服务业	75	3921	1523	456	398
水利、环境和公共设施管理业	**N**	**37911**	**11842**	**3644**	**1438**
水利管理业	76	1313	39	81	274
生态保护和环境治理业	77	1656	86	227	
公共设施管理业	78	31936	10581	2990	846
土地管理业	79	3006	1136	346	318
居民服务、修理和其他服务业	**O**	**6039**	**1987**	**504**	**379**
居民服务业	80	3027	311	333	332
机动车、电子产品和日用产品修理业	81	810	375	32	6
其他服务业	82	2202	1301	139	41
教育	**P**	**4541**	**1687**	**483**	**339**
教育	83	4541	1687	483	339
卫生和社会工作	**Q**	**5940**	**1231**	**288**	**92**
卫生	84	5507	1230	288	92
社会工作	85	433	1		
文化、体育和娱乐业	**R**	**30007**	**14174**	**1446**	**1173**
新闻和出版业	86	7428	5558	4	96
广播、电视、电影和录音制作业	87	7530	4177	411	515
文化艺术业	88	6292	3373	761	106
体育	89	2209	469	135	94
娱乐业	90	6548	597	135	362

单位：人

常州	苏州	南通	连云港	淮安	盐城	扬州	镇江	泰州	宿迁
	335	**462**	**32**	**31**	**77**	**17**	**28**	**55**	**85**
	188	88	30	4	55	9	14	17	39
	55	98			22		9		36
				2					3
	92	276	2	25		8	5	38	7
1791	**19637**	**2936**	**2320**	**1970**	**2398**	**1993**	**3454**	**3157**	**1351**
1791	19637	2936	2320	1970	2398	1993	3454	3157	1351
6043	**22047**	**10703**	**17793**	**4474**	**7049**	**8591**	**3867**	**6419**	**3714**
192	144	71	64	168	159	197		1	206
5851	21903	10632	17729	4306	6890	8394	3867	6418	3508
2128	**6434**	**546**	**4118**	**734**	**975**	**6234**	**1791**	**510**	**668**
175	1880	36	2719	42	91	139	15	92	
1732	4106	482	1310	575	472	6004	1718	376	630
221	448	28	89	117	412	91	58	42	38
1234	**5244**	**919**	**2500**	**1335**	**1610**	**1572**	**1627**	**1495**	**3451**
37	439		8	91	148	60	111		25
184	446	322			158	30	187	1	15
1012	4335	478	2262	1200	1194	1428	1188	1032	3390
1	24	119	230	44	110	54	141	462	21
78	**215**	**34**	**2042**	**262**	**132**	**263**	**89**	**46**	**8**
45	147	20	1354	244	73	108	23	29	8
33	57	14	92	5	17	147	32		
	11		596	13	42	8	34	17	
268	**818**	**131**	**161**	**144**	**7**	**12**	**109**	**210**	**172**
268	818	131	161	144	7	12	109	210	172
44	**1321**		**30**	**44**	**117**		**7**		**2766**
43	920			44	117		7		2766
1	401		30						
5209	**2720**	**329**	**316**	**409**	**787**	**1369**	**1300**	**541**	**234**
309	323	15				811		312	
502	207	164	41	44	360	260	775	21	53
165	822	74	185	44	299	215	105	90	53
363	685	13	18		54	83	58	109	128
3870	683	63	72	321	74		362	9	

2-34 按行业（大类）、地区分组的

行业大类	代码	企业法人单位数	南京	无锡	徐州
总计		**1805003**	**167525**	**227958**	**125399**
农、林、牧、渔业	**A**	**2422**	**99**	**120**	**218**
农业	01	12			
林业	02	1			
畜牧业	03	4			
渔业	04	2			
农、林、牧、渔专业及辅助性活动	05	2403	99	120	218
采矿业	**B**	**354**	**25**	**14**	**104**
煤炭开采和洗选业	06	18			10
石油和天然气开采业	07	3			
黑色金属矿采选业	08	47	1		27
有色金属矿采选业	09	11	3	2	1
非金属矿采选业	10	235	16	8	62
开采专业及辅助性活动	11	22	4	2	3
其他采矿业	12	18	1	2	1
制造业	**C**	**507274**	**17825**	**73302**	**22549**
农副食品加工业	13	7348	253	214	794
食品制造业	14	4676	318	364	518
酒、饮料和精制茶制造业	15	1795	75	217	186
烟草制品业	16	8	2		
纺织业	17	41816	190	4410	1046
纺织服装、服饰业	18	27219	849	2847	1191
皮革、毛皮、羽毛及其制品和制鞋业	19	4557	107	183	189
木材加工和木、竹、藤、棕、草制品业	20	12950	246	793	2379
家具制造业	21	10493	387	511	3303
造纸和纸制品业	22	9588	250	1330	357
印刷和记录媒介复制业	23	10874	793	1680	279
文教、工美、体育和娱乐用品制造业	24	16124	504	1154	355
石油、煤炭及其他燃料加工业	25	692	16	127	54
化学原料和化学制品制造业	26	9480	471	1223	425
医药制造业	27	2264	211	168	152
化学纤维制造业	28	2404	17	337	27
橡胶和塑料制品业	29	28452	773	5045	674
非金属矿物制品业	30	24026	1078	4537	1697
黑色金属冶炼和压延加工业	31	4000	78	1541	93
有色金属冶炼和压延加工业	32	4688	160	1076	166

小微企业法人单位数

单位：个

常州	苏州	南通	连云港	淮安	盐城	扬州	镇江	泰州	宿迁
143899	**476359**	**143673**	**50809**	**73138**	**105327**	**90448**	**64998**	**72733**	**62737**
30	**114**	**335**	**154**	**264**	**450**	**188**	**171**	**95**	**184**
1	4	3		2	1				1
					1				
		3			1				
	1			1					
29	109	329	154	261	447	188	171	95	183
34	**12**	**12**	**45**	**43**	**10**	**11**	**28**	**2**	**14**
	1	2			1	2	1		1
	1				1			1	
	1	2	12	1	1	1	1		
				1	1	1	2		
26	9	7	24	38	5	7	22		11
7		1		2	1		1	1	
1			9	1			1		2
53916	**133926**	**50919**	**8082**	**16403**	**31035**	**30894**	**23470**	**28941**	**16012**
215	439	1216	841	734	923	466	162	514	577
248	753	443	198	342	397	262	163	376	294
117	190	130	132	109	156	86	48	59	290
	3		1	1			1		
2586	14177	11315	189	1169	2744	897	605	1378	1110
1328	6799	4827	669	1465	2490	1411	659	1317	1367
194	969	516	85	399	276	791	501	117	230
843	1701	541	297	985	776	365	191	252	3581
614	2120	890	195	267	439	219	118	266	1164
1070	3443	912	122	351	474	381	323	262	313
827	3130	849	183	277	413	666	959	465	353
900	2176	3266	254	658	976	2975	846	1229	831
52	107	39	27	61	62	31	30	35	51
1020	2021	971	397	515	724	716	329	382	286
255	423	197	76	100	170	177	77	195	63
132	1294	262	12	46	98	72	21	38	48
3512	9192	1936	376	757	1223	1557	1489	1249	669
1745	3758	2553	1575	1117	1931	995	1035	1119	886
557	769	158	27	83	147	137	88	276	46
563	1229	324	43	173	141	253	228	261	71

2-34 续表 1

行业大类	代码	企业法人单位数	南京	无锡	徐州
金属制品业	33	53623	2189	8032	1805
通用设备制造业	34	80451	2525	13897	1826
专用设备制造业	35	53263	1813	11471	1745
汽车制造业	36	13628	493	1594	211
铁路、船舶、航空航天和其他运输设备制造业	37	7305	326	1266	834
电气机械和器材制造业	38	33757	1239	4661	850
计算机、通信和其他电子设备制造业	39	19953	1121	1800	437
仪器仪表制造业	40	9504	704	1587	215
其他制造业	41	6196	240	486	221
废弃资源综合利用业	42	1451	60	151	62
金属制品、机械和设备修理业	43	4689	337	600	458
电力、热力、燃气及水生产和供应业	**D**	**4931**	**256**	**466**	**422**
电力、热力生产和供应业	44	2530	110	262	250
燃气生产和供应业	45	421	44	29	39
水的生产和供应业	46	1980	102	175	133
建筑业	**E**	**115389**	**12246**	**12138**	**8894**
房屋建筑业	47	20961	2623	1231	2359
土木工程建筑业	48	24412	2968	2503	2093
建筑安装业	49	23723	2316	2365	1121
建筑装饰、装修和其他建筑业	50	46293	4339	6039	3321
批发和零售业	**F**	**595144**	**47604**	**73726**	**51058**
批发业	51	384568	27665	55681	24892
零售业	52	210576	19939	18045	26166
交通运输、仓储和邮政业	**G**	**58170**	**4771**	**8260**	**4234**
铁路运输业	53				
道路运输业	54	41777	3110	6612	3411
水上运输业	55	1851	176	123	140
航空运输业	56	118	16	15	5
管道运输业	57	15	1	3	2
多式联运和运输代理业	58	7088	822	731	156
装卸搬运和仓储业	59	6133	499	650	434
邮政业	60	1188	147	126	86
住宿和餐饮业	**H**	**25231**	**4593**	**2596**	**1615**
住宿业	61	6029	1141	613	381
餐饮业	62	19202	3452	1983	1234
信息传输、软件和信息技术服务业	**I**	**71355**	**15500**	**8267**	**4809**
电信、广播电视和卫星传输服务	63	1333	260	119	62
互联网和相关服务	64	9486	1940	871	623
软件和信息技术服务业	65	60536	13300	7277	4124

单位：个

常州	苏州	南通	连云港	淮安	盐城	扬州	镇江	泰州	宿迁
5337	18222	4067	416	995	2070	2508	3305	3729	948
12580	19508	6246	424	1949	6684	4823	2419	6959	611
4875	17745	3183	452	931	3283	2319	1774	3198	474
3168	2368	461	69	334	685	1161	2041	907	136
941	679	839	46	132	403	405	330	1012	92
5550	6254	2093	421	738	1399	4555	3679	1764	554
2631	8180	1141	176	610	743	1031	993	641	449
1184	3045	673	42	566	279	426	317	392	74
431	1307	345	148	338	542	931	579	304	324
114	362	125	61	88	169	74	34	104	47
327	1563	401	128	113	218	204	126	141	73
270	**732**	**466**	**207**	**495**	**636**	**316**	**149**	**236**	**280**
129	308	200	92	282	362	200	80	101	154
26	62	39	24	22	43	27	14	33	19
115	362	227	91	191	231	89	55	102	107
5444	**28989**	**9234**	**5350**	**5770**	**8287**	**6427**	**4381**	**4458**	**3771**
1015	2632	2114	1170	1346	2183	1222	947	1105	1014
1105	4776	1716	1256	1055	1935	1436	1338	1222	1009
1208	8251	1708	833	974	1212	1431	835	961	508
2116	13330	3696	2091	2395	2957	2338	1261	1170	1240
43764	**164710**	**46254**	**19587**	**24317**	**32694**	**27053**	**17180**	**21036**	**26161**
32483	119006	33701	9029	13475	19754	15886	10565	13009	9422
11281	45704	12553	10558	10842	12940	11167	6615	8027	16739
3617	**13913**	**3876**	**3048**	**3684**	**4075**	**2484**	**2135**	**2042**	**2031**
2836	9217	2548	1767	3008	2946	1790	1453	1330	1749
60	170	209	107	152	297	122	77	178	40
14	21	10	3	5	9	4	14	1	1
1	1	3		1	1			1	1
410	2721	560	645	114	162	207	279	210	71
231	1590	437	486	289	573	303	269	255	117
65	193	109	40	115	87	58	43	67	52
1501	**5625**	**1632**	**998**	**1106**	**1295**	**1596**	**778**	**840**	**1056**
309	1254	465	287	242	275	339	176	232	315
1192	4371	1167	711	864	1020	1257	602	608	741
4850	**19807**	**3472**	**1400**	**2816**	**2600**	**2689**	**1881**	**1673**	**1591**
63	321	91	45	105	52	53	53	42	67
940	2019	479	235	411	413	310	568	387	290
3847	17467	2902	1120	2300	2135	2326	1260	1244	1234

2-34 续表2

行业大类	代码	企业法人单位数	南京	无锡	徐州
金融业	**J**	**6237**	**1025**	**603**	**247**
货币金融服务	66	1450	165	152	71
资本市场服务	67	3016	538	275	62
保险业	68	1117	216	93	87
其他金融业	69	654	106	83	27
房地产业	**K**	**46890**	**5210**	**5005**	**3756**
房地产业	70	46890	5210	5005	3756
租赁和商务服务业	**L**	**173660**	**24789**	**20995**	**12785**
租赁业	71	13422	1873	1312	1676
商务服务业	72	160238	22916	19683	11109
科学研究和技术服务业	**M**	**119156**	**21110**	**13073**	**8216**
研究和试验发展	73	31909	4742	5283	2126
专业技术服务业	74	54951	10621	4725	2818
科技推广和应用服务业	75	32296	5747	3065	3272
水利、环境和公共设施管理业	**N**	**7389**	**688**	**888**	**504**
水利管理业	76	393	42	26	34
生态保护和环境治理业	77	1382	132	199	57
公共设施管理业	78	5323	490	627	389
土地管理业	79	291	24	36	24
居民服务、修理和其他服务业	**O**	**34626**	**4625**	**4402**	**2516**
居民服务业	80	12590	2010	1619	945
机动车、电子产品和日用产品修理业	81	14479	1957	1859	943
其他服务业	82	7557	658	924	628
教育	**P**				
教育	83				
卫生和社会工作	**Q**	**949**	**137**	**107**	**112**
卫生	84				
社会工作	85	949	137	107	112
文化、体育和娱乐业	**R**	**35826**	**7022**	**3996**	**3360**
新闻和出版业	86	188	102	11	8
广播、电视、电影和录音制作业	87	3715	828	743	302
文化艺术业	88	9807	2811	795	1584
体育	89	2972	485	450	192
娱乐业	90	19144	2796	1997	1274

单位：个

常州	苏州	南通	连云港	淮安	盐城	扬州	镇江	泰州	宿迁
511	**1838**	**799**	**104**	**137**	**257**	**215**	**170**	**199**	**132**
104	286	170	39	59	112	94	70	84	44
276	1238	456	4	9	42	40	26	25	25
80	125	82	55	59	73	62	65	71	49
51	189	91	6	10	30	19	9	19	14
2376	**13631**	**2579**	**1551**	**2210**	**3139**	**2445**	**1519**	**1310**	**2159**
2376	13631	2579	1551	2210	3139	2445	1519	1310	2159
12119	**46374**	**11345**	**5137**	**8609**	**9050**	**7291**	**5212**	**5632**	**4322**
575	2518	1065	692	800	1110	632	407	352	410
11544	43856	10280	4445	7809	7940	6659	4805	5280	3912
10340	**29126**	**7657**	**2388**	**4082**	**7133**	**5058**	**4905**	**3862**	**2206**
2420	8137	2003	449	857	2546	1346	763	941	296
5491	12098	3575	1220	1895	3021	2575	3396	2237	1279
2429	8891	2079	719	1330	1566	1137	746	684	631
473	**1797**	**525**	**230**	**327**	**555**	**364**	**265**	**256**	**517**
30	50	28	13	42	48	26	23	18	13
147	347	111	34	47	98	58	52	69	31
280	1371	370	172	219	364	254	180	144	463
16	29	16	11	19	45	26	10	25	10
2341	**8157**	**2301**	**1251**	**1603**	**2358**	**1638**	**1155**	**1107**	**1172**
735	2471	870	523	537	816	706	397	455	506
1094	3786	890	530	582	806	640	523	433	436
512	1900	541	198	484	736	292	235	219	230
76	**125**	**133**	**21**	**53**	**39**	**43**	**37**	**22**	**44**
76	125	133	21	53	39	43	37	22	44
2237	**7483**	**2134**	**1256**	**1219**	**1714**	**1736**	**1562**	**1022**	**1085**
5	18	6	2	1	9	10	6	9	1
246	575	233	94	104	209	132	101	94	54
339	1549	338	513	326	457	421	272	189	213
153	800	191	94	96	110	165	56	64	116
1494	4541	1366	553	692	929	1008	1127	666	701

2-35 按行业（大类）、地区分组的

行业大类	代码	企业从业人员数	南京	无锡	徐州
总计		**18803732**	**1617706**	**2110608**	**1295282**
农、林、牧、渔业	**A**	**12627**	**325**	**422**	**1239**
农业	01				
林业	02				
畜牧业	03				
渔业	04				
农、林、牧、渔专业及辅助性活动	05	12627	325	422	1239
采矿业	**B**	**5588**	**392**	**40**	**1436**
煤炭开采和洗选业	06	307			170
石油和天然气开采业	07	20			
黑色金属矿采选业	08	978	36		463
有色金属矿采选业	09	339	156	1	
非金属矿采选业	10	3740	181	34	777
开采专业及辅助性活动	11	98	14	5	26
其他采矿业	12	106	5		
制造业	**C**	**8960009**	**392644**	**1184349**	**423931**
农副食品加工业	13	158604	6204	2935	19469
食品制造业	14	86313	8531	5160	9520
酒、饮料和精制茶制造业	15	29865	2283	2081	2724
烟草制品业	16	1253	764		
纺织业	17	829256	3159	100623	33327
纺织服装、服饰业	18	610382	27423	70447	26599
皮革、毛皮、羽毛及其制品和制鞋业	19	106786	3050	3500	4292
木材加工和木、竹、藤、棕、草制品业	20	210675	3234	7839	55890
家具制造业	21	125317	5097	5890	35057
造纸和纸制品业	22	129459	4409	12374	5260
印刷和记录媒介复制业	23	164176	13175	28731	4028
文教、工美、体育和娱乐用品制造业	24	289369	10526	13223	7369
石油、煤炭及其他燃料加工业	25	13511	422	2500	844
化学原料和化学制品制造业	26	308363	17794	35925	11727
医药制造业	27	90903	9828	6284	5357
化学纤维制造业	28	68465	730	12367	1018
橡胶和塑料制品业	29	482752	18202	75471	14120
非金属矿物制品业	30	431472	23944	59491	35864
黑色金属冶炼和压延加工业	31	92526	1893	33405	1738
有色金属冶炼和压延加工业	32	115508	4684	25290	3935

小微企业法人单位从业人员数

单位：人

常州	苏州	南通	连云港	淮安	盐城	扬州	镇江	泰州	宿迁
1393364	**4205488**	**1983109**	**473676**	**798016**	**1358241**	**1213007**	**792169**	**886474**	**676592**
77	**345**	**2008**	**886**	**1250**	**2613**	**935**	**1212**	**303**	**1012**
77	345	2008	886	1250	2613	935	1212	303	1012
658	**60**	**160**	**515**	**823**	**487**	**48**	**855**	**12**	**102**
	1	37			21	20	52		6
					8			12	
		13	150	43	224	9	40		
				1		13	168		
641	59	98	329	737	231	6	575		72
11		12		25	3		2		
6			36	17			18		24
810554	**2186507**	**1004977**	**149378**	**303521**	**652006**	**634108**	**425433**	**468362**	**324239**
2981	7919	25334	14434	16811	22786	11317	3329	15339	9746
3317	12208	8158	5025	5345	8133	5049	3254	7117	5496
1824	4009	1984	1412	1045	3276	1412	1027	1615	5173
	191		10	250			38		
49645	250063	201691	4876	21146	78116	19527	14808	21692	30583
30499	123495	106359	17636	32132	58435	37581	16008	28480	35288
3854	19259	11051	2483	10114	6530	23109	10970	2348	6226
11476	15904	7166	6677	15348	11910	4223	3585	2437	64986
6427	24577	15526	2644	3047	5299	3558	1731	3836	12628
10914	46251	12391	1787	6453	9318	5575	5795	3500	5432
12028	43246	12372	2739	6806	5366	9461	12353	5736	8135
14865	28892	69580	4980	13443	22050	51510	13633	21231	18067
848	1831	910	597	1392	1199	537	1289	607	535
29919	60816	39591	13904	16085	25474	19280	13510	16458	7880
9163	17372	10060	2803	3279	9268	5957	2572	7030	1930
4174	28326	9236	462	1624	3423	2363	586	1028	3128
47326	161960	36073	4326	13007	23748	32502	21206	19585	15226
32636	60066	50000	22460	21048	42717	21959	24023	18999	18265
11082	18092	3680	1116	2898	4049	5091	3038	4707	1737
11579	28183	8572	1530	3601	4068	8819	6890	6070	2287

2-35 续表 1

行业大类	代码	企业从业人员数	南京	无锡	徐州
金属制品业	33	808397	34564	116768	28741
通用设备制造业	34	1127821	41362	186113	26788
专用设备制造业	35	809902	35019	150169	25962
汽车制造业	36	331324	20164	42117	5617
铁路、船舶、航空航天和其他运输设备制造业	37	151632	11501	24155	13126
电气机械和器材制造业	38	669184	35335	89604	19922
计算机、通信和其他电子设备制造业	39	416131	26766	39758	8875
仪器仪表制造业	40	163069	16750	21557	4961
其他制造业	41	77946	2357	5244	2620
废弃资源综合利用业	42	20427	1151	1541	1080
金属制品、机械和设备修理业	43	39221	2323	3787	8101
电力、热力、燃气及水生产和供应业	**D**	**100947**	**5474**	**7964**	**8987**
电力、热力生产和供应业	44	48613	1613	4718	4277
燃气生产和供应业	45	13271	1262	482	909
水的生产和供应业	46	39063	2599	2764	3801
建筑业	**E**	**1927380**	**248044**	**124994**	**154280**
房屋建筑业	47	689202	94171	23032	70043
土木工程建筑业	48	410153	44201	31788	35016
建筑安装业	49	335431	43514	26336	20785
建筑装饰、装修和其他建筑业	50	492594	66158	43838	28436
批发和零售业	**F**	**2836899**	**215382**	**278906**	**323117**
批发业	51	1939715	131926	222276	178341
零售业	52	897184	83456	56630	144776
交通运输、仓储和邮政业	**G**	**618525**	**57981**	**63670**	**56584**
铁路运输业	53				
道路运输业	54	416297	34254	48483	45095
水上运输业	55	44123	4966	2371	3875
航空运输业	56	1224	224	90	24
管道运输业	57	627	282	110	7
多式联运和运输代理业	58	58832	8326	4381	1200
装卸搬运和仓储业	59	76064	7534	5706	4705
邮政业	60	21358	2395	2529	1678
住宿和餐饮业	**H**	**267666**	**51380**	**26324**	**17900**
住宿业	61	78495	14993	8636	5083
餐饮业	62	189171	36387	17688	12817
信息传输、软件和信息技术服务业	**I**	**413589**	**109662**	**42015**	**29512**
电信、广播电视和卫星传输服务	63	11578	2143	1042	515
互联网和相关服务	64	56211	17806	4421	3677
软件和信息技术服务业	65	345800	89713	36552	25320

单位：人

常州	苏州	南通	连云港	淮安	盐城	扬州	镇江	泰州	宿迁
70265	247377	75885	5110	14758	38376	50861	52213	59780	13699
142829	271986	105746	5398	26534	106258	82745	37376	82755	11931
79516	245600	57117	6923	16991	61649	46307	32416	44610	7623
48850	76687	12098	2300	7384	23488	33095	37080	19076	3368
16692	19419	18430	1131	1825	6796	11112	8916	17104	1425
88340	130319	49122	8051	15662	32367	86434	63792	33414	16822
42993	168653	27015	3932	11669	19266	24605	19365	13187	10047
19343	46769	18231	1055	6146	7014	9464	4714	5382	1683
3914	14119	4075	1165	5530	6987	16475	8420	3244	3796
1218	4177	1500	1558	1457	2400	2023	581	1130	611
2037	8741	6024	854	691	2240	2157	915	865	486
5682	**16080**	**10706**	**4551**	**6953**	**14198**	**5984**	**3483**	**5481**	**5404**
3140	5957	5535	1991	4103	7609	3016	1894	1946	2814
733	3154	1075	465	360	1256	879	636	1172	888
1809	6969	4096	2095	2490	5333	2089	953	2363	1702
109286	**306494**	**204077**	**73630**	**122994**	**157825**	**131150**	**71252**	**135911**	**87443**
37629	51914	75304	26166	50515	68311	51867	21782	70404	48064
20153	62245	46043	17712	22366	35379	23307	23851	26228	21864
30067	76809	31128	9017	15739	17783	28150	9359	19936	6808
21437	115526	51602	20735	34374	36352	27826	16260	19343	10707
165337	**508311**	**371032**	**100271**	**142167**	**220859**	**186235**	**117776**	**95703**	**111803**
126750	397181	287295	52534	83991	145265	126003	78755	63059	46339
38587	111130	83737	47737	58176	75594	60232	39021	32644	65464
35447	**118854**	**47769**	**27412**	**42946**	**54920**	**35010**	**26635**	**33158**	**18139**
26546	71096	30012	15195	31891	37385	22995	18125	20335	14885
1149	3650	3671	1511	4580	8124	3360	1177	5036	653
145	162	205	9	20	63	46	216	12	8
	2	64		36	68			37	21
3279	22396	5133	4717	966	1409	2248	2454	1923	400
3089	18412	6445	4941	3383	6711	5194	3760	4819	1365
1239	3136	2239	1039	2070	1160	1167	903	996	807
14708	**47911**	**16968**	**11208**	**14651**	**17248**	**18141**	**9360**	**11639**	**10228**
4845	14742	5441	3832	4177	4375	4801	2445	2551	2574
9863	33169	11527	7376	10474	12873	13340	6915	9088	7654
20890	**91187**	**27794**	**7405**	**17683**	**18322**	**18758**	**12106**	**8278**	**9977**
650	2660	1077	356	627	511	622	637	395	343
3841	8551	3501	1316	2672	2536	1845	3123	1330	1592
16399	79976	23216	5733	14384	15275	16291	8346	6553	8042

2-35 续表2

行业大类	代码	企业从业人员数	南京	无锡	徐州
金融业	**J**	**27103**	**5051**	**2131**	**1098**
货币金融服务	66	12433	1657	1307	374
资本市场服务	67	7574	409	336	251
保险业	68	522	78	50	62
其他金融业	69	6574	2907	438	411
房地产业	**K**	**522849**	**71134**	**49326**	**40167**
房地产业	70	522849	71134	49326	40167
租赁和商务服务业	**L**	**1834798**	**246619**	**214519**	**130117**
租赁业	71	84037	10448	7377	11967
商务服务业	72	1750761	236171	207142	118150
科学研究和技术服务业	**M**	**774199**	**138662**	**64308**	**56228**
研究和试验发展	73	184977	28757	22155	12407
专业技术服务业	74	420934	82422	30582	22815
科技推广和应用服务业	75	168288	27483	11571	21006
水利、环境和公共设施管理业	**N**	**78671**	**8038**	**8809**	**5347**
水利管理业	76	3608	286	310	180
生态保护和环境治理业	77	14143	1562	1720	406
公共设施管理业	78	57441	5705	6351	4493
土地管理业	79	3479	485	428	268
居民服务、修理和其他服务业	**O**	**216807**	**28483**	**24846**	**16916**
居民服务业	80	75139	11785	8026	6267
机动车、电子产品和日用产品修理业	81	83332	11316	9940	5601
其他服务业	82	58336	5382	6880	5048
教育	**P**				
教育	83				
卫生和社会工作	**Q**	**7504**	**1127**	**777**	**1089**
卫生	84				
社会工作	85	7504	1127	777	1089
文化、体育和娱乐业	**R**	**198571**	**37308**	**17208**	**27334**
新闻和出版业	86	2982	1913	122	145
广播、电视、电影和录音制作业	87	29783	6019	4637	2865
文化艺术业	88	54026	12238	2780	15060
体育	89	19892	3331	2542	1635
娱乐业	90	91888	13807	7127	7629

单位：人

常州	苏州	南通	连云港	淮安	盐城	扬州	镇江	泰州	宿迁
1863	**6164**	**4937**	**244**	**554**	**2136**	**1084**	**833**	**544**	**464**
645	3329	1367	196	408	1075	811	605	400	259
699	2096	2553		9	886	142	41	19	133
10	33	102	23	63	39		33	10	19
509	706	915	25	74	136	131	154	115	53
26097	**130513**	**34942**	**17547**	**24755**	**36120**	**30641**	**18759**	**18975**	**23873**
26097	130513	34942	17547	24755	36120	30641	18759	18975	23873
117458	**552189**	**137685**	**45749**	**66586**	**83052**	**81240**	**43969**	**64565**	**51050**
3070	12977	9785	4003	5812	7487	4511	2661	1561	2378
114388	539212	127900	41746	60774	75565	76729	41308	63004	48672
57561	**152595**	**75601**	**17971**	**28570**	**61997**	**39381**	**38874**	**26677**	**15774**
11940	40295	17825	2873	5246	21127	8934	5675	5914	1829
36204	77606	39680	11104	14910	28345	22391	27763	17042	10070
9417	34694	18096	3994	8414	12525	8056	5436	3721	3875
3626	**16791**	**7469**	**2402**	**3875**	**6601**	**4716**	**3221**	**3428**	**4348**
142	572	335	153	326	597	244	272	117	74
1233	3028	1902	501	515	1138	559	738	529	312
2099	12900	4948	1602	2884	4502	3689	2116	2286	3866
152	291	284	146	150	364	224	95	496	96
12708	**44843**	**17362**	**7509**	**11725**	**17675**	**12657**	**7869**	**7310**	**6904**
3578	10665	6322	3351	3996	6393	5803	2457	3300	3196
5761	19303	6304	2883	4007	5485	4486	3630	2364	2252
3369	14875	4736	1275	3722	5797	2368	1782	1646	1456
307	**987**	**1245**	**145**	**567**	**352**	**342**	**227**	**103**	**236**
307	987	1245	145	567	352	342	227	103	236
11105	**25657**	**18377**	**6853**	**8396**	**11830**	**12577**	**10305**	**6025**	**5596**
9	167	43	25	5	159	215	84	71	24
2959	3641	2382	679	1023	1767	1781	788	845	397
1436	5217	2708	2602	2097	3413	2929	1578	892	1076
940	4210	1826	736	764	834	1438	375	614	647
5761	12422	11418	2811	4507	5657	6214	7480	3603	3452

第3篇

文化及相关产业篇

A.概况

3-A-01　文化及相关产业单位及从业人员情况

分　组	法人单位		产业活动单位	
	法　人 单位数 （个）	从业人员 期末人数 （人）	产业活动 单位数 （个）	从业人员 期末人数 （人）
总　计	**211533**	**2334596**	**3952**	**60335**
按单位性质分组				
经营性	193607	2231993	858	14441
公益性	17926	102603	3094	45894
按产业类型分组				
文化制造业	30047	893785	150	6260
文化批发和零售业	28492	183364	708	8181
文化服务业	152994	1257447	3094	45894
按领域分组				
文化核心领域	137221	1350670	2769	39175
文化相关领域	74312	983926	1183	21160

3-A-02 分地区文化及相关产业单位及从业人员情况

地 区	法人单位		产业活动单位	
	法 人 单位数 （个）	从业人员 期末人数 （人）	产业活动 单位数 （个）	从业人员 期末人数 （人）
总 计	**211533**	**2334596**	**3952**	**60335**
南 京	33924	442665	892	22054
无 锡	21729	195445	372	4567
徐 州	13536	103895	196	1909
常 州	17640	215874	355	5115
苏 州	39559	455920	650	11591
南 通	16343	232225	275	3896
连云港	7995	57499	119	1121
淮 安	6956	72536	179	1230
盐 城	11507	130951	236	2331
扬 州	13533	151840	211	2009
镇 江	12341	114680	210	1351
泰 州	9621	93236	169	864
宿 迁	6849	67830	88	2297

3-A-03　分地区文化及相关产业法人单位分布情况

单位：个

地　区	法　人单位数	文化服务业	#规模以上	文化制造业	#规模以上	文化批发和零售业	#规模以上
总　计	**211533**	**152994**	**3885**	**30047**	**2476**	**28492**	**1226**
南　京	33924	29415	1269	1501	150	3008	287
无　锡	21729	14555	280	3389	289	3785	94
徐　州	13536	11302	164	675	67	1559	112
常　州	17640	13659	388	2361	274	1620	110
苏　州	39559	28216	396	5810	410	5533	128
南　通	16343	10123	359	4140	329	2080	119
连云港	7995	4780	34	495	89	2720	47
淮　安	6956	5374	250	788	149	794	58
盐　城	11507	8550	231	1679	166	1278	99
扬　州	13533	7165	193	3794	185	2574	65
镇　江	12341	9164	143	2161	76	1016	37
泰　州	9621	6231	123	2053	148	1337	46
宿　迁	6849	4460	55	1201	144	1188	24

3-A-04 按类别分文化及相关产业单位基本情况

分 组	法 人 单位数 （个）	从业人员 期末人数 （人）	资产总计 （万元）
总 计	**211533**	**2334596**	**309003736**
文化核心领域	137221	1350670	224081027
新闻信息服务	6323	117874	9714375.57
内容创作生产	36805	482738	35579417.94
创意设计服务	66511	491461	36268049.66
文化传播渠道	12549	108946	18011565.35
文化投资运营	1839	17570	79724354.06
文化娱乐休闲服务	13194	132081	44783264.44
文化相关领域	74312	983926	84922709.38
文化辅助生产和中介服务	50053	466801	47061517.12
文化装备生产	4987	185769	14066278.5
文化消费终端生产	19272	331356	23794913.75

3-A-05　分地区文化及相关产业企业基本情况

地　区	法　人 单位数 （个）	从业人员 期末人数 （人）	资产总计 （万元）	营业收入 （万元）
总　计	**211533**	**2334596**	**301274007**	**159272086**
南　京	33924	442665	75145720	37794553
无　锡	21729	195445	29722413	17188249
徐　州	13536	103895	5248753	5033818
常　州	17640	215874	35462821	14021075
苏　州	39559	455920	59015587	34575034
南　通	16343	232225	13296058	14152225
连云港	7995	57499	4648879	2049253
淮　安	6956	72536	4162379	5310520
盐　城	11507	130951	12982622	6632527
扬　州	13533	151840	17995891	7128668
镇　江	12341	114680	25730606	6142011
泰　州	9621	93236	12037980	5453096
宿　迁	6849	67830	5824299	3791057

3-A-06 分地区文化及相关产业事业（社团）单位基本情况

地 区	法 人 单位数 （个）	从业人员 期末人数 （人）	资产总计 （万元）	本年收入合计 （万元）	本年支出 （费用）合计 （万元）
总 计	**17926**	**102603**	**7729729**	**2226846**	**2190636**
南 京	2643	21982	1452160	625992	614187
无 锡	1247	8186	925573	172148	156354
徐 州	1693	8476	850293	143328	139762
常 州	1510	6806	307761	103185	109077
苏 州	1812	10899	817273	363902	363648
南 通	1414	9070	533926	190938	156270
连云港	755	3511	355269	62658	66921
淮 安	843	6177	1086845	87131	80039
盐 城	1650	7504	408842	142756	143375
扬 州	1045	4394	256238	71631	98121
镇 江	1284	6389	458711	131362	135146
泰 州	1258	5673	195938	95269	94136
宿 迁	772	3536	80899	36546	33600

B.文化制造业

3-B-01　分地区文化制造业单位主要指标

地　区	法人单位数（个）	规模以上	规模以下	从业人员期末人数（人）	规模以上	规模以下
总　计	**30047**	**2476**	**27571**	**893785**	**591135**	**302650**
南　京	1501	150	1351	46723	32360	14363
无　锡	3389	289	3100	86919	60931	25988
徐　州	675	67	608	15458	8645	6813
常　州	2361	274	2087	84906	66057	18849
苏　州	5810	410	5400	245652	196506	49146
南　通	4140	329	3811	115641	67690	47951
连云港	495	89	406	17154	12734	4420
淮　安	788	149	639	25780	18554	7226
盐　城	1679	166	1513	58186	36785	21401
扬　州	3794	185	3609	78146	33755	44391
镇　江	2161	76	2085	40637	15179	25458
泰　州	2053	148	1905	42930	21353	21577
宿　迁	1201	144	1057	35653	20586	15067

3-B-02 按注册类型和控股情况分规模以上

分 组	法 人 单位数 （个）	从业人员 期末人数 （人）	#女性	资产总计 （万元）	营业收入 （万元）
总 计	**2476**	**591135**	**290874**	**54911584**	**65367703**
按注册类型分组					
内资企业	1969	320800	162178	25115290	31141922
国有企业	4	866	416	47771	25243
私营企业	1642	229067	119834	15947823	21787667
港、澳、台商投资企业	179	117093	50989	10427100	11371766
外商投资企业	328	153242	77707	19369194	22854014
按控股情况分组					
国有控股	40	10378	4312	1584824	1625825
集体控股	28	4176	2025	296423	316773
私人控股	1933	317288	163023	23609831	30143655
港澳台商控股	152	109163	45617	9977533	10915568
外商控股	275	137061	69281	18481055	21444597
其他	48	13069	6616	961919	921286

文化制造业企业主要财务指标

营业成本（万元）	税金及附加（万元）	营业利润（万元）	投资收益（万元）	应付职工薪酬（万元）	应交增值税（万元）
56224583	**323713**	**4106452**	**97586**	**4872408**	**1569762**
26216315	180964	2178871	54666	2272751	1010658
19327	250	-29	67	4688	1010
18191410	135640	1695518	31433	1538568	802585
9974620	51760	673127	10773	1014107	220920
20033648	90988	1254454	32147	1585550	338183
1418505	7849	45693	-1742	108826	35450
262233	2019	20388	-2	32725	10753
25313419	175672	2231796	54144	2231517	983532
9627557	48573	620995	16758	936002	197354
18825995	83543	1152580	26113	1461559	308142
776874	6058	35000	2315	101780	34531

3-B-03 分地区规模以上

地区	法人单位数（个）	从业人员期末人数（人）	#女性	资产总计（万元）	营业收入（万元）
总计	**2476**	**591135**	**290874**	**54911584**	**65367703**
南京	150	32360	15576	3488086	5646955
无锡	289	60931	31167	5199894	8531674
徐州	67	8645	4265	651643	840624
常州	274	66057	31690	6250655	6204228
苏州	410	196506	84177	21328347	21508231
南通	329	67690	39708	4619027	7416354
连云港	89	12734	6697	869557	627208
淮安	149	18554	9906	1043621	2724577
盐城	166	36785	17997	3487644	3198250
扬州	185	33755	19781	1556519	2875639
镇江	76	15179	6099	4025517	1772061
泰州	148	21353	11310	1371672	2760243
宿迁	144	20586	12501	1019402	1261658

文化制造业企业主要财务指标

营业成本（万元）	税金及附加（万元）	营业利润（万元）	投资收益（万元）	应付职工薪酬（万元）	应交增值税（万元）
56224583	**323713**	**4106452**	**97586**	**4872408**	**1569762**
5107161	25384	217999	71	351044	104454
7617566	29802	415595	29176	500861	121630
708254	4576	52820	1305	53043	22641
5254712	32956	429503	7247	696651	178586
18453159	81117	1295867	72137	1723339	292995
6208474	37787	683799	931	508885	260227
512931	4905	17026	104	77954	23733
2277341	17891	173397	43	119980	74344
2714289	27302	192772	18	228474	149907
2479367	21568	182216	-5451	218680	116756
1497942	10784	145371	-8423	141101	79488
2300536	22990	220961	215	135853	111784
1092854	6652	79126	213	116543	33218

3-B-04 按注册类型和控股情况分规模

分 组	法 人 单位数 （个）	从业人员 期末人数 （人）		资产总计 （万元）	营业收入 （万元）
			#女性		
总 计	**27571**	**302650**	**150995**	**11819856**	**10530189**
按注册类型分组					
内资企业	27161	292871	145554	10678610	10195916
国有企业	37	539	198	36298	15668
私营企业	25791	275747	137452	9694619	9556146
港、澳、台商投资企业	197	4233	2457	609330	136655
外商投资企业	213	5546	2984	531916	197619
按控股情况分组					
国有控股	57	1051	388	78600	45892
集体控股	240	3072	1459	146200	104337
私人控股	26500	285583	142198	10355714	9841491
港澳台商控股	170	3350	1839	516503	112851
外商控股	140	4318	2270	399405	155838
其他	464	5276	2841	323435	269781

以下文化制造业企业主要财务指标

营业成本（万元）	税金及附加（万元）	营业利润（万元）	投资收益（万元）	应付职工薪酬（万元）	应交增值税（万元）
8297136	**89246**	**709459**	**19841**	**1602317**	**366846**
8040936	85493	698231	19699	1527816	353729
11654	264	1267	299	3417	699
7521608	79391	668225	17270	1424906	331178
104754	1648	2710	58	25767	4729
151446	2105	8518	84	48734	8389
37558	667	2434	391	7006	1989
80855	1058	8387	133	18610	4214
7749226	82607	690185	17159	1480563	342808
84702	1088	3930	122	20677	3824
121556	1749	5273	65	40324	6779
223240	2077	-749	1970	35137	7231

3-B-05　分地区规模以下

地　区	法　人 单位数 （个）	从业人员 期末人数 （人）	#女性	资产总计 （万元）	营业收入 （万元）
总　计	**27571**	**302650**	**150995**	**11819856**	**10530189**
南　京	1351	14363	6551	731968	504147
无　锡	3100	25988	11844	1329328	947977
徐　州	608	6813	3654	204684	179852
常　州	2087	18849	8148	1082171	689117
苏　州	5400	49146	21979	2867193	1902278
南　通	3811	47951	23778	1771170	1795931
连云港	406	4420	2690	133758	124117
淮　安	639	7226	3800	204868	234509
盐　城	1513	21401	11905	538159	655617
扬　州	3609	44391	24594	1057519	1395842
镇　江	2085	25458	12529	742450	996467
泰　州	1905	21577	10655	730687	702152
宿　迁	1057	15067	8868	425900	402184

文化制造业企业主要财务指标

营业成本（万元）	税金及附加（万元）	营业利润（万元）	投资收益（万元）	应付职工薪酬（万元）	应交增值税（万元）
8297136	**89246**	**709459**	**19841**	**1602317**	**366846**
412574	4736	17107	2866	73378	15705
804820	7343	34929	1053	137858	32461
141351	1164	17256	55	27334	5359
549556	4852	25908	207	108469	21809
1620282	13973	22912	9653	283162	67658
1360476	14830	161581	2135	258723	57477
94472	1210	12734	378	20644	4817
174874	1695	25408	325	35898	8326
495779	7695	54733	1328	108117	21724
1026324	11583	138887	719	226873	52144
768853	11831	97136	561	142691	39508
538140	4931	56521	327	114015	26281
309635	3400	44347	235	65155	13575

C.文化批零业

3-C-01 按地区分文化批零业单位主要指标

地 区	法 人 单位数（个）			从业人员期末人数（人）		
		规模以上	规模以下		规模以上	规模以下
总 计	28492	1226	27266	183364	63765	119599
南 京	3008	287	2721	44065	32778	11287
无 锡	3785	94	3691	13915	3802	10113
徐 州	1559	112	1447	11444	3267	8177
常 州	1620	110	1510	7946	3201	4745
苏 州	5533	128	5405	24461	9051	15410
南 通	2080	119	1961	21935	3581	18354
连云港	2720	47	2673	10850	749	10101
淮 安	794	58	736	5199	1132	4067
盐 城	1278	99	1179	9812	2023	7789
扬 州	2574	65	2509	14576	1373	13203
镇 江	1016	37	979	7014	917	6097
泰 州	1337	46	1291	6897	1490	5407
宿 迁	1188	24	1164	5250	401	4849

3-C-02　按注册类型和控股情况分限额以上文化批零业企业主要财务指标

分　组	法　人单位数（个）	从业人员期末人数（人）		资产总计（万元）	营业收入（万元）	营业成本（万元）
			#女性			
总计	**1226**	**63765**	**38137**	**14269419**	**20826847**	**18116842**
按注册类型分组						
内资企业	1194	48108	26545	11522504	17242874	15493446
#国有企业	9	506	156	90975	26124	18601
私营企业	934	25154	14466	3645373	7704080	6877796
港、澳、台商投资企业	12	1892	1649	498028	459514	393392
外商投资企业	20	13765	9943	2248887	3124460	2230004
按控股类型分组						
国有控股	52	8958	3793	5281743	4011567	3580330
集体控股	17	594	350	122522	245503	222849
私人控股	1084	34248	19341	5330100	11529260	10338640
港澳台商控股	11	1883	1646	211549	451316	387820
外商控股	17	12512	9130	1918120	2996808	2153992
其他	45	5570	3877	1405385	1592394	1433212

3-C-02　续表

分　组	税金及附加（万元）	营业利润（万元）	投资收益（万元）	应付职工薪酬（万元）	应交增值税（万元）
总计	**58670**	**852015**	**147887**	**623596**	**264912**
按注册类型分组					
内资企业	47033	729838	109076	428130	195456
#国有企业	185	751	96	5376	447
私营企业	25289	345831	3252	177865	79862
港、澳、台商投资企业	3130	46822	24173	22937	12101
外商投资企业	8507	75355	14638	172529	57355
按控股类型分组					
国有控股	10440	238665	92763	144155	29954
集体控股	590	2992	222	5740	1961
私人控股	32942	474915	14818	245222	151255
港澳台商控股	3018	44372	24173	22543	10493
外商控股	6986	60298	11227	158751	49264
其他	4693	30773	4685	47186	21985

3-C-03 分地区限额以上文化

分组	法人单位数（个）	从业人员期末人数（人）	#女性	资产总计（万元）	营业收入（万元）
总计	**1226**	**63765**	**38137**	**14269419**	**20826847**
南京	287	32778	19310	7663684	8765079
无锡	94	3802	2086	740842	2636036
徐州	112	3267	1998	283044	966843
常州	110	3201	1746	1417962	1239680
苏州	128	9051	6207	2225839	4031470
南通	119	3581	2216	289594	713841
连云港	47	749	432	87476	214026
淮安	58	1132	667	75384	226131
盐城	99	2023	1020	244844	435467
扬州	65	1373	822	123447	219322
镇江	37	917	534	244935	379905
泰州	46	1490	844	165223	334919
宿迁	24	401	255	707146	664130

批零业企业主要财务指标

营业成本（万元）	税金及附加（万元）	营业利润（万元）	投资收益（万元）	应付职工薪酬（万元）	应交增值税（万元）
18116842	**58670**	**852015**	**147887**	**623596**	**264912**
7298734	20294	329024	141559	394796	104503
2401964	2243	105872	1297	30397	37463
830846	5140	46748	2705	19866	15474
1120948	2746	44920	52	21082	17565
3748521	11481	51242	2505	84614	41054
619282	4299	49202	321	18282	15012
197068	779	5090	9	4147	2517
196081	1926	12145	-696	7503	3257
374773	3145	24395	24	16266	6377
188948	1634	9384	141	8648	3842
312093	3435	42516	-237	6345	5078
299439	676	4709	208	9710	12109
528146	872	126769	0	1938	662

3-C-04 按注册类型和控股情况分限额以下文化

分 组	法 人 单位数 （个）	从业人员 期末人数 （人）	#女性	资产总计 （万元）	营业收入 （万元）
总计	**27266**	**119599**	**53880**	**5789002**	**7404146**
按注册类型分组					
内资企业	27175	118673	53456	5474898	7175865
#国有企业	43	177	81	47009	8760
私营企业	25568	109242	48820	4589597	6216865
港、澳、台商投资企业	44	248	109	215487	194470
外商投资企业	47	678	315	98617	33811
按控股类型分组					
国有控股	80	785	387	127945	31769
集体控股	96	821	450	169959	234770
私人控股	26500	114587	51440	5076001	6781082
港澳台商控股	54	311	139	217347	196717
外商控股	33	570	277	96525	28428
其他	503	2525	1187	101225	131381

批零业企业主要财务指标

营业成本（万元）	税金及附加（万元）	营业利润（万元）	投资收益（万元）	应付职工薪酬（万元）	应交增值税（万元）
6080297	**42516**	**509955**	**12202**	**636779**	**148866**
5866052	42212	503575	10007	630681	147206
7045	50	539	19	944	261
5034027	34334	460294	9521	579087	134693
191295	158	534	6	1684	387
22951	146	5846	2189	4415	1273
25682	4433	1453	22	5333	815
199637	259	13581	15	4025	346
5540561	36772	478886	9849	609130	
192466	170	696	6	2040	377
19517	112	4621	2247	3713	1215
102435	769	10718	63	12538	146113

3-C-05 分地区限额以下

分组	法人单位数（个）	从业人员期末人数（人）	#女性	资产总计（万元）	营业收入（万元）
总计	**27266**	**119599**	**53880**	**5789002**	**7404146**
南京	2721	11287	5874	907493	1270211
无锡	3691	10113	4338	466070	723227
徐州	1447	8177	3850	283764	346256
常州	1510	4745	1988	283607	306608
苏州	5405	15410	7206	1542949	1500509
南通	1961	18354	6804	500274	807216
连云港	2673	10101	5220	422260	359838
淮安	736	4067	1911	163455	178458
盐城	1179	7789	3629	218032	325996
扬州	2509	13203	5918	386400	503681
镇江	979	6097	2333	186284	415757
泰州	1291	5407	2395	238464	309914
宿迁	1164	4849	2414	189951	356474

文化批零业企业主要财务指标

营业成本（万元）	税金及附加（万元）	营业利润（万元）	投资收益（万元）	应付职工薪酬（万元）	应交增值税（万元）
6080297	**42516**	**509955**	**12202**	**636779**	**148866**
1166603	6189	14371	644	53116	9133
616598	3128	34721	315	59868	23057
261859	2265	44412	283	39128	12065
258312	1756	7951	32	23345	6423
1373597	3119	2433	5743	79222	15770
595038	9392	79439	1533	103138	24999
272038	2776	58899	358	45462	9034
106871	1405	22937	532	21444	5514
235267	3983	33029	711	41451	8965
352614	4403	85438	393	80173	16317
326579	2188	60878	104	40012	7686
236925	1022	21648	352	27897	5976
277996	890	43800	1202	22522	3927

D.文化服务业

3-D-01 分地区文化服务业单位主要指标

地 区	法 人单位数（个）					从业人员期末人数（人）				
		规模以上	规模以下	事业单位	社会团体		规模以上	规模以下	事业单位	社会团体
总 计	152994	3885	131183	3061	14865	1257447	449894	704950	53078	49525
南 京	29415	1269	25503	333	2310	351877	193284	136611	11917	10065
无 锡	14555	280	13028	190	1057	94611	32132	54293	2695	5491
徐 州	11302	164	9445	296	1397	76993	8812	59705	5302	3174
常 州	13659	388	11761	127	1383	123022	59256	56960	3270	3536
苏 州	28216	396	26008	301	1511	185807	69454	105454	6400	4499
南 通	10123	359	8350	238	1176	94649	18823	66756	3548	5522
连云港	4780	34	3991	192	563	29495	3803	22181	2098	1413
淮 安	5374	250	4281	244	599	41557	11160	24220	3843	2334
盐 城	8550	231	6669	329	1321	62953	12959	42490	4092	3412
扬 州	7165	193	5927	187	858	59118	14655	40069	2014	2380
镇 江	9164	143	7737	172	1112	67029	8554	52086	3653	2736
泰 州	6231	123	4850	288	970	43409	13388	24348	2730	2943
宿 迁	4460	55	3633	164	608	26927	3614	19777	1516	2020

3-D-02　按注册类型和控股情况分规模以上文化服务业企业主要财务指标

分　组	法　人单位数（个）	从业人员期末人数（人）	#女性	资产总计（万元）	营业收入（万元）	营业成本（万元）
总　　计	**3885**	**449894**	**177043**	**87373101**	**32677479**	**23456247**
按注册类型分组						
内资企业	3762	416203	164123	83692734	30339952	21785462
国有企业	79	14562	6031	6569187	746571	396420
私营企业	2439	206441	83714	17430366	13282511	9470359
港、澳、台商投资企业	54	12167	4795	2180636	820989	542387
外商投资企业	69	21524	8125	1499731	1516537	1128399
按控股情况分组						
国有控股	504	78404	32567	49140958	8426391	6349070
集体控股	89	14317	5176	2791998	692176	505985
私人控股	2949	284125	109540	27399598	18469856	12818509
港澳台商控股	51	10092	3918	1000158	626583	382986
外商控股	55	14419	5354	1025238	999008	678952
其他	237	48537	20488	6015153	3463465	2720745

3-D-02　续表

分　组	税金及附加（万元）	营业利润（万元）	投资收益（万元）	应付职工薪酬（万元）	应交增值税（万元）
总　　计	287834	3063179	478549	5580879	799702
按注册类型分组					
内资企业	276104	2833554	455368	4904931	742403
国有企业	15629	133345	78883	235310	19325
私营企业	102027	1338054	74627	1970846	376189
港、澳、台商投资企业	3786	122170	5970	214753	20102
外商投资企业	7944	107455	17210	461195	37197
按控股情况分组					
国有控股	112702	720974	205711	1266448	143343
集体控股	6334	77318	847	127746	19070
私人控股	137802	1823926	170952	3007000	522162
港澳台商控股	3332	55019	257	164059	15909
外商控股	5489	114004	16953	358944	24569
其他	22175	271937	83829	656683	74650

3-D-03 分地区规模以上

地区	法人单位数（个）	从业人员期末人数（人）	#女性	资产总计（万元）	营业收入（万元）
总计	**3885**	**449894**	**177043**	**87373101**	**32677479**
南京	1269	193284	70467	39162301	17678981
无锡	280	32132	13340	10156450	2417801
徐州	164	8812	4280	1043917	482836
常州	388	59256	22398	7281065	3516035
苏州	396	69454	30138	9859851	3302289
南通	359	18823	7988	2751675	1259773
连云港	34	3803	1520	1406907	155978
淮安	250	11160	4555	1063233	573757
盐城	231	12959	5797	2623835	843784
扬州	193	14655	6881	5304282	716305
镇江	143	8554	3675	4428865	548403
泰州	123	13388	3938	1553701	506234
宿迁	55	3614	2066	737022	675303

文化服务业企业主要财务指标

营业成本（万元）	税金及附加（万元）	营业利润（万元）	投资收益（万元）	应付职工薪酬（万元）	应交增值税（万元）
23456247	**287834**	**3063179**	**478549**	**5580879**	**799702**
13402770	100345	1387852	254332	2917499	381081
1677226	42789	344731	113533	478729	71728
353165	7976	58625	212	63196	16004
2537359	31296	536201	10248	460541	79724
1846981	33817	327350	86854	962733	116682
970006	12733	68120	3530	157121	27314
125066	3291	-10866	1853	39626	2451
373514	8958	84693	11	67143	15139
608883	17039	94203	556	92213	15751
506500	11498	59654	596	121636	22628
363797	6397	37514	6488	83130	21018
366015	9071	53655	229	104589	12610
324966	2623	21449	109	32722	17573

3-D-04 按注册类型和控股情况分规模以下

分 组	法 人 单位数 （个）	从业人员 期末人数 （人）		资产总计 （万元）	营业收入 （万元）
			#女性		
总 计	**131183**	**704950**	**282433**	**127111044**	**22465722**
按注册类型分组					
内资企业	130691	700547	280610	125371534	22266255
国有企业	306	5289	2115	4906824	257409
私营企业	119391	615251	244470	45862549	18116750
港、澳、台商投资企业	255	1875	730	916286	119784
外商投资企业	237	2528	1093	823225	79682
按控股情况分组					
国有控股	718	12168	5353	48924159	1517931
集体控股	413	3825	1677	6518101	220702
私人控股	124789	653685	260135	61955134	19745195
港澳台商控股	251	1410	595	771770	93283
外商控股	147	1234	500	707077	39753
其他	4865	32628	14173	8234803	848858

文化服务业企业主要财务指标

营业成本（万元）	税金及附加（万元）	营业利润（万元）	投资收益（万元）	应付职工薪酬（万元）	应交增值税（万元）
16168350	**217022**	**2205152**	**165008**	**4175421**	**667591**
16037761	214365	2226750	164635	4130020	664616
145951	2514	87545	4709	47845	4692
12922348	159254	1806572	93347	3567285	566511
77794	1523	-11111	89	21078	777
52794	1134	-10487	284	24323	2198
1124899	21203	253559	10701	106033	26407
170596	2611	-12638	1350	25013	3328
14227034	182365	1894345	136797	3813929	621924
55559	1152	-11875	94	13691	-877
25608	331	-2497	7626	12506	456
564654	9360	84258	8439	204250	16353

3-D-05　分地区规模以下

地　区	法　人单位数（个）	从业人员期末人数（人）	#女性	资产总计（万元）	营业收入（万元）
总　计	**131183**	**704950**	**282433**	**127111044**	**22465722**
南　京	25503	136611	58538	23192189	3929181
无　锡	13028	54293	22376	11829829	1931534
徐　州	9445	59705	23597	2781700	2217407
常　州	11761	56960	20441	19147361	2065408
苏　州	26008	105454	43811	21191409	2330256
南　通	8350	66756	25931	3364318	2159109
连云港	3991	22181	9928	1728920	568086
淮　安	4281	24220	9865	1611819	1373088
盐　城	6669	42490	15839	5870108	1173413
扬　州	5927	40069	16076	9567725	1417879
镇　江	7737	52086	17756	16102555	2029420
泰　州	4850	24348	9963	7978233	839633
宿　迁	3633	19777	8312	2744879	431308

文化服务业企业主要财务指标

营业成本（万元）	税金及附加（万元）	营业利润（万元）	投资收益（万元）	应付职工薪酬（万元）	应交增值税（万元）
16168350	**217022**	**2205152**	**165008**	**4175421**	**667591**
2855066	29026	106624	80954	754242	80340
1467994	15693	18908	11191	422343	51321
1600501	22568	371278	2278	362286	102899
1499020	25068	287217	2014	348813	45509
1639840	18939	-79249	20132	587103	61078
1496403	25278	304514	25924	418386	64585
394977	4342	77833	989	101901	20069
1138191	11432	120672	3427	131198	52155
835526	13783	134477	3504	227584	37722
930222	14141	284109	6903	249748	54136
1471888	21029	355010	3978	353028	59619
557198	12271	140457	1198	136927	27365
281524	3453	83300	2515	81863	10793

3-D-06 分地区文化服务业行政事业单位主要财务指标

地 区	法 人 单位数 （个）	从业人员 期末人数 （个）	#女性	资产总计 （万元）	本年支出合计 （万元）
总 计	**3061**	**53078**	**24346**	**7188374**	**1819603**
南 京	333	11917	5493	1367007	524165
无 锡	190	2695	1279	812687	131795
徐 州	296	5302	2257	814718	126201
常 州	127	3270	1725	290785	94167
苏 州	301	6400	3162	762111	308611
南 通	238	3548	1678	507292	125334
连云港	192	2098	962	347217	60245
淮 安	244	3843	1387	1069644	69008
盐 城	329	4092	1868	368886	105484
扬 州	187	2014	990	209075	63059
镇 江	172	3653	1639	409871	107634
泰 州	288	2730	1183	172726	75164
宿 迁	164	1516	723	56355	28736

3-D-07　分地区文化服务业其他非营利单位主要财务指标

地　区	法　人 单位数 （个）	从业人员 期末人数 （个）	#女性	资产总计 （万元）	本年费用合计 （万元）
总　计	**14865**	**49525**	**26290**	**541354**	**371033**
南　京	2310	10065	6141	85153	90022
无　锡	1057	5491	3547	112886	24559
徐　州	1397	3174	1508	35575	13561
常　州	1383	3536	1707	16976	14910
苏　州	1511	4499	2318	55162	55037
南　通	1176	5522	3141	26633	30936
连云港	563	1413	561	8053	6676
淮　安	599	2334	1150	17201	11031
盐　城	1321	3412	1518	39956	37891
扬　州	858	2380	1176	47163	35062
镇　江	1112	2736	1020	48839	27512
泰　州	970	2943	1522	23212	18972
宿　迁	608	2020	981	24544	4864

附　　录

主要指标解释及分类规定

主要指标解释

法人单位　是指有权拥有资产、承担负债，并独立从事社会经济活动（或与其他单位进行交易）的组织。法人单位应同时具备以下条件：

1. 依法成立，有自己的名称、组织机构和场所，能够独立承担民事责任；

2. 独立拥有（或受权使用）资产，有权与其他单位签订合同；

3. 会计上独立核算，能够编制资产负债表等会计报表。

在统计实践中，法人单位包括：企业法人、事业单位法人、机关法人、社会团体法人、民办非企业单位、基金会、居委会、村委会、其他法人。

企业法人　是指依据《中华人民共和国公司登记管理条例》《中华人民共和国企业法人登记管理条例》等国家法律和法规，经各级市场监管机关登记注册，领取《企业法人营业执照》的企业。包括：

1. 公司制企业法人；

2. 非公司制企业法人。

不具有法人资格、但依法成立的个人独资企业、合伙企业在统计上视同法人。

事业单位法人　是指经国务院或地方县级以上机构编制管理部门批准、经国家或地方县级以上事业单位登记管理部门登记或备案，领取《事业单位法人证书》，取得法人资格的事业单位。包括：

1. 各级党委、政府直属事业单位；

2. 中共中央、国务院直属事业单位举办的事业单位；

3. 各级人大、政协机关，监察委员会、人民法院、人民检察院和各民主党派机关举办的事业单位；

4. 各级党委部门和政府部门举办的事业单位；

5. 使用财政性经费的群众团体举办的事业单位；

6. 国有企业及其他组织利用国有资产举办的事业单位；

7. 依照法律或有关规定，应当由各级登记管理机关登记的其他事业单位。

机关法人　是指各级政党机关和国家机关。包括：

1. 县级以上各级中国共产党委员会及其所属各工作部门；

2. 县级以上各级人民代表大会机关；

3. 县级以上各级人民政府及其所属各工作部门，以及地区行政行署；

4. 县级以上各级政治协商会议机关；

5. 县级以上各级监察委员会、人民法院、检察院机关；

6. 县级以上各民主党派和工商联机关；

7. 乡、镇中国共产党委员会和人民政府。

社会团体法人　是指依据《社会团体登记管理条例》，经国家或县级以上民政部门登记注册或备案，领取《社会团体法人登记证书》的各类社会团体，以及由机构编制管理部门管理其编制的群众团体。

民办非企业单位　指企业单位、事业单位、社会团体和其他社会力量以及公民个人利用非国有资产举办的，从事非营利性社会服务的社会组织。民办非企业法人指经各级民政部门核准登记，领取《民办非企业单位登记证书》的民办非企业单位。

基金会　指民政部、省级、地级或市级民政部门核准登记的，颁发《基金会法人登记证书》的基金会。

居委会　由不设区的市、市辖区的人民政府决定设立的社区（居委会）。

村委会　由乡、民族乡、镇的人民政府提出，经村民会议讨论同意后，报县级人民政府批准，设立的村民委员会。

其他法人　是指除上述类型以外的法人。具体是指依据《中华人民共和国农民专业合作社法》及其他法律、法规成立，具备法人条件的单位。

单产业法人　是指仅包含一个产业活动单位的法人单位，称为单产业法人单位，该法人单位同时也是一个产业活动单位。

多产业法人　是指由两个及以上产业活动单位组成的法人单位，称为多产业法人单位，这些产业活动单位接受法人单位的管理和控制。

从业人员期末人数　指报告期最后一日在本单位工作，并取得工资或其他形式劳动报酬的人员数。该指标为时点指标，不包括最后一日当天及以前已经与单位解除劳动合同关系的人员，是在岗职工、劳务派遣人员及其他从业人员之和。从业人员不包括：

1. 离开本单位仍保留劳动关系，并定期领取生活费的人员；

2. 在本单位实习的各类在校学生；

3. 本单位因劳务外包而使用的人员，如：建筑业整建制使用的人员。

营业收入　指企业经营主要业务和其他业务所确认的收入总额。营业收入包括“主营业务收入”和“其他业务收入”。根据会计“利润表”中“营业收入”项目的本年累计数填报。

资产总计　指企业过去的交易或者事项形成的、由企业拥有或者控制的、预期会给企业带来经济利益的资源。资产一般按流动性（资产的变现或耗用时间长短）分为流动资产和非流动资产。其中流动资产可分为货币资金、交易性金融资产、应收票据、应收账款、预付款项、其他应收款、存货等；非流动资产可分为长期股权投资、固定资产、无形资产及其他非流动资产等。

分类规定

登记注册类型 指企业或企业产业活动单位的登记注册类型，市场监管部门对企业（单位）登记注册的类型分为以下几种：

1. 国有企业：指企业全部资产归国家所有，并按《中华人民共和国企业法人登记管理条例》规定登记注册的非公司制的经济组织。不包括有限责任公司中的国有独资公司。

2. 集体企业：指企业资产归集体所有，并按《中华人民共和国企业法人登记管理条例》规定登记注册的经济组织。

3. 股份合作企业：指以合作制为基础，由企业职工共同出资入股，吸收一定比例的社会资产投资组建，实行自主经营，自负盈亏，共同劳动，民主管理，按劳分配与按股分红相结合的一种集体经济组织。

4. 联营企业：指两个及两个以上相同或不同所有制性质的企业法人或事业单位法人，按自愿、平等、互利的原则，共同投资组成的经济组织。联营企业包括国有联营企业、集体联营企业、国有与集体联营企业和其他联营企业。

国有联营企业 指所有联营单位均为国有。

集体联营企业 指所有联营单位均为集体。

国有与集体联营企业 指联营单位既有国有也有集体。

其他联营企业 指上述三种联营企业之外的其他联营形式的企业。

5. 有限责任公司：指根据《中华人民共和国公司登记管理条例》规定登记注册，由两个以上，五十个以下的股东共同出资，每个股东以其所认缴的出资额对公司承担有限责任，公司以其全部资产对其债务承担责任的经济组织。有限责任公司包括国有独资公司以及其他有限责任公司。

国有独资公司 指国家授权的投资机构或者国家授权的部门单独投资设立的有限责任公司。

其他有限责任公司 指国有独资公司以外的其他有限责任公司。

6. 股份有限公司：指根据《中华人民共和国公司登记管理条例》规定登记注册，其全部注册资本由等额股份构成并通过发行股票筹集资本，股东以其认购的股份对公司承担有限责任，公司以其全部资产对其债务承担责任的经济组织。

7. 私营企业：指由自然人投资设立或由自然人控股，以雇佣劳动为基础的营利性经济组织。包括按照《公司法》《合伙企业法》《私营企业暂行条例》以及《个人独资企业法》规定登记注册的私营独资企业、私营合伙企业、私营有限责任公司、私营股份有限公司和个人独资企业。

私营独资企业 指按《私营企业暂行条例》的规定，由一名自然人投资经营，以雇佣劳动为基础，投资者对企业债务承担无限责任的企业。

私营合伙企业 指按《合伙企业法》或《私营企业暂行条例》的规定，由两个以上自然人按照协议共同投资、共同经营、共负盈亏，以雇佣劳动为基础，对债务承担无限责任的企业。

私营有限责任公司 指按《公司法》《私营企业暂行条例》的规定，由两个以上自然人投资或由单个自然人控股的有限责任公司。

私营股份有限公司 指按《公司法》的规定，由五个以上自然人投资，或由单个自然人控股的股份有限公司。

8. 其他企业：指上述第 1 条至第 7 条之外的其他内资经济组织。

9. 合资经营企业（港或澳、台资）：指港澳台地区投资者与内地的企业依照《中华人民共和国中外合资经营企业法》及有关法律的规定，按合同规定的比例投资设立，分享利润和分担风险的企业。

10. 合作经营企业（港或澳、台资）：指港澳台地区投资者与内地企业依照《中华人民共和国中外合作经营企业法》及有关法律的规定，依照合作合同的约定进行投资或提供条件设立，分配利润、分担风险和亏损的企业。

11. 港、澳、台商独资经营企业：指依照《中华人民共和国外资企业法》及有关法律的规定，在内地由港澳台地区投资者全额投资设立的企业。

12. 港、澳、台商投资股份有限公司：指根据国家有关规定，经商务部（原外经贸部）批准设立，并且其中港、澳、台商的股本占公司注册资本的比例达 25%以上的股份有限公司。凡其中港、澳、台商的股本占公司注册资本的比例小于 25%的，属于内资中的股份有限公司。

13. 其他港、澳、台商投资企业：指在中国境内参照《外国企业或个人在中国境内设立合伙企业管理办法》和《外商投资合伙企业登记管理规定》，依法设立的港、澳、台商投资合伙企业。

14. 中外合资经营企业：指外国企业或外国人与中国内地企业依照《中华人民共和国中外合资经营企业法》及有关法律的规定，按合同规定的比例投资设立，分享利润和分担风险的企业。

15. 中外合作经营企业：指外国企业或外国人与中国内地企业依照《中华人民共和国中外合作经营企业法》及有关法律的规定，依照合作合同的约定进行投资或提供条件设立，分配利润、分担风险和亏损的企业。

16. 外资企业：指依照《中华人民共和国外资企业法》及有关法律的规定，在中国内地由外国投资者全额投资设立的企业。

17. 外商投资股份有限公司：指根据国家有关规定，经商务部（原外经贸部）批准设立，并且其中外资的股本占公司注册资本的比例达25%以上的股份有限公司。凡其中外资股本占公司注册资本的比例小于25%的，属于内资中的股份有限公司。

18. 其他外商投资企业：指在中国境内依照《外国企业或个人在中国境内设立合伙企业管理办法》和《外商投资合伙企业登记管理规定》，依法设立的外商投资合伙企业。

企业控股情况 根据企业实收资本中某种经济成分的出资人的实际投资情况，或出资人对企业资产的实际控制、支配程度进行分类。具体分为国有控股、集体控股、私人控股、港澳台商控股、外商控股和其他六类。

国有控股 包括：（1）在企业的全部实收资本中，国有经济成分的出资人拥有的实收资本（股本）所占企业全部实收资本（股本）的比例大于50%的国有绝对控股。（2）在企业的全部实收资本中，国有经济成分的出资人拥有的实收资本（股本）所占比例虽未大于50%，但相对大于其他任何一方经济成分的出资人所占比例的国有相对控股；或者虽不大于其他经济成分，但根据协议规定拥有企业实际控制权的国有协议控股。（3）投资双方各占50%，且未明确由谁绝对控股的企业，若其中一方为国有经济成分的，一律按国有控股处理。

集体控股 包括：（1）在企业的全部实收资本中，集体经济成分的出资人拥有的实收资本（股本）所占企业全部实收资本（股本）的比例大于50%的集体绝对控股。（2）在企业的全部实收资本中，集体经济成分的出资人拥有的实收资本（股本）所占比例虽未大于50%，但相对大于其他任何一方经济成分的出资人所占比例的集体相对控股；或者虽不大于其他经济成分，但根据协议规定拥有企业实际控制权的集体协议控股。

私人控股 包括：（1）在企业的全部实收资本中，私人经济成分的出资人拥有的实收资本（股本）所占企业全部实收资本（股本）的比例大于50%的私人绝对控股。（2）在企业的全部实收资本中，私人经济成分的出资人拥有的实收资本（股本）所占比例虽未大于50%，但相对大于其他任何一方经济成分的出资人所占比例的私人相对控股；或者虽不大于其他经济成分，但根据协议规定拥有企业实际控制权的私人协议控股。

港澳台商控股 包括：（1）在企业的全部实收资本中，港澳台商经济成分的出资人拥有的实收资本（股本）所占企业全部实收资本（股本）的比例大于50%的港澳台商绝对控股。（2）在企业的全部实收资本中，港澳台商经济成分的出资人拥有的实收资本（股本）所占比例虽未大于50%，但相对大于其他任何一方经济成分的出资人所占比例的港澳台商相对控股；或者虽不大于其他经济成分，但根据协议规定拥有企业实际控制权的港澳台商协议控股。

外商控股 包括：（1）在企业的全部实收资本中，外商经济成分的出资人拥有的实收资本（股本）所占企业全部实收资本（股本）的比例大于50%的外商绝对控股。（2）在企业的全部实收资本中，外商经济成分的出资人拥有的实收资本（股本）所占比例虽未大于50%，但相对大于其他任何一方经济成分的出资人所占比例的外商相对控股；或者虽不大于其他经济成分，但根据协议规定拥有企业实际控制权的外商协议控股。

其他控股情况 除上述五类以外的企业控股情况。

统计上大中小微型企业划分办法

一、根据工业和信息化部、国家统计局、国家发展改革委、财政部《关于印发中小企业划型标准规定的通知》（工信部联企业〔2011〕300号），以《国民经济行业分类》（GB/T4754-2017）为基础，结合统计工作的实际情况，制定本办法。

二、本办法适用对象为在中华人民共和国境内依法设立的各种组织形式的法人企业或单位。个体工商户参照本办法进行划分。

三、本办法适用范围包括：农、林、牧、渔业，采矿业，制造业，电力、热力、燃气及水生产和供应业，建筑业，批发和零售业，交通运输、仓储和邮政业，住宿和餐饮业，信息传输、软件和信息技术服务业，房地产业，租赁和商务服务业，科学研究和技术服务业，水利、环境和公共设施管理业，居民服务、修理和其他服务业，文化、体育和娱乐业等15个行业门类以及社会工作行业大类。

四、本办法按照行业门类、大类、中类和组合类别，依据从业人员、营业收入、资产总额等指标或替代指标，将我国的企业划分为大型、中型、小型、微型等四种类型。具体划分标准见附表。

五、企业划分由政府综合统计部门根据统计年报每年确定一次，定报统计原则上不进行调整。

六、本办法自印发之日起执行，国家统计局2011年印发的《统计上大中小微型企业划分办法》（国统字〔2011〕75号）同时废止。

附表：

统计上大中小微型企业划分标准

行业名称	指标名称	计量单位	大型	中型	小型	微型
农、林、牧、渔业	营业收入（Y）	万元	Y≥20000	500≤Y<20000	50≤Y<500	Y<50
工业*	从业人员（X）	人	X≥1000	300≤X<1000	20≤X<300	X<20
	营业收入（Y）	万元	Y≥40000	2000≤Y<40000	300≤Y<2000	Y<300
建筑业	营业收入（Y）	万元	Y≥80000	6000≤Y<80000	300≤Y<6000	Y<300
	资产总额（Z）	万元	Z≥80000	5000≤Z<80000	300≤Z<5000	Z<300
批发业	从业人员（X）	人	X≥200	20≤X<200	5≤X<20	X<5
	营业收入（Y）	万元	Y≥40000	5000≤Y<40000	1000≤Y<5000	Y<1000
零售业	从业人员（X）	人	X≥300	50≤X<300	10≤X<50	X<10
	营业收入（Y）	万元	Y≥20000	500≤Y<20000	100≤Y<500	Y<100
交通运输业*	从业人员（X）	人	X≥1000	300≤X<1000	20≤X<300	X<20
	营业收入（Y）	万元	Y≥30000	3000≤Y<30000	200≤Y<3000	Y<200
仓储业	从业人员（X）	人	X≥200	100≤X<200	20≤X<100	X<20
	营业收入（Y）	万元	Y≥30000	1000≤Y<30000	100≤Y<1000	Y<100
邮政业	从业人员（X）	人	X≥1000	300≤X<1000	20≤X<300	X<20
	营业收入（Y）	万元	Y≥30000	2000≤Y<30000	100≤Y<2000	Y<100
住宿业	从业人员（X）	人	X≥300	100≤X<300	10≤X<100	X<10
	营业收入（Y）	万元	Y≥10000	2000≤Y<10000	100≤Y<2000	Y<100
餐饮业	从业人员（X）	人	X≥300	100≤X<300	10≤X<100	X<10
	营业收入（Y）	万元	Y≥10000	2000≤Y<10000	100≤Y<2000	Y<100
信息传输业*	从业人员（X）	人	X≥2000	100≤X<2000	10≤X<100	X<10
	营业收入（Y）	万元	Y≥100000	1000≤Y<100000	100≤Y<1000	Y<100
软件和信息技术服务业	从业人员（X）	人	X≥300	100≤X<300	10≤X<100	X<10
	营业收入（Y）	万元	Y≥10000	1000≤Y<10000	50≤Y<1000	Y<50
房地产开发经营	营业收入（Y）	万元	Y≥200000	1000≤Y<200000	100≤Y<1000	Y<100
	资产总额（Z）	万元	Z≥10000	5000≤Z<10000	2000≤Z<5000	Z<2000
物业管理	从业人员（X）	人	X≥1000	300≤X<1000	100≤X<300	X<100
	营业收入（Y）	万元	Y≥5000	1000≤Y<5000	500≤Y<1000	Y<500
租赁和商务服务业	从业人员（X）	人	X≥300	100≤X<300	10≤X<100	X<10
	资产总额（Z）	万元	Z≥120000	8000≤Z<120000	100≤Z<8000	Z<100
其他未列明行业*	从业人员（X）	人	X≥300	100≤X<300	10≤X<100	X<10

说明：

1. 大型、中型和小型企业须同时满足所列指标的下限，否则下划一档；微型企业只须满足所列指标中的一项即可。

2. 附表中各行业的范围以《国民经济行业分类》（GB/T4754-2017）为准。带*的项为行业组合类别，其中，工业包括采矿业，制造业，电力、热力、燃气及水生产和供应业；交通运输业包括道路运输业，水上运输业，航空运输业，管道运输业，多式联运和运输代理业、装卸搬运，不包括铁路运输业；仓储业包括通用仓储，低温仓储，危险品仓储，谷物、棉花等农产品仓储，中药材仓储和其他仓储业；信息传输业包括电信、广播电视和卫星传输服务，互联网和相关服务；其他未列明行业包括科学研究和技术服务业，水利、环境和公共设施管理业，居民服务、修理和其他服务业，社会工作，文化、体育和娱乐业，以及房地产中介服务，其他房地产业等，不包括自有房地产经营活动。

3. 企业划分指标以现行统计制度为准。（1）从业人员，是指期末从业人员数，没有期末从业人员数的，采用全年平均人员数代替。（2）营业收入，工业、建筑业、限额以上批发和零售业、限额以上住宿和餐饮业以及其他设置主营业务收入指标的行业，采用主营业务收入；限额以下批发与零售业企业采用商品销售额代替；限额以下住宿与餐饮业企业采用营业额代替；农、林、牧、渔业企业采用营业总收入代替；其他未设置主营业务收入的行业，采用营业收入指标。（3）资产总额，采用资产总计代替。

文化及相关产业分类（2018）

一、目的和作用

（一）为深化文化体制改革和持续推进社会主义文化强国建设提供统计保障，建立科学可行的文化及相关产业统计制度，制定本分类。

（二）本分类为反映我国文化及相关产业生产活动提供标准分类依据，为文化及相关产业统计提供统一的定义和范围，为发展文化产业、推进社会主义文化繁荣兴盛提供统计服务。

二、定义和范围

（一）定义

本分类规定的文化及相关产业是指为社会公众提供文化产品和文化相关产品的生产活动的集合。

（二）范围

根据以上定义，我国文化及相关产业的范围包括：

1.以文化为核心内容，为直接满足人们的精神需要而进行的创作、制造、传播、展示等文化产品（包括货物和服务）的生产活动。具体包括新闻信息服务、内容创作生产、创意设计服务、文化传播渠道、文化投资运营和文化娱乐休闲服务等活动。

2.为实现文化产品的生产活动所需的文化辅助生产和中介服务、文化装备生产和文化消费终端生产（包括制造和销售）等活动。

三、分类原则

（一）以《国民经济行业分类》为基础

本分类以《国民经济行业分类》（GB/T 4754-2017）为基础，根据文化生产活动的特点，将行业分类中相关的类别重新组合，是《国民经济行业分类》的派生分类。

（二）兼顾文化管理需要和可操作性

根据我国文化体制改革和发展的实际，本分类在考虑文化生产活动特点的同时，兼顾文化主管部门管理的需要；同时立足于现行统计制度和方法，充分考虑分类的可操作性。

（三）与国际分类标准相衔接

本分类借鉴了联合国教科文组织的《文化统计框架—2009》的分类方法，在定义和覆盖范围上与其衔接。

四、分类方法

本分类采用线分类法和分层次编码方法，将文化及相关产业划分为三层，分别用阿拉伯数字编码表示。第一层为大类，用01-09数字表示，共有9个大类；第二层为中类，用3位数字表示，共有43个中类；第三层为小类，用4位数字表示，共有146个小类。

五、有关说明

（一）本分类建立了与《国民经济行业分类》（GB/T 4754-2017）的对应关系。在本分类中，如国民经济某行业小类仅部分活动属于文化及相关产业，则在行业代码后加“*”做标识，并对属于文化生产活动的内容进行说明；如国民经济某行业小类全部纳入文化及相关产业，则小类类别名称与行业类别名称完全一致。

（二）本分类全部小类对应或包含在《国民经济行业分类》（GB/T 4754-2017）相应的行业小类中，具体范围和说明可参见《2017国民经济行业分类注释》。

（三）本分类01-06大类为文化核心领域，07-09大类为文化相关领域。

六、文化及相关产业分类表

表 1 文化及相关产业的类别名称和行业代码

类 别 名 称	国民经济行业代码
第一部分 文化核心领域	
一、新闻信息服务	
（一）新闻服务	
新闻业	8610
（二）报纸信息服务	
报纸出版	8622
（三）广播电视信息服务	
广播	8710
电视	8720
广播电视集成播控	8740
（四）互联网信息服务	
互联网搜索服务	6421
互联网其他信息服务	6429
二、内容创作生产	
（一）出版服务	
图书出版	8621
期刊出版	8623
音像制品出版	8624
电子出版物出版	8625
数字出版	8626
其他出版业	8629
（二）广播影视节目制作	
影视节目制作	8730
录音制作	8770
（三）创作表演服务	
文艺创作与表演	8810
群众文体活动	8870
其他文化艺术业	8890
（四）数字内容服务	
动漫、游戏数字内容服务	6572
互联网游戏服务	6422
多媒体、游戏动漫和数字出版软件开发	6513*
增值电信文化服务	6319*
其他文化数字内容服务	6579*
（五）内容保存服务	
图书馆	8831
档案馆	8832
文物及非物质文化遗产保护	8840
博物馆	8850
烈士陵园、纪念馆	8860
（六）工艺美术品制造	
雕塑工艺品制造	2431
金属工艺品制造	2432
漆器工艺品制造	2433
花画工艺品制造	2434

续表 1

类　别　名　称	国民经济行业代码
天然植物纤维编织工艺品制造	2435
抽纱刺绣工艺品制造	2436
地毯、挂毯制造	2437
珠宝首饰及有关物品制造	2438
其他工艺美术及礼仪用品制造	2439
（七）艺术陶瓷制造	
陈设艺术陶瓷制造	3075
园艺陶瓷制造	3076
三、创意设计服务	
（一）广告服务	
互联网广告服务	7251
其他广告服务	7259
（二）设计服务	
建筑设计服务	7484*
工业设计服务	7491
专业设计服务	7492
四、文化传播渠道	
（一）出版物发行	
图书批发	5143
报刊批发	5144
音像制品、电子和数字出版物批发	5145
图书、报刊零售	5243
音像制品、电子和数字出版物零售	5244
图书出租	7124
音像制品出租	7125
（二）广播电视节目传输	
有线广播电视传输服务	6321
无线广播电视传输服务	6322
广播电视卫星传输服务	6331
（三）广播影视发行放映	
电影和广播电视节目发行	8750
电影放映	8760
（四）艺术表演	
艺术表演场馆	8820
（五）互联网文化娱乐平台	
互联网文化娱乐平台	6432*
（六）艺术品拍卖及代理	
艺术品、收藏品拍卖	5183
艺术品代理	5184
（七）工艺美术品销售	
首饰、工艺品及收藏品批发	5146
珠宝首饰零售	5245
工艺美术品及收藏品零售	5246
五、文化投资运营	
（一）投资与资产管理	
文化投资与资产管理	7212*

续表 2

类　别　名　称	国民经济行业代码
（二）运营管理	
文化企业总部管理	7211*
文化产业园区管理	7221*
六、文化娱乐休闲服务	
（一）娱乐服务	
歌舞厅娱乐活动	9011
电子游艺厅娱乐活动	9012
网吧活动	9013
其他室内娱乐活动	9019
游乐园	9020
其他娱乐业	9090
（二）景区游览服务	
城市公园管理	7850
名胜风景区管理	7861
森林公园管理	7862
其他游览景区管理	7869
自然遗迹保护管理	7712
动物园、水族馆管理服务	7715
植物园管理服务	7716
（三）休闲观光游览服务	
休闲观光活动	9030
观光游览航空服务	5622
第二部分　文化相关领域	
七、文化辅助生产和中介服务	
（一）文化辅助用品制造	
文化用机制纸及纸板制造	2221*
手工纸制造	2222
油墨及类似产品制造	2642
工艺美术颜料制造	2644
文化用信息化学品制造	2664
（二）印刷复制服务	
书、报刊印刷	2311
本册印制	2312
包装装潢及其他印刷	2319
装订及印刷相关服务	2320
记录媒介复制	2330
摄影扩印服务	8060
（三）版权服务	
版权和文化软件服务	7520*
（四）会议展览服务	
会议、展览及相关服务	7281-7284 7289
（五）文化经纪代理服务	
文化活动服务	9051
文化娱乐经纪人	9053
其他文化艺术经纪代理	9059
婚庆典礼服务	8070*
文化贸易代理服务	5181*

续表 3

类　别　名　称	国民经济行业代码
票务代理服务	7298
（六）文化设备（用品）出租服务	
休闲娱乐用品设备出租	7121
文化用品设备出租	7123
（七）文化科研培训服务	
社会人文科学研究	7350
学术理论社会（文化 ）团体	9521*
文化艺术培训	8393
文化艺术辅导	8399*
八、文化装备生产	
（一）印刷设备制造	
印刷专用设备制造	3542
复印和胶印设备制造	3474
（二）广播电视电影设备制造及销售	
广播电视节目制作及发射设备制造	3931
广播电视接收设备制造	3932
广播电视专用配件制造	3933
专业音响设备制造	3934
应用电视设备及其他广播电视设备制造	3939
广播影视设备批发	5178
电影机械制造	3471
（三）摄录设备制造及销售	
影视录放设备制造	3953
娱乐用智能无人飞行器制造	3963*
幻灯及投影设备制造	3472
照相机及器材制造	3473
照相器材零售	5248
（四）演艺设备制造及销售	
舞台及场地用灯制造	3873
舞台照明设备批发	5175*
（五）游乐游艺设备制造	
露天游乐场所游乐设备制造	2461
游艺用品及室内游艺器材制造	2462
其他娱乐用品制造	2469
（六）乐器制造及销售	
中乐器制造	2421
西乐器制造	2422
电子乐器制造	2423
其他乐器及零件制造	2429
乐器批发	5147
乐器零售	5247
九、文化消费终端生产	
（一）文具制造及销售	
文具制造	2411
文具用品批发	5141

续表 4

类　别　名　称	国民经济行业代码
文具用品零售	5241
（二）笔墨制造	
笔的制造	2412
墨水、墨汁制造	2414
（三）玩具制造	
玩具制造	2451-2456
	2459
（四）节庆用品制造	
焰火、鞭炮产品制造	2672
（五）信息服务终端制造及销售	
电视机制造	3951
音响设备制造	3952
可穿戴智能文化设备制造	3961*
其他智能文化消费设备制造	3969*
家用视听设备批发	5137
家用视听设备零售	5271
其他文化用品批发	5149
其他文化用品零售	5249

表 2　带“*”行业分类文化生产活动内容的说明

序号	国民经济行业分类及代码	文化及相关产业类别名称及小类代码	文化生产活动的内容
1	应用软件开发（6513*）	多媒体、游戏动漫和数字出版软件开发（0243）	包括应用软件开发中的多媒体软件、游戏动漫软件、数字出版软件开发活动。
2	其他电信服务（6319*）	增值电信文化服务（0244）	仅指固定网增值电信、移动网增值电信、其他增值电信中的文化服务，包括手机报、个性化铃音等业务服务。
3	其他数字内容服务（6579*）	其他文化数字内容服务（0245）	仅指文化宣传领域数字内容服务。
4	工程设计活动（7484*）	建筑设计服务（0321）	仅包括房屋建筑工程，体育、休闲娱乐工程，室内装饰和风景园林工程专项设计服务。
5	互联网生活服务平台（6432*）	互联网文化娱乐平台（0450）	仅包括互联网演出购票平台、娱乐应用服务平台、音视频服务平台、读书平台、艺术品鉴定拍卖平台和文化艺术平台。
6	投资与资产管理（7212*）	文化投资与资产管理（0510）	指政府主管部门转变职能后，成立的国有文化资产管理机构和文化行业管理机构的活动；文化投资活动，不包括资本市场的投资。
7	企业总部管理（7211*）	文化企业总部管理（0521）	指不具体从事对外经营业务，只负责文化企业的重大决策、资产管理，协调管理下属各机构和内部日常工作的文化企业总部的活动，其对外经营业务由下属的独立核算单位或单独核算单位承担，还包括派出机构的活动（如办事处等）。
8	园区管理服务（7221*）	文化产业园区管理（0522）	仅指非政府部门的文化产业园区管理服务。
9	机制纸及纸板制造（2221*）	文化用机制纸及纸板制造（0711）	包括未涂布印刷书写用纸制造、涂布类印刷用纸制造、感应纸及纸板制造。
10	知识产权服务（7520*）	版权和文化软件服务（0730）	版权服务包括版权代理服务，版权鉴定服务，版权咨询服务，著作权登记服务，著作权使用报酬收转服务，版权交易、版权贸易服务和其他版权服务。文化软件服务指与文化有关的软件服务，包括软件代理、软件著作权登记、软件鉴定等服务。
11	婚姻服务（8070*）	婚庆典礼服务（0754）	指婚庆礼仪服务。包括婚礼策划、组织服务，婚礼租车服务，婚礼用品出租服务，婚礼摄像服务和其他婚姻服务。
12	贸易代理（5181*）	文化贸易代理服务（0755）	包括文化用品、图书、音像、文化用家用电器和广播电视器材等国际国内贸易代理服务。
13	专业性团体（9521*）	学术理论社会（文化）团体（0772）	学术理论社会团体包括党的理论研究、史学研究、思想工作研究、社会人文科学研究等团体的服务。文化团体包括新闻、图书、报刊、音像、版权、广播、电视、电影、演员、作家、文学艺术、美术家、摄影家、文物、博物馆、图书馆、文化馆、游乐园、公园、文艺理论研究、民族文化等团体的服务。
14	其他未列明教育（8399*）	文化艺术辅导（0774）	包括美术、舞蹈、音乐、书法和武术等辅导服务。
15	智能无人飞行器制造（3963*）	娱乐用智能无人飞行器制造（0832）	指按照国家有关安全规定标准，经允许生产并主要用于娱乐的智能无人飞行器的制造。
16	电气设备批发（5175*）	舞台照明设备批发（0842）	包括各类舞台照明设备的批发。
17	可穿戴智能设备制造（3961*）	可穿戴智能文化设备制造（0953）	指由用户穿戴和控制，并且自然、持续地运行和交互的个人移动计算文化设备产品的制造。
18	其他智能消费设备制造（3969*）	其他智能文化消费设备制造（0954）	仅指虚拟现实设备制造活动。